TRAITÉ MÉTHODIQUE
DE
SCIENCE OCCULTE

Note de l'éditeur

Nos livres sont la reproduction digitale de textes devenus introuvables.

Le lecteur voudra bien excuser le léger manque de lisibilité et les imperfections dues aux ouvrages imprimés il y a des décennies, voir des siècles.

Par égard à la mémoire des auteurs et la spécificité des ouvrages, il convenait de les reproduire tels les originaux.

www.eBookEsoterique.com

DEUXIÈME PARTIE

LA TRADITION

B

DU CHRISTIANISME AUX TEMPS MODERNES

CHAPITRE XII

LES ORIGINES DU CHRISTIANISME
LE POLYTHÉISME ET LA GNOSE

LES MÉTHODES EMPLOYÉES
DANS LA TRANSMISSION DE LA TRADITION

§ 1. — L'ÉSOTÉRISME. — L'EXOTÉRISME. — LE CULTE.

Les idées que nous venons de développer touchant la Science des Égyptiens et sa transmission presque totale par la Kabbale ne peuvent manquer de choquer au plus haut point la plupart des contemporains. Cela tient à ce que nous avons parlé surtout de l'enseignement ésotérique du sanctuaire de l'enseignement réservé aux prêtres, aux docteurs ès sciences de l'époque.

Il fallait atteindre deux buts dans la transmission de cette science égyptienne :

1° Transmettre la science occulte de génération en génération par le moyen des hommes instruits dans chaque peuple. L'initiation était le moyen employé pour cette transmission (*c'était là la méthode ésotérique ou du dedans, du sanctuaire*).

2° Transmettre en même temps la science occulte par le moyen des ignorants de manière que, de quelque façon qu'on s'y prît, la tradition ne pût être anéantie. Les légendes religieuses étaient employées à cet effet (*c'était là la méthode exotérique, ou du dehors, de la foule*).

Chacune de ces deux voies de transmission a ses méthodes particulières qu'il est important de bien définir.

*
* *

La transmission par les hommes instruits seuls devait être surtout orale, mais, lorsque les circonstances forçaient à écrire les mystérieux enseignements, le choix des caractères était fait de telle sorte qu'il rebutait à jamais le profane.

De là l'obscurité proverbiale des livres kabbalistiques.

Cette chaîne de transmission secrète, qu'elle soit orale ou qu'elle emploie des caractères particuliers, constitue *l'ésotérisme*, — le côté intérieur de chaque doctrine, le côté véritablement occulte.

Il suffit de se reporter aux citations que nous avons faites de de Brière à propos des hiéroglyphes et de l'écriture sacrée pour voir que cette méthode mettait en jeu les facultés les plus élevées de l'homme et demandait pour être appliquée une grande instruction.

En possession des signes capables d'exprimer son idée, l'initié devait donc se plier à une considération importante : le choix de son lecteur futur.

Il fallait créer une langue s'adaptant d'avance à l'intelligence de celui à qui elle était destinée, une langue telle qu'un mot, ne présentant au vulgaire qu'un ensemble de signes bizarres, devînt pour le voyant une révélation :

« Bien aultrement faisaient, au temps jadis, les sages

d'Égypte quand ils écrivaient par lettres qu'ils appelaient hiéroglyphes lesquelles nul n'entendait qui n'entendît, et un chacun entendait qui entendît la VERTU, PROPRIÉTÉ et NATURE des choses par icelles figurées.

« Desquelles Orus Apollon a en grec composé deux livres et Polyphile au songe d'amour en a davantage exposé. » (Rabelais, liv. I, chap. IX.)

L'idée théorique qui présida au choix de cette langue fut celle de la gradation hiérarchique Ternaire, les TROIS MONDES indiqués par Rabelais dans la citation ci-dessus.

Cette idée d'enfermer certaines connaissances dans un cercle spécial est tellement commune à toutes les époques que nous voyons, en ce siècle de divulgation et de diffusion à outrance, les sciences communes, mathématiques, histoire naturelle, médecine, s'entourer d'un rempart de mots techniques. Pourquoi s'étonner de retrouver le même usage en action parmi les anciens ?

Reportons-nous au triangle des trois mondes FAITS-LOIS-PRINCIPES, et nous allons voir l'initié en possession de trois moyens différents d'exprimer une idée : par le *sens positif*, le *sens comparatif* ou le *sens superlatif*.

1° — L'initié peut se servir de mots compris par tous en changeant simplement la valeur des mots suivant la classe d'intelligences qu'il veut instruire.

Prenons un exemple simple tel que l'idée suivante :

Un enfant nécessite un père et une mère.

S'adressant à tous, sans distinction aucune de classes, l'écrivain parlera au sens positif et dira :

Un enfant nécessite un père et une mère.

S'il veut retrancher de la compréhension de cette idée les gens à l'intelligence matérielle, ceux qu'on désigne sous le terme collectif de : le Vulgaire, il parlera au sens comparatif, montant du domaine des FAITS dans le domaine des LOIS en disant :

Le Neutre nécessite un positif et un négatif.
L'Equilibre nécessite un actif et un passif.

Les gens qui sont versés dans l'étude des Lois de la nature, ceux qu'on désigne en général à notre époque sous le nom de *savants*, comprendront parfaitement le sens de ces Lois inintelligibles pour le paysan.

Mais faut-il retrancher de la connaissance d'une vérité ces savants devenus théologiens ou persécuteurs, l'écrivain s'élève encore d'un degré, il pénètre de plain-pied dans le domaine de la symbolique en entrant dans le MONDE des PRINCIPES et dit :

La Couronne nécessite la Sagesse et l'Intelligence.

Le Savant, habitué à résoudre les problèmes qui se présentent à lui, comprend les mots isolément, mais ne peut saisir le rapport qui les lie. Il est capable de donner un sens à cette phrase ; mais la base solide lui manque ; il n'est pas sûr d'interpréter exactement ; aussi hausse-t-il les épaules quand des phrases analogues à celle-là lui apparaissent dans des livres hermétiques et passe-t-il outre en s'écriant : Mysticisme et Fourberie !

N'était-ce pas là le désir de l'écrivain ?

La Kabbale et ses trois divisions Gématrie, Notarie et Thémurie nous montrent un exemple de cette méthode et de ses applications.

Nous retrouverons ce procédé dans toute l'histoire de la tradition, surtout lorsque nous aurons à parler de *l'Alchimie* et des livres de Philosophie hermétique.

2° — L'initié peut employer des signes différents suivant ceux à qui il veut s'adresser.

C'était cette méthode qu'employaient de préférence les

prêtres égyptiens qui écrivaient en hiéroglyphes, ou en langue phonétique suivant le cas.

Mais éclairons encore ceci par des exemples en employant, pour plus de clarté, la même idée que dans le premier cas :

Un enfant nécessite un père et une mère.

S'adressant à la masse, l'initié dira la phrase textuelle.

S'il veut restreindre le nombre des lecteurs, il abordera le Monde des Lois, et les signes algébriques compris du savant viendront s'aligner ainsi :

Soit le signe ∞ désignant le neutre, l'enfant, on écrira :

$$\infty \text{ nécessite } + \text{ et } - \text{ ou } (+) + (-) = (\infty)$$

S'il veut encore restreindre le domaine de la compréhension, il abordera les signes idéographiques correspondant aux principes et dira :

$$\text{astrologiquement} : \odot + \mathcal{D} = \text{☿}$$
$$\text{ou géométriquement} : \ | \ + \ \text{---} \ = \ +$$

Nous allons voir que ces signes, qui ont encore le don d'exaspérer les curieux, ne sont pas pris arbitrairement, mais qu'au contraire une raison profonde préside à leur choix.

De la géométrie qualitative.

Rien n'est plus fastidieux que la liste des rapports entre les figures géométriques et les nombres qu'on trouve un peu partout dans les auteurs qui s'occupent de la Science occulte. Cette sécheresse vient de ce qu'ils n'ont pas jugé à propos de donner la raison de ces rapports.

Pour établir l'alliance des idées aux figures géométriques, il nous faut une base de développement solide, connue déjà de nous. Le point de départ d'où nous allons partir, ce sont les nombres.

Il suffit de se reporter à la fin du chapitre II pour comprendre les développements qui vont suivre.

C'est de l'Unité que partent tous les nombres, et tous ne sont que des aspects différents de l'Unité toujours identique à elle-même.

C'est du Point que naissent toutes les figures géométriques, et toutes ces figures ne sont que des aspects différents du Point [1].

L'*unité* [1] sera analogiquement représentée par le point ·

Le premier nombre auquel donne naissance 1, c'est 2. La première figure à laquelle donne naissance le point, c'est la Ligne.

Le *deux* [2] sera représenté par la Ligne ———
 simple ou double — —

Avec la ligne une autre considération entre en jeu, c'est la direction.

Les nombres se divisent en pairs ou impairs, de même les lignes affectent deux directions principales.

La direction verticale | représente l'actif.

La direction horizontale — le Passif.

Le premier nombre qui réunit les opposés 1 et 2, c'est le Ternaire 3. La première figure complète, fermée, c'est le triangle.

Le *trois* [3] sera représenté analogiquement par

A partir du nombre 3, nous savons que les chiffres

---

1. *La kabbale* est fondée sur la même idée. Toutes les lettres naissent d'une seule, ', *iod*, dont elles expriment tous les aspects comme la nature exprime les divers aspects du Créateur. (Voyez le *Sepher Jesirah*.)

recommencent la série universelle 4, c'est une octave différente de 1 [1].

Les figures suivantes sont donc des combinaisons des termes précédents, et rien de plus.

Le *quaternaire* [4] sera représenté par des forces opposées deux à deux, c'est-à-dire par des Lignes opposées dans leur direction deux à deux.

$$4 \begin{cases} 2 \text{ forces actives} \\ \\ 2 \text{ forces passives} \end{cases} \begin{matrix} | \ | \\ \overline{} \end{matrix} = \square$$

Quand on veut exprimer une production produite par le 4, on fait croiser les lignes actives et passives de manière à déterminer un point central de convergence ; c'est la figure de la croix, image de l'Absolu.

Au chiffre *cinq* (5) répondra l'étoile à cinq pointes symbolisant l'intelligence (la tête humaine) dirigeant les quatre forces élémentaires (les quatre membres).

$$Six\ (6) = 3+3 = \triangle\ \triangledown = \star$$

les deux ternaires, l'un positif, l'autre négatif.

$$Sept\ (7) = 4+3 = \triangle\ \square$$

1. Voy. chap. II.

Huit (8) = 4 + 4 = ☐ ☐ ou

Neuf (9) = 3 + 3 + 3 = △ △ △

Dix (10) = Le cycle éternel = ◯

Chaque nombre, avons-nous dit, représente une idée et une forme. Nous sommes à présent capables d'établir ces rapports :

NOMBRE	IDÉE	FORME
1	Le Principe	•
2	L'Antagonisme	— —
3	L'Idée	△
4	La Forme. L'Adaptation	☐ ✝
5	Le Pentagramme	
6	L'Équilibre des idées	△ ▽
7	La Réalisation. Alliance de l'Idée et de la Forme	△ ☐
8	L'Équilibre des formes	☐ ☐
9	Perfection des idées	△ △ △
10	Le Cycle éternel	◯

D'autres signes sont employés par les initiés et par cela même indispensables à connaître ; ce sont les signes qui désignent les planètes. Ils sont d'autant plus importants que chacun d'eux peut s'expliquer par la géométrie qualitative dont nous venons de parler. Je n'aborderai point ici cette étude qui nous conduirait loin sans résultat immédiat pour m'occuper uniquement de leur génération.

L'actif et le passif sont représentés dans les planètes par le Soleil (☉) et la Lune (☽).

Leur action réciproque donne naissance aux quatre éléments figurés par la croix (⊕).

♄ Saturne, c'est la Lune dominée par les éléments.

♃ Jupiter, ce sont les éléments dominés par la Lune.

♂ Mars, c'est la partie ignée du signe zodiacal du Bélier agissant sur le Soleil.

♀ Vénus, c'est le Soleil dominant les éléments.

Enfin la synthèse de tous les signes précédents, c'est Mercure contenant en lui le Soleil, la Lune et les éléments.

3° — L'emploi de la géométrie qualitative permet encore une autre méthode : c'est l'emploi d'un seul et même signe qui peut être pris dans des sens différents suivant l'entendement du lecteur.

Ainsi le signe ☉ ne représentera pour l'illettré qu'un point dans un rond.

Le savant comprendra que ce signe représente une circonférence et son centre ou, astronomiquement, le Soleil et par extension la vérité (il est rare que le savant dépasse ce degré).

L'initié y verra le Principe et son développement, l'Idée

dans sa cause, Dieu dans l'Éternité outre les sens précédents. Tout à l'heure nous verrons l'origine de ces interprétations.

*
* *

A ce procédé se rattache l'usage des figures magiques appelées *pantacles* qui résument, grâce à la disposition de quelques lignes, des lois naturelles très complexes. C'était là le moyen employé par l'initiation pour conserver les enseignements toujours présents à l'esprit des initiés. Nous reviendrons plus loin sur ce point très intéressant.

*
* *

En somme, le caractère de cette méthode ésotérique, c'est l'enseignement unitaire, l'enseignement élevé correspondant aux sciences les plus hautes symbolisées dans la classification occulte par la lettre *iod* (?) du tétragramme sacré.

Moïse, en sélectant son peuple, le gouverna presque uniquement d'après cette méthode ; de là l'unitéisme des Juifs et le caractère mâle et sauvage de leur organisation.

La transmission de la tradition par l'initiation était certes excellente ; mais elle n'offrait pas toutes les garanties de durée désirables.

En effet qu'un cataclysme politique vienne saisir les dépositaires de la Science, que leurs livres soient brûlés, et tout est perdu.

Aussi à côté de la première voie de transmission, à côté de l'ésotérisme, une seconde fut créée : celle de *l'exotérisme*, à l'usage de la foule.

Les vérités du sanctuaire ne furent en rien changées ; une vérité ne se change pas sous peine de devenir une erreur ;

mais elles furent voilées sous des récits légendaires propres à frapper *l'imagination* du peuple, la seule faculté à laquelle on puisse s'adresser chez les profanes.

Au XIX° siècle nous avons entièrement perdu le sens de cette curieuse méthode.

Quel meilleur moyen pour transmettre une vérité que d'intéresser l'imagination au lieu de la mémoire ? Racontez une histoire au paysan, il la retiendra et, de veillée en veillée, les aventures de Vulcain et de Vénus gagneront la postérité. En sera-t-il de même des Lois de Kepler ?

J'ai peine, je l'avoue, à me figurer une brave paysanne assise au coin du feu et énumérant les lois astronomiques. L'histoire symbolique contient cependant des vérités autrement importantes.

Le paysan n'y voit qu'un exercice agréable d'imagination ; le savant y découvre avec étonnement les lois de la marche du Soleil, et l'initié, décomposant les noms propres, y voit la clef du grand œuvre et par là comprend les trois sens que cette histoire renferme [1].

Voilà pourquoi nous verrons toutes les religions anciennes ou modernes accompagnées de légendes diverses qu'on commence seulement à étudier de nos jours au point de vue scientifique.

[1]. La tradition alchimiste veut que l'initiateur ne parle que par paraboles ou au moyen de fables allégoriques, mais non pas de fables inventées à plaisir. Dans le grand œuvre, il n'y a qu'un fait majeur : c'est la transmutation qui se fait suivant des phases admises. Or, comment ne peut-on pas comprendre que la description de ces phases va être abordée avec des sujets différents par tel ou tel auteur? Remarquez que le nouveau venu se piquera toujours d'être plus fort en imagination que son devancier. Les Indous racontent l'incarnation de Vichnou ; les Égyptiens le voyage d'Osiris ; les Grecs la navigation de Jason ; les Druides les mystères de Thot ; les chrétiens, d'après Jean Dée, la passion de Jésus-Christ ; les Arabes, les péripéties d'Aladin et de la lampe merveilleuse. » (Louis Lucas, *Roman alchimique*, p. 171.)

*
* *

Cependant sentant bien que, par la suite, les savants à imagination active donneraient aux histoires symboliques et même à tous ces symboles des sens ultra-fantastiques, les initiés mirent dans chacune de ces histoires une clef infaillible, guide sûr du sens véritable de la fable : cette clef c'est le *nom propre*.

Analysez, grâce au dictionnaire des racines donné dans le premier volume de la *Langue hébraïque* de Fabre d'Olivet, chacun des noms propres composant une légende mythologique, et vous serez frappé d'étonnement en découvrant la profondeur de vue cachée sous l'apparence badine de la fable.

Nous jugeons inutile de donner de suite un exemple d'Histoire symbolique ; nous aurons tout à l'heure à en détailler un grand nombre auxquelles le lecteur peut se reporter facilement.

La méthode exotérique porte surtout sur *l'imagination* et par suite sur *la diversité,* en opposition à la méthode ésotérique qui s'adresse à la volonté et qui cherche l'unité.

Aussi l'exotérisme correspond-il dans la classification occulte aux deux lettres semblables du tétragramme sacré יה וה, images de la diversité, aux deux *hé* (הה).

Orphée, contemporain de Moïse et instruit dans le même temple égyptien que ce dernier, gouverna son peuple d'après cette méthode exotérique, tout en laissant un ésotérisme profond caché dans les sanctuaires. De là le polythéisme des Grecs et le caractère féminin et poétique de leur organisation.

La transmission de la tradition se présente donc à nous sous deux caractères bien différents :

1° *L'Esotérisme* réservé aux initiés et apanage de l'initiation, avec tout son cortège d'écritures secrètes ;

2° *L'Éxotérisme* réservé aux profanes et apanage de la foule, avec tout le charme de ses histoires symboliques.

N'existe-t-il aucun lien entre ces deux méthodes ?

Il en existe un très net : c'est *le culte*. Le culte réunit les enseignements philosophiques de l'ésotérisme aux légendes imaginatives de l'exotérisme ; on y trouve toujours mélangées l'unité du Monothéisme à la diversité du Polythéisme ; aussi M. Louis Ménard[1] remarque-t-il très justement qu'un initié aux mystères sacrés pouvait voir, dans une danse des prêtres, les lois de la marche du soleil dans le zodiaque ou celles de la marche de l'idée dans le cerveau ; alors qu'un profane assistant à la même danse n'y voyait qu'une adoration à Jupiter ou à Apollon.

Là, d'après ce que nous avons dit précédemment, l'ésotérisme correspond au *iod* de *iod, hé, vau, hé,* יו הי ;

L'exotérisme correspond aux deux *hé* (הה) ;

Le culte, union des deux méthodes, correspond au *vaô*, union des deux segments du tétragramme.

*
* *

Tout enseignement traditionnel complet nous apparaîtra donc formé des éléments suivants :

1° *Une partie ésotérique*	iod	י	(âme)
2° *Une partie exotérique*	hé	ה	(corps)
3° *Un culte*	vaô	ו	(vie)
formant un tout complet	hé	ה	(corps total).

1. Louis Ménard, *du Polythéisme hellénique.*

§ 2. — LA TRADITION EXOTÉRIQUE DE MOISE A LA NAISSANCE DU CHRISTIANISME.

LES MYTHOLOGIES.

Grâce aux données qui précèdent, nous sommes mis à même de comprendre de suite le caractère de toutes les mythologies à quelque peuple qu'elles appartiennent.

Nous pouvons même résoudre un certain nombre de problèmes qui inquiètent fort nos savants contemporains.

Ainsi sachant que l'histoire symbolique, *le mythe*, comme on l'appelle aujourd'hui, traduit des enseignements de source identique à des peuples divers, nous comprenons pourquoi les diverses mythologies dérivent l'une de l'autre, quoique les légendes soient parfois différentes par la forme.

Ainsi la mythologie grecque, la plus connue des milieux classiques, dérive de la mythologie égyptienne, fait constaté par M. Franck dans son étude sur la Sagesse des Egyptiens, qu'il discute du reste faute de preuves[1].

*
* *

Si nous nous rappelons qu'Orphée est un prêtre d'Osirés pourvu d'un nom d'initiation tout comme Moïse, nous posséderons la clef de ce mystère.

Notre étude sur la Science occulte, sur *l'ésotérisme*, ne doit comporter que peu de détails sur ces mythologies qui forment le domaine de l'exotérisme.

Cependant quelques mots sont nécessaires touchant certaines idées courantes des contemporains.

Plusieurs fois déjà nous nous sommes élevé contre

---

1. *Dict. philosophique*, art. *Égyptiens (Sagesse des)*.

l'interprétation exclusive des histoires symboliques par la théorie du *mythe solaire*.

Le Soleil et la Révolution planétaire sont l'effet d'une *loi générale* tout comme une foule d'autres faits tant physiques que moraux et les nombres de 4 (saisons), 12 (mois), 30 (jours), 365 (jours de l'année), sans compter ceux de 432.000 et quelques autres, ont bien d'autres applications que les seules applications astronomiques.

L'ignorance de la valeur primordiale des *noms propres* pour indiquer le vrai sens de la fable populaire, a fait commettre d'assez belles erreurs aux partisans du mythe solaire quand même.

Nous citerons comme exemple de ce sectarisme un ouvrage qui atteste une grande érudition en même temps qu'une grande ignorance de l'antiquité: *la Nouvelle symbolique* de Paul Renand[1].

Cet auteur arrive à prouver par l'analyse d'une foule de mythes leur unité originelle. Son livre comprend une introduction sur *la Loi du développement religieux de l'Humanité* dont toutes les bases sont empruntées aux plus amusantes des hypothèses positivistes, puis trois grandes études.

La première, intitulée *Dualisme, Tri-théisme, Ages du monde*, analyse le dualisme en Perse, en Inde et chez les Scandinaves, puis la triade dualistique des Grecs, celle des Egyptiens, et finit par des considérations sur la *Mythologie des livres mosaïques* et sur les Ages du Monde.

La deuxième étude, intitulée *Heliosisme*, prétend démontrer l'existence unique du mythe solaire dans les histoires symboliques de *Siva, Mithras, Sérapis, Adonai, Dyonisios, Apollon, Balder, Wischnou, Prométhée.*

---

[1]. Christianisme et paganisme. Identité de leurs origines ou *Nouvelle symbolique*, par Paul Renand, Paris 1861, in-8°.

La troisième étude s'occupe du *Mythe héroïque*. Le Soleil fait toujours les frais des histoires *d'Œdipe, de Persée, de Thésée, de Cyrus, de Moïse, de Romulus, de Djemchid, de Lal, de Sigurd, d'Achille, de Jason, d'Orphée* et *d'Hercule*.

Les raisons différentes de tous ces noms propres indiquent à première vue que, si toute la partie cosmogonique des légendes traduit bien les phases solaires, les parties androgoniques et théogoniques de ces légendes doivent avoir d'autres significations.

Nous allons énumérer les différentes mythologies qui perpétuèrent exotériquement la tradition ; nous ne nous attarderons au développement d'aucun mythe, renvoyant le lecteur curieux aux traditions des Bohémiens à la fin de ce chapitre.

Les mythes égyptiens exotériques sont, en grande partie, constitués par les histoires symboliques d'Osiris, d'Isis et d'Horus formant la trinité religieuse.

L'histoire d'Osiris, le civilisateur, tué par trahison et coupé en douze morceaux semés par toute l'Egypte, le dévouement d'Isis qui reconstitue le corps du dieu sauf un morceau, forment le fond de beaucoup des mythes grecs (Adonis entre autres) et se retrouvent encore dans la légende maçonnique de la mort et de la résurrection d'Hiram. (Voy. Franc-Maçonnerie.)

A propos de l'Égypte où tout avait un profond enseignement, même la mythologie, certains auteurs, ceux qui accusent Pythagore et Platon d'être des *païens*, écrivent très gravement que les Égyptiens adoraient des animaux.

Voilà où peut conduire l'ignorance de l'antiquité.

Donnons-nous donc la peine d'entrer dans une église chrétienne, catholique, apostolique et romaine, qu'y verrons-nous, supposant que nous ignorions la valeur des symboles tout autant que nos critiques contemporains?

Un mouton couché sur un livre est l'objet d'une vénération particulière de la part des prêtres.

Du reste *un pigeon* figuré sur l'autel partage en partie cette vénération.

Un vieux bonhomme et un supplicié sont adorés également avec ferveur.

Le mouton est quelquefois tenu par une jeune femme qui marche sur *un serpent*.

Voilà pour l'ensemble des dieux supérieurs.

Sur les côtés de l'église, de petites chapelles sont élevées à d'autres dieux moins puissants que le mouton ou le pigeon.

Un lion est adoré en compagnie d'un dieu dit évangéliste.

Quatre autres dieux également évangélistes partagent la vénération des fidèles en compagnie *d'un bœuf, d'un aigle et d'un ange*.

Dans certaines églises on adore aussi *le chien* en compagnie du Dieu saint Roch et même *le Porc* en compagnie d'un autre Dieu saint Antoine.

Que dirions-nous pourtant du critique qui prétendrait:

1° Que les chrétiens sont polythéistes à l'excès et ont une foule de dieux, décorés du nom de *saints* à qui ils élèvent des temples?

2° Que les chrétiens adorent les animaux et surtout le mouton et le pigeon?

Nous dirions que le critique est un naïf et un singulier ignorant. Mais quand ce même critique vient écrire que les initiateurs de Platon adoraient des crocodiles vivants, on l'acclame.

Il en est du reste ainsi pour toute l'antiquité.

La mythologie grecque créée par Orphée en grande partie constitue un enseignement initiatique complet.

On peut y deviner une *théogonie* cachée sous les mythes de Dionysios et d'Apollon, une *androgonie* dans les mythes d'Œdipe, de Prométhée, une *cosmogonie* dans l'histoire des guerres de Jupiter contre les Titans ; enfin diverses études des forces physiques dans les mythes héroïques entre autres dans celui d'Hercule.

L'application du mythe solaire a fait fureur à propos de cette mythologie ; si on veut voir comme cette application est souvent forcée, il suffit de parcourir le résumé suivant tiré de Renand :

Uranus, dieu du ciel et de la lumière ; Titan, dieu des enfers et des ténèbres.

Tous deux sont fils du Chaos.

Création de l'Univers par Uranus (printemps). Son mariage avec sa sœur Titée (la Terre) dont il a douze fils (les douze mois de l'année). Eté. Uranus renversé du trône est précipité aux enfers par Titan. Naissance de Saturne. Uranus remonte au ciel après avoir refoulé Titan aux enfers.

Saturne ou Chronos (le Temps-Zervane), fils d'Uranus et de Titan. Saturne obligé de se cacher pour éviter la colère d'Uranus qu'il devait déposséder de l'empire du ciel. Il se réfugie en Italie près de Janus et fait naître l'âge d'or sur la terre (printemps). Peinture de cet âge et de Janus, le saint Pierre des chrétiens. Saturne épouse Rhéa (la terre) dont il a trois enfants (printemps-été-automne) qu'il dévore successivement. Saturne devient dès lors un dieu farouche et cruel (hiver).

Naissance de Jupiter dans la grotte de Dictée de l'île de Crète (antre de l'hiver). Saturne veut aussi dévorer ce quatrième enfant, mais il est renversé du trône et précipité aux enfers par les Titans, frères de Rhéa.

— 611 —

Jupiter et les Titans. Jupiter, devenu grand, livre un terrible combat aux Titans qu'il refoule aux enfers. Saturne sort des enfers pour chercher à faire périr le nouveau Dieu ; mais Jupiter l'y replonge après lui avoir fait rendre les enfants qu'il avait avalés (les trois saisons qui commencent l'année). Le printemps vient de triompher des forces désordonnées de l'hiver. Maître du ciel, Jupiter épouse sa sœur Junon (l'air), construit contre les Titans la citadelle céleste, élève le palais des dieux sur le mont Olympe et place dans le ciel sa nourrice, la chèvre Amalthée, qui verse avec profusion sur la terre les fruits de *sa corne d'abondance* (le soleil entre au capricorne ou solstice d'été). Prométhée, père des hommes, est précipité au Tartare pour avoir tenté de les égaler aux dieux.

Les Titans, ayant à leur tête le serpent Typhon, détrônent Jupiter qu'ils précipitent aux enfers (triomphe de l'hiver). Jupiter s'en échappe, rallie les dieux, et triomphe à son tour des Titans qu'il refoule aux enfers. Il remonte au ciel[1].

Les *noms propres* peuvent seuls, encore une fois, mettre sur la voie véritable ; aussi allons-nous donner quelques-uns des sens des noms les plus connus, renvoyant le lecteur pour plus de détails encore à l'étude de la tradition des *Bohémiens* où plusieurs mythes grecs sont analysés.

EURIDICE

Euridice (ευρυδικη) ראה (*rohe*), Vision, Clarté, Évidence. רוש (*dich*), ce qui montre ou enseigne, précédés de ευ (bien).

Le nom de cette épouse mystérieuse qu'il voulut en vain rendre à la lumière ne signifie que la doctrine de la vraie

---
1. P. Renand, *op. cit.*, p. 425.

science, l'enseignement de ce qui est beau et véritable dont Orphée essaya d'enrichir la terre. Mais l'homme ne peut point envisager la vérité, avant d'être parvenu à la lumière intellectuelle, sans la perdre ; s'il ose la contempler dans les ténèbres de sa raison, elle s'évanouit. Voilà ce que signifie la fable que chacun connaît d'Euridice retrouvée et perdue.

HÉLÈNE — PARIS — MÉNÉLAS

Hélène (la Lune) } הלל idée de splendeur, de gloire, d'élévation [1].

Pâris Παρις { בר ou פר (*Bar* ou *Phar*) toute génération, propagation, extension יש (*Ish*). L'Être principe.

Ménélas Μενελαος {
מן (*Men*) tout ce qui détermine, règle, définit une chose. La faculté rationnelle, la raison, la mesure (latin *Mens-Mensura*).
אֹרשׁ (*Aôsh*) l'Être principe agissant, au-devant duquel on place le préfixe ל (L) pour exprimer la relation génitive.
MENEH-L-AOSH La faculté rationnelle ou régulatrice de l'Être en général, de l'homme en particulier.

QUELQUES SENS DE NOMS PROPRES

Θεος   אֹרשׁ (*Aôs*) un Être principe, précédé de la lettre hémantique ת (θ th) qui est le signe de la perfection.

Ηρωας   איש précédé de הדר (*herr*) exprimant tout ce qui domine.

Δα:μων   (Δημ) la Terre, réuni au mot ων l'existence.

Εον   (Αιων) אי (*Aï*) un principe de volonté, un point central de développement.

ידן (*Iôn*) la faculté générative.

---

[1]. Cette Hélène dont le nom appliqué à la Lune signifie *la resplendissante*, cette femme que Pâris enlève à son époux Ménélas, n'est autre chose que le symbole de l'âme humaine ravie par le principe de la Génération à celui de la Pensée, au sujet de laquelle les passions morales et physiques se déclarent la guerre.

Ce dernier mot a signifié, dans un sens restreint, une colombe, et a été le symbole de Vénus. C'est le fameux *Yoni* des Indiens, et même le *Yn* des Chinois, c'est-à-dire la nature plastique de l'Univers. De là le nom d'Ionie donné à la Grèce.

Poésie (ποιησις)	פאה (*Phohe*) Bouche, voix, langage, discours. יש (*Ish*) Un être supérieur. Un être principe, au figuré Dieu.
Apollon	אב (*Ab* ou *Ap*) joint à *Whôlon*. Le père universel, infini, éternel.
Dionysos (Διονυσος)	Διος Le dieu vivant (génitif). νοος L'Esprit ou l'Entendement. L'Entendement du Dieu vivant.
Orphée	אור (*Aour*) Lumière. רפא (*Rophœ*) Ce qui montre ou enseigne, précédé de ευ (bien). Qui montre ou enseigne la Lumière.
Hercule	שרר ou הרר (*Harr.* ou *Sharr*) Excellence souveraineté. כל (*Col*) Tout.

Fabre d'OLIVET.

Rome, création ultérieure d'un collège d'initiés, bientôt révoltée contre ses fondateurs, nous montre aussi quelques mythes particuliers dont nous reparlerons à propos des Bohémiens.

* * *

En résumé, si nous jetons un coup d'œil sur l'histoire de la tradition depuis Moïse jusqu'à la naissance du christianisme, voici ce que nous verrons :

La division de la tradition en deux courants :

1° *Un courant ésotérique* évolué sous l'impulsion de Moïse et manifesté par le peuple juif et par tous les initiés d'Égypte ;

2° *Un courant exotérique* évolué sous l'impulsion d'Orphée et manifesté par tous les peuples dits polythéistes dans leurs diverses mythologies.

Le premier de ces courants seul rentre dans le cadre de notre travail; aussi est-ce de lui que nous allons continuer à nous occuper.

Avant d'aller plus loin, considérons bien l'état de la tradition de la Science occulte quelques années avant la naissance du christianisme.

1° Les Juifs ont perdu le sens secret de leur Sepher.

La kabbale complète est la possession unique de la secte *des Esséniens* vivant en communauté mystique autour du mont Moria.

2° Le grand centre d'initiation, l'Égypte, sent sa fin totale qui approche. Aussi la tradition secrète est-elle confiée à un assez grand nombre *d'initiés* avec mission de la sauver de la perte totale par tous les moyens possibles.

Les Esséniens et quelques initiés égyptiens possèdent donc les enseignements de la Science occulte. Nous allons voir quel parti ils vont en tirer.

§ 3. — LES ORIGINES DU CHRISTIANISME

Rien de plus difficile que de déterminer exactement l'état de la tradition de la Science occulte au moment de la naissance du Christianisme.

Nous allons cependant nous efforcer d'établir de notre mieux cet état en gardant la plus grande impartialité possible.

La plupart de ceux qui se sont occupés de cette question n'ont abordé cette étude qu'avec une idée préconçue.

Les auteurs chrétiens ne voient partout qu'influence divine ou révolte de Satan vaincu, ce qui ne peut nous satisfaire.

Les philosophes indépendants qui ont étudié le Gnosticisme ou l'Ecole d'Alexandrie ignorent, pour la plupart, l'unité des doctrines religieuses de l'antiquité, et la fraternité universelle des initiés sortis des grands sanctuaires. De là certaines lacunes impossibles à éviter dans l'histoire de cette évolution toute spéciale.

Nous allons établir notre travail d'après le plan suivant :

1° Nous énumérerons de notre mieux les éléments d'action existant à cette époque au point de vue de la transmission de l'initiation ;

2° Nous ferons nos efforts pour étudier la création des diverses religions sorties des centres d'initiation et pour chercher l'analogie possible avec la création du christianisme ;

3° Ceci nous amènera à étudier plusieurs des philosophies de cette époque et surtout le Gnosticisme.

*
* *

Résumons ce que nous avons dit précédemment au sujet de l'origine du Sepher.

Les prêtres initiés d'Égypte conservaient la tradition d'une science profonde qui n'était livrée aux profanes qu'après de terribles épreuves, et qui ne pouvait être écrite qu'en caractères de la langue sacrée.

Moïse, surnom d'un des initiés, prêtre d'Osiris, sélecte un peuple à qui il donne à garder, pour le transmettre de génération en génération, un livre écrit en caractères sacrés : le *Sepher*. Ce livre renfermait la plus grande partie de la science traditionnelle.

Le sens véritable de ce livre est bientôt perdu pour le peuple juif, malgré les versions et les traductions qu'on en fait.

Une seule secte juive conserve encore, à l'époque qui nous occupe (c'est-à-dire vers la naissance du christianisme), la clef secrète du Sepher ou Kabbale. Cette secte est celle des *Esséniens*.

Les deux autres sectes, les Pharisiens et les Saducéens, ne comprennent plus rien à l'œuvre de Moïse et font de la politique plus qu'autre chose.

Jésus est juif. Il sortira des Esséniens. Mais n'anticipons pas et notons bien ce premier point : les Esséniens sont, en ce moment, les seuls dépositaires de la tradition ésotérique.

Mais ces Esséniens ne sont en somme que les descendants intellectuels d'un prêtre Égyptien, Moïse.

L'initiation donnée dans les mystères d'Osiris ou d'Isis ne s'est pas arrêtée à Moïse. Elle a continué depuis ; Orphée a répandu les enseignements reçus en Égypte dans toute la Grèce. Successivement Pythagore, Platon et tous les grands philosophes ou législateurs de l'Occident sont venus se retremper à la source originelle. De là l'existence, parallèlement à la tradition juive et au Sepher (conservés dans une petite contrée, par un seul peuple), d'une tradition aussi profonde, quoique plus imagée : celle du Polythéisme grec.

L'Égypte et ses mystères dominent encore, au moment de la naissance du christianisme, toute l'intellectualité de l'Occident.

Les initiés, se reconnaissant à certains signes secrets, circulent à travers le monde, allant porter le mot d'ordre dans les temples de tous les dieux où enseignent les prêtres savants, représentants régionaux de l'Université d'Égypte désignée mystiquement sous le nom collectif d'*Hermès Trismegiste*[1].

---

1. C'est-à-dire Hermès (centre scientifique) possédant les trois ordres de Sciences (Université), science des faits, science des lois et science des principes, tandis que les facultés régionales ne possédaient qu'un ou deux de ces ordres de sciences (voy. chap. 1er).

Apulée, vers 140 après Jésus-Christ, pourra encore se faire initier aux mystères d'Osiris, preuve de leur existence à cette époque encore.

Si les Esséniens dérivés par Moïse de la souche primitive, possèdent encore la tradition, le centre primitif lui-même, l'Université d'Égypte possède aussi cette tradition qu'elle a diffusée de son mieux en Occident, grâce à Orphée et à ses disciples.

Tels sont les deux éléments en présence au moment où les Esséniens vont s'efforcer de sauver leur dépôt sacré par la création du christianisme.

Ceci nous amène à dire quelques mots de la création d'une religion telle qu'on peut la concevoir d'après les données de la Science occulte.

A propos de la méthode de transmission de la tradition, nous avons montré que tout enseignement complet se composait de trois parties :

1° Une partie exotérique en général mythologique ;

2° Une partie ésotérique ;

3° Un culte formant le lien entre ces deux parties.

Une source immédiate d'erreurs irréparables, c'est la confusion de ces trois parties. Pour le polythéisme, cette erreur n'est pas à craindre jusqu'à présent, puisqu'on ignore encore l'existence d'un ésotérisme et que le culte est à peine étudié ; l'exotérisme ou la partie mythologique est donc seule connue.

Or, l'origine de cette mythologie c'est, nous l'avons vu la matérialisation des *principes* qu'on habille en bonshommes pour les besoins de la légende.

Les anciens écrivaient souvent l'histoire d'après une méthode analogue. Ne faisant aucun cas des individus, ils racontaient l'évolution sociale des principes incarnés par ces individus, écrivant l'histoire du despotisme et l'origine d'un peuple sans s'occuper du nombre successif de despotes qui avaient incarné ce principe, et le reste à l'avenant.

Il suffit de considérer attentivement l'origine de presque toutes les religions pour y trouver l'application de la même méthode.

Un créateur, homme véritablement divinisé par le génie qu'il déploie dans les réalisations de son idée, pose les bases d'un nouveau culte qui doit avoir un triple but, scientifique, social et religieux.

L'histoire de cet homme ne saurait être contée au jour le jour comme nous le faisons à notre époque. Tout étant réglé par la loi de l'analogie, c'est le principe ésotérique plus ou moins élevé, révélé par l'initiation, qui est décrit dans son évolution.

Voilà pourquoi le début et la fin de l'histoire de *Moïse* sont purement mythiques.

Il en est de même pour l'histoire *d'Orphée*.

Il en est aussi de même, quoi qu'on semble prétendre, pour l'histoire de Jésus.

On n'a pas voulu voir la partie *exotérique, mythologique*, du christianisme, et on a voulu faire admettre l'existence d'une étoile mystérieuse guidant trois mages, un rouge, un noir et un blanc, vers un petit enfant qui vient de naître et qui parle déjà. Il est né d'une vierge le 25 décembre.

C'est alors que les critiques et les savants, peu enclins au mysticisme de leur nature, sont venus, textes en mains, montrer que *Jésus* et *Jason* sont bien synonymes, que *Mithras* est aussi né le 25 décembre, d'une vierge pure en compagnie d'un bœuf, que *Dionysios* est aussi né le 25 décembre et que le jeune dieu, obligé de fuir, est bientôt *emporté sur un âne en Egypte*, par le vieux Silène;

enfin qu'avant l'existence de Jésus, un certain Chrishna avait eu exactement les mêmes aventures dans l'Inde, date pour date, astronomiquement parlant.

Découvrant l'histoire d'un même principe au fond de tous ces mythes, la critique contemporaine en conclut qu'il n'y a jamais eu d'individu plus dans une religion que dans l'autre, et que le nommé Jésus a beaucoup de chances pour être né dans la cervelle de quelques philosophes en quête d'un nouveau culte.

Contre ces critiques les théologiens, privés de leur meilleur moyen de persuasion, le bûcher, veulent ergoter sur l'authenticité des textes et en arrivent à nier toute la mythologie, pour établir, comme fait historique, la légende du petit enfant qui parle philosophie et de l'étoile qui descend sur la terre, exprès pour guider des mages vers le fils d'une vierge.

L'astronome proteste alors en compagnie du physiologiste, et le théologien en arrive à ressembler à un jeune enfant qui veut soutenir mordicus à ses parents qu'il est né dans un chou, au grand amusement de ceux-ci.

Cet entêtement de l'Église à soutenir des impossibilités scientifiques conduit la Science à nier toute valeur aux religions et à considérer celles-ci comme créées par quelques fourbes, pour exploiter la bêtise humaine.

Tous les livres sacrés sont considérés comme apocryphes, et l'homme indépendant, plaisantant l'ignorance du théologien et la négation du savant, se brûle la cervelle dès qu'il se sent mal sur terre afin, sans doute, d'aller puiser ses informations aux meilleures sources.

Un peu d'expérience suffit pourtant pour faire comprendre que la fourberie bâtit rarement des œuvres durables et douées d'une résistance aussi puissante que celle d'une religion.

**

Si l'on a compris ce qui précède, on verra que derrière la légende mythique, il y a un individu qui a manifesté le principe dont on raconte l'évolution et que faute de distinguer l'exotérisme de l'ésotérisme, on risque de ne plus rien comprendre à toutes ces origines.

Il est facile de nier Moïse, de dire que Pythagore n'a jamais existé et que Jésus est un mythe. Quelques rabbins inoccupés ont composé le Sepher, deux ou trois professeurs sans emploi, à l'époque, se sont cotisés pour inventer la philosophie grecque, quelques initiés ont créé le Christ entre deux danses bachiques, je veux bien; mais Israël est toujours debout, la Grèce illumine l'intellectualité occidentale de ses enseignements, et le Christianisme a pris un bel essor, pour une fourberie du temps[1].

Réfléchissons un peu et nous sentirons qu'il y a une tête unique dominant chacun de ces mouvements, comme il n'y en a qu'une pour tous les membres de l'homme. Le jour où il y aura des hommes sans tête, j'admettrai qu'une collectivité ait écrit l'Odyssée ou le Sepher, mais, jusque-là, non.

Étudiez sérieusement la Vie de l'initié qui vint manifester en Occident *le Principe de Christos*, qu'y trouverez-vous?

1° Une charpente mythique, énonçant une série *de lois ésotériques*, correspondant à la marche du Soleil si vous voulez ;

---

1. Les études artistiques du célèbre peintre *James Tissot* sont plus probantes en faveur de l'existence du Christ que tous les travaux réunis des critiques contemporains.

2° Une série de *faits précis* arrivés en des endroits déterminés géographiquement et faciles à contrôler;

3° L'existence d'un personnage tantôt entièrement divin, tantôt purement humain, évoluant entre cette mythologie et ces faits.

Le divin apparaît avec la mythologie, l'humain avec les faits.

Laissez de côté la naissance et la résurrection toutes symboliques de ce Jésus et vous trouverez un envoyé de ces *Esséniens*, dépositaires de la tradition kabbalistique, dans ce révélateur qui parle au peuple par *paraboles* (1ᵉʳ sens exotérique), qui initie ses apôtres futurs au *sens véritable* de ces paraboles (2° sens-intelligible.-Lois) et qui révèle la *totalité de sa doctrine* à son disciple favori saint Jean (3° sens).

M. Édouard Schuré a écrit en maître une admirable vie de Jésus [1], essayant de concilier la mythologie et les faits, sans pouvoir toujours y parvenir.

L'Apocalypse et le début de l'Évangile de saint Jean sont là pour prouver l'origine toute kabbalistique de cet initié parvenu à la force de manifestation de l'Éternel Christos [2].

Les évangélistes écrivent *la Vie du Maître* en la composant d'après les lois, toujours suivies à l'époque, de l'ésotérisme.

Saint Jean seul écrit l'histoire du Principe manifesté de son origine à ses fins mystiques.

Les 24 vieillards, les anges et leurs fonctions, le chiffre de la bête, c'est de la kabbale appliquée, c'est la preuve de la possession intégrale de l'ésotérisme moïsiaque.

---

1. Edouard Schuré, *les Grands Initiés*.
2. Un livre rabbinique, le *Sepher Toldos Jesshu*, affirme l'existence du Christ et prétend qu'il avait volé la véritable prononciation du tétragramme (יהוה); de là ses miracles; ce symbole indique que Jésus, de l'avis même des Juifs kabbalistes, est un grand initié.

Les Esséniens seuls possédaient cette tradition, c'est de chez eux que sort le Christianisme.

Au moment où les disciples de l'Essénien Jésus viennent annoncer au monde la venue du Sauveur, du Christ, de singuliers adversaires surgissent tout à coup.

Saint Pierre se trouve en présence de *Simon le Magicien*, initié à la Science occulte, faisant une partie des miracles accomplis autrefois par le Christ et venant de son côté prêcher *la Gnose*.

En face de la révélation des Esséniens se dresse celle des mystères d'Égypte ; la tradition sort à la fois des deux sanctuaires qui la renfermaient.

Les critiques fort savants qui se sont occupés de la Gnose avouent qu'ils n'en peuvent découvrir l'origine, et supposent que c'est un ramassis de quelques doctrines courantes. Ce que nous avons dit permettra de saisir ce mystère.

Les Gnostiques affirment aussi que c'est d'abord le principe Χριστος ou Christos qui s'est manifesté ; mais remontant à des sources qui ont conservé plus purement la tradition, ils établissent toute la filiation de ce Christos.

Il y aurait un bien beau travail à faire en comparant l'enseignement de la Gnose avec la traduction correcte de la Bible d'une part et l'Apocalypse d'autre part, on y trouverait, sous des noms différents, l'étude des mêmes principes, on y retrouverait l'enseignement profond des mystères primitifs.

Moïse, Pythagore, Platon, Zoroastre ont puisé leurs connaissances dans ces mystères ; aussi la Gnose renferme-t-elle du Platonisme, du Judaïsme, du Christianisme et de la religion persane même. Ce n'est pas le Gnosticisme, essentiellement synthétique, qui vient de ces cultes, ce sont eux qui proviennent de la même source.

La Gnose est donc l'essai de l'Université d'Égypte cherchant à remplacer le Polythéisme, primitivement émané d'elle, par une nouvelle révélation, plus ésotérique encore dans ses bases que le Christianisme qui venait de naître.

Les Esséniens envoient Jésus comme révélateur, l'Égypte lui oppose Apollonius de Tyane, aussi puissant par ses miracles, le véritable fondateur de la Gnose.

Simon le Mage ne sera qu'un continuateur, éminent il est vrai, d'Apollonius.

Quelques années après la mort de Jésus, la tradition se trouve donc possédée par trois courants bien nets.

1° LE COURANT ESSÉNIEN : ésotérisme kabbalistique (*venant de l'Égypte par Moïse*).	Christianisme
2° LE COURANT ÉGYPTIEN : ésotérisme primitif (*venant directement des mystères sacrés ; essai d'une nouvelle révélation*).	Gnosticisme
3° LE COURANT POLYTHÉISTE : exotérisme apparent (*reste de l'ancienne révélation égyptienne, par Orphée*).	Néo-platonisme École d'Alexandrie

Il nous faut résumer rapidement l'histoire de ces trois courants.

§ 4. — LA GNOSE

Le courant essénien manifesté par le Christianisme est celui qui devait prendre par la suite la plus grande importance politique, tout en perdant presque totalement les clefs de la tradition.

A la suite de Jésus, ses disciples continuent son œuvre et lui assurent l'immortalité en donnant consciemment leur vie pour elle.

Une loi peu connue enseigne en effet que tout individu qui meurt injustement pour son idée devient l'âme même de cette idée qui se constitue de ce fait un être réel, quoique invisible ; aussi les martyrs assurent-ils le succès d'un mouvement d'autant plus rapidement qu'ils sont plus nombreux.

Saint Jean, relégué à Pathmos en dehors de toute lutte active après une carrière tout apostolique, écrit le livre de la Révélation, *l'Apocalypse*, et meurt peu après (101).

Saint Pierre et saint Paul, les deux réalisateurs pratiques du Christianisme, surtout le second, étaient déjà morts martyrs depuis l'an 67 après une lutte acharnée contre les deux doctrines rivales, le Polythéisme et le Gnosticisme.

Depuis l'an 33 jusqu'à l'édit de Milan (313) qui fait du christianisme la religion officielle de l'Empire définitivement formulée par le concile de Nicée en 325, ce ne sont que luttes âpres contre les hérésies et longues suites de persécutions.

Néron (64-68), Domitien (95), Trajan (106), Marc-Aurèle (166-177), Septime Sevère (199-204), Maximin (235-238), Dèce (250-252), Valérius (258-260), Aurélien (275), Dioclétien (303-313) cherchent par tous les moyens politiques en leur pouvoir à étouffer la nouvelle doctrine, mais sans y parvenir.

D'autre part les hérésies sans cesse naissantes qu'il faut combattre à tous moments ; voilà certes plus de raisons qu'il n'en faut pour justifier la perte rapide de la tradition ésotérique par les chrétiens.

Cette tradition est cependant encore bien vivante, quoique voilée :

1° Dans la partie mythologique et tout exotérique de la légende du Christ ;

2° Dans les livres sacrés, surtout dans ceux de saint Jean ;

3° Dans le culte, révélation des mystères des Esséniens, et par suite de ceux des Égyptiens eux-mêmes.

Mais le caractère dominant du Christianisme sera toujours le côté politique et militant. De nombreux schismes prendront naissance par la suite, des hérésies nouvelles seront sans cesse un sujet d'ardentes polémiques pour les défenseurs de la nouvelle foi ; le culte suivra en cela la loi fatale qui semble poursuivre tout mouvement religieux ou philosophique.

La tradition survivra bien à tous ces bouleversements et à toutes ces luttes ; mais elle sera perdue pour ses détenteurs de même que le sens du Sepher est perdu pour les Juifs. Ce n'est donc pas là que nous pourrons en suivre la transmission totale.

.

Nous n'avons que quelques mots à dire du courant polythéiste.
La destruction de l'Université mère d'Égypte par la louve

romaine c'était la ruine de toute l'organisation secrète des initiations et des facultés régionales.

En vain *Apulée* (120-190) dévoile-t-il dans l'admirable symbole de *Psyché*[1] l'ésotérisme de la révélation d'Orphée après avoir été s'instruire aux sources primitives en se faisant initier aux mystères d'Osiris.

En vain *Ammonius Saccas* fonde-t-il en 193 cette célèbre ÉCOLE D'ALEXANDRIE, dernier rempart d'un monde qui jette une lueur grandiose avant de s'abîmer dans le néant, le courant polythéiste illustré par *Plotin* (205-270), Porphyre (233-304), Jamblique (325), Proclus (480), etc., est définitivement anéanti en 529 sous l'influence des progrès du christianisme triomphant.

Une philosophie, aussi élevée soit-elle d'ailleurs, est toujours impuissante à lutter contre un culte sérieusement organisé.

Ce n'est donc pas non plus dans ce courant que nous pourrons suivre la tradition ésotérique. Nous y trouverons cependant de précieuses indications sur le rituel secret des mystères anciens, mais rien de plus.

Que nous reste-t-il donc à considérer?

La Gnose.

LA GNOSE

La Gnose est essentiellement un ensemble de connaissances acquises par des voies mystérieuses échappant généralement aux procédés d'instruction connus.

Le courant gnostique apparaît tout à coup au commencement du second siècle et prend de suite une très grande importance.

Révélation des enseignements ésotériques tenus jusque-là enfermés dans les sanctuaires, la Gnose vient allier le Polythéisme dans son essence aux mystères les plus profonds révélés par le christianisme.

Les gnostiques allient les procédés de calcul mystiques employés dans la Kabbale, aux déductions philosophiques d'où sont dérivées les religions diverses.

Jésus avait trouvé dans Apollonius un sérieux rival; mais Jésus, vainqueur de la fatalité par son mépris pour la mort, n'avait pas eu de peine à garder la victoire, supérieur en vertu à Apollonius, malgré les austérités et la haute initiation de ce dernier.

Saint Pierre trouva un adversaire bien redoutable pour lui dans

1. *L'Ane d'Or* d'Apulée.

Simon le Mage qu'on considère généralement comme le créateur de la Gnose conjointement avec Cérinthe.

La doctrine révélée par ces deux hommes supérieurs renferme intégralement toutes les données de l'ésotérisme; aussi voit-elle son succès s'accroître de plus en plus en même temps que les sectes diverses se créent poursuivant chacune un point particulier de la tradition.

M. Matter, qui a fait une fort belle étude historique sur le Gnosticisme, le divise en cinq groupes principaux différant entre eux par certaines considérations doctrinales, à peu près comme les diverses sectes chrétiennes de nos jours.

Ces groupes sont :

1° *Le groupe primitif* ou palestinien fondé, ce qui est curieux, presque entièrement par des Juifs (non esséniens) :

    Simon le Mage
    Ménandre
    Dosithée
    Cérinthe

appartiennent à ce groupe.

. . .

2° *Le groupe syriaque* que Saturnin et Bardesane d'Édesse représentèrent.

. . .

3° *Le groupe égyptien*, celui qui dérive le plus directement des mystères, celui qui renferme la tradition secrète plus que tous les autres.

La théorie kabbalistique pure des *Abraxas* lui est personnelle. Ses représentants les plus illustres ont donné naissance à des groupes imposants, ce sont :

1° Basilide. — Mage, initié à tous les mystères.
2° Valentin. — Chrétien possédant l'ésotérisme complet. Révélation de la tradition dans ses plus importantes divisions.
3° Les Ophites. — Dérivent du système précédent.

. . .

4° *Le groupe sporadique* avec Carpocrate.

.*.

3° *Le groupe asiatique*, un des plus importants par son ardeur à soutenir la lutte, illustré par Cerdon et Marcion.

Cette variété de doctrines vient de ce que chaque initié, chaque faculté régionale devenus libres de leur serment de silence cherchèrent à retrouver la totalité de la tradition, avec le peu qu'ils possédaient par eux-mêmes, de la Science Occulte.

C'est pour cela que le groupe égyptien directement dérivé de la source primitive est le plus avancé comme connaissances et possède presque intégralement la tradition.

Alors que le Polythéisme s'effondra sans rien laisser que ses livres et ses légendes, le Gnosticisme ne fut jamais anéanti. Quand le courant du Christianisme politiquement vainqueur s'empara de la direction intellectuelle de l'Occident, la Gnose persista à l'état de tradition secrète transmise dans les mystères des associations occultes. Nous allons la retrouver sous le nom de Philosophie hermétique dans tout le moyen âge ; les Templiers qui avaient été se faire initier au lieu d'origine étaient aussi des Gnostiques, de même que les Francs-Maçons le seront plus tard à leur insu.

De toutes les voies par lesquelles s'est conservée la tradition le Gnosticisme est donc l'une des plus puissantes.

Nous allons donner à ce propos deux études récentes de M. Jules Stany Doinel, un fervent apôtre de ces doctrines à notre époque, bien plus compétent que nous-même en ces questions.

La première de ces études expose le système de Valentin, l'autre montre *pièces en main* la survivance de la Gnose comme culte au XI° siècle. Le lecteur nous saura gré, nous l'espérons, de ces deux extraits.

LA GNOSE DE VALENTIN

A mes frères et mes sœurs de l'Église Gnostique répandus dans les ténèbres de ce monde Hylique.

I

J'aborde la gnose de Valentin.

C'est la gnose complète. Je l'aborde avec foi, enthousiasme et tremblement, car je sens que l'heure est venue où la Doctrine longtemps muette, longtemps cachée, longtemps persécutée, va jeter sur les hommes de cette fin de siècle sa clarté salutaire et libératrice.

Je remercie Papus de m'avoir ouvert l'*Initiation*, pour cet apostolat gnostique. Le jour n'est pas loin où je pourrai avec l'aide des Saints Eons exposer en public, devant les hommes de bonne volonté du grand et noble Paris, l'Évangile pour lequel ont vécu, lutté, souffert, pleuré, versé leur sang, les martyrs, les apôtres, les docteurs et les initiés depuis Simon le Mage jusqu'au glorieux Albigeois.

Notre âge est vraiment privilégié. Il voit refleurir la Kabbale, la Théosophie, l'Initiation, l'Astrologie, la Science occulte. Il assiste à un réveil prodigieux. Toute une constellation d'esprits éminents resplendit dans son ciel psychique. Des revues, des journaux, des livres, répandent la lumière de l'Orient sur notre terre occidentale. L'absolu se manifeste. N'est-il pas juste que la gnose qui a rayonné pendant plusieurs siècles et qui s'est presque éteinte, reparaisse à son tour dans le firmament des âmes ? Je ne suis qu'une voix qui la proclame, cette voix ne résonnera pas dans le désert. Mais que tout profane s'écarte. Nous ne jetons pas les perles d'Ophir devant les Hyliques ignorants.

II

Le principe de la Gnose est celui-ci :

L'ABSOLU ÉMANE DES FORCES DIVINES QUI SONT SES HYPOSTASES. CES ÉMANATIONS SONT PROJETÉES PAR COUPLES (Syzygies) DE SÉRIES DÉCROISSANTES, CE SONT LES ÉONS.

Διὸς καὶ τοὺς Αἰῶνας ἐποίησε, dit Apollos dans l'épître aux Hébreux (t. II).

Au commencement était le SILENCE, Éon éternel, source des Éons, l'invisible Silence, l'innommé, l'ineffable, l'ABIME ; la langue vulgaire l'appelle Dieu.

Principe et cause, infini, enveloppé de soi-même, il n'agissait pas. Mais dans son silence inviolé deux « générateurs », le principe mâle et le principe femelle, l'un, le mâle, illuminateur d'en Haut, l'autre, la femelle, illuminateur d'en Bas, contenaient la racine, la source de l'Être, ou plutôt étaient eux-mêmes la racine et la source.

L'ABIME (Buthor), s'enveloppant ainsi soi-même, se contemplait avec sa coéternelle épouse, la PENSÉE (Ennoia). Silencieuse comme Lui, Ennoia recevait dans cet inexprimable embrassement le germe fécond, le germe divin des Émanations. C'est par Ennoia que l'ABÎME allait engendrer. Car il était amour, et l'amour aspire à se répandre. Et il n'y a pas d'amour qui ne veuille quelque chose à aimer.

III

L'ABIME voulut donc se répandre, et avec la *Pensée* il émane l'INTELLIGENCE, l'Éon Noûs, le premier-né (Monogenès), seul capable de comprendre la grandeur de son Rêve. C'est le premier des Éons, l'Ἀρχή, il est mâle, et Dieu se révèle par lui. L'acte qui l'émane émane en même temps sa compagne, sa parente, l'absolue VÉRITÉ (Alêtheia), Éon femelle à côté de l'Éon mâle, subjectivité à côté de l'objectivité. C'est ainsi que se constitue la première Tétrade.

1 — 2. Sigê-Ennoia (*Silence et Pensée*).
3 — 4. Noûs-Alêtheia (*Intelligence-Vérité*).

Cette première tétrade est la manifestation intérieure, *interne*, de l'Absolu.

Les Éons sortis de Dieu émanèrent à leur tour comme Dieu. Noûs et Alêtheia engendrèrent la PAROLE et la VIE (Logos et Zôê). Logos et Zôê émanèrent l'ESSENCE-HUMAINE (Anthropos) et l'ASSEMBLÉE (Ecclêsia). On doit savoir qu'Anthropos est l'Homme-Type dont notre Humanité n'est qu'une copie lointaine, et qu'Ecclêsia est l'Ensemble du Cosmos. De sorte que Anthropos, mâle, et Ecclêsia, femelle, sont les deux archétypes du monde de l'Intelligence et de celui de la matière.

C'est la seconde tétrade.

5 — 6. Logos-Zôê.
7 — 8. Anthropos-Ecclêsia.

Avec la première tétrade, cette deuxième tétrade constitue l'Ogdoade qui condense les ineffables beautés de l'UN, de l'ABSOLU.

IV

Comme leur Père, les Éons allaient émaner, toujours par syzygie, par couple, par principe mâle et par principe femelle. Logos et Zôê émanèrent donc et projetèrent :

1 — 2. — Bythios et Mixis.
3 — 4. — Ageratos et Hénosis.

5 — 6. — Autophyès et Hedonè.
7 — 8. — Akinétos et Synkrasis.
9 — 10. — Monogenès et Makana.

Ces dix Éons forment la Décade.

Anthropos et Ecclèsia émanèrent et projetèrent :

1 — 2. — Paraclutos et Pistis.
3 — 4. — Patricos et Elpis.
5 — 6. — Mètricos et Agapè.
7 — 8. — Aeinous et Sunèsis.
9 — 10. — Ecclèsiasticos et Makaridès.
11 — 12. — Thélètos et Sophia.

Ces douze Éons forment la Dodécade.

La réunion de l'Ogdoade, de la Décade et de la Dodécade, manifestant par degrés successifs et descendants l'ABSOLU, constituent la PLÉNITUDE, ou, pour parler le langage de Valentin, le PLÉROME.

Chacun des Éons est une hypostase de la vie de l'ABIME DIVIN, un type qui le reproduit, un échelon mystérieux pour monter jusqu'à lui. L'Ogdoade est plus élevé que la Décade, et la Dodécade moins élevée. Valentin disait avec Paul (*Colossiens*, II, 9) : « En elle habite le PLÉROME de la divinité. » — « Ἐν αὐτῷ κατοικεῖ πᾶν τὸ Πλήρωμα τῆς Θεότητος. »

Ces notions contiennent l'essence de la Théologie du grand Valentin. Nous devons maintenant exposer avec la même clarté simple et sans emphase la cosmogonie de ce docteur de la Gnose.

V

Tous les Éons émanés de l'ABIME ne connaissaient pas son essence, sa nature. Seul, Noûs (l'intelligence) la connaissait, étant le principe mâle sorti de lui et d'Ennoia. « Personne, disent Mathieu et Luc, ne connaît le Père, si ce n'est le Fils. » (Math., XI, 27 ; Luc., X, 22.)

Cette science parfaite cependant était ambitionnée par tous les Éons. Ils émanaient de Dieu, ils tendaient à Lui, ils l'aimaient, ils étaient dévorés du désir insatiable de le connaître. Noûs leur aurait communiqué cette science parfaite si le SILENCE éternel le lui eût permis. Mais il ne le permit pas.

Par suite de l'émanation à mesure que les Éons émanés s'éloignaient de leur source, du foyer de l'Infini, leur ignorance de ce mystère ineffable allait croissant et leur langueur s'augmentait. Leur insatiable désir devenait une véritable souffrance. Cette souffrance, Sophia la ressentait à un degré incalculable. Elle était le dernier Éon de la Dodécade, le plus loin du Père, par là même le plus ignorant du secret de sa Nature. Unie à Thélêtos (volonté), elle ne pouvait supporter son principe mâle. Elle avait soif de l'Abîme. Elle désirait s'unir avec Lui. Elle aimait la source des émanations, le père des Éons, le premier Éon. Elle luttait ainsi contre l'impossible. Et dans la violence passionnée de cette lutte, elle se serait perdue, anéantie, si la Limite, l'Éon Horos ne lui avait été envoyée par Sigé (le Père). Horos fit rentrer Sophia dans les limites de son être, dans les bornes de sa nature. Émané pour restaurer l'harmonie du Plérome troublée par les langueurs de Sophia, Horos se sentit impuissant à remplir toute sa mission, car, dans sa passion d'amour indicible, Sophia avait déjà gravi les sublimes échelons de la Plénitude.

Il fallut aider Horos. C'est pourquoi Noûs émana un couple nouveau : Christ et Pneuma (l'Esprit). Ces deux Éons devaient pacifier le monde divin du Plérome.

Christ apparaissant aux Éons leur expliqua le déploiement de l'Absolu, ses lois, ses règles, ses exigences, sa norme. Grâce à lui, les Éons comprirent que l'Absolu, incompréhensible en soi, ne peut être perçu et saisi par ses manifestations, ses émanations, son devenir successif et que son incommunicable essence reposait dans l'éternel Sigé (Silence).

Après Christ, Pneuma parla aux Éons et leur enseigna la sainte résignation et la sainte paix de l'acquiescence.

VI

Cependant les langueurs de Sophia n'avaient pas été stériles. Sans le secours de son parent Volonté, elle avait enfanté d'ellemême, durant ses ardeurs inassouvies, un Éon femelle émané de son désir de s'unir à l'Abîme.

Cet Éon, Achamoth, ou Sophia-terrestre, précipité en naissant du Plérome, exilé dans le chaos, errait hors des limites du Monde divin que lui barrait impitoyablement Horos.

Achamoth, en tombant du Plérome, avait eu la vision rapide de la Lumière ineffable qui lui était ravie. Le sentiment de sa chute, la pensée torturante de son isolement la poursuivaient dans son exil. On pourrait lui appliquer ces beaux vers du poète ésotérique, Lamartine :

> Tout mortel est semblable à l'exilé d'Éden,
> Lorsque Dieu l'eut banni du céleste jardin ;
> Mesurant d'un regard les fatales *Limites*,
> Il s'assit en pleurant aux portes interdites.
> Il entendit de loin, dans l'immortel séjour,
> L'harmonieux soupir de l'Éternel amour.

Souvent l'infortunée s'élançait jusqu'aux confins de la Plénitude. Horos la repoussait, comme l'archange au glaive flamboyant de la Bible repoussait Adam et Ève des portes resplendissantes du Paradis.

Alors, Achamoth roulait dans le vide et pleurait :

> Borné dans sa nature, infini dans ses vœux,
> L'Homme est un Dieu tombé qui se souvient des Cieux.

De ces larmes sacrées naquit l'élément humide. De cette tristesse auguste sortit la matière.

Alors, Horos eut pitié d'Achamoth. Il émana pour la consoler l'Éon Jésus, dont elle devint la compagne et qui fit briller sur elle un reflet du Plérome.

Ainsi rachetée et réhabilitée, Achamoth émana trois éléments : le Pneumatique, le Psychique, l'Hylique. De ces trois éléments elle forma le Démiurge, ouvrier inconscient des mondes d'en Bas.

VII

Démiurge, qui avait en lui tout à la fois le reflet du Plérome et l'élément naturel, sépare le principe hylique du principe psychique, primitivement confondus dans le chaos, et en créa six mondes gouvernés par six Éons. Ces six mondes sont les sphères d'en haut, la zone sextuple du Firmament.

Avec le principe hylique, Démiurge organisa le monde matériel : « Ce monde subsiste en Dieu, disait Valentin, comme une tache sur une tunique blanche. » L'Éon de ce monde matériel est Satan, appelé aussi l'Archôn de ce monde par saint Paul. Satan est né de la matière, en même temps que son escorte d'esprits pervers.

Bientôt Démiurge voulut combattre la méchanceté de Satan. Il lui opposa un adversaire, l'homme.

L'âme de l'homme est formée d'un rayon du principe psychique ; son corps, d'un fragment hylique de la matière. Achamoth insinua alors dans l'homme un germe pneumatique. De là la triple nature de l'homme.

Démiurge fut jaloux de son œuvre quand il vit qu'elle était ennoblie par le germe pneumatique, étincelle du Plérome. Pour se venger, il imposa à l'homme l'obligation de s'abstenir du fruit savoureux de l'arbre de la Science du Bien et du Mal.

L'homme désobéit à cette loi, se révolta contre Démiurge et fut chassé du Paradis. Une triple enveloppe hylique empoisonna son âme. Démiurge le soumit aux appétits des sens et lui donna le goût des voluptés, afin d'étouffer en lui le germe de la lumière, la clarté pneumatique que lui avait donnée Achamoth.

Achamoth bienfaisante et douce, pitoyable et maternelle, Achamoth, « sel de la terre » et « lumière du monde », donna alors à l'homme la GRACE, cet invisible secours qui lui permet de résister aux natives concupiscences.

Les hommes sont divisés en trois classes :

Les Pneumatiques ou Gnostiques, esprits supérieurs et initiés, qui suivent la lumière d'Achamoth ; les Psychiques, flottant entre la lumière et les ténèbres, entre Achamoth et Démiurge ; les Hyliques, sujets de Satan, dont l'âme est matérielle et qui seront anéantis.

Seth, Abel, Caïn, représentent ces trois catégories.

VIII

Il nous reste à exposer la Rédemption, d'après Valentin.

Notre monde à nous Hommes a été racheté par l'Éon Jésus. Il est venu par le canal immaculé de l'Éon Miriam que nous nommons Marie. L'Éon Jésus n'a rien de matériel. Il est formé d'un principe psychique emprunté à Démiurge et d'un corps astral. Il est animé par Christ, qui quitta le Plérome et se reposa sur lui, en lui communiquant la puissance absolue sur le monde de Satan.

Son enseignement a racheté et rachète encore les Pneumatiques. Au moment de la Passion, Christos, Éon impassible, le soutint et le fortifia. La Croix (Stauros), devenue la limite qui sépare les Pneumatiques des autres hommes, est le symbole sacré de la Gnose.

Telle est, dans son ensemble, la doctrine de Valentin. Elle répond à toutes les difficultés. Jamais l'Absolu ne s'est manifesté plus lumineusement que dans cette admirable épopée qui se passe successivement dans les trois mondes. Il resterait à parler de la morale gnostique. Qu'il suffise maintenant de dire qu'elle proclame Dieu innocent du mal, de la douleur et de l'injustice.

L'origine du Mal nous fournira la matière d'une autre étude.

Veuille l'Éon qui accompagne chacun de nous nous éclairer, nous illuminer, nous purifier. Ἀμήν !

JULES STANY DOINEL.

LES GNOSTIQUES D'ORLÉANS

LE MARTYR ÉTIENNE

I

Ce ne fut pas sans une émotion profonde que je découvris cette année une charte authentique du XI° siècle, de la main d'un des martyrs de la Gnose, en 1022, le chancelier épiscopal Étienne.

Oui, de sa main, comme l'atteste cette suscription : STEPHANUS CANCELLARIUS SCRIPSIT : Étienne, chancelier, l'écrivit !

Précieuse, unique dépouille du chef de la Gnose Française ! Incomparable et rare monument ! Inappréciable relique ! Tant d'églises montrent avec orgueil les ossements des saints, des saints catholiques, des saints romains que nous pouvons bien, nous, arborer, vénérer, avec un enthousiasme légitime, les caractères respectés par le Temps que traça l'auguste main de la victime du féroce successeur de Hugues Capet et des évêques du synode d'Orléans, ses complices.

II

La charte est datée du mois de février, l'an 29 du roi Robert.

Le roi Robert a daté ses diplômes en comptant de trois manières différentes les années de son règne. D'abord, il a compté à partir de son sacre à Orléans, 25 décembre 987, puis, à partir de la captivité du carolingien Karl de Lorraine, 29 mars 991 ; enfin, à partir de la mort de Hugues Capet, 24 octobre 996 [1].

1. Ms. Ch. Pfister, *Études sur le règne de Robert le Pieux*. Paris, Vieweg, 1885; p. XLII.

C'est d'après le premier de ces systèmes qu'est daté notre précieux monument. Le mois de février de la vingt-neuvième année correspond, dans ce système, au mois de février 1017, nouveau style.

En cette année 1017, le siège épiscopal d'Orléans était occupé par un prélat auquel les hagiographes catholiques donnent le nom de saint Thierry II. Il avait été sacré en 1016, par l'archevêque de Sens, Leotheric. Étienne, notre bienheureux, fut choisi par lui pour chancelier. Ce titre conférait au chancelier le droit de valider les actes épiscopaux. Quelquefois, — c'est ici le cas — il écrivait l'acte de sa propre main. La formule *scripsit* attestait alors cette particulière intervention.

La formule *subscripsit* indiquait seulement le visa.

III

Le diplôme écrit de la main du martyr est revêtu de la signature autographe de l'évêque : S. Tehoderici epi ; c'est-à-dire : Seing de Thierry, évêque. Il porte en outre les *signa* du doyen de Sainte-Croix, Rotdulf; de l'abbé de Saint-Avit, Irfrid ; de l'archidiacre Tedduin, de l'archidiacre Gautier de Tedelm, clerc et prévôt épiscopal ; de l'archidiacre Letald et du sous-chantre Guarin.

En lui-même, ce vénérable monument n'a qu'une importance domaniale. Thierry II fait savoir que les moines de Saint-Mesmin de Micy lui ont demandé la concession, sous conditions censuelles, d'une vigne située dans son bénéfice de Saint-Pryvé, près d'Orléans. Cette vigne existe encore aujourd'hui au lieu dit *Villaine — in loco qui dicitur Villena —* à côté de l'église paroissiale, non loin de la grande route.

Mais si l'objet de l'acte ne lui donne pas d'autre prix que celui qui s'attache à une transaction féodale, sa forme le met au-dessus des documents les plus précieux, puisque le docteur gnostique d'Orléans, le martyr du bûcher de 1022, en a touché le parchemin, écrit le texte et consacré la valeur.

La charte mesure cinq centimètres de large sur vingt-cinq de long. Elle est rayée à la pointe sèche.

IV

Rappelons maintenant, pour attirer sur la sainte relique la vénération de nos frères Gnostiques, l'histoire de la passion de ceux qu'on nomme vulgairement les Manichéens d'Orléans.

La doctrine des Basilide, des Valentin et des Marcion, la Gnose reparut dans notre Occident, vers la fin du x° siècle et y comptait de nombreux adeptes dès les premières années du xi°.

Deux opinions se font jour sur le mode de sa propagation.

Les uns avec Muratori, MM. Schmidt, Matter, etc., lui attribuent une origine gréco-slave et lui font traverser la Thrace, la Dalmatie, l'Italie, le midi de la France.

Les autres, et c'est l'opinion de M. Pfister, la conduisent du nord au midi.

C'est affaire de discussion érudite.

Toujours est-il qu'elle se propagea dans les écoles et se répandit dans le peuple.

Toujours est-il que la *Francia*, la France des Capétiens, lui servit d'asile et que la cité d'Orléans devint son centre d'action.

Raoul Glaber, chroniqueur de ces âges reculés, Adhémar de Chabannes, les actes du synode d'Orléans, le cartulaire de Saint-Père de Chartres, la lettre de Jean, moine de Fleury, à l'évêque de Vich, nous permettent d'exposer brièvement les faits de cette étonnante résurrection gnostique dans le domaine patrimonial des Capets.

V

Les Gnostiques Pauliciens, puis les Euchites, persécutés par les empereurs de Byzance, avaient été refoulés sur l'Occident. Sous le nom de Cathares, de Manichéens, d'Enthousiastes, ils avaient formé des communautés secrètes dans le nord et dans le midi de l'Europe. Au commencement du xi° siècle, une femme d'une rare beauté et d'une haute intelligence, d'origine salve, ou gréco-slave, chassée d'Italie où elle exerçait l'apostolat de la Gnose, vint à Orléans où son prestige réunit autour d'elle, dans des assemblées secrètes, les plus pieux et les plus instruits des membres du clergé épiscopal.

Un homme qui mourut avant 1017 en odeur de sainteté et sur la tombe duquel se firent des miracles, le chantre de Sainte-Croix, l'illustre Théodat, adopta ses doctrines. Héribert, écolâtre de Saint-Pierre le Puellier, Lisois, Foucher, Étienne, chancelier de l'évêque d'Orléans, des clercs, des religieuses de Notre-Dame de Bonne-Nouvelle, des femmes, des hommes éminents reçurent de la belle sainte le *consolamentum*, l'imposition des mains et la doctrine.

Longtemps, l'église gnostique se réunit en secret, tantôt chez ces ecclésiastiques, tantôt dans les carrières de Saint-Vincent, tantôt dans les caves du quartier du Châtelet.

Officiellement les adeptes suivaient le culte romain et vaquaient à leurs affaires. Théodat siégeait dans sa stalle à la Basilique. Héribert enseignait dans son école. Étienne avait même dirigé la conscience de la reine Constancia, femme de Robert. Lisois occupait la chaire de la grande école d'Orléans.

La belle sainte mourut. Théodat la suivit de près. On l'inhuma dans la cathédrale et le peuple l'honorait comme un saint.

VI

Qu'enseignait la femme Apôtre ?

La GNOSE.

La doctrine des Éons, telle que la renferme le Nouveau Testament dans son enveloppe exotérique, telle que la prêchaient saint Paul et saint Jean, telle que le génie de Basilide, l'éloquence harmonieuse de Valentin, la belle parole de Marcias l'avaient enseignée, telle que Sergius et Basilius l'avaient redite après eux.

Dieu, principe absolu, source du Bien, de qui tout émane.

L'Éon Iahveh, égaré loin du plérome sacré, créant le monde matériel d'où sort le mal, la douleur, la mort, le péché.

Elle enseignait, la défunte, l'Éon Jésus pour racheter ce pauvre monde.

Il devait ramener à son père, à Dieu, à l'ABIME, les Purs, les Élus, les Pneumatiques, ceux que remplissait le Saint-Esprit.

Elle condamnait le baptême d'eau, la présence réelle, l'efficacité des œuvres, *la hiérarchie, les secondes noces, les sacrements*. Elle voulait rétablir le culte en esprit et en vérité.

« Voilà quelle est notre loi, s'écriait-elle, quitter le monde, dompter la chair, vivre de travail, ne léser personne, aimer son prochain. Si nous observons cette loi, il n'est pas besoin de baptême. Si nous la violons, aucun baptême ne nous sauvera ! »

VII

Après la mort de Théodat, Étienne était devenu le chef incontesté et le docteur de la Gnose.

Sa sainteté, sa science, sa bienfaisance étaient renommées dans tout le diocèse. La Doctrine se répandait comme un fleuve. Les âmes éprises d'idéal s'y désaltéraient.

Soudain la tempête agita ces eaux calmes et profondes.

Un clerc aux gages d'un chevalier normand, baron du duc Richard, était venu à Orléans s'asseoir sur les bancs célèbres de l'École épiscopale. Étienne et Lisois remarquèrent son intelligence, sa soif de savoir, sa candeur d'âme et l'admirent aux enseignements secrets de la Gnose. Quand ce clerc, nommé Héribert, revint chez son seigneur, il lui parla avec ardeur et foi vive de la céleste doctrine qu'il avait reçue dans le sein de l'École mystique. Le chevalier, le rude Aréfast, bien loin de goûter cette doctrine, dénonça au duc et au roi et l'enseignement et les Docteurs. Robert, esprit étroit, cœur douteux, nature servile, tremblait devant le soupçon d'hérésie. Il regardait, de plus, tout dogme ésotérique comme un attentat contre son pouvoir. Il ordonna au chevalier de se rendre à Orléans, d'espionner les Hérétiques et de lui révéler leurs noms, se réservant de les livrer à sa barbare justice.

Aréfast partit, s'arrêta à Chartres et y reçut d'un chanoine de Notre-Dame, les instructions qui devaient l'aider à découvrir la secte et les sectaires.

« Recommandez-vous d'Héribert, lui dit ce prêtre. Feignez d'être un Adepte. Faites-vous initier aux mystères, puis, pour la gloire de Dieu et le salut de cette couronne et de la sainte Église, dévoilez au Roi ce que vous aurez appris. »

VIII

Aréfast entra donc dans l'Église de la Gnose, reçut l'imposition des mains, prit place aux assemblées, à la table des Frères, donna et reçut le baiser de paix.

C'était vers la fin de l'an 1022.

Le roi Robert. qui suivait les opérations du traître, convoqua un synode de prélats et des barons. Là, siégèrent Oldoric, évêque simoniaque d'Orléans ; Léotheric et Gauzlin, archevêques de Sens et de Bourges ; Francon et Warin, évêques de Paris et de Beauvais.

Le 25 décembre, jour de Noël, les Gnostiques réunis dans la maison d'un des Frères célébraient la naissance spirituelle de l'Éon Christos dans les âmes des Pneumatiques ; Aréfast priait et chantait avec eux. Tout à coup la maison fut cernée par les soldats, les frères et les sœurs furent saisis, couverts de chaînes, conduits sans délai devant le Synode qui, sous la présidence du roi et de la reine, délibérait dans le chœur de la cathédrale.

Aréfast dénonça les Gnostiques. Warin, évêque de Beauvais, se leva pour combattre leurs doctrines. Alors le vénérable Étienne prononça ces paroles : « Taisez-vous, seigneur Évêque ! Faites de nous ce qu'il vous plaira. Déjà — et d'un regard inspiré et d'un geste sublime, il chercha la voûte du temple et le ciel qui brillait à travers les vitraux — déjà nous voyons notre Roi qui règne dans les Cieux. Il nous tend les bras. Il nous appelle à sa gloire. Il nous montre les joies invisibles ! »

IX

Plus rudes que le fer !

C'est ainsi que les actes du Synode qualifient ces héros. Ils durent pendant neuf heures subir les interrogatoires, les outrages, les exhortations. Mais comme ils refusaient de renier la GNOSE, Robert fit dégrader les prêtres et les clercs, et les évêques prononcèrent sur eux la formule d'excommunication. Au dehors la foule fanatique grondait. Des cris de mort se faisaient entendre, et, pour contenir l'émeute, la reine Constance debout devant le portail romain, une canne à la main, entourée de courtisans, s'interposait entre la basilique et le peuple affolé.

On avait dit à ce peuple que les hérétiques invoquaient le diable, brûlaient les petits enfants, donnaient leurs cendres aux malades, et se livraient entre eux dans les ténèbres des assemblées à de monstrueux accouplements, où ni le sexe, ni l'âge, ni la parenté elle-même n'étaient respectés.

Quiconque a vu les foules excitées, quiconque a lu les excès de la Saint-Barthélemy, de la Ligue, des massacres de 1792 et de la Commune sait ce que l'on peut faire des bandes brutales, crédules et cruelles.

Enfin, les portes s'ouvrent et le cortège apparut, salué par des clameurs homicides. Les soldats firent un rempart de fer aux condamnés.

Chose horrible ! quand le bienheureux Étienne passa devant la reine, sa pénitente, l'altière et détestable Constance le frappa au visage de sa canne et creva l'œil du martyr.

X

La sinistre procession d'évêques, de courtisans, de prêtres, de soldats entourant les victimes traversa les flots houleux de la multitude, se dirigeant vers la royale prison du Châtelet. On y enferma les Gnostiques. Cependant, un bûcher colossal avait été dressé à l'une des portes de la cité, probablement la porte Bourgogne.

Le 28 décembre, fête des Saints-Innocents, le pieux bourreau choisit parmi les prisonniers les chefs, les docteurs, les clercs, les laïques les plus éminents, les femmes les plus dévouées et les fit conduire à la mort épouvantable de la combustion.

Ces saints et ces saintes montrèrent une joie céleste. Ils se disputaient à qui ferait partie de la phalange élue pour le trépas. D'eux-mêmes, dit le chroniqueur, ils se présentaient aux bourreaux. Le roi en avait pris quatorze, réservant les autres à l'*in pace*, à la lente et douloureuse agonie du cachot. Sur ces quatorze, il y en eut un qui abjura. Les autres entrèrent en chantant dans les flammes. Du sein du brasier, Étienne cria qu'il ne sentait aucune douleur. Les miracles se renouvelaient pour ces martyrs. Comme le diacre Laurent, ils se voyaient sur un lit de roses. Comme les trois Hébreux, ils chantaient dans la fournaise. Leurs voix s'éteignirent dans les flammes, les uns après les autres.

Robert avait tué la GNOSE, pensait-il.

Cependant, la GNOSE n'était pas morte.

En 1023, elle reparaissait à Limoges. En 1025, elle renaissait à Arras. Un peu plus tard à Liège.

En 1200, elle fondait une église à Bardy près de Pithiviers.

L'atroce Robert le *premier* en France avait inventé le bûcher comme punition des hérétiques. Julien Haves l'a prouvé dans un savant mémoire. Depuis lors, le bûcher ne chôma plus.

Le roi abominable que l'Histoire menteuse surnomme le *Pieux* était si fier de sa criminelle invention, qu'en cette même année 1022, il datait ainsi l'un de ses diplômes :

« Actum Aurelianis, publice, anno Incarnationis M. XXII... quando STEPHANUS HERESIARCOS et complices ejus damnati et arsi sunt Aurelianis ». — C'est-à-dire : « Donné à Orléans, publiquement, l'an 1022 de l'Incarnation, quand l'HÉRÉSIARQUE ÉTIENNE et ses complices furent condamnés et brûlés ! »

Remarquons ce mot « Heresiarcos », — prince des Hérétiques !
Il est précieux. Il indique que notre bienheureux martyr était le chef et le docteur de la Gnose.

Heureux qui croit, qui aime et qui enseigne comme lui !

Plus heureux qui sait, comme lui, souffrir et mourir pour la Foi ! la Gnose sainte !

Que la date du 28 décembre devienne sacrée pour vous tous, mes frères et mes sœurs Initiés.

Jules Stany Doinel.

CHAPITRE XIII

LA TRADITION AU MOYEN AGE

L'ALCHIMIE

RÉSUMÉ MÉTHODIQUE DE L'ALCHIMIE

L'opinion courante sur l'Alchimie c'est que c'est un art mensonger tendant à faire artificiellement de l'or et qui a ruiné pas mal de naïfs à l'époque du moyen âge.

La première question qui se pose devant nous est donc de savoir comment il faut considérer cette Alchimie au point de vue de la Science Occulte.

Pour cela nous laisserons là, si vous voulez bien, les commentaires et les dissertations écrits sur l'alchimie dans les Encyclopédies contemporaines et nous nous adresserons directement à ceux que les alchimistes considèrent comme les maîtres dans leur science.

Prenons l'œuvre de Raymond Lulle par exemple. Qu'y trouvons-nous ?

Tout autre chose que les règles de cet art spécial considéré comme l'unique préoccupation des alchimistes.

Dans tout ouvrage sérieux se rapportant à la philosophie hermétique nous trouverons en effet :

1° Une philosophie profonde servant de base à une synthèse naturelle ayant comme point de départ la théorie de l'évolution étendue jusqu'au maximum et celle de l'unité de la substance et de l'unité du plan.

De là l'axiome alchimique : εν το παν. Tout est dans tout.

2° Une application judicieuse des principes de la Kabbale hébraïque alliés à la tradition égyptienne et gnostique.

3° Des pratiques nombreuses de physique, de chimie ou de biologie venant à l'appui de ces théories.

Vouloir donc ne voir dans l'Alchimie que des pratiques chimiques, c'est mutiler de la façon la plus odieuse un enseignement complet dans lequel la pratique ne venait que comme justification de la théorie scientifique.

Un véritable alchimiste c'était donc à la fois un médecin, un astronome et un astrologue, un philosophe, un kabbaliste et un chimiste. Aussi les études étaient-elles très sérieuses et fort longues, transmises par l'initiation par le maître à un ou deux disciples favoris et soigneusement cachées au profane.

A côté de ces savants, des véritables philosophes hermétiques, apparaissent des charlatans ignorants dont le but unique est l'acquisition des richesses matérielles. Ceux-là n'ont fait toujours que discréditer l'Alchimie. Les quelques milliers de volumes écrits en français qui se trouvent dans nos bibliothèques sous la rubrique de philosophie hermétique comprennent donc :

1° Des traités d'histoire naturelle ;
2° Des traités de physique et de chimie ordinaires ;
3° Des traités d'Alchimie proprement dite ou préparation de la Pierre philosophale ;
4° Des traités de philosophie et de kabbale ou d'astrologie.

5° Des sortes d'encyclopédies où tous ces genres se trouvent réunis.

Cet aperçu permet de constater que la tradition ésotérique dans toutes ses branches est représentée par la philosophie hermétique.

Comment s'est effectué le passage de cette tradition de l'Égypte en Occident?

C'est ce que nous allons voir.

L'étude des dépositaires de l'Ésotérisme nous a permis de constater que les Esséniens d'une part, les Gnostiques de l'autre avaient seuls gardé les clefs de la Science Occulte.

Les Esséniens se tenant en dehors de toute vie politique étaient restés en Palestine et avaient institué plusieurs sociétés secrètes.

Les Gnostiques avaient partout cherché à répandre leurs enseignements. Après la liberté laissée aux facultés régionales de divulguer les enseignements ésotériques, plusieurs traités concernant les pratiques de la Science Occulte avaient été écrits d'après les traditions de l'Université égyptienne elle-même.

Ces traités dont la rédaction remonte en effet environ au second siècle de notre ère, n'avaient pour but que de soulager un peu la mémoire et d'aider la transmission orale. Ils étaient divisés en deux grandes classes :

1° Ceux qui traitaient du monde invisible, de l'âme et de ses pouvoirs ; de *la psychurgie* ;

2° Ceux qui traitaient de l'application des pouvoirs de l'âme à la nature ; de la *théurgie et de l'alchimie*.

Des premiers, surtout philosophiques, nous possédons quelques fragments entièrement traduits par M. Louis Ménard [1].

Des seconds nous possédons une foule de traités constituant les ouvrages d'Alchimie proprement dits.

On s'accorde généralement à croire que toute la partie pratique de l'Occultisme est venue en Europe par les Arabes.

Les Arabes n'ont apporté chez nous les sciences qu'ils avaient reçues des gnostiques restés en Égypte, que longtemps après la prédication de la Gnose en Europe.

Or la Gnose comprenait une partie magique. Qu'on se rappelle les miracles d'Apollonius de Tyane, de Simon le Magicien et des autres gnostiques célèbres et l'on découvrira la véritable origine de cette philosophie hermétique, origine qui paraît si obscure au premier abord.

L'Alchimie représente donc bien la voie de transmission de la Science Occulte à travers l'Occident, voilà pourquoi nous allons maintenant nous occuper des travaux et des théories de ceux qui s'intitulaient les fils d'Hermès. Nous aurons donc à voir successivement :

1° Le but exotérique des alchimistes. La pierre philosophale. Sa réalité et ce qu'on peut dire de sa préparation.

2° Les textes sur lesquels les alchimistes basent leurs opinions philosophiques. — La Table d'Émeraude et ses explications.

3° L'explication des histoires symboliques qu'on trouve dans les traités d'Alchimie.

4° Comme exemple de ces applications nous donnerons *in extenso* la pratique de la préparation de la pierre philosophale écrite en style symbolique au XIX° siècle par Cyliani.

5° Enfin nous terminerons par quelques mots sur l'Alchimie à notre époque et ses partisans actuels.

---

1. Louis Ménard, *Hermès Trismégiste*, 1 vol. in-8° couronné par l'Académie.

LA PIERRE PHILOSOPHALE

Définition. — Théorie de sa préparation. — Explication des textes hermétiques. — Preuves irréfutables de son existence.

II

QU'ENTEND-ON PAR PIERRE PHILOSOPHALE ?

Cette question, si simple au premier aspect, est cependant assez difficile à résoudre. Ouvrons les dictionnaires sérieux, parcourons les graves compilations des rares savants qui ont daigné traiter ce sujet. La conclusion est assez facile à poser : Pierre Philosophale, transmutation des métaux, égale *Ignorance, Fourberie, Folie.*

Si pourtant nous réfléchissons qu'en somme, pour parler *draps*, mieux vaut aller au drapier qu'au docteur ès lettres, l'idée nous viendra peut-être de voir ce que pensent les alchimistes de la question.

Or, au milieu des obscurités voulues et des symboles nombreux qui remplissent leurs traités, il est un point sur lequel ils sont tous d'accord, c'est la définition et les qualités de la Pierre Philosophale.

La Pierre Philosophale parfaite est une poudre rouge qui a la propriété de transformer toutes les impuretés de la nature.

On croit généralement qu'elle ne peut servir, d'après les alchimistes, qu'à changer du plomb ou du mercure en or. C'est une erreur. La théorie alchimique dérive de sources bien trop spéculatives pour localiser ainsi ses effets. L'évolution étant une des grandes lois de la nature, ainsi que l'enseignait il y a plusieurs siècles l'hermétisme, la Pierre Philosophale fait *évoluer* rapidement ce que les formes naturelles mettent de longues années à produire, voilà pourquoi elle agit, disent les adeptes, sur les règnes végétal et animal aussi bien que sur le règne minéral et peut s'appeler *médecine des trois règnes.*

La Pierre Philosophale est une poudre qui peut affecter plusieurs couleurs différentes suivant son degré de perfection mais qui, pratiquement, n'en possède que deux, blanche ou rouge.

La véritable Pierre Philosophale est *rouge*. Cette poudre rouge possède trois vertus :

- 1° Elle transforme en or le mercure ou le plomb en fusion sur lesquels on en dépose une pincée ; je dis en *or* et non en un métal qui s'en approche plus ou moins comme l'a cru, je ne sais pourquoi, un savant contemporain[1].
- 2° Elle constitue un dépuratif énergique pour le sang et guérit rapidement, prise à l'intérieur, quelque maladie que ce soit ;
- 3° Elle agit de même sur les plantes en les faisant croître, mûrir et fructifier en quelques heures.

Voilà trois points qui paraîtront bien fabuleux à beaucoup de gens, mais les alchimistes sont tous d'accord à ce sujet.

Il suffit du reste de réfléchir pour voir que ces trois propriétés n'en constituent qu'une seule : renforcement de l'activité vitale.

La Pierre Philosophale est donc tout simplement une condensation énergique de la Vie[2] dans une petite quantité de matière et elle agit comme un ferment sur le corps en présence desquels on la met. Il suffit d'un peu de ferment pour faire « lever » une grande masse de pain ; de même, il suffit d'un peu de Pierre Philosophale pour développer la vie contenue dans une matière quelconque, minérale, végétale ou animale. Voilà pourquoi les alchimistes appellent leur pierre : médecine des trois règnes.

Nous savons maintenant ce qu'est cette pierre philosophale, assez pour en reconnaître la description dans une histoire symbolique, et là doivent se borner nos ambitions.

FABRICATION DE LA PIERRE PHILOSOPHALE [3]

Voyons maintenant sa fabrication.

Voici quelles sont les opérations essentielles :

Tirer du mercure vulgaire un ferment spécial appelé par les alchimistes *Mercure des philosophes*.

Faire agir ce ferment sur l'argent pour en tirer également un ferment.

Faire agir le ferment du mercure sur l'or pour en tirer aussi du ferment.

---

1. M. Berthelot.
2. Voy., dans le chapitre III, l'*Etude sur la Vie universelle*.
3. Voy. le Traité de Cyliani à la fin de cette étude.

Combiner le ferment tiré de l'or avec le ferment tiré de l'argent et le ferment mercuriel dans un matras de verre vert très solide et en forme d'œuf, boucher hermétiquement ce matras et le mettre à cuire dans un fourneau particulier appelé par les alchimistes *athanor*. L'athanor ne diffère des autres fourneaux que par une combinaison qui permet de chauffer très longtemps et d'une façon spéciale l'œuf susdit.

Les couleurs.

C'est alors (pendant cette cuisson) et alors seulement que se produisent certaines couleurs sur lesquelles sont basées toutes les histoires alchimiques. La matière contenue dans l'œuf devient d'abord noire, tout semble putréfié, cet état est désigné par le nom de *tête de corbeau*. Tout à coup à cette couleur noire succède une blancheur éclatante. Ce passage du noir au blanc, de l'obscurité à la lumière, est une excellente pierre de touche pour reconnaître une histoire symbolique qui traite de l'alchimie. La matière ainsi fixée au blanc sert à transmuer les métaux impurs (plomb, mercure) en argent.

Si on continue le feu on voit cette couleur blanche disparaître peu à peu, la matière prend des teintes diverses, depuis les couleurs inférieures du spectre bleu, vert) jusqu'aux couleurs supérieures (jaune, orangé), et enfin arrive au rouge rubis. La pierre philosophale est alors presque terminée.

Je dis presque terminée, car à cet état dix grammes de pierre philosophale ne transmuent pas plus de vingt grammes de métal. Pour parfaire la pierre il faut la remettre dans un œuf avec un peu de mercure des philosophes et recommencer à chauffer. L'opération qui avait demandé un an ne demande plus que trois mois et les couleurs reparaissent dans le même ordre que la première fois.

A cet état la pierre transmue en or dix fois son poids.

On recommence encore l'opération. Elle ne dure qu'un mois, la pierre transmue mille fois son poids de métal.

Enfin on la fait une dernière fois et on obtient la véritable pierre philosophale parfaite, qui transmue dix mille fois son poids de métal en or pur.

Ces opérations sont désignées sous le nom de *mutliplication de la pierre*.

EXPLICATION DES TEXTES ALCHIMIQUES

Quand on lit un alchimiste il faut donc voir de quelle opération il parle :

1° S'il parle de la fabrication du mercure des philosophes, auquel cas il sera sûrement inintelligible pour le profane.

2° S'il parle de la fabrication de la pierre proprement dite, auquel cas il parlera clairement.

3° S'il parle de la multiplication, et alors il sera tout à fait clair.

Muni de ces données, le lecteur peut ouvrir le livre de M. Figuier et, s'il n'est pas ennemi d'une douce gaieté, lire de la page 8 à la page 52. Il déchiffrera aisément le sens des histoires symboliques qui sont si obscures pour M. Figuier et lui font hasarder de si joyeuses explications.

Témoin l'histoire suivante qu'il traite de grimoire (p. 41) :

« Il faut commencer au soleil couchant, lorsque le mari Rouge et l'épouse Blanche s'unissent dans l'esprit de vie pour vivre dans l'amour et dans la tranquilité, dans la proportion exacte d'eau et de terre.	Mise dans le matras en forme d'œuf des deux ferments, actif ou Rouge, passif ou Blanc.
« De l'Occident avance-toi à travers les ténèbres vers le Septentrion.	Divers degrés du feu.
« Altère et dissous le mari entre l'hiver et le printemps, change l'eau en une terre noire et élève-toi à travers les couleurs variées vers l'Orient où se montre la pleine Lune. Après le purgatoire apparaît le soleil blanc et radieux. » (Riplée.)	Tête du corbeau, couleurs de l'œuvre. Blanc.

En considérant une histoire symbolique il faut toujours chercher le sens hermétique qui était le plus caché et qui s'y trouve presque sûrement. Comme la nature est partout identique, la même histoire qui exprime les mystères du grand œuvre, pourra signifier également le cours du Soleil (mythes solaires) ou la vie d'un héros fabuleux. L'initié seul sera donc en état de saisir le troisième sens (hermétique) des mythes anciens[1], tandis que le savant n'y verra que les premier et deuxième sens (physique et naturel, cours du Soleil, Zodiaque, etc.) et le paysan n'en comprendra que le premier sens (histoire du héros).

---

1. Voy. Ragon, *Fastes initiatiques*. — *La Maçonnerie occulte*.

Les aventures de Vénus, de Vulcain et de Mars sont célèbres à ce point de vue parmi les alchimistes [1].

D'après tout cela on voit que pour faire la pierre philosophale il faut avoir le temps et la patience. Celui qui n'a pas tué en lui le désir [2] de l'or ne sera jamais riche, alchimiquement parlant. Il suffit pour s'en convaincre de lire les biographies de deux alchimistes du xix° siècle, Cyliani [3] et Cambriel [4].

Physiquement la Pierre Philosophale serait donc une poudre rouge assez semblable comme consistance au chlorure d'or et de l'odeur du sel marin calciné.

Chimiquement c'est une simple augmentation de densité si l'on admet l'unité de la matière, idée fort en honneur parmi les philosophes chimistes contemporains. En effet, le problème à résoudre consiste à transformer un corps de la densité de 13,6 comme le mercure, en un corps de la densité de 19,5 comme l'or. Cette hypothèse de la *transmutation* est-elle en désaccord avec les plus récentes données de la chimie ?

C'est ce que nous allons voir.

III

LA CHIMIE ACTUELLE PERMET-ELLE DE NIER L'EXISTENCE DE LA PIERRE PHILOSOPHALE ?

Deux chimistes contemporains ont poussé leurs investigations dans l'obscur domaine de l'alchimie ; ce sont MM. Figuier, vers 1853, qui publiait l'*Alchimie et les Alchimistes*, livre dont nous aurons tout à l'heure l'occasion de parler, et M. le professeur M. Berthelot, membre de l'Institut, qui fit paraître, en 1885, les *Origines de l'Alchimie*.

Ces deux savants officiels, le dernier surtout, font autorité en la matière et leur opinion mérite d'être écoutée par toutes les personnes sérieuses.

Tous deux ils considèrent l'alchimie et son but comme de beaux rêves dignes des temps passés ; tous deux ils nient formellement l'existence de la Pierre Philosophale (quoique Figuier prouve à son insu cette existence). Et cependant ils déclarent que *scientifi-*

---

1. Voy. Ragon, *Fastes initiatiques*. — *La Maçonnerie occulte*.
2. Voy. l'admirable traité intitulé *Lumière sur le sentier* (chez Carré).
3. *Hermès dévoilé* (Voy. la fin de cette étude).
4. *Cours d'Alchimie en dix-neuf leçons*.

quement la chose ne peut pas être niée *a priori*. Ainsi Figuier dit :
« Dans l'état présent de nos connaissances, on ne peut prouver d'une manière absolument rigoureuse que la transmutation des métaux soit impossible ; quelques circonstances s'opposent à ce que l'opinion alchimique soit rejetée comme une absurdité en contradiction avec les faits. »

(*L'Alchimie et les Alchimistes*, p. 353.)

M. Berthelot, dans plusieurs passages de son livre, montre que loin d'être opposée à la chimie contemporaine, la théorie alchimique tend au contraire à remplacer aujourd'hui les données primitives de la philosophie chimique. Voici quelques extraits à l'appui :

« A travers les explications mystiques et les symboles dont s'enveloppent les alchimistes, nous pouvons entrevoir les théories essentielles de leur philosophie : lesquelles se réduisent en somme à un petit nombre d'idées claires, plausibles, et dont certaines offrent une analogie étrange avec les conceptions de notre temps. »

(Berthelot, *les Origines de l'Alchimie*, p. 280.)

« Pourquoi ne pourrions-nous pas former le soufre avec l'oxygène, former le sélénium et le tellure avec le soufre, par des procédés de condensation convenables ? Pourquoi le tellure, le sélénium ne pourraient-ils pas être changés inversement en soufre, et celui-ci à son tour métamorphosé en oxygène ?

« Rien en effet ne s'y oppose *a priori*. »

(*Ibid.*, p. 297.)

« Assurément, je le répète, nul ne peut affirmer que la fabrication des corps réputés simples soit impossible *a priori*. »

(*Ibid.*, p. 321.)

Tout cela montre assez que la Pierre Philosophale n'est pas fatalement impossible, même de l'avis des savants contemporains. C'est maintenant qu'il nous faut chercher si nous avons des preuves positives de son existence.

IV

PREUVES DE L'EXISTENCE DE LA PIERRE PHILOSOPHALE. — DISCUSSION DE LEUR VALIDITÉ

Nous affirmons que la Pierre Philosophale a donné de son existence des preuves irréfutables et nous allons exposer les faits sur lesquels se basent nos convictions.

Nous avons dit *les faits;* car on ne peut considérer comme absolument sérieuses les démonstrations tirées des raisonnements plus ou moins solides. C'est dans le domaine de l'histoire que les affirmations sont toujours faciles à contrôler à toute époque et par là même vraiment irréfutables. Nous allons donc exposer les arguments invoqués par les adversaires de l'alchimie contre la transmutation, et ce sont des *faits* qui, seuls, pourront victorieusement réfuter chacune de ces objections.

C'est Geoffroy l'aîné qui s'est chargé en 1722 de faire le procès des alchimistes devant l'Académie. Si l'on en croit son mémoire, les nombreuses histoires de transmutation sur lesquelles les adeptes basent leur foi, sont facilement explicables par la supercherie. Des philosophes incontestés tels que Paracelse ou Raymond Lulle laissaient là pour un moment les spéculations abstraites pour faire quelques tours adroits d'escamotage devant de bons naïfs ébahis. Cependant analysons les moyens de tromper dont ils disposaient, et cherchons à déterminer des conditions expérimentales mettant à néant ces arguments.

Les alchimistes se servent pour tromper les assistants de :
1° *Creusets à double fond;*
2° *Charbons ou baguettes creux et remplis de poudre d'or;*
3° *Réactions chimiques inconnues alors et parfaitement connues aujourd'hui.*

Pour qu'une de ces conditions se réalise il faut nécessairement que l'alchimiste soit présent à l'opération ou ait touché auparavant aux instruments employés.

Donc, dans la détermination expérimentale d'une transmutation, l'absence de l'alchimiste sera la première et la plus indispensable des conditions.

Il faudra de plus qu'il n'ait eu en main aucun des objets qui serviront à cette transmutation.

Enfin pour répondre au dernier argument, il est indispensable que les données de la chimie contemporaine soient impuissantes à expliquer normalement le résultat obtenu.

Pour que notre travail trouve encore une base d'évidence plus solide, il faut mettre le lecteur à même de contrôler facilement toutes nos affirmations ; c'est pourquoi nous tirerons nos arguments *d'un seul ouvrage*, facile à trouver : *l'Alchimie et les Alchimistes*, de Louis Figuier.

Rappelons, avant de passer outre, les plus essentielles conditions :

1° *Absence de l'Alchimiste ;*
2° *Qu'il n'ait touché à rien de ce qui sert à l'opérateur ;*
3° *Que le fait soit inexplicable par la chimie contemporaine.*

Et on peut ajouter encore :

4° *Que l'opérateur ne puisse pas être soupçonné de complicité.*

**

Ouvrons le livre de M. Figuier, édition de 1854, chapitre III, page 206. Là, nous trouvons, non pas un, mais *trois* faits répondant à *toutes nos conditions* et que nous allons discuter un à un.

Non seulement l'opérateur n'est pas alchimiste ; mais c'est un savant considéré, un ennemi déclaré de l'alchimie, ce qui répond encore avec plus de force à notre quatrième condition. Parlons d'abord d'Helvétius et de sa transmutation ; nous citons textuellement Figuier :

« Jean-Frédéric-Schweitzer, connu sous le nom latin d'Helvétius, était un des adversaires les plus décidés de l'alchimie ; il s'était même rendu célèbre par un écrit contre la poudre sympathique du chevalier Digby. Le 27 décembre 1666 il reçut à la Haye la visite d'un étranger vêtu, dit-il, comme un bourgeois du nord de la Hollande et qui refusait obstinément de faire connaître son nom. Cet étranger annonça à Helvétius que sur le bruit de sa dispute avec le chevalier Digby, il était accouru pour lui porter les preuves matérielles de l'existence de la Pierre Philosophale. Dans une longue conversation, l'adepte défendit les principes hermétiques, et pour lever les doutes de son adversaire, il lui montra dans une petite boîte d'ivoire, la Pierre Philosophale. C'était une poudre d'une métalline couleur de soufre. En vain Helvétius conjura-t-il l'inconnu de lui démontrer par le feu les vertus de sa poudre, l'alchimiste résista à toutes les instances et se retira en promettant de revenir dans trois semaines.

« Tout en causant avec cet homme et en examinant la Pierre Philosophale, Helvétius avait eu l'adresse d'en détacher quelques parcelles et de les tenir cachées sous son ongle. A peine fut-il seul qu'il s'empressa d'en essayer les vertus. Il mit du plomb en fusion dans un creuset et fit la projection. Mais tout se dissipa en fumée ; il ne resta dans le creuset qu'un peu de plomb et de terre vitrifiée.

« Jugeant dès lors cet homme comme un imposteur, Helvétius avait à peu près oublié l'aventure lorsque, trois semaines après et au jour marqué, l'étranger reparut. Il refusa encore de faire lui-même l'opération ; mais cédant aux prières du médecin il lui fit cadeau d'un peu de sa pierre, a peu près la grosseur d'un grain de millet. Et comme Helvétius exprimait la crainte qu'une si petite quantité de substance ne pût avoir la moindre propriété, l'alchimiste, trouvant encore le cadeau trop magnifique, en enleva la moitié disant que le reste était suffisant pour transmuer une once et demie de plomb. En même temps il eut soin de faire connaître avec détails les précautions nécessaires à la réussite de l'œuvre, et recommanda surtout au moment de la projection d'envelopper la Pierre Philosophale d'un peu de cire afin de la garantir des fumées du plomb. Helvétius comprit en ce moment pourquoi la transmutation qu'il avait essayée avait échoué entre ses mains ; il n'avait pas enveloppé la pierre dans de la cire et négligé par conséquent une précaution indispensable.

« L'étranger promettait d'ailleurs de revenir le lendemain pour assister à l'expérience.

« Le lendemain Helvétius attendit inutilement, la journée s'écoula tout entière sans que l'on vît paraître personne. Le soir venu, la femme du médecin ne pouvant plus contenir son impatience décida son mari à tenter seul l'opération. L'essai fut exécuté par Helvétius en présence de sa femme et de son fils.

« Il fondit une once et demie de plomb, projeta sur le métal en fusion la Pierre enveloppée de cire, couvrit le creuset de son couvercle et le laissa exposé un quart d'heure à l'action du feu. Au bout de ce temps le métal avait acquis la belle couleur verte de l'or en fusion ; coulé et refroidi, il devint d'un jaune magnifique.

« Tous les orfèvres de la Haye estimèrent très haut le degré de cet or. Povelius, essayeur général des monnaies de la Hollande, le traita sept fois par l'antimoine sans qu'il diminuât de poids. »

Telle est la narration qu'Helvétius a faite lui-même de cette aventure. Les termes et les détails minutieux de son récit excluent de sa part tout soupçon d'imposture. Il fut tellement émerveillé de ce succès que c'est à cette occasion qu'il écrivit son *Vitulus aureus* dans lequel il raconte ce fait et défend l'alchimie.

*
* *

Ce fait répond à toutes les conditions requises. Cependant M. Figuier, sentant combien il était difficile à expliquer, ajouta quelques explications dans une édition postérieure (1860).

Voulant trouver partout *a priori* de la fraude, voici son argument principal :

L'alchimiste a soudoyé un complice qui est venu mettre dans un des creusets d'Helvétius un composé d'or facilement décomposable par la chaleur. Est-il nécessaire de montrer la naïveté de cette objection?

1° Comment choisir juste le creuset que prendra Helvétius?

2° Comment croire que celui-ci soit assez sot pour ne pas reconnaître un creuset vide d'un plein ou un alliage d'un métal?

3° Pourquoi ne pas se donner la peine de relire le récit des faits ; M. Figuier aurait vu deux points importants :

D'abord la phrase suivante : *il prit une once et demie de plomb*. Ce qui indique qu'il l'a pesé, qu'il l'a manié, ce qui l'aurait mis à même de vérifier facilement si c'était vraiment du plomb.

4° Ensuite ce petit détail : *il couvrit le creuset de son couvercle*, ce qui empêche toute évaporation ultérieure.

5° Supposé même que vraiment Helvétius ait été trompé ; que lui, savant expérimenté, ait pris de l'or pour du plomb, la preuve de la transmutation n'en ressort pas moins évidente, car les critiques oublient toujours le fait suivant :

S'il existe un alliage cachant l'or en lui, le lingot, après évaporation ou oxydation du métal impur, pèsera *beaucoup moins* que le métal initialement employé.

Si, au contraire, il y a adjonction par un procédé quelconque d'or, le lingot pèsera *beaucoup plus* que le métal initialement employé.

Or la transmutation de Bérigard de Pise, qu'on trouvera ci-après, prouve irréfutablement l'inanité de ces arguments.

Enfin pour détruire à tout jamais les affirmations de M. Figuier, il suffit de remarquer que les orfèvres de la Haye ainsi que l'essayeur des monnaies de la Hollande constatent la pureté absolue de l'or, ce qui serait impossible s'il y avait eu un alliage quelconque. Ainsi tombe d'elle-même l'explication que le critique donne de ce fait :

« Nous ne pouvons guère expliquer aujourd'hui ces faits qu'en admettant que le mercure dont on faisait usage ou le creuset que l'on employait recélait une certaine quantité d'or dissimulée avec une habileté merveilleuse. »

(Louis Figuier, *ibid.*, p. 210.)

Nous avons dit *qu'un seul fait* bien prouvé suffisait pour démontrer l'existence de la Pierre Philosophale, et cependant il en existe trois dans les mêmes conditions. Voyons les deux autres :

Voici le récit de Bérigard de Pise, cité de même par Figuier p. 211 :

« Je rapporterai, nous dit Bérigard de Pise, ce qui m'est arrivé autrefois lorsque je doutais fortement qu'il fût possible de convertir le mercure en or. Un homme habile, voulant lever mon doute à cet égard, me donna un gros d'une poudre dont la couleur était assez semblable à celle du pavot sauvage, et dont l'odeur rappelait celle du sel marin calciné. Pour détruire tout soupçon de fraude, j'achetai moi-même le creuset, le charbon et le mercure chez divers marchands afin de n'avoir point à craindre qu'il n'y eût de l'or dans aucune de ces matières, ce que font souvent les charlatans alchimiques. Sur dix gros de mercure j'ajoutai un peu de poudre ; j'exposai le tout à un feu assez fort, et en peu de temps la masse se trouva toute convertie en près de dix gros d'or, qui fut reconnu comme très pur par les essais de divers orfèvres. Si ce fait ne me fût point arrivé sans témoins, hors de la présence d'arbitres étrangers, j'aurais pu soupçonner quelque fraude ; mais je puis assurer avec confiance que la chose s'est passée comme je la raconte. »

Ici c'est encore un savant qui opère ; mais il connaît les ruses des charlatans et emploie toutes les précautions imaginables pour les éviter.

Enfin citons encore la transmutation de Van Helmont pour édifier en tous points le lecteur impartial :

En 1618, dans son laboratoire de Vilvorde, près de Bruxelles, Van Helmont reçut d'une main inconnue un quart de grain de Pierre Philosophale. Elle venait d'un adepte, qui, parvenu à la découverte du secret, désirait convaincre de sa réalité le savant illustre dont les travaux honoraient son époque.

Van Helmont exécuta lui-même l'expérience seul dans son laboratoire. Avec le quart de grain de poudre qu'il avait reçu de l'inconnu il transforma en or huit onces de mercure. Il faut convenir qu'un tel fait était un argument presque sans réplique à invoquer en faveur de l'existence de la Pierre Philosophale. Van Helmont, le chimiste le plus habile de son temps, était difficile à tromper ; il était lui-même incapable d'imposture, et il n'avait aucun intérêt à mentir puisqu'il ne tira jamais le moindre parti de cette observation.

Enfin, l'expérience ayant eu lieu hors de la présence de l'alchimiste, il est difficile de comprendre comment la fraude eût pu s'y glisser. Van Helmont fut si bien édifié à ce sujet qu'il devint partisan avoué de l'alchimie. Il donna en l'honneur de cette aventure le nom de Mercurius à son fils nouveau-né. Ce Mercurius Van Helmont ne démentit pas d'ailleurs son baptême alchimique. Il convertit Leibniz à cette opinion ; pendant toute sa vie il chercha la Pierre Philosophale et mourut sans l'avoir trouvée, il est vrai, mais en fervent apôtre.

Reprenons maintenant ces trois récits et nous constaterons qu'ils répondent aux conditions scientifiques posées. En effet :

Le mercure ou le plomb contenaient-ils de l'or ? Je ne le pense pas, attendu :

1° Qu'Helvétius qui ne croyait pas à l'alchimie non plus que Van Helmont et Bérigard de Pise, qui étaient dans le même cas, n'allaient pas s'amuser à en mettre ;

2° Que dans aucun cas l'alchimiste n'avait touché aux objets employés ;

3° Enfin que dans la transmutation de Bérigard de Pise, si le mercure avait contenu de l'or et que celui-ci fût resté seul après la volatilisation du premier, le lingot obtenu aurait pesé beaucoup moins que le mercure employé, ce qui n'est pas.

Après ces arguments on pourrait croire que la liste est close ; pas le moins du monde, il en reste encore un, peu honnête, il est vrai, mais d'autant plus dangereux :

Tous ces récits, tirés de livres imprimés, ne sont pas l'œuvre des auteurs signataires, mais bien d'habiles alchimistes imposteurs.

Voilà certes une terrible objection qui semble détruire tout notre travail ; mais la vérité peut encore apparaître victorieusement.

En effet, il existe une lettre d'une tierce personne aussi éminente que les autres, le philosophe Spinosa, adressée à Jarrig Jellis. Cette lettre prouve irréfutablement la réalité de l'expérience d'Helvétius. Voici le passage important :

« Ayant parlé à Voss de l'affaire d'Helvétius, il se moqua de moi, s'étonnant de me voir occupé à de telles bagatelles. Pour en avoir le cœur net, je me rendis chez le monnayeur Brechtel, qui avait essayé l'or. Celui-ci m'assura que, pendant sa fusion, l'or avait encore augmenté de poids quand on y avait jeté de l'argent. Il fallait donc que cet or, qui a changé l'argent en de nouvel or, fût d'une nature bien particulière. Non seulement Brechtel, mais encore d'autres personnes qui avaient assisté à l'essai, m'assurèrent que la chose s'était passée ainsi. Je me rendis ensuite chez Helvétius lui-même qui me montra l'or et le creuset contenant encore un peu d'or attaché à ses parois. Il me dit qu'il avait jeté à peine sur le plomb fondu le quart d'un grain de blé de Pierre Philosophale. Il ajouta qu'il ferait connaître cette histoire à tout le monde. Il paraît que cet adepte avait déjà fait la même expérience à Amsterdam où on pourrait encore le trouver. Voilà toutes les informations que j'ai pu prendre à ce sujet.

« Boobourg, 27 mars 1667.
« SPINOSA. »
(*Opera posthuma*, p. 553.)

Tels sont les faits qui nous ont conduit à cette conviction : LA PIERRE PHILOSOPHALE A DONNÉ DE SON EXISTENCE DES PREUVES IRRÉFUTABLES, A MOINS DE NIER A JAMAIS LE TÉMOIGNAGE DES TEXTES, DE L'HISTOIRE ET DES HOMMES.

TEXTES HERMÉTIQUES:

La table d'Émeraude. — L'Hermès dévoilé.

TABLE D'ÉMERAUDE D'HERMÈS

« Il est vrai, sans mensonge, très véritable.

« Ce qui est en bas est comme ce qui est en haut et ce qui est en haut est comme ce qui est en bas pour faire les miracles d'une seule chose.

« Et comme toutes choses ont été et sont venues d'Un, ainsi toutes choses sont nées dans cette chose unique par adaptation.

« Le soleil en est le père, la lune en est la mère, le vent l'a porté dans son ventre, la terre est sa nourrice ; le père de tout, le Thélème de tout le monde est ici ; sa force est entière si elle est convertie en terre.

« Tu sépareras la terre du feu, le subtil de l'épais, doucement, avec grande industrie. Il monte de la terre au ciel et derechef il descend en terre et il reçoit la force des choses supérieures et inférieures. Tu auras par ce moyen toute la gloire du monde et toute obscurité s'éloignera de toi.

« C'est la force forte de toute force, car elle vaincra toute chose subtile et pénétrera toute chose solide.

« Ainsi le monde a été créé.

« De ceci seront et sortiront d'innombrables adaptations desquelles le moyen est ici.

« C'est pourquoi j'ai été appelé Hermès Trismégiste ayant les trois parties de la philosophie du monde.

« Ce que j'ai dit de l'opération du Soleil est accompli et parachevé. »

EXPLICATION DE LA TABLE D'ÉMERAUDE

LA LUMIÈRE ASTRALE

Il est vrai.
Sans mensonge.
Très véritable.

La table d'Émeraude débute par une trinité. Hermès affirme ainsi dès le premier mot la Loi qui régit la Nature entière. Nous savons que le Ternaire se réduit à une hiérarchie désigée sous le nom de : *les Trois Mondes.* C'est donc une même chose considérée sous trois aspects différents que ces mots nous présentent à considérer.

Cette chose, c'est la vérité et sa triple manifestation dans les Trois Mondes :

Il est vrai. — Vérité sensible correspondant au Monde physique. — C'est l'aspect étudié par la Science contemporaine.

Sans mensonge. — Opposition de l'aspect précédent. Vérité philosophique, certitude correspondant au Monde métaphysique ou moral.

Très véritable. — Union des deux aspects précédents, la thèse et l'antithèse pour constituer la synthèse. — Vérité intelligible correspondant au Monde divin.

On peut voir que l'explication que j'ai donnée précédemment du nombre Trois trouve ici son application éclatante.

Mais continuons :

| Ce qui est en haut est comme ce qui est en bas | et | Ce qui est en bas est comme ce qui est en haut |

pour faire les miracles d'une seule chose.

En disposant ainsi cette phrase, nous retrouvons d'abord deux Ternaires ou plutôt un Ternaire considéré sous deux aspects *positif* et *négatif* :

| positif | { haut analogue à bas | | négatif | { bas analogue à haut |

Nous retrouvons ensuite l'application de la méthode de la Science occulte, l'analogie. — Hermès dit que le positif (haut) est *analogue* au négatif (bas), il se garde bien de dire qu'ils sont semblables.

Enfin nous voyons la constitution du quatre par la réduction du trois à l'unité [1]

Pour faire les miracles d'une seule chose.

Ou du *sept*, par la réduction du six (les deux Ternaires) à l'unité.

Le quatre et le sept exprimant la même chose [2], on peut prendre avec certitude l'une quelconque des deux applications.

Rapprochons l'explication de la seconde phrase de l'explication de la première, et nous verrons :

Qu'il faut considérer une Vérité dans son triple aspect physique, métaphysique et spirituel avant tout.

C'est alors seulement qu'on peut appliquer à cette connaissance la méthode analogique qui permettra d'apprendre les Lois.

Enfin qu'il faut réduire la multitude des Lois à l'unité par la découverte du Principe ou de la Cause première.

Hermès aborde ensuite l'étude des rapports du multiple à l'unité, ou de la Création au Créateur, en disant :

Et comme toutes choses ont été et sont venues d'Un, ainsi toutes choses sont nées dans cette chose unique par adaptation.

---

1. Voyez la fin du chapitre II.
2. *Id.*

Voilà dans quelques mots tout l'enseignement du sanctuaire sur la création du Monde. La création par adaptation ou par le quaternaire développée dans les *Sepher Jesirah* [1] et dans les dix premiers chapitres du *Bæreschit* de Moïse [2].

Cette chose unique d'où tout dérive, c'est la Force universelle dont Hermès décrit la génération :

Le Soleil (positif)   en est le Père
La Lune (négatif)   en est la Mère
Le Vent (récepteur)   l'a porté dans son ventre
La Terre (matérialisation / accroissement) en est la nourrice.

Cette chose qu'il appelle Thélème (Volonté) est d'une telle importance qu'au risque d'allonger démesurément cette explication, je vais montrer l'opinion de plusieurs auteurs à son sujet :

LA LUMIÈRE ASTRALE (opinion de divers auteurs).

« Il existe un agent mixte, un agent naturel et divin, corporel et spirituel, un médiateur plastique universel, un réceptacle commun des vibrations du mouvement et des images de la forme, un fluide et une force qu'on pourrait appeler en quelque manière l'imagination de la nature.

« Par cette force tous les appareils nerveux communiquent secrètement ensemble ; de là naissent la sympathie et l'antipathie ; de là viennent les rêves ; par là se produisent les phénomènes de seconde vue et de vision surnaturelle. Cet agent universel des œuvres de la nature, c'est *l'od* des Hébreux et du chevalier de Reichenbach, c'est la lumière astrale des Martinistes.

« L'existence et l'usage possible de cette force sont le grand arcane de la magie pratique.

« La lumière astrale aimante, échauffe ; éclaire, magnétise ; attire, repousse ; vivifie, détruit ; coagule, sépare ; brise, rassemble toutes choses sous l'impulsion de volontés puissantes. » (E. Levi, *H. de la M.*, 19.)

« Les quatre fluides impondérables ne sont que les manifestations diverses d'un même agent universel qui est la lumière. » (E. Levi, *C. des G. M.*, 207.)

---

1. Voy. la traduction que j'ai faite de ce livre si important dans le n° 7 du *Lotus* (octobre 1887), et reproduite ci-dessus p. 572 et suivantes.
2. Voy. Fabre d'Olivet, *la Langue hébraïque restituée*.

« Nous avons parlé d'une substance répandue dans l'infini.

« La substance une qui est ciel et terre, c'est-à-dire, suivant ses degrés de polarisation, subtile ou fixe.

« Cette substance est ce qu'Hermès Trismégiste appelle le grand *Thelesma*. Lorsqu'elle produit la splendeur, elle se nomme lumière.

« Elle est à la fois substance et mouvement. C'est un fluide et une vibration perpétuelle. » (E. Levi, *C. des G. M.*, 117.)

« Le grand agent magique se révèle par quatre sortes de phénomènes, et a été soumis au tâtonnement des sciences profanes sous quatre noms : calorique, lumière, électricité, magnétisme.

« Le grand agent magique est la quatrième émanation de la vie-principe dont le soleil est la troisième forme. » (E. Levi, D. 152.)

« Cet agent solaire est vivant par deux forces contraires : une force d'attraction et une force de projection, ce qui fait dire à Hermès que toujours il remonte et redescend. » (E. Levi, 153.)

נ ה ש

« Le mot employé par Moïse, lu cabalistiquement, nous donne donc la description et la définition de cet agent magique universel, figuré dans toutes les théogonies par le serpent, et auquel les Hébreux donnèrent aussi le nom :

$$d'OD = +$$
$$OB = -$$
$$Aour = \infty$$

א י ר

« La lumière universelle, lorsqu'elle aimante les mondes, s'appelle lumière astrale ; lorsqu'elle forme les métaux, on la nomme azoth ou mercure du sage ; lorsqu'elle donne la vie aux animaux, elle doit s'appeler magnétisme animal. » (E. Levi.)

« Le Mouvement c'est le souffle du Dieu en action parmi les choses créées ; c'est ce principe tout-puissant qui, un et uniforme dans sa nature et dans son origine peut-être, n'en est pas moins la cause et le promoteur de la variété infinie des phénomènes qui composent les catégories indicibles des mondes ; comme Dieu, il anime ou flétrit, organise ou désorganise, suivant des lois secondaires qui sont la cause de toutes les combinaisons et permutations que nous pouvons observer autour de nous. » (L. Lucas, *C. N.*, p. 34.)

« Le Mouvement c'est l'état NON DÉFINI de la force générale

qui anime la nature ; le mouvement est une force élémentaire, la seule que je comprenne et dont je trouve qu'on doive se servir pour expliquer *tous* les phénomènes de la nature. Car le mouvement est susceptible de *plus* et de *moins*, c'est-à-dire de condensation et de dilatation, électricité, chaleur, lumière.

« Il est susceptible encore de COMBINAISON de condensations. Enfin on retrouve chez lui l'ORGANISATION de ses combinaisons.

« Le mouvement supposé ACTIF *matériellement* et *intellectuellement* nous donne la clef de tous les phénomènes. » Louis Lucas, *Médecine nouvelle*, p. 25.)

« Le mouvement supposé non défini est susceptible de *se condenser*, de *s'organiser*, de se concentrer ou *tonaliser*.

« En se *condensant* il fournit une *force* d'un pouvoir *relatif*.

« En *s'organisant* il devient apte à conduire, à *diriger* des *organes* spéciaux, même des faisceaux d'organes.

« Enfin en se *concentrant*, en se *tonalisant*, il lui est possible de réfléchir sur toute la machine et de diriger l'ensemble de l'organisme. » (Louis Lucas, *Médecine nouvelle*, p. 45.)

« Dans l'âme du Monde fluide ambiant qui pénètre toutes choses, il y a un courant d'amour ou d'attraction, et un courant de colère ou de répulsion.

« Cet éther électro-magnétique dont nous sommes aimantés, ce corps igné du Saint-Esprit qui renouvelle sans cesse la face de la Terre est fixé par le poids de notre atmosphère et par la force d'attraction du globe.

« La force d'attraction se fixe au centre des corps et la force de projection dans leur contour. Cette double force agit par spirales de mouvements contraires qui ne se rencontrent jamais. C'est le même mouvement que celui du Soleil qui attire et repousse sans cesse les astres de son système. Toute manifestation de la vie dans l'ordre moral comme dans l'ordre physique est produite par la tension extrême de ces deux forces. » (Christian, *l'Homme rouge des Tuileries*.)

Le lecteur curieux d'apprendre ne m'en voudra pas, j'espère, de ces notes, qui éclaircissent le sujet mieux que les plus belles dissertations du monde.

A la suite de l'affirmation de cette force universelle, Hermès aborde l'Occultisme pratique, la régénération de l'Homme par lui-même et de la Matière par l'Homme régénéré.

.*.

Les alchimistes appliquent très souvent dans leurs ouvrages les principes de l'ésotérisme que nous avons donnés précédemment.

Pour exercer les lecteurs curieux sur cette question nous donnons, comme conclusion de cette explication, la traduction de *la table d'Émeraude* d'après les procédés de la géométrie qualitative.

La vérité dans les trois mondes

Ce qui est en haut
   est comme
ce qui est en bas
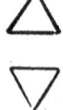

Pour accomplir les miracles d'une seule chose

Et comme toutes choses ont été et sont venues d'un

ainsi toutes choses sont nées dans cette chose unique par adaptation. (La croix est le signe de l'adaptation.)

UN TRAITÉ D'ALCHIMIE DU XIXe SIÈCLE

HERMÈS DÉVOILÉ

Par Cyliani.

Un alchimiste de notre siècle, Cyliani, a passé plus de 40 ans à la recherche de la Pierre philosophale. Il prétend être arrivé à ses fins en 1837 après des malheurs épouvantables.

Nous donnons à titre de document la préparation complète écrite en style symbolique par Cyliani dans son *Hermès dévoilé*. Cet ouvrage est absolument introuvable.

L'étude que nous publions est précédée de la narration d'un songe dans lequel le secret tant cherché fut révélé à notre alchimiste par un « esprit planétaire ». A la suite de ce récit commence le traité suivant qui constitue presque à lui seul l'ouvrage de Cyliani.

Première Opération. — Mercure des philosophes.

Je pris de la matière contenant les deux natures métalliques ; je commençai par l'imbiber de l'esprit astral peu à peu, afin de réveiller les deux feux intérieurs qui étaient comme éteints, en desséchant légèrement et broyant circulairement le tout à une chaleur de soleil ; puis réitérant ainsi et fréquemment en humectant de plus en plus, desséchant et broyant jusqu'à ce que la matière eût pris l'aspect d'une bouillie légèrement épaisse.

Alors je versai dessus une nouvelle quantité d'esprit astral de manière à surnager la matière et laissai le tout ainsi pendant cinq jours, au bout desquels je décantai adroitement le liquide ou la dissolution, que je conservai dans un lieu froid ; puis je desséchai derechef à la chaleur solaire la matière restée dans le vase en verre qui avait environ trois doigts de hauteur, j'imbibai, je broyai, desséchai et dissolus comme j'avais précédemment fait, et réitérai ainsi jusqu'à ce que j'eusse dissous tout ce qui était susceptible de l'être, ayant eu le soin de verser chaque dissolution dans le même vase bien bouché, que je mis pendant dix jours dans le lieu le plus froid que je pus trouver.

Lorsque ces dix jours furent écoulés, je mis la dissolution totale à fermenter dans un pélican pendant quarante jours, au bout desquels il se précipita par l'effet de la chaleur interne de la fermentation une matière noire. C'est alors que je distillai sans feu, le mieux qu'il me fut possible, le liquide précieux qui surnageait la matière contenant son feu intérieur, et le mis dans un vase en verre blanc, bien bouché à l'émeri, dans un lieu humide et froid.

Je pris la matière noire et la fis dessécher à la chaleur du soleil, comme je l'ai déjà dit, en réitérant les imbibitions avec l'esprit astral, les cessant aussitôt que j'apercevais la matière qui commençait à se sécher et la laissant ainsi se dessécher d'elle-même, et cela autant de fois qu'il fut nécessaire pour que la matière devînt comme une poix noire luisante. Alors la putréfaction fut totale, et je cessai le feu extérieur, afin de ne point endommager la matière en brûlant l'âme tendre de la terre noire. Par ce moyen la matière parvint au fumier de cheval, à son imitation ; il faut, suivant le dire des philosophes, laisser agir la chaleur intérieure de la matière elle-même.

Il faut ici recommencer le feu extérieur pour coaguler la matière et son esprit. Après l'avoir laissé dessécher d'elle-même, on l'imbibe peu à peu et de plus en plus de son liquide distillé et réservé qui contient son propre feu, la broyant imbibée et desséchant à une légère chaleur solaire, jusqu'à ce qu'elle ait bu toute son eau. Par ce moyen l'eau est changée entièrement en terre, et cette dernière, par sa dessiccation, se change en une poudre blanche que l'on appelle aussi air, qui tombe comme une cendre, contenant le sel ou le mercure des philosophes.

Dans cette première opération, on voit que la dissolution ou l'eau s'est changée en terre et celle-ci par subtilisation ou sublimation se change en air pur

Là s'arrête le premier travail.

On prend cette cendre que l'on fait dissoudre peu à peu à l'aide du nouvel esprit astral, en laissant, après la dissolution et la décantation, une terre noire qui contient le soufre fixé. Mais en réitérant l'opération sur cette dernière dissolution, absolument comme nous venons de la décrire précédemment, on obtient une terre plus blanche que la première fois, qui est la première aigle, et l'on réitère ainsi sept à neuf fois. On obtient par ce moyen le menstrue universel ou le mercure des philosophes, ou l'azote, à l'aide duquel on extrait la force active et particulière de chaque corps.

Il est bon d'observer ici qu'avant de passer de la première aigle à la deuxième, ainsi qu'aux suivantes, il faut réitérer l'opération précédente sur la cendre restée, si le sel n'est pas, par le feu central de la matière, suffisamment élevé par la sublimation philosophique, afin qu'il ne reste après l'opération qu'une terre noire dépouillée de son mercure.

Faites bien attention ici qu'à la suite du gonflement de la matière dans la fermentation qui suit la dissolution, il se forme à la partie supérieure de la matière une espèce de peau sous laquelle se trouvent une infinité de petites bulles qui contiennent l'esprit. C'est alors qu'il faut conduire avec prudence le feu, vu que l'esprit prend une forme huileuse et passe à un certain degré de siccité.

En rendant à la terre peu à peu la quantité d'eau nécessaire à sa dissolution, il faut avoir le soin de ne pas commencer à l'imbiber avant que la terre soit convenablement arrivée à sa siccité.

Aussitôt que la matière est dissoute, elle se gonfle, entre en fermentation et rend un léger bruit, ce qui prouve qu'elle contient en elle un germe vital qui se dégage sous forme de bulles,.

Pour bien faire l'opération que je viens de décrire il faut observer le poids, la conduite du feu et la grandeur du vase.

Le poids doit consister dans la quantité d'esprit astral nécessaire à la dissolution de la matière.

La conduite du feu extérieur doit être dirigée de manière à ne pas faire évaporer les bulles qui contiennent l'esprit par une trop grande quantité de feu et à ne point brûler la fleur ou le soufre en continuant le feu extérieur, de manière à pousser trop loin la siccité de la matière après sa fermentation ou sa putréfaction, afin de ne pas voir le rouge avant le noir.

Enfin la grandeur du vase doit être calculée sur la quantité de la matière, de manière que celle-ci ne contienne que le quart de sa capacité.

Entendez-moi.

N'oubliez pas aussi que la solution mystérieuse de la matière ou le mariage magique de Vénus avec Mars s'est fait dans le temple dont je vous ai précédemment parlé, par une belle nuit, le ciel calme et sans nuages, et le soleil étant dans le signe des Gémeaux, la lune étant de son premier quartier à son plein, à l'aide de l'aimant qui attire l'esprit astral du ciel, lequel est sept fois rectifié jusqu'à ce qu'il puisse calciner l'or.

Enfin la première opération étant terminée on a l'azote, ou le mercure blanc, ou le sel ou le feu secret des philosophes. Certains sages la font derechef dissoudre dans la moindre quantité d'esprit astral nécessaire pour en faire une dissolution épaisse. Après l'avoir dissoute, ils l'exposent dans un lieu froid pour obtenir trois couches de sel.

Le premier sel a l'aspect de l'aine, le deuxième d'un nitre à très petites aiguilles, et le troisième est un sel fixe alcalin.

Des philosophes les emploient séparément, d'autres les réunissent ensemble comme l'indique A. de Villeneuve dans son *Petit Rosaire* fait en 1306 à l'article des « Deux Plombs », et les font dissoudre dans quatre fois leur poids d'esprit astral, afin de faire toutes leurs opérations.

Le premier sel est le véritable mercure des philosophes ; il est la clef qui ouvre tous les métaux, à l'aide duquel on extrait leurs teintures ; il dissout tout radicalement, il fixe et mûrit pareillement tout en fixant les corps par sa nature froide et figeante. Bref, c'est une essence universelle très active ; c'est le vase dans lequel toutes les opérations philosophiques se font. On voit donc que le mercure des sages est un sel qu'ils nomment *eau sèche* qui ne mouille pas les mains ; mais pour s'en servir, il faut le dissoudre dans l'esprit astral, comme nous l'avons déjà dit. On emploie dix parties de mercure contre une d'or.

Le deuxième sel sert à séparer le pur de l'impur et le troisième sel sert à augmenter continuellement notre mercure.

Deuxième opération. — Confection du soufre.

La teinture extraite de l'or vulgaire s'obtient par la préparation de son soufre, qui est le résultat de sa calcination philosophique qui lui fait perdre sa nature métallique et la change en une terre pure; calcination qui ne peut avoir lieu par le feu vulgaire, mais seulement par le feu secret qui existe dans le mercure des sages, vu sa propriété double ; et c'est en vertu de ce feu céleste, secondé par la trituration, qu'il pénètre dans le centre de l'or vulgaire, et que le feu central double de l'or, mercuriel et sulfureux, qui s'y trouve comme mort et emprisonné, se trouve délivré et animé. Le même feu céleste, après avoir extrait la teinture de l'or, la fixe par sa qualité froide et figeante; et elle devient parfaite pouvant se multiplier en qualité ainsi qu'en quatité.

Cette terre une fois arrivée à la fixité affecte une couleur de fleur de pêcher qui donne la teinture ou le feu qui est alors l'or vital et végétatif des sages ; ce qui a lieu par la régénération de l'or par notre mercure.

Il faut donc commencer à résoudre l'or vulgaire en sa matière spermatique par notre eau de mercure ou notre azote.

Pour y parvenir il faut réduire l'or en une chaux ou oxyde d'un rouge brun très pur, et après l'avoir lavé à diverses fois avec de l'eau de pluie bien distillée à petit feu, on le fera légèrement sécher à une chaleur de soleil : c'est alors qu'on le calcinera avec notre feu secret. C'est à cette occasion que les philosophes disent: les chimistes brûlent avec le feu et nous avec l'eau.

Après avoir imbibé et broyé légèrement l'oxyde d'or bien calciné ayant son humidité et lui avoir fait boire son poids de sel ou de terre sèche qui ne mouille pas les mains, et les avoir bien incorporés ensemble, on les imbibera derechef en augmentant successivement les imbibitions jusqu'à ce que le tout ressemble à une bouillie légèrement épaisse. Alors on mettra dessus une certaine quantité d'eau de mercure proportionnée à la matière, de manière qu'elle surnage cette dernière; on laissera le tout à la douce chaleur du bain-marie des sages pendant cinq jours, au bout desquels on décantera la dissolution dans un vase que l'on bouchera bien, et que l'on mettra dans un lieu humide et froid.

On prendra la matière non dissoute, que l'on fera dessécher à une chaleur semblable à celle du soleil; étant suffisamment sèche on recommencera les fréquentes imbibitions et triturations, comme nous l'avons précédemment dit, afin d'obtenir une nouvelle dissolution, que l'on réunira avec la première en réitérant ainsi jusqu'à ce que vous ayez dissous tout ce qui peut être et qu'il ne reste plus que la terre morte de nulle valeur. La dissolution étant terminée et réunie dans le vase en verre bien bouché dont nous avons précédemment parlé, sa couleur est semblable à celle du lapis-lazuli. On placera ce vase dans un lieu le plus froid que faire se pourra pendant dix jours, puis on mettra la matière à fermenter comme nous l'avons dit dans la première opération, et, par le propre feu interne de cette fermentation, il se précipitera une matière noire; on distillera adroitement et sans feu la matière, en mettant le liquide séparé par la distillation, qui surnageait la terre noire, dans un vase bien bouché et dans un lieu froid.

On prendra la terre noire séparée par distillation de son liquide, on la laissera se dessécher d'elle-même, puis on l'imbibera derechef avec le feu extérieur; c'est-à-dire avec le mercure philosophique, vu que l'arbre philosophique demande à être de temps en temps brûlé par le soleil et puis rafraîchi par l'eau.

Il faut donc faire alterner le sec et l'humide, afin de hâter la putréfaction, et lorsqu'on aperçoit la terre qui commence à se dessécher, on suspend les imbibitions, puis on la laisse se dessécher d'elle-même jusqu'à ce qu'elle soit parvenue à une siccité convenable et l'on réitère ainsi jusqu'à ce que la terre ressemble à une poix noire: alors la putréfaction est parfaite.

Il faut ici se rappeler ce que nous avons dit dans la première opération, afin de ne pas laisser volatiser l'esprit ou brûler les fleurs en suspendant à propos le feu extérieur lorsque la putréfaction est totale.

La couleur noire que l'on obtient au bout de quarante ou cinquante jours toutes les fois que l'on a bien administré le feu extérieur, est une preuve que l'or vulgaire a été changé en terre noire, que les philosophes appellent leur fumier de cheval.

Comme le fumier de cheval agit par la force de son propre feu, pareillement notre terre noire dessèche en elle-même sa propre humidité onctueuse par son propre double feu et se convertit après avoir bu toute son eau distillée et être devenue grise, en une poudre blanche nommée air par les philosophes, ce qui constitue la coagulation, comme nous l'avons précédemment décrit dans la première opération.

Lorsque la matière est blanche, la coagulation étant terminée, on la fixe en portant la matière à une plus grande dessiccation à l'aide du feu extérieur, en suivant la même marche que nous avons suivie dans la coagulation précédente, jusqu'à ce que la couleur blanche soit changée en couleur rouge que les philosophes appellent l'élément du feu.

La matière arrive d'elle-même à un degré de fixité si grand, qu'elle ne craint plus les atteintes du feu extérieur ou ordinaire, qui ne peut plus lui être préjudiciable.

Non seulement il faut fixer la matière comme nous venons de le faire; mais il faut encore la lapidifier, en portant la matière à avoir l'aspect d'une pierre pilée, en se servant du feu ardent, c'est-à-dire du premier feu employé, et suivant les mêmes moyens précédemment décrits, afin de changer la partie impure de la matière en terre fixe, en privant aussi la matière de son humidité saline.

Alors on procède à la séparation du pur, de l'impur de la matière; c'est le dernier degré de la régénération, qui se finit par la solution. Pour y parvenir, après avoir bien broyé la matière et l'avoir placée dans le vase sublimatoire, haut, comme nous l'avons déjà dit, de trois à quatre doigts, en bon verre blanc et d'une épaisseur double de celle ordinaire, on verse dessus de l'eau mercurielle, qui est notre azote, dissous dans la quantité d'esprit astral qui lui est nécessaire et précédemment indiquée, en graduant son feu de manière à l'entretenir à une chaleur tempérée, en lui donnant sur la fin une quantité de ce mercure philosophique comme pour fondre la matière. Par ce moyen on porte toute la partie spirituelle de cette dernière dans l'eau et la partie terreuse va au fond; on décante son extrait, et on le met dans la glace, afin que la quintessence huileuse se rassemble et monte au-dessus de l'eau et y surnage comme une huile, et l'on jette la terre restée au fond comme inutile, car c'est elle qui tenait emprisonnée la vertu médicinale de l'or, ce qui fait qu'elle est de nulle valeur.

Observez bien ici qu'il ne faut pas pousser la lapidification de la matière trop loin afin de ne pas changer l'or calciné en une espèce de cristal. Il faut avec adresse régler le feu extérieur pour qu'il dessèche peu à peu l'humidité saline de l'or calciné, en le changeant en une terre molle qui tombe comme une cendre, par suite de sa lapidification ou plus ample dessiccation.

L'huile obtenue ainsi par la séparation est la teinture, ou le soufre, ou le feu radical de l'or, ou la véritable coloration; elle est aussi le vrai or potable ou la médecine universelle pour tous les maux qui affligent l'humanité. On prend aux deux équinoxes de cette huile la quantité nécessaire pour teindre légèrement une cuillerée à soupe de vin blanc ou de rosée distillée, vu qu'une grande quantité de cette médecine détruirait l'humide radical de l'homme en le privant de la vie.

Cette huile peut prendre toutes les formes possibles et se former en poudre, en sel, en pierre, en esprit, etc., par sa dessiccation à l'aide de son propre feu secret. Cette huile est aussi le sang du lion rouge: les anciens la représentaient sous l'image d'un dragon ailé qui se repose sur la terre.

Enfin cette huile incommuable est le mercure orifique. Étant faite, on la partage en deux portions égales; on en conserve une partie à l'état d'huile dans un petit bocal en verre blanc, bien bouché à l'émeri, que l'on conserve dans un lieu sec, pour s'en servir à faire les imbibitions dans les règnes de Mars et du Soleil, comme je le dirai à la fin de la troisième opération, et l'on fait dessécher l'autre portion jusqu'à ce qu'elle soit réduite en poudre, en suivant les mêmes moyens que j'ai indiqués précédemment pour dessécher la matière et la congeler; alors on partage cette poudre pareillement en deux portions égales; on en fait dissoudre une partie dans quatre fois son poids de mercure philosophique, pour imbiber l'autre moitié de la poudre réservée.

Troisième opération. — Conjonction du soufre avec le mercure des philosophes.

C'est ici où les philosophes commencent presque tous leurs opérations, ce qui a induit beaucoup de personnes en erreur.

C'est aussi dans cette opération où l'on réunit le soufre des philosophes avec leur mercure. Presque tous les sages ont nommé fermentation cette dernière opération, vu que c'est dans celle-ci que de nouveau le soufre se dissout, qu'il fermente, se putréfie et ressuscite par sa nouvelle régénération avec une force décuple.

Cette opération diffère des deux précédentes, ce qui fait que les philosophes la composent de sept degrés auxquels ils ont attribué une planète.

Pour faire cette opération, il faut prendre la moitié de la poudre réservée dont je vous ai déjà parlé, et l'imbiber peu à peu, vu qu'en l'imbibant en trop grande quantité on résout derechef le soufre en huile, qui se sublime en surnageant l'eau, ce qui empêche la réunion du soufre et du mercure, faute grave qui s'est opposée à la réussite de plusieurs philosophes. Il faut donc imbiber la matière goutte par goutte en l'aspergeant, afin d'opérer la réunion de la

Lune avec le Soleil des Anges en formant ensemble une bouillie épaisse.

Le feu externe, qui sert à faire ces imbibitions, est celui dont nous avons déjà parlé lorsque nous avons fait dissoudre le quart de l'huile orifique réduite en poudre dans la quantité de mercure philosophique qui lui était nécessaire pour se dissoudre; ce feu extérieur se trouve réglé par la quantité de la matière.

Il faut ici avoir soin d'entretenir la matière dans un état d'onctuosité par les imbibitions réitérées autant de temps qu'il sera nécessaire pour faire gonfler la matière et la faire entrer en fermentation. Sa dissolution est terminée lorsque la matière affecte une couleur bleuâtre ; on appelle cette dissolution *rebis* ou double mercure et le degré du mercure. Cette dissolution est de suite suivie de la fermentation ; alors on cesse les imbibitions et le feu extérieur, en laissant agir tout seul et de lui-même le feu intérieur de la matière, jusqu'à ce que la matière soit tombée au fond du vase, où elle devient noire comme du charbon ; c'est alors que commence le premier degré appelé celui de Saturne et que l'on distille sans feu, le liquide surnageant la matière noire, en suivant la marche que nous avons décrite aux deux précédentes opérations.

On laisse sécher la matière noire d'elle-même, et lorsqu'elle est parvenue à un état de siccité convenable, on l'imbibe derechef avec le feu extérieur, en cessant les imbibitions quand on voit la matière commencer à se sécher ; on la laisse acquérir d'elle-même un certain degré de siccité, et l'on continue, en réitérant ainsi jusqu'à ce qu'elle soit parvenue à sa putréfaction totale : alors on cesse le feu extérieur pour ne pas endommager la matière.

Par suite de l'action du propre feu de la matière, celle-ci de noire devient grise, sans que l'on soit obligé de lui administrer le feu extérieur : on est alors rendu au degré de Jupiter. C'est dans ce degré que l'on voit paraître les couleurs de l'arc-en-ciel, qui se trouvent remplacées par une espèce de peau d'un brun noir qui acquiert de la siccité, se fend et devient grise, entourée à la paroi du vase d'un petit cercle blanc.

La matière étant parvenue à ce point, on pourrait s'en servir comme médecine. Dans ce cas, il faudrait laisser sécher la matière et la faire devenir une poudre blanche, en employant les mêmes procédés déjà décrits pour obtenir cette couleur que l'on fera devenir rouge à l'aide du feu secret.

Cette médecine aurait alors une vertu décuple de la première dont j'ai parlé. Mais désirant s'en servir pour la transmutation des métaux, après l'avoir bien desséchée, on n'attend pas qu'elle soit devenue blanche ; mais on la rend telle en l'amalgamant à parties égales avec du mercure vulgaire de commerce, purifié avec soin par distillation, bien sublimé et revivifié ; il est le lait ou la graisse de la terre.

En effet, lorsque le mercure vulgaire est amalgamé avec la matière, le tout se dissout sous l'aspect d'un liquide blanc comme du lait, qui se trouve fixé par la matière en un sel fixe, par l'action de son propre feu.

Alors on recommence les lavations mercurielles qui la rendent blanche comme cristal, à l'aide de sept lavations différentes, à chacune desquelles on ajoute le mercure revivifié à partie égale comme je l'ai dit ci-dessus, puis par moitié, tiers, quart, cinquième, sixième et septième partie du poids de la matière fixée, afin que le poids de la matière soit toujours plus grand que celui du mercure revivifié employé.

Mais dès la première lavation à partie égale il faut ne pas cesser ni jour ni nuit le feu, c'est-à-dire les imbibitions du liquide distillé qui contient le feu de la matière, afin que celle-ci ne soit pas saisie par le froid et perdue : le composé est le *laiton des philosophes*, qu'il faut blanchir par de fréquentes imbibitions jusqu'à ce que le mercure amalgamé soit fixé par notre matière, secondé de son propre feu ; ce qui termine le degré de Jupiter.

En continuant ainsi, le laiton devient jaunâtre, puis bleuâtre et le blanc le plus beau paraît dessus : alors commence le degré de la Lune. Ce beau blanc a l'aspect du diamant pilé, il est devenu une poudre très fine et très subtile ; on a obtenu le blanc fixe ; on en met sur une lame de cuivre rougie ; si elle fond sans fumer, alors la teinture est suffisamment fixée. Dans le cas contraire, on lui administre le feu, en le continuant jusqu'à ce qu'elle ait atteint son degré de fixité convenable, et l'on s'arrête là, si l'on ne veut faire que la teinture au blanc, dont une partie transmue cent parties de mercure vulgaire en argent meilleur que celui de minière.

Mais désire-t-on faire la teinture rouge, il faut continuer le feu à la matière ; sans l'avoir laissé refroidir, si l'on veut qu'elle puisse devenir rouge.

En reprenant l'administration du feu extérieur la matière devient très fine et si subtile qu'il est difficile de se l'imaginer ; c'est pourquoi il faut bien diriger son feu afin que la matière ne se volatilise pas par la force du feu qui doit la pénétrer entièrement, mais qu'elle reste au fond du vase, en devenant une poudre verte. C'est alors le degré de Vénus.

au rouge, afin de conserver l'autre partie pour s'en servir au degré de Mars et du Soleil, ainsi que pour insérer, comme je l'ai déjà indiqué, en opérant au rouge.

La multiplication en quantité se fait par l'addition du mercure vulgaire revivifié comme je l'ai précédemment dit. Si l'on désire faire en même temps la multiplication en qualité, il faut commencer, comme règle générale, par sublimer la matière en séparant le pur de l'impur, en desséchant en totalité, si l'on opère au blanc, ou par moitié si l'on opère au rouge, à l'aide du propre feu que l'on réglera de la même manière que je l'ai fait à la troisième opération, afin de les réduire en poudre que l'on divisera chacune en deux parties égales ; on en fera dissoudre une partie dans quatre fois son poids de mercure philosophique, qui servira à imbiber l'autre partie réservée en réitérant absolument la troisième opération.

On peut, si on le désire, réitérer ces manipulations jusqu'à dix fois: la matière acquerra à chaque fois une force décuple et sera si subtile qu'elle traversera le verre à la dernière fois en se volatilisant en totalité. On cesse ordinairement à la neuvième multiplication, où elle devient si volatile qu'à la moindre chaleur elle perce le verre et s'évapore, ce qui fait qu'il est d'usage de s'arrêter à la transmutation d'une partie sur mille ou dix mille au plus afin de ne pas s'exposer à perdre un trésor aussi précieux.

Je ne décrirai point ici des opérations très curieuses que j'ai faites, à mon grand étonnement, dans les règnes végétal et animal, ainsi que le moyen de faire le verre malléable, des perles et des pierres précieuses plus belles que celles de la nature, en suivant le procédé indiqué par Zacharie et se servant du vinaigre et de la matière fixée au blanc et de grains de perles ou de rubis pilés très fin, les moulant puis les fixant par le feu de la matière, ne voulant point être parjure et paraître ici passer les bornes de l'esprit humain.

V

L'ALCHIMISTE

Nous avons beaucoup parlé de la Pierre Philosophale ; disons maintenant quelques mots de son heureux possesseur : l'Alchimiste.

On se figure généralement cet homme vivant dans une recherche

En continuant avec sagesse le feu extérieur, la matière devient jaune citron : c'est le degré de Mars. Cette couleur augmente d'intensité et devient couleur cuivre. Rendue à ce point, elle ne peut plus augmenter d'intensité d'elle-même ; c'est alors qu'il faut avoir recours au mercure orifique rouge, c'est-à-dire à notre huile réservée, et imbiber la matière avec cette huile jusqu'à ce qu'elle soit devenue rouge : alors commence le degré du Soleil.

En continuant les imbibitious avec l'huile orifique, la matière devient de plus en plus rouge, puis purpurine et finalement du rouge brun, ce qui forme la salamandre des sages, que le feu ne peut plus attaquer.

Enfin on insère la matière avec la même huile orifique, en l'imbibant goutte par goutte, jusqu'à ce que l'huile du Soleil soit figée dans la matière et que cette dernière, mise sur une lame chaude, fonde sans fumée. Par ce moyen on a obtenu la teinture rouge et l'or fixe et figeant, dont une partie transmue cent parties de mercure en or meilleur que celui de la nature.

Multiplications.

Les deux teintures dont je viens de parler, blanche et rouge, sont susceptibles d'être multipliées en qualité et en quantité, lorsque ces teintures n'ont point été soumises à l'action du feu vulgaire, qui leur fait perdre leur humidité radicale, en les fixant en terre ayant l'aspect d'une pierre. Pour faire la multiplication de ces deux teintures, blanche et rouge, il faut répéter entièrement la troisième opération.

Il faut que les deux poudres blanche et rouge soient dissoutes dans le mercure philosophique, qu'elles passent à la fermentation et à la putréfaction, ainsi qu'à la régénération. Pour y parvenir il faut réitérer les imbibitions peu à peu, conduire le feu et le régler successivement comme nous l'avons précédemment décrit. A cette seconde multiplication une partie fait projection sur mille parties du mercure et les transmue en argent ou en or selon la couleur de la poudre, en métal parfait.

La multiplication en qualité se fait en réitérant la sublimation philosophique qui a lieu en séparant le pur de l'impur à l'aide du mercure philosophique, et l'on répète ponctuellement les manipulations de la troisième opération, après avoir desséché à l'aide du feu de la matière et réduit en poudre toute l'huile blanche si l'on opère au blanc et qu'une partie de l'huile rouge, si l'on opère perpétuelle de l'impossible au milieu des fourneaux ardents, des crocodiles empaillés, des hiboux sinistres et des chats ensorcelés. Il suffit cependant d'ouvrir leurs livres, de voir la façon dont eux-mêmes représentent leurs fourneaux et leurs laboratoires pour constater que c'est là une profonde erreur accréditée par les préjugés de la foule.

Le véritable alchimiste est un philosophe assez instruit pour traverser sans s'émouvoir les époques les plus troublées et les plus difficiles[1]. Il est le dépositaire sacré de toute cette science merveilleuse enseignée jadis dans les sanctuaires vénérés de l'Inde et de l'Égypte. Il faut qu'il sache assez la voiler pour échapper au regard jaloux du despote clérical qui flaire en lui l'ennemi et qui le surveille étroitement. C'est, quand l'Inquisition persécute impitoyablement toute trace de savoir, que le philosophe hermétique voile davantage ses écrits sous les symboles et les mystérieuses figures, pas assez cependant pour que le chercheur consciencieux ne puisse facilement comprendre. Voilà l'origine des obscurités voulues qu'on rencontre dans les ouvrages des adeptes.

Quel usage font-ils des richesses immenses que peut leur procurer la connaissance du merveilleux secret ?

Une des règles élémentaires de la science dite occulte, enseigne que, pour être maître de quelque chose, il faut savoir la considérer avec la plus grande indifférence.

Celui qui désire la Pierre Philosophale pour les richesses qu'elle procure et pour son bien matériel, a des chances considérables pour ne jamais la posséder.

Aussi la tradition ésotérique nous représente-t-elle l'alchimiste simplement vêtu et toujours en voyage, faisant l'aumône aux mendiants et aux rois et par là se montrant supérieur à ces derniers[2].

Si nous en croyons les récits des contemporains, l'alchimiste Nicolas Flamel, possesseur de richesses immenses, les employait uniquement en fondations pieuses ou charitables et mangeait, ainsi que sa femme, des légumes bouillis, dans de la grossière vaisselle de terre.

Nous trouverons ces idées mises en pratique jusqu'en plein XIXe siècle où l'alchimiste Cyliani (1832) ayant, raconte-t-il, découvert la pierre philosophale au bout de quarante ans de travaux, vécut en petit rentier bien modeste après avoir eu la tentation

1. Louis Lucas, *le Roman Alchimique*.
2. Eliphas Levi, *Histoire de la Magie*.

VI

VESTIGE DE L'ALCHIMIE A NOTRE ÉPOQUE

Les alchimistes travaillaient en général seuls jusqu'au xvi° siècle. Dès cette époque, l'initiation fut donnée par des sociétés secrètes plus ou moins puissantes. Ce sont elles qui ont laissé des traces assez durables pour que nous puissions les retrouver à notre époque.

Sans vouloir parler des *Templiers*, prématurément détruits, la plus importante et la plus connue des sociétés hermétiques est sans contredit la mystérieuse *Fraternité des Rose-Croix*. C'est sous leur impulsion que fut fondée par Asmhole la franc-maçonnerie anglaise d'où sont dérivées toutes les initiations modernes[1].

La *Franc-maçonnerie* nous présente encore aujourd'hui les traditions vivantes de l'Hermétisme dans plusieurs de ses hauts grades et c'est à ce point de vue que le F.˙. Ragon l'a particulièrement étudiée dans sa *Maçonnerie occulte*.

Ainsi la parole perdue et retrouvée du 18° degré de l'Ecossisme INRI s'explique ésotériquement par un aphorisme alchimique :

Igne Natura Renovatur Integra[2].

La nature se renouvelle dans son intégrité par le feu.

Ce *feu* n'est pas le feu vulgaire ; c'est la *force universelle* dont nous avons parlé tout à l'heure, représentée aussi par le G du centre de l'Étoile flamboyante[3].

Le 22° grade (Royal Hache) et le 28° (Prince Adepte) sont aussi remplis de traditions réelles de la science hermétique[4].

Outre ces traditions, conservées à l'insu de ceux qui les possèdent, plusieurs monuments de Paris sont encore des preuves positives des enseignements de la philosophie hermétique.

Citons en première ligne à ce point de vue la *Tour Saint-Jacques*,

---

1. Ragon, *Orthodoxie maçonnique*.
2. V. Papus, *Francs-Maçons et Théosophes*.
3. V. Ragon, *la Messe et ses Mystères*.
4. Albert Pite, *Moralis and Dogma of Freemasonry*, Charleston, 1881, p. 340 et suiv.

d'offrir le précieux secret au roi Louis XVIII ; sa femme l'en détourna[1].

Du reste, il suffit de parcourir l'ouvrage de Figuier pour avoir de nombreux détails sur ce sujet.

La doctrine enseignée par les alchimistes est en grande partie philosophique. L'expérience ne doit que servir de contrôle aux théories spéculatives énoncées dans les livres les plus vénérés. C'est pourquoi les adeptes nomment l'ensemble de leurs connaissances : Philosophie hermétique.

La Philosophie hermétique professe l'unité de substance à la base de toutes ces démonstrations. Il existe un *principe universel* répandu dans tous les corps quelle que soit leur composition d'autre part. C'est la connaissance de ce *principe universel* et sa mise en action qui constituent le secret du grand œuvre et qui rend différentes *ab initio* les expériences alchimiques des travaux des chimistes ordinaires, que les philosophes hermétiques considèrent comme des garçons de laboratoire.

Cette force occulte a reçu une foule de noms dans les ouvrages alchimiques : c'est le *Telesme* d'Hermès[2], l'*Aour* des Kabbalistes[3], le *Rouah Elohim* de Moïse[4], le *Mercure universel* des alchimistes[5], la *Lumière astrale* de la Science Occulte[6], le *Mouvement* de Louis Lucas[7], etc., etc.

Du reste cette théorie, à laquelle sont amenés les philosophes contemporains, vient d'être remise au jour dans toute sa beauté par les travaux des Occultistes.

On trouvera aussi des détails sur ce sujet intéressant dans une très belle étude de M. de Rochas intitulée *les Doctrines chimiques au* XVIIe *siècle* et parue dans le *Cosmos* en 1888.

Existe-t-il à notre époque quelque trace de cette philosophie hermétique et de ses enseignements ? Cherchons-le.

---

1. Cyliani, *Hermès dévoilé*, 1832.
2. *La Table d'Emeraude.*
3. Voy. Eliphas Levi, *la Clef des grands mystères.*
4. Fabre d'Olivet, *la Langue hébraïque restituée.*
5. Crosset de la Haumerie, *les Secrets les plus cachés* (6e traité).
6. E. Levi, *Dogme et Rituel de Haute Magie.*
7. Louis Lucas, *Chimie Nouvelle.*

puis les *Vitraux de la Sainte-Chapelle*; enfin le *Portail de Notre-Dame de Paris*[1].

Enfin le xix° siècle a vu naître plusieurs alchimistes convaincus. Citons d'abord Cyliani, auteur d'*Hermès dévoilé* (1832), dans lequel il affirme avoir découvert la Pierre Philosophale, et donne *en style alchimique* le moyen de la fabriquer. Il est curieux de voir ce style symbolique employé même de nos jours.

Après lui, nous devons citer Théodore Tiffereau, ancien préparateur de chimie à l'École de Nantes, auteur d'un mémoire adressé à l'Académie, intitulé : *Les métaux ne sont pas des corps simples* (1853, in-8°).

Puis vient le moins sérieux de tous, Cambriel, auteur d'un mauvais traité portant le titre de *l'Alchimie en 19 leçons*[2].

Tels sont les représentants de l'alchimie à notre époque. En existe-t-il d'autres en Occident, existe-t-il des sociétés d'hermétisme ? c'est ce que nous ne pouvons pas dire.

Cependant je puis parler d'une aventure entièrement personnelle qui m'est arrivée il y a deux ans à peu près.

Un alchimiste pratiquant.

A cette époque je poursuivais un travail qui n'est pas encore terminé. Il s'agissait de réduire tous les termes d'alchimie en leur équivalent en chimie contemporaine. La tâche était aisée pour certains d'entre eux ; malaisée pour d'autres. Quand je ne pouvais m'y reconnaître par la seule théorie, j'en appelais à l'expérience. C'est ainsi qu'en sublimant un mélange d'azotate de potasse et de mercure, par le procédé alchimique, je remarquai qu'il se produisait trois sels d'aspect physique différent quoique de composition chimique identique. Ces trois sels étaient nettement indiqués par les alchimistes et pas du tout par les chimistes. C'est même cela qui m'avait poussé à tenter l'expérience.

Tout travail d'occultisme réveille par écho la filière d'idées qui lui correspond exactement dans les trois mondes ; aussi ne fus-je pas étonné quand je reçus inopinément la visite d'un homme d'environ quarante ans, bien mis et qui m'avoua s'occuper de la pierre philosophale depuis dix ans.

1. Voy. le dessin et l'explication de l'hiéroglyphe alchimique du portail de Notre-Dame dans le *Traité élémentaire de Science Occulte* de Papus, planche VI.
2. Dernièrement M. *Poisson* vient de mettre au jour une excellente édition comprenant cinq traités d'alchimie avec plusieurs gravures.

Il prétendait avoir trouvé la direction du feu astral et s'engageait à montrer son action à la personne qui pourrait, non pas lui avancer de l'argent, il n'en voulait pas ; mais lui louer une petite maison pour un an, maison dont la personne resterait propriétaire. Cela lui permettrait de finir son travail à son aise.

Comme « mes appartements » se composent d'une chambre située près du ciel et que je consacre tout ce que je puis gagner à la diffusion de l'occultisme, j'étais dans l'impossibilité d'avancer les 1200 francs nécessaires à la satisfaction du rêve de mon alchimiste. Je le conduisis donc chez divers occultistes riches qui ne voulurent pas risquer la somme. Je l'aurais fait moi-même peut-être rien que pour voir l'expérience promise, condition *sine qua non* du versement.

Pour me récompenser de mes efforts, l'alchimiste me fit cadeau d'une bouteille renfermant une substance blanche, d'odeur très pénétrante et douée de curieuses propriétés physiques.

Cette substance est tellement hygrométrique qu'une parcelle mise sur l'eau s'agite aussitôt violemment, rappelant un peu le sodium, mais sans jamais s'enflammer. Je n'ai pas encore eu le temps d'analyser cette matière d'origine organique, je pense.

Depuis mon alchimiste continue ses travaux. Il habite *Winterthur* dans la Suisse allemande et se nomme *H. Etter*. C'est un homme très sérieux et fort instruit en hermétisme. Si jamais l'un de mes lecteurs se promène de ce côté, il peut aller voir les expériences de ce « philosophe du feu ».

C'est là le seul alchimiste pratiquant que je connaisse, outre une association située aux environs de Goritz en Autriche.

J'ai fait la découverte vers la même époque d'un cordonnier, concierge dans une impasse de Ménilmontant, qui possédait la Bibliothèque d'alchimie la plus complète que j'aie jamais vue. Pris de goût pour ces études, mon cordonnier, socialiste de l'école de Fourier et de Tourreil, avait acheté pendant trente ans ces volumes un à un chez les brocanteurs. Il avait, entre autres raretés, des manuscrits hermétiques de grande valeur. Aujourd'hui il a été réduit à vendre presque tous ses trésors. Il avait tout lu et tout annoté et était assez fort en occultisme, pour avoir complètement interloqué le vén.·. le jour de son initiation. Il n'a cependant jamais essayé la pratique de l'alchimie.

Notre monographie ne serait pas complète si nous terminions sans indiquer tout au moins les livres les plus utiles à ceux qui voudraient pousser plus loin ces curieuses études. C'est ce que nous allons tenter de faire.

VII

COMMENT ON PEUT ÉTUDIER L'ALCHIMIE

Le premier livre que nous conseillons de lire en entier, c'est celui de LOUIS FIGUIER intitulé *l'Alchimie et les Alchimistes*. Quoique l'auteur se pose en adversaire décidé de la Philosophie hermétique, son livre est très bien fait en somme et, sauf quelques erreurs de détails, mérite la peine d'être pris en sérieuse considération. La partie historique est surtout remarquable et sa lecture conduit fatalement à démontrer avec évidence l'existence de la Pierre Philosophale. C'est donc surtout pour la partie historique que l'ouvrage de Louis Figuier doit être étudié.

C'est alors qu'on pourra lire l'œuvre d'un véritable alchimiste et prendre connaissance de ce style bizarre et figuré. Nous conseillons vivement de prendre à ce point de vue l'ouvrage de *Cyliani* cité dans le chapitre précédent. On verra que, même au XIXe siècle, la langue symbolique est encore en usage malgré la chimie contemporaine; on pourra aussi se rendre compte, par le récit des quarante années de souffrances et de recherches de l'alchimiste, de la difficulté de l'œuvre entreprise.

On trouvera ce volume, devenu très rare, à la Bibliothèque Nationale (lettre R).

Enfin l'instruction élémentaire sera tout à fait complète si l'on veut lire *l'Histoire de la Philosophie hermétique* de LANGLET DU FRESNOY et les auteurs reproduits dans les deux volumes de la *Bibliothèque des Philosophes chimiques* de SALMON (1753).

Comme il existe plus de trois mille volumes sur l'Alchimie, nous croyons devoir nous borner à donner les plus importants. Ceux qui voudraient devenir des Alchimistes pratiquants, ce dont je les plains fort, devront prendre connaissance de tous les *maîtres*, surtout des œuvres de GEBER, RAYMOND LULLE, BASILE, VALENTIN, PARACELSE et VAN HELMONT.

CONCLUSION

Parvenu au bout de notre travail, nous espérons avoir atteint le but poursuivi : *Démontrer que la Pierre Philosophale n'est pas seulement possible ; mais qu'elle a existé et a donné de son existence des preuves irréfutables.*

Nous prions les gens sérieux, qui ne sont animés d'aucun parti pris ni d'aucune idée préconçue, de bien considérer nos assertions, de vérifier leur authenticité dans les livres originaux, ce qui est facile à la Bibliothèque Nationale, et de voir si ce sont là *des preuves irréfutables* ou bien de simples conjectures dénuées de tout fondement stable. L'amour de la vérité nous a seul conduit à défendre les alchimistes, ces modestes philosophes trop peu connus et trop calomniés. Puissions-nous inciter quelque chercheur plus instruit que nous-même à développer et à étendre ce genre tout particulier d'études.

Du reste, nous assistons à une véritable renaissance de l'antiquité. Les phénomènes si curieux de la suggestion viennent détruire bien des conclusions anticipées et peut-être le xx° siècle verra-t-il se constituer enfin LA SYNTHÈSE par l'alliance de la *physique positiviste* de l'Occident avec *la métaphysique idéaliste* de l'Orient. Puisse ce jour être proche où toutes les philosophies rentreront dans *l'Unité* d'une même SCIENCE, où tous les cultes rentreront dans *l'Unité* d'une même FOI, où la *la Science* et *la Foi* donneront, par leur alliance, naissance à une seule et synthétique VÉRITÉ !

CHAPITRE XIV

LA TRADITION AU TEMPS MODERNE

LA FRANC-MAÇONNERIE. — ORIGINE. — BUTS SECRETS. — CONSTITUTION.
LA LIGUE D'HIRAM ET SA SIGNIFICATION.

§ 1. — LE COURANT ALCHIMIQUE. — LA ROSE-CROIX.

Le courant alchimique représente la voie centrale de transmission de la Science occulte. Les philosophes d'Hermès étudient les différentes parties de l'ésotérisme et quelques-uns d'entre eux s'appliquent particulièrement à l'étude du monde sensible; de là l'Alchimie.

Il ne faudrait pas croire cependant que l'Alchimie fût la seule occupation des hermétistes. Nous trouvons en effet toute une série de philosophes s'appliquant particulièrement à la Kabbale[1], tels sont *Zedechias* sous Pépin le Bref, le rabbin initié *Jechiel* sous saint Louis, *Albert le Grand* vers la fin du XIIe siècle, *Pic de la Mirandole, Reuchlin, Trithème, Agrippa*, aux XVe et XVIe siècles. Ces noms indiquent la voie suivie par la tradition kabbalistique qui se continue au XVIIe siècle avec *Robert Fludd* (1574-1637) et *Henry More* (1614-1687) pour aboutir aux sociétés secrètes du commencement du XVIIIe siècle parallèlement à l'alchimie proprement dite.

A côté de ces philosophes se transmettant de génération en géné-

---

1. Voy. Eliphas Levi, *Histoire de la Magie* et Stanislas de Guaita, *Essai de Sciences maudites*.

ration le dépôt sacré qui leur a été confié, il existe divers courants émanés d'hommes, qui ont été se faire initier aux sources mêmes de la Tradition et qui reviennent ensuite rajeunir de leur apport le courant central qui se continue en Occident.

Il en est pour la philosophie hermétique comme pour la Grèce dont les grands esprits allaient subir l'initiation en Égypte et revenaient ensuite infuser un sang intellectuel nouveau à leur patrie.

Il est donc de la plus grande importance, pour éviter toute confusion, de ne pas énumérer des noms à la file; mais de bien distinguer le courant central de ces courants accessoires, des plus importants du reste.

C'est ainsi que *Raymond Lulle* (1235-1315) initié par les Arabes aux secrets du livre d'Hermès-Tau (Le Tarot) enseigne son *Ars magna* ou l'art de remplacer le cerveau humain par une machine mathématique, art qui formera le fonds de l'enseignement universitaire pendant quatre siècles.

C'est ainsi que *Paracelse* (1495-1541) reviendra de ses voyages riche de nouvelles lumières. Mais deux hommes nous intéressent au-dessus de tout à ce point de vue, ce sont ceux qui ont été puiser la tradition gnostique pure à sa source même et qui ont créé de sérieux courants d'initiative sous cette influence. Ces deux hommes sont *Hugues de Payens*, le fondateur de l'ordre du Temple au XIIe siècle, et *Rosenkreuz*, le fondateur de l'ordre de la Rose-Croix au XIVe siècle.

Le courant hermétique possédait bien la tradition kabbalistique alliée à la Gnose, ainsi que le prouvent les œuvres de *Jean Dée*; mais l'occupation des philosophes est tout intellectuelle, aucun ne songe à une réalisation sociale quelconque permettant de lutter à armes égales contre l'usurpatrice ignorante du pouvoir spirituel : l'Église.

Les Templiers. — Les sept croisés fondateurs de l'Ordre du Temple initiés en Palestine même aux secrets de la Gnose jettent les bases en 1118 de la Puissance qui faillit réaliser dès le XIVe siècle les aspirations secrètes des initiés.

Les Templiers voulaient rétablir l'ancienne organisation universitaire de l'antiquité. Dans chaque centre important *une commanderie* était établie, plusieurs commanderies étaient régies par un *prieuré*, plusieurs prieurés se groupaient sous les ordres d'un

---

1. Surtout sa *Monas Hieroglyphica* dans laquelle il montre que la vie du Christ est basée sur le mythe solaire, image de la loi universelle.

grand prieuré gouvernant la Province. Les grands prieurés se groupaient à leur tour par nation parlant une *langue différente* et le tout était régi par le pouvoir central ayant à sa tête le Grand Maître.

Ainsi les peuples parlant des idiomes divers recevaient l'impulsion intellectuelle d'un centre unique et le but de cette impulsion n'était pas l'obscurcissement *a priori* des intelligences; mais bien leur émancipation par la charité et par la science, les deux pivots de l'ordre du Temple.

C'était une attaque directe à l'Église et à la Papauté; celle-ci sentit le danger et employa un moyen radical. Le 13 octobre 1307 Philippe le Bel arrêta les Templiers sur tout le terrritoire et les fit brûler après un jugement sommaire. En 1312 le pape Clément V détruisit l'ordre administrativement.

La Gnose n'avait pu réussir jusque-là socialement parce qu'elle n'avait pas *d'âme*, elle n'était pas constituée comme un être complet, elle n'existait pas comme puissance efficiente dans l'invisible. Le martyre volontaire de *Jacques Molay* donnait au courant gnostique cette âme directrice qui lui manquait, ce courant devenait tout-puissant subitement, de par son ennemie même et nous le retrouverons avec la Réforme et avec la Révolution française. Notons bien le caractère essentiellement réalisateur de l'ordre du Temple.

Après sa destruction plusieurs de ses initiés qui avaient échappé au supplice fondirent les premières des grandes fraternités secrètes d'Europe, en exceptant toutefois la Sainte Wœhme qui datait de Charlemagne.

***

Chrétien Rosenkreuz, né en 1378, avait été élevé par un cercle d'initiés allemands qui savaient que de grands centres hermétiques subsistaient toujours en pays d'Orient.

A peine âgé de vingt ans, Rosenkreuz part, se dirigeant droit vers les sources de la Gnose. Il parcourt successivement la Turquie, la Palestine, l'Arabie, se faisant partout recevoir dans les centres d'initiation. A *Damcar* il découvre enfin le centre si cherché où il reçoit le complément définitif de la Tradition ésotérique.

Le jeune initié se rend encore à Fez où la Kabbale était enseignée puis revient par l'Espagne dans son pays natal, l'Allemagne.

Là il dévoila sa doctrine à un petit nombre d'initiés et s'enferma dans une grotte où il mourut en 1484 à l'âge de 106 ans.

En 1604 son sépulcre fut découvert orné d'inscriptions diverses dont une prophétique, si l'on en croit le Manifeste de la Confrérie de la Rose-Croix (*Fama fraternitatis Rosæ Crucis*) paru vers 1613.

M. Louis Figuier a fort bien résumé l'histoire de cette confrérie, aussi lui empruntons-nous les extraits suivants qui montreront que la Gnose est le but secret de la Rose-Croix luttant contre l'ignorance de l'Église :

La doctrine et les règles de conduite des frères de la Rose-Croix sont contenues dans le *Manifeste* dont nous avons parlé et dans un autre petit livre intitulé la *Confession de foi*, qui est annexé au précédent.

Bien qu'il n'ait jamais été possible de connaître exactement ce que renfermait le grand secret des Rose-Croix, on pense qu'il portait sur ces quatre points : la *Transmutation des métaux;* — l'*Art de prolonger la vie pendant plusieurs siècles;* — la *Connaissance de ce qui se passe dans les lieux éloignés;* — l'*Application de la cabale et de la science des nombres à la découverte des choses les plus cachées.*

Le nombre des frères de la Rose-Croix n'était que de quatre au début de la confrérie, Rosenkreuz n'ayant dévoilé son secret qu'à trois compagnons, ou, selon d'autres, à ses trois fils. Leur nombre s'accrut bientôt jusqu'à huit. Ils étaient tous vierges. Ces adeptes fondateurs se réunissaient dans une chapelle appelée du *Saint-Esprit*, et c'est là qu'ils distribuaient les enseignements et les avis aux nouveaux initiés.

Une fois entrés dans le sein de la confrérie, les frères se juraient une fidélité inviolable, et s'engageaient par serment à tenir leur secret impénétrable aux profanes. Ils ne se distinguaient les uns des autres que par des numéros d'ordre; individuellement ou collectivement, ils devaient se contenter de prendre le nom de la confrérie, à l'exemple de leur premier fondateur, qui ne s'était jamais fait connaître que sous le titre de *frère illuminé de la R.-C.* Cette manière de s'absorber dans la personne de leur maître montre assez dans quelle union étroite ils entendaient vivre avec son esprit, et combien ils étaient résolus à suivre fidèlement la règle qu'il leur avait tracée, et dont voici les articles principaux :

« Exercer la médecine charitablement et sans recevoir de personne aucune récompense;

« Se vêtir suivant les usages du pays où l'on se trouve;

« Se rendre, une fois tous les ans, au lieu de leur assemblée générale, ou fournir par écrit une excuse légitime de son absence;

« Choisir chacun, quand il en sentira le besoin, c'est-à-dire quand il sera au moment de mourir, un successeur capable de tenir sa place et de le représenter;

« Avoir le caractère de la R.-C. pour signe de reconnaissance entre eux et pour symbole de leur congrégation.

« Prendre les précautions nécessaires pour que le lieu de leur sépulture soit inconnu, quand il arrivera à quelqu'un d'eux de mourir en pays étranger.

« Tenir leur société secrète et cachée pendant cent vingt ans, et croire fermement que, si elle venait à faillir, elle pourrait être réintégrée au sépulcre et monument de leur premier fondateur[1]. »

Avec la stricte observation de ces préceptes, dont l'application ne présente, comme on le voit, que peu de difficultés, les Rose-Croix se vantent d'obtenir des grâces et des facultés telles que Dieu n'en a jamais communiqué de semblables à aucune de ses créatures. Les Rose-Croix affirment, par exemple :

« Qu'ils sont destinés à accomplir le rétablissement de toutes choses en un état meilleur avant que la fin du monde arrive;

« Qu'ils ont au suprême degré la piété et la sagesse, et que, pour tout ce qui peut se désirer des grâces de la nature, ils en sont paisibles possesseurs, et peuvent les dispenser selon qu'ils le jugent à propos;

« Qu'en quelque lieu qu'ils se trouvent, ils connaissent mieux les choses qui se passent dans le reste du monde que si elles leur étaient présentes;

« Qu'ils ne sont sujets ni à la faim, ni à la soif, ni à la vieillesse, ni aux maladies, ni à aucune incommodité de la nature;

« Qu'ils connaissent par révélation ceux qui sont dignes d'être admis dans leur société;

« Qu'ils peuvent en tout temps vivre comme s'ils avaient existé dès le commencement du monde, ou s'ils devaient rester jusqu'à la fin des siècles;

« Qu'ils ont un livre dans lequel ils peuvent apprendre tout ce qui est dans les autres livres faits ou à faire;

« Qu'ils peuvent forcer les esprits et les démons les plus puissants de se mettre à leur service, et attirer à eux, par la vertu de leur chant, les perles et les pierres précieuses;

« Que Dieu les a couverts d'un nuage pour les dérober à leurs ennemis, et que personne ne peut les voir, à moins qu'il n'ait les yeux plus perçants que ceux de l'aigle;

---

1. G. Naudé, *Instructions à la France sur la vérité de l'histoire des frères de la Rose-Croix.*

« Que les huit premiers frères de la Rose-Croix avaient le don de guérir toutes les maladies, à ce point qu'ils étaient encombrés par la multitude des affligés qui leur arrivaient, et que l'un d'eux, fort versé dans la cabale, comme le témoigne son livre *H*, avait guéri de la lèpre le comte de Norfolk, en Angleterre ;

« Que Dieu a délibéré de multiplier le nombre de leur compagnie ;

« Qu'ils ont trouvé un nouvel idiome pour exprimer la nature de toutes les choses ;

« Que par leur moyen le triple diadème du pape sera réduit en poudre ;

« Qu'ils confessent librement, et publient, sans aucune crainte d'en être repris, que le pape est l'Antechrist ;

« Qu'ils condamnent les blasphèmes de l'Orient et de l'Occident, c'est-à-dire de Mahomet et du pape, et ne reconnaissent que deux sacrements, avec les cérémonies de la première Église, renouvelée par leur congrégation ;

« Qu'ils reconnaissent la quatrième monarchie, et l'empereur des Romains pour leur chef et celui de tous les chrétiens ;

« Qu'ils lui fourniront plus d'or et d'argent que le roi d'Espagne n'en a tiré des Indes, tant orientales qu'occidentales, d'autant plus que leurs trésors sont inépuisables ;

« Que leur collège, qu'ils nomment *Collège de Saint-Esprit*, ne peut souffrir aucune atteinte, quand même cent mille personnes l'auraient vu et remarqué ;

« Qu'ils ont dans leurs bibliothèques plusieurs livres mystérieux, dont un, celui qui leur est le plus utile après la Bible, est le même que le révérend Père illuminé R. C. tenait en sa main droite après sa mort ;

« Enfin, qu'ils sont certains et assurés que la vérité de leurs maximes doit durer jusqu'à la dernière période du monde[1]. »

LA RÉFORME

Voilà donc une nouvelle fraternité hermétique dont la doctrine est puisée directement aux sources primitives qui vient s'ajouter aux courants déjà existants :

1° Le courant central représenté par les alchimistes.
2° Les restes des Templiers.

1. G. Naudé, *Instructions à la France sur la vérité de l'histoire des frères de la Rose-Croix.*

Ces derniers, aidés des sociétés hermétiques, n'avaient pas cessé de préparer sourdement les esprits à la révolte contre le sectarisme romain. Cette révolte éclata soudainement en Allemagne avec Luther en 1517. La protection d'un prince puissant, l'électeur de Saxe, assure le succès de cette tentative qui, préparée de longue main par les sociétés secrètes, voit son succès croître d'une façon prodigieuse.

Tout le nord de l'Europe échappait à la Papauté; l'Allemagne, devenue libre, pouvait servir de centre d'action aux diverses associations hermétiques. Aussi verrons-nous toujours les succès du protestantisme en religion aller de pair avec les succès de la Franc-Maçonnerie qui protégera partout les descendants de l'électeur de Saxe en récompense du service rendu.

Dans l'initiation à l'un des plus hauts grades maçonniques, on apprend en effet au récipiendaire que le Protestantisme est une des victoires (coups de canon) remportées par la Franc-Maçonnerie sur la Papauté.

RÉSUMÉ

C'est d'Allemagne que sont sorties toutes les sectes dites *d'illuminés* qui répandront partout les doctrines du gnosticisme et prépareront la revanche des Templiers.

**
* **

Avant d'aller plus loin, voyons quels sont, au commencement du xviii° siècle, les divers courants qui possèdent tout ou partie de la Tradition ésotérique.

1° Le courant alchimiste comprenant plusieurs écoles (alchimistes, kabbalistes, astrologues, etc.) régénéré par Paracelse et Van Helmont. Ce courant est surtout intellectuel et a pour but la liberté d'études scientifiques.

2° Les restes des Templiers poursuivant avec opiniâtreté la vengeance de Jacques Molay sur les deux assassins du Temple : la Royauté et la Papauté.

3° La fraternité de la Rose-Croix possédant une grande partie de la tradition chrétienne primitive expliquée par la Gnose et la Kabbale.

Nous allons voir tous ces éléments se grouper pour fonder une société secrète plus puissante socialement que toutes les précédentes : la *Franc-Maçonnerie*.

§ 2. — ORIGINES DE LA FRANC-MAÇONNERIE.

La Franc-Maçonnerie nous présente en effet le groupement total de tous les courants que nous avions étudiés jusqu'ici. Nous y trouverons représentés les Templiers, les Alchimistes, les Rose-Croix alliés à des associations secrètes d'ouvriers constructeurs.

Si l'on veut étudier toutes ces traditions il est important de ne pas le faire dans ce qui reste de la Franc-Maçonnerie en France, nous en verrons bientôt la raison.

Pour l'instant développons de notre mieux les origines *historiques* de cette nouvelle association. Tous les auteurs sont d'accord sur ce point ; des représentants de sociétés gnostiques (entre autres Ashmole) alliés à des loges d'ouvriers constructeurs ont fondé la Franc-Maçonnerie.

Nous empruntons à un travail publié par les catholiques et fort bien fait, quoique rempli par instants d'insinuations venimeuses et de calomnies naïves, les renseignements suivants[1] :

1° *L'Ancienne Corporation des Maçons Constructeurs d'Allemagne.*

Depuis le IX° siècle jusques et y compris le XIII° siècle, les Moines les Bénédictins surtout, monopolisèrent la science de la construction des grands édifices[2].

Ayant besoin d'un personnel nombreux, ils se virent forcés de faire des élèves parmi les laïques[3].

Les moines chargés de cet enseignement étaient appelés *Vénérables*, parce qu'ils étaient religieux, *Maîtres*, parce qu'ils enseignaient[4].

---

1. *Maçonnerie pratique*, 2 vol. in-8°, 1885. Baltenweck, éditeur, Paris.
2. *Mss. autographes du duc de Sussex*, grand maître de la Maçonnerie Anglaise, n° 57 de la collection privée.
Allgemeine Kulturgeschichte von der Urzeit bis auf der Gegenwart, par Otto Henne-Am-Rhyn, vol. III et IV. Leipzig, 1877-1882.
Historical Lecture on Freemasonry du *Rituel du Conseil*, par John Yarker, grand maître de la Maçonnerie Swedenborgienne en Grande-Bretagne. Londres, 1882.
3. *Ibid.*
4. *Ibid.*

Au xiii⁰ siècle les élèves constructeurs allemands secouèrent le joug de leurs chefs monastiques et se constituèrent en groupes, en corps d'état, pour construire pour leur propre compte, sans être subordonnés aux moines [1].

En se groupant pour construire suivant le style architectonique allemand, pour construire du gothique, ils s'organisèrent de façon à monopoliser la construction de ce style, s'assurant ainsi du travail, dont les voies et moyens étaient tenus absolument secrets [2].

Ces secrets de l'art des constructeurs, étant communiqués aux ouvriers par leurs maîtres, rendaient ces ouvriers égaux, *frères* en instruction, et capables de travailler ensemble, de coopérer en *compagnons*, aux travaux entrepris et à entreprendre [3].

Pendant les siècles xiii⁰, xiv⁰ et xv⁰, la construction de basiliques, d'églises, de monastères, de palais, prit un grand développement, et le personnel travaillant des constructeurs dut recevoir un accroissement considérable [4].

Les constructeurs admirent alors parmi eux des *Apprentis* qui n'étaient pas des constructeurs, qui n'étaient pas des *Compagnons*, mais qui travaillaient à le devenir [5].

Ce même développement des travaux exigea que certains *Compagnons*, pris parmi les plus intelligents et les plus habiles, fussent chargés de la direction de travaux déterminés, devinssent *Maîtres* pour enseigner aux autres les moyens à employer pour amener à bonne fin telle entreprise de construction [6].

Ces *Compagnons-maîtres* étaient choisis par le suffrage de tous les compagnons, et n'étaient autre chose que des contremaîtres chargés de la direction momentanée de travaux déterminés [7].

A la fin du xiii⁰ siècle, les constructeurs allemands formaient aussi un corps de métier, monopolisateur de la construction gothi-

---

1. *Mss. autographes du duc de Sussex*, grand maître de la Maçonnerie Anglaise, n° 57 de la collection privée.
Allgemeine Kulturgeschichte von der Urzeit bis auf der Gegenwart, par Otto Henne-Am-Rhyn, vol. III et IV. Leipzig, 1877-1882.
Historical Lecture on Freemasonry du *Rituel du Conseil*, par John Yarker, grand maître de la Maçonnerie Swedenborgienne en Grande-Bretagne. Londres, 1882.
2. *Ibid.*
3. *Ibid.*
4. *Ibid.*
5. *Ibid.*
6. *Ibid.*
7. *Ibid.*

que et composé d'*Apprentis*, de *Compagnons*, et de *Compagnons-Directeurs* ou *Maîtres* [1].

Comme il s'agissait de conserver au corps de métier le monopole des secrets de la construction gothique, l'acte d'admission des *Apprentis*, des *profanes*, aspirant à recevoir l'enseignement de la construction gothique, aspirant à être *initiés* à ses *secrets*, était revêtu d'une grande solennité [2].

Les aspirants à être admis comme *Apprentis* devaient être *libres*, pour que personne n'eût le droit d'exiger d'eux la révélation des secrets de la construction gothique, et *de bonnes mœurs*, pour qu'ils ne pussent jamais amener des perturbations dans l'union et l'harmonie de tous, qui constituait le plus grand succès du corps de métier [3].

On exigeait d'eux le *serment* sur *la Bible*, le livre sacré par excellence des couvents, d'où étaient sortis les premiers constructeurs, de ne jamais révéler aucun des secrets de la construction gothique à quiconque ne ferait preuve complète et irrécusable d'avoir droit à les posséder, en qualité de membre régulier du corps de métier [4].

Pour rendre possible cette preuve complète et irrécusable, les constructeurs convinrent entre eux de certains *signes*, certains *attouchements*, certains *mots*, certains *dialogues* avec des demandes et des réponses spécialement convenues, différentes pour les apprentis, pour les compagnons et pour les compagnons-maîtres. Ils se constituèrent ainsi, étant donné le serment de discrétion absolue prêté par tous au préalable, une garantie certaine de sécurité, et une défense contre l'immixtion des profanes anxieux de dérober les secrets de construction qui donnaient au corps de métier sa puissance et ses ressources [5].

Et en 1498, l'empereur Maximilien donna une existence légale au corps d'état des constructeurs, en approuvant leurs statuts et règlements [6].

---

1. *Mss. autographes du duc de Sussex*, grand maître de la Maçonnerie Anglaise. N° 57 de la collection privée.
Allgemeine Kulturgeschichte von der Urzeit bis auf der Gegenwart, par Otto Henne-Am-Rhyn. Leipzig, 1877-1882, vol. III et IV.
Historical Lecture on Freemasonry du *Rituel du Conseil*, par John Yarker, grand maître de la Maçonnerie Swedenborgienne en Grande-Bretagne, Londres, 1882.
2. *Ibid.*
3. *Ibid.*
4. *Ibid.*
5. *Ibid.*
6. *Ibid.*

Une fois par mois, les ouvriers, les *Compagnons* de chaque
« coterie », de chaque *atelier*, se réunissaient pour traiter les affaires
d'intérêt commun à tous, pour administrer entre eux la justice, le
cas échéant[1].

La réunion était présidée par le compagnon-maître de l'*Atelier*
qui conservait le titre de *Vénérable-Maître* porté autrefois par les
moines instructeurs, mais seulement comme titre de courtoisie[2].

Il était aidé par les contremaîtres de la bande, pris parmi les
compagnons les plus intelligents et les plus habiles, au nombre de
deux. Ces contremaîtres, chargés de surveiller la bonne marche
du travail, étaient nommés *surveillants*[3].

Parmi les deux *surveillants*, le plus habile était appelé *premier surveillant* et était affecté à la surveillance du travail des compagnons.

L'autre, le *second surveillant*, était affecté à la surveillance des
apprentis[4].

Quand la réunion devait avoir lieu, on choisissait de préférence
un endroit élevé, dont les abords étaient d'une surveillance facile
contre toute curiosité indiscrète. Une chaîne maintenue par des
piquets, et ne laissant qu'une étroite ouverture entre deux gros
piquets, marquait l'emplacement[5].

Les deux *surveillants* se mettaient à côté de chacun des deux
piquets formant le passage d'entrée et reconnaissaient les ouvriers à
mesure qu'ils se présentaient, au moyen de *signes*, *attouchements*
et *mots* convenus[6].

Près de cet emplacement se trouvait le hangar, la maisonnette
où étaient *logés* les instruments de travail, les plans.

Comme la *Loge* renfermait les moyens de travail des constructeurs et que leur réunion avait pour but de rendre plus productif
ce travail, on disait que l'*Atelier* tenait *Loge* quand les ouvriers se
réunissaient tous ensemble[7].

---

1. *Mss. autographes du duc de Sussex*, grand maître de la Maçonnerie
Anglaise. N° 57 de la collection privée.
Allgemeine Kulturgeschichte von der Urzeit bis auf der Gegenwart, par
Otto Henne-Am-Rhyn, vol. III et IV. Leipzig, 1877-1882.
Historical Lecture on Freemasonry, du *Rituel du Conseil*, par John Yarker,
grand maître de la Maçonnerie Swedenborgienne en Grande-Bretagne.
Londres, 1882.
2. *Ibid.*
3. *Ibid.*
4. *Ibid.*
5. *Ibid.*
6. *Ibid.*
7. *Ibid.*

Ces réunions, ces *tenues de Loges* avaient toujours lieu au point du jour, avant de commencer le travail.

Le *Vénérable-Maître* qui la présidait tournait le dos au soleil levant pour mieux voir et mieux diriger les travaux.

Il se trouvait ainsi placé à *l'Orient*[1].

On prit l'habitude de placer les deux gros piquets, les deux *colonnes* qui formaient l'entrée, juste en face du *Vénérable-Maître*. L'entrée se trouva ainsi être placée à *l'Occident*[2].

Les deux *surveillants* placés à côté des colonnes d'entrée se plaçaient, le premier à droite, et le second à gauche[3].

En entrant, les compagnons prenaient place du côté où se trouvait le *premier surveillant* qui était spécialement affecté à leur surveillance. Les *Compagnons* se trouvaient ainsi placés au Sud[4].

Les *Apprentis* se plaçant de l'autre côté, se trouvaient placés au Nord[5].

Quand le soleil se levait, sa lumière venait du côté où était placé le *Vénérable-Maître*, et comme il était placé là pour enseigner, on appelait *lumière* l'enseignement des constructeurs, qui recevait *la lumière* dans *la Loge*[6].

Comme les constructeurs réunis là étaient au moins *Apprentis*, la *Loge* générale était toujours *tenue* au *grade* d'*apprenti*, c'est-à-dire que l'on ne discutait, en fait d'enseignement spécial et secret, que ce que les apprentis étaient autorisés à connaître[7]

Si la discussion venait à porter sur des questions du ressort exclusif des *Compagnons*, les *Apprentis* se retiraient, et ce qui se passait alors dans la loge était *couvert* d'obscurité pour eux. De là la désignation de *couvrir la loge*, pour signifier l'acte de quitter la réunion[8].

---

1. *Mss. autographes du duc de Sussex*, grand maître de la Maçonnerie Anglaise. N° 57 de la collection privée.
Allgemeine Kulturgeschichte von der Urzeit bis auf der Gegenwart, par Otto Henne-Am-Rhyn, vol. III et IV. Leipzig, 1877-1882.
Historical Lecture on Freemasonry, du *Rituel du Conseil*, par John Yarker, grand maître de la Maçonnerie Swedenborgienne en Grande-Bretagne, Londres, 1882.
2. *Ibid*.
3. *Ibid*.
4. *Ibid*.
5. *Ibid*.
6. *Ibid*.
7. *Ibid*.
8. *Ibid*.

Une fois par trimestre, les *Compagnons-Maîtres* chargés de la direction des différents *ateliers* de chaque contrée se réunissaient en séances, d'où étaient exclus les simples *Compagnons*[1].

Comme le *Vénérable-Maître* de chaque *atelier* était toujours placé au milieu des ouvriers quand ils se réunissaient, on appelle *chambre du milieu* l'emplacement où ne se réunissaient que les Maîtres, la *Loge des Maîtres*[2].

Le *Compagnon-Maître* qui présidait la réunion la *Loge des apprentis*, portait le titre de *Vénérable-Maître*, nous avons vu pourquoi[3].

Quand il présidait la réunion la *Loge des Compagnons*, il portait le titre de *très Vénérable-Maître*, les compagnons étant plus à même d'apprécier l'importance très grande de la bonne direction qu'il était appelé à imprimer aux travaux de l'atelier[4].

Le *Compagnon-Maître* qui présidait la réunion des *Maîtres*, l *Chambre du milieu*, était toujours le plus respectable et respecté par son âge et ses connaissances, et il était désigné sous le titre de *Respectable-Maître*[5].

Les *Compagnons-Maîtres* s'appelaient entre eux *Vénérables-Maîtres*, pour bien marquer qu'ils avaient la responsabilité de la présidence de leurs ateliers respectifs[6].

Les *Compagnons* et les *Apprentis* s'appelaient entre eux *Frères*, pour bien marquer que l'enseignement qu'ils recevaient, que les travaux qu'ils exécutaient, que les utilités qu'ils en retiraient étaient communes à tous, égales pour tous, et que tous étaient réellement des frères de la même famille[7].

Le *Second Surveillant* avait pour emblème ce qu'il faut commencer par donner à toute construction, le *fil-à-plomb*, représentation de la verticalité.

Le *Premier Surveillant* avait pour emblème ce qui complète et

---

1. *Mss. autographes du duc de Sussex*, grand maître de la Maçonnerie Anglaise. N° 57 de la collection privée.
Allgemeine Kulturgeschichte von der Urzeit bis auf der Gegenwart, par Otto Henne-Am-Rhyn, vol. III et IV. Leipzig, 1877-1882.
Historical Lecture on Freemasonry, du *Rituel du Conseil*, par John Yarker, grand maître de la Maçonnerie Swedenborgienne en Grande-Bretagne. Londres, 1882.
2. *Ibid.*
3. *Ibid.*
4. *Ibid.*
5. *Ibid.*
6. *Ibid.*
7. *Ibid.*

rend parfaite toute construction, le *niveau*, représentation de l'horizontalité.

Le *Vénérable-Maître*, qui résumait et embrassait les fonctions des deux *Surveillants*, avait pour emblème l'*équerre*, réunion des emblèmes de ses deux coadjuteurs [1].

L'*Équerre* était le symbole officiel des Constructeurs. Aussi le retrouve-t-on dans les signes spéciaux qui leur étaient particuliers et servaient à se faire reconnaître entre eux [2].

Le *Signe d'Apprenti* consistait à former une équerre avec la main droite, les doigts rapprochés et le pouce écarté, et à placer cette équerre sous la gorge, pour indiquer que toute la tête essayait, s'efforçait de comprendre et d'apprendre l'art de la construction emblématisé par l'équerre [3].

Le *Signe de Compagnon* consistait à former avec la main droite la même équerre et à la placer sur le cœur, considéré alors comme le siège de la volonté, pour indiquer qu'on voulait être constructeur, et en sous-entendant qu'on le voulait parce qu'on le pouvait [4]

L'*Attouchement d'Apprenti* consistait à se prendre mutuellement les mains droites, les mains de l'action et du travail, et avec le pouce, le doigt qui enlace, qui donne de la cohésion aux autres doigts, l'un frappait trois coups sur la base de l'index de l'autre, pour lui signifier d'avoir à lever son index et montrer le *Pourquoi*, le *Comment* et le *Quand* qu'il ignorait et dont la connaissance était le but de son apprentissage [5].

L'*Attouchement de Compagnon* était la reproduction de l'attouchement d'Apprenti, complété par deux autres coups frappés avec le pouce sur la base du médius, doigt qui emblématisait la verge humaine, la génération, la production humaine, et signifiait que le *Pourquoi*, le *Comment* et le *Quand*, dont la connaissance l'avait tiré du grade d'Apprenti, devaient être réalisés, mis en pratique avec *Laboriosité* et *Secret* [6].

---

1. *Mss. autographes du duc de Sussex*, grand maître de la Maçonnerie Anglaise. N° 57 de la collection privée.
Allgemeine Kulturgeschichte von der Urzeit bis auf der Gegenwart, par Otto Henne-Am-Rhyn, vol. III et IV. Leipzig, 1877-1882.
Historical Lecture on Freemasonry, du *Rituel du Conseil*, par John Yarker, grand maître de la Maçonnerie Swedenborgienne en Grande-Bretagne. Londres, 1882.
2. *Ibid.*
3. *Ibid.*
4. *Ibid.*
5. *Ibid.*
6. *Ibid.*

La *Parole* mystérieuse des Constructeurs, spéciale aux *Compagnons*, qui seuls étaient des agissants, était BOGAZ, mot hébreu (choisi dans cette langue connue du très petit nombre pour augmenter sa mystériosité), qui signifie *avec solidité*, et qui résume les conditions essentielles de toute construction [1].

Les Constructeurs, enfin, portaient un tablier en peau, pour préserver leurs habits du contact avec les matériaux de construction.

Les *Apprentis*, plus inhabiles, avaient besoin d'être aussi garantis que possible, et portaient relevée la bavette du tablier qui protégeait aussi leur poitrine. Les *Compagnons*, habitués au travail, n'avaient plus besoin de ce surcroît de protection pour leurs habits, et portaient rabattue la bavette de leur tablier [2].

Telle était l'organisation, la manière d'être des groupes d'ouvriers constructeurs d'édifices et monopolisateurs de la construction gothique, seul et unique but de leur institution, à la fin du XIIIe siècle.

IV

ORIGINES DE LA FRANC-MAÇONNERIE

2° *La Fraternité des Maçons Constructeurs d'Angleterre.*

Au commencement du XIVe siècle eut lieu l'arrivée en Angleterre d'un certain nombre de bandes, de coteries, d'Ateliers de Constructeurs Allemands, appelés pour y construire des basiliques [3].

L'admission d'Apprentis Anglais en fut la conséquence, et bientôt se formèrent en Angleterre des Ateliers de Constructeurs Anglais,

---

1. *Sephar H'Debarim*, par Albert Pique, souverain grand commandeur du Suprême Conseil de Charleston. E. U, Charleston, 1879.
2. *The Traditions of Freemasonry*, par A. T. C. Pierson, grand capitaine général du Grand Campement du Temple aux États-Unis. New-York, 1870.
3. *The History of the Lodge of Edinburgh*, par David Murray Lyon, souverain grand commandeur du Suprême Conseil d'Écosse. Edimbourg, 1873.

Lexicon of Freemasonry, par Albert-George Mackey, grand secrétaire au Saint-Empire du Suprême Conseil de la juridiction sud des États-Unis. Londres, 1873.

Historical Landmarks of Freemasonry, par Georges Olivier, souverain grand commandeur du Suprême Conseil d'Angleterre. Londres, 1846.

organisés sur les mêmes bases que les Ateliers de Constructeurs Allemands .

Des modifications dans la manière d'être de ces Ateliers ne tardèrent pas à se produire, réclamées qu'elles étaient par les conditions sociales de l'Angleterre [1].

D'abord, les magistrats ordinaires eurent la haute main sur la vigilance des agissements des Ateliers, aux réunions desquels ils eurent le droit d'assister, et de rendre justice suivant les règles du droit commun [3].

Ensuite l'enseignement donné aux Apprentis et aux Compagnons Anglais différa de celui que recevaient les Allemands, en ce qu'il affecta une tendance très marquée à ajouter, aux enseignements purement techniques du métier de Constructeur, des enseignements destinés à moraliser, à *intellectualiser* les ouvriers [4].

Au xve siècle, le premier Code des Constructeurs fut compilé et fit son apparition sous la forme d'un poème d'environ cinq cents vers [5].

On lui donna le nom, qu'il a conservé, de « Constitution d'York », malgré qu'aucune assemblée constituante ne se fût réunie à York pour le rédiger [6].

Les Constructeurs Anglais donnèrent depuis lors à leur groupement le titre de Fraternité de Libres Maçons, employant le mot « Fraternité » dans le sens de confrérie, de réunion de frères, et le mot « Maçons » dans le sens de constructeurs en maçonnerie [7].

Pendant les siècles xve et xvie, l'influence des tendances intellec-

---

1. *The History of the Lodge of Edinburgh*, par David Murray Lyon, souverain grand commandeur du Suprême Conseil d'Écosse. Édimbourg, 1873.
Lexicon of Freemasonry, par Albert-George Mackey, grand secrétaire au Saint-Empire du Suprême Conseil de la juridiction Sud des États-Unis. Londres, 1873.
Historical Landmarks of Freemasonry, par Georges Olivier, souverain grand commandeur du Suprême Conseil d'Angleterre. Londres, 1846.
2. *Ibid.*
3. *Ibid.*
4. *Ibid.*
5. *The Golden Remains of the Early Masonic Writers*, compilés par Georges Olivier, souverain grand commandeur du Suprême Conseil d'Angleterre. Londres, 1856.
6. *Ibid.*
7. *Great Doctrines of Freemasonry*, par Georges Paton. Londres, 1872.
Institutes of Masonic Jurisprudence, par Georges Olivier, souverain grand commandeur du Suprême Conseil d'Angleterre. Londres, 1874.

tualisantes de la « Fraternité » anglaise se développa notablement et prit un essor considérable [1].

En contact constant avec le clergé de l'époque, ils se rendirent bientôt possesseurs de tous les secrets de fonctionnement et de dogme de l'Église, et, appréciant à leur juste valeur leurs imperfections, leurs contradictions flagrantes, ils donnèrent une large part à la discussion des croyances religieuses de l'époque [2].

L'égalité de droits qui existait entre tous les membres de la Fraternité, la liberté d'action qui leur assurait le monopole de leurs secrets de construction, firent en même temps de la « Fraternité de Libres Maçons » un foyer d'idées et d'aspirations libérales [3].

Mais, jusqu'à la fin du XVI° siècle, la « Fraternité des Libres Maçons » s'occupa exclusivement d'élever des basiliques, des couvents, des édifices de style gothique, au moyen des secrets de construction qu'ils tenaient de Constructeurs Allemands [4].

V

ORIGINES DE LA FRANC-MAÇONNERIE

3° *Transformation de la Maçonnerie Anglaise.*

Une modification des plus transcendantes dans le fonctionnement et le caractère essentiel de la « Fraternité des Libres Maçons » anglais eut lieu au commencement du XVII° siècle [5].

Le Compagnon Inigo Jones introduisit en Angleterre le style ita-

1. *Great Doctrines of Freemasonry*, par Georges Paton. Londres, 1872.
2. *The Golden Remains of the Early Masonic Writers* compilés par Georges Olivier, souverain grand commandeur du Suprême Conseil d'Angleterre. Londres, 1856.
Great Doctrines of Freemasonry, par Georges Paton. Londres, 1872.
3. *Ibid.*
4. *Ibid.*
5. *The History of the Lodge of Edinburgh,* par David Murray Lyon, souverain grand commandeur du Suprême Conseil d'Écosse. Édimbourg, 1873.
Historical Landmarks of Freemasonry, par Georges Olivier, souverain grand commandeur du Suprême Conseil d'Angleterre. Londres, 1846.
History of Freemasonry, par Jacques-Georges Gould. Londres, 1884.
Great Doctrines of Freemasonry, par Georges Paton. Londres, 1872.

lien du temps d'Auguste, style qui, par ses conditions esthétiques, enthousiasma la noblesse anglaise, heureuse de mêler une note architecturale pleine de vie et de lumière aux mornes et attristantes clartés de son ciel toujours brumeux[1].

Un véritable engouement s'ensuivit, et le style gothique se vit délaissé !

Le monopole de la « Fraternité des Libres Maçons » reçut le coup de mort[2].

Pour ne pas disparaître comme corporation, les « Libres Maçons » renchérirent sur les aspirations d'intellectualisation, qui avaient surgi dans le sens de la Fraternité Anglaise dans le siècle précédent, et décidèrent que, sous la dénomination de « Patrons », ils admettaient parmi eux des non-Constructeurs, des non-Ouvriers, qui, se trouvant en communauté d'idées libérales avec la « Fraternité », augmenteraient sa valeur et son importance de toute l'influence de leur position et de leur fortune[3].

Cette dénomination de « Patrons » fut bientôt échangée pour celle de *Maçons acceptés*, et la *Fraternité des Maçons libres et acceptés* eut un renouveau de puissance[4].

Cette puissance parvint à son apogée lors de la construction de l'église Saint-Paul, à Londres, construite par les *Maçons libres*, les ouvriers constructeurs, avec les deniers des *Maçons acceptés*, les Frères riches et influents[5].

L'église Saint-Paul une fois terminée, le dualisme ouvrier et non

---

1. *The History of the Lodge of Edinburgh*, par David Murray Lyon, souverain grand commandeur du Suprême Conseil d'Écosse. Édimbourg, 1873.
Historical Landmarks of Freemasonry, par Georges Olivier, souverain grand commandeur du Suprême Conseil d'Angleterre. Londres, 1846.
History of Freemasonry, par Jacques-Georges Gould. Londres, 1884.
Great Doctrines of Freemasonry, par Georges Paton. Londres, 1872.
2. *Ibid.*
3. *Lights and Shadows of Freemasonry*, par Robert Morris. New-York, 1866.
History of the Minden Lodge, par John Clarke. Kingston, 1849.
History of the Lodge of Edinburgh, par David Murray Lyon, souverain grand commandeur du Suprême Conseil d'Écosse. Édimbourg, 1873.
Speculative Freemasonry, par John Yarker, grand conservateur du Rite Ancien et Primitif. Londres, 1872, p. 106 et 113.
The History and articles of Freemasonry. Mss., n° 23, 198 de la collection des « Additional Manuscripts » du British Museum. Londres, 1871.
4. *Ibid.*
5. *Ibid.*

ouvrier fut fatal à la Fraternité, et au commencement du xviii° siècle, seules quatre *Loges de Maçons libres et acceptés* fonctionnaient régulièrement à Londres, se réunissant en *tenues* dans quatre auberges, endroits naturellement indiqués pour les réunions d'ouvriers [1].

*
* *

A la suite de ces recherches qui nous semblent vraies (quoique nous n'ayons pas eu le loisir d'en vérifier les sources) parce qu'elles concordent avec celles de Ragon [2], l'auteur parle des *Rose-Croix gnostiques* et enseigne que le gnosticisme fut fondé en Perse (?) par Zoroastre (!) il y a 19 siècles, c'est-à-dire au commencement de l'ère chrétienne (!!!).

Aucune citation n'appuie cette série d'affirmations... et pour cause.

L'auteur reprend le fil historique quand il enseigne que les Templiers furent initiés au gnosticisme pur.

Il confond ensuite ces Templiers avec les Rose-Croix et les alchimistes. Nous avons vu précédemment ce qu'il faut penser de ces trois courants bien distincts.

Muni de ces données, le lecteur comprendra maintenant comment se fonda la Franc-Maçonnerie par la fusion de tous ces mouvements :

[1]. *Lights and Shadows of Freemasonry*, par Robert Morris. New-York, 1866.
History of the Minden Lodge, par John Clarke. Kingston, 1849.
History of the Lodge of Edinburgh, par David Murray Lyon, souverain grand commandeur du Suprême Conseil d'Écosse. Édimbourg, 1873.
Speculative Freemasonry, par John Yarker, grand conservateur du Rite Ancien et Primitif. Londres, 1872, p. 106 et 113.
The History and articles of Freemasonry. Mss. n°s 23,198 de la collection des « Additional Manuscripts » du British Museum. Londres, 1871.
[2]. Ragon, *Orthodoxie maçonnique.*

VII

ORIGINES DE LA FRANC-MAÇONNERIE

5° *Naissance de la Franc-Maçonnerie par la fusion des « Maçons Libres et Acceptés », et des « Rose-Croix Gnostiques ».*

Les *Rosicrucians* Jean-Théophile Desaguliers, naturaliste, et Jacques Anderson, ministre protestant, « assistés, dit la lettre de convocation, des frères Georges Payne, King, Calvert, Lumden, Madden, Elliot, et beaucoup d'autres », convoquèrent pour le 24 juin 1717 dans l'auberge du Pommier, sise dans Charles-Street, près du marché de Covent Garden, à Londres, tous les membres des quatre Loges qui seules se trouvaient en activité à Londres à cette époque [1].

Cette réunion avait pour but d'opérer la fusion de la « Fraternité de Maçons Libres et Acceptés » avec la « Société Alchimique des Rosicrucians » pour permettre aux Rosicrucians d'abriter leurs recherches alchimiques et leurs idées gnostiques et rationalistes sous le manteau respectable et respecté de la Fraternité, et pour procurer aux Maçons Libres et Acceptés les avantages de toutes sortes que seuls les adeptes riches, influents et ambitieux des Rosicrucians pouvaient leur procurer, étant donnée la décadence réelle qui accablait la primitive Fraternité [2].

L'Assemblée réunie à l'auberge du Pommier accepta à l'unanimité cette fusion [3]. La Franc-Maçonnerie naquit le 24 juin 1717 de cette acceptation.

La « Fraternité des Constructeurs », la Fraternité des Libres Maçons », et la, « Fraternité des Maçons Libres et Acceptés », disparurent pour toujours, et la Franc-Maçonnerie, foyer du gnosti-

---

1. *History of Freemasonry*, par Jacques-Georges Gould. Londres, 1884.
Geschichte der Freimaurerei, par Georges-Frédéric Findel. Leipzig, 1867.
La Masoneria, par Viriato Alfonso de Castro. Paris, 1871.
The Freemason's Vademecum, par Etienne Jones, vénérable de la Loge d'Antiquité, date immémoriale. Londres, 1862.
The Rosicrucian and Masonic Record. Londres, 1877-78.
2. *Ibid.*
3. *Ibid.*

cisme pur, s'éleva en face de l'Église chrétienne, foyer du gnosticisme faussé et adultéré [1].

Le groupement de ces quatre loges de Londres assemblées à l'auberge du Pommier, prit le nom de « Grande Loge d'Angleterre » [2].

En 1723 Anderson rédigea, fit accepter et publia le « Livre des Constitutions des Maçons Libres et Acceptés » [3].

Cette dénomination de Maçons Libres et Acceptés, qui rappelait la construction de l'église Saint-Paul, fut conservée pour écarter la possibilité même d'un soupçon sur le véritable but de la Franc-Maçonnerie naissante [4].

Mais ce but resta toujours la propagande et le triomphe du gnosticisme pur et du libéralisme rationaliste dans tout l'univers [5].

Cette propagande fut conduite avec une énergie telle, qu'en sept années, de 1723 à 1730, les émissaires de la Grande Loge d'Angleterre avaient fondé des Loges Franc-Maçonniques dans tous les pays de l'Europe [6].

On conserva, pour écarter tout soupçon que la nouvelle Franc-Maçonnerie fût autre chose que la continuation de la « Fraternité des Maçons Libres et Acceptés », toutes les appellations et toutes les cérémonies et particularités que cette dernière avait reçues de la *Fraternité* des Constructeurs [7].

Une seule modification fut adoptée. Les *Maîtres* formèrent un

---

1. *History of Freemasonry*, par Jacques-Georges Gould. Londres, 1884.
Geschichte der Freimaurerei, par Georges-Frédéric Findel. Leipzig, 1867.
The Freemason's Vademecum, par Etienne Jones, vénérable de la Loge d'Antiquité, date immémoriale. Londres, 1862.
The Rosicrucian and Masonic Record. Londres, 1877-1878.
2. *The Old Constitutions of the Ancient and Worshipfull Society of Free and accepted Masons*, éditées par Jean Edmond Cox, grand aumônier de la Grande Loge Unie d'Angleterre. Londres, 1871.
3. *The Constitutions of the Ancient Fraternity of Free and Accepted Masons*, édition officielle publiée par la Grande Loge Unie d'Angleterre. Londres, 1884.
The History of Freemasonry, par Jacques-Georges Gould. Londres, 1884.
The Secret History of the United Grand Lodge of England and Wales, mss. de la collection privée du duc de Sussex, n° 117.
The Freemasons Monitor, par Thomas-Smith Webb, Salem, 1816.
Illustrations of Freemasonry, par Guillaume Preston, vénérable de la Loge d'Antiquité, date immémoriale. Londres, 1856.
4. *Ibid.*
5. *Ibid.*
6. *Ibid.*
7. *Ibid.*

degré séparé et distinct des *Compagnons*, et c'est sous le triple classement d'*Apprentis*, *Compagnons* et *Maîtres*, que l'armée du gnosticisme pur s'élança à la conquête du monde [1].

§ 3. — LES 33 DEGRÉS DE L'ÉCOSSISME

Nous n'avons pas l'intention d'écrire une histoire de la Franc-Maçonnerie, ni de détailler un à un tous ses grades dans ce chapitre : ce serait sortir entièrement du sujet de notre travail.

Nous tenons simplement à montrer :

1° Que tous les courants dont nous avons parlé sont bien respectivement représentés dans la Franc-Maçonnerie.

2° Que les Francs-Maçons actuels, surtout les français, ont perdu totalement la tradition qui leur avait été confiée primitivement.

3° Que les écoles d'occultisme fondées depuis le début du XIX° siècle possèdent maintenant seules la plus grande partie de cette science ésotérique.

Signalons en passant la victoire remportée par le gnosticisme sur la Papauté et la Royauté par la réussite de deux nouvelles tentatives maçonniques :

1° L'indépendance de l'Amérique ;
2° La Révolution française,

arrivées à quelques années de distance, et résumons rapidement l'organisation maçonnique.

L'auteur anonyme du travail que nous avons déjà cité fait une division artificielle des grades maçonniques d'après leur origine, division fausse en beaucoup de points, à notre avis.

1° La partie théorique de la Franc-Maçonnerie est enseignée dans *les loges* qui comprennent trois grades, le 1er, le 2e et le 3e et dérivent directement *des loges de maçons anglais*.

2° La partie symbolique est enseignée dans *les chapitres* qui

---

1. *The Constitutions of the Ancient Fraternity of Free and Accepted Masons*, édition officielle publiée par la Grande Loge Unie d'Angleterre. Londres, 1884.

The History of Freemasonry, par Jacques-Georges Gould. Londres, 1884.

The Secret History of the United Grand Lodge of England and Wales, mss. de la collection privée du duc de Sussex, n° 117.

The Freemasons Monitor, par Thomas-Smith Webb. Salem, 1816.

Illustrations of Freemasonry, par Guillaume Preston, vénérable de la Loge d'Antiquité, date immémoriale. Londres 1856.

renferment tous les grades du 3ᵉ au 18ᵉ et ce dernier grade dérive directement *des Rose-Croix gnostiques*, ainsi que l'indique son sceau dont nous donnons ci-joint la reproduction tirée d'un livre fort rare, *le Thuileur des 33 degrés de l'Écossisme*.

3° La partie pratique et exécutive de la maçonnerie est enfermée dans *les aréopages* dérivant directement *des Templiers* et comprenant tous les grades du 18ᵉ au 30ᵉ exclusivement (chevalier Kadosh).

4° Au-dessus de ces trois divisions et les synthétisant toutes se trouve la partie administrative et *hermétique* dérivée du courant alchimiste et comprenant trois grades, le 31°, le 32° et le 33°.

Le Rituel du 32° degré et le sceau de ses membres montrent clairement cette filiation.

Voici ce sceau du 32° qui contient l'enseignement total de l'Ordre

Sceau des Sublimes Princes du Royal Secret.

32º Degré. — Prince du Royal Secret.

Ce grade, le dernier du Rite Écossais, Ancien et Accepté, avant le grade suprême, possède le pouvoir exécutif du Rite et en résume toute la doctrine, pour en assurer le fonctionnement [1].
L'assemblée des Maçons de ce grade se nomme Consistoire, et sa caractéristique est une construction centrale en bois, qui représente un campement disposé de la manière suivante : une croix de Saint-André enveloppée par un cercle, entouré par un triangle équilatéral, inscrit dans un pentagone, qui porte circonscrit un heptagone, qui lui-même est inscrit dans un nonagone. Les sommets de chacun de ces polygones, ainsi que le centre et les extrémités de la croix de Saint-André, sont supposés marquer l'emplacement des tentes où campent les Francs-Maçons des $5 + 3 + 5 + 7 + 9 = 29$ degrés qui campent séparément d'après la légende du grade [2].

Cette légende est la formation d'une armée Franc-Maçonnique composée des Maçons de tous les degrés, qui entreprend une campagne pour aller s'emparer de Jérusalem, et posséder son Temple, et qui campe en attendant l'assaut définitif. Elle comprend *15 corps* d'armée qui se réuniront dans les ports de Naples, Malte,

---

1. *Rituel de Prince du Royal Secret*. Mss. portant le n° 867 de la collection du Grand Orient de France.
Ritual of Prince of the Royal Secret, par Albert Pike, grand commandeur du Suprême Conseil pour la Juridiction sud des États-Unis. Charleston, 1880, p. 67 à 141.
El Triple Triangulo, par Andréa Viriato de Castro, grand commandeur du Suprême Conseil de Colon. Madrid, 1884, p. 292.
Lexicon of Freemasonry, par Albert-Georges Mackey, grand secrétaire du Suprême Conseil pour la Juridiction sud des États-Unis. Londres 1873.
Bibliotheca Masonnica dos Masones Libres e Aceitos. Paris.
The Book of the Ancient and Accepted Scottish Rite, par Charles Thomas Mac Clenachan, grand maître des cérémonies du Suprême Conseil pour la Juridiction nord des États-Unis. New-York, 1873.
Histoire pittoresque de la Franc-Maçonnerie, par J.-B.-T. Clavel. Paris, 1844.
The Symbol of Glow, par Georges Olivier, grand commandeur du Suprême Conseil d'Angleterre. Londres, 1850.
Rituels des grades 31º et 32º, par J.-M. Ragon. Paris, 1860.
Rituale del grado trentadue della Massoneria, par Dominico Anghera, grand maître de la Maçonnerie italienne. Rome, 1874.
2. *Ibid.*

Rhodes, Chypre et Jaffa, pour opérer leur concentration et marcher sur Jérusalem [1].

Cette concentration de l'armée Franc-Maçonnique a lieu quand le signal, qui est un coup de canon, est donné par le chef qui en a le commandement suprême. Le 1ᵉʳ coup de canon et la 1ʳᵉ concentration eurent lieu quand Luther se mit à la tête de la révolte de l'intelligence contre la Forme.

Le 2ᵉ coup de canon et la 2ᵉ concentration eurent lieu quand l'affirmation que tout gouvernement humain tient son autorité du peuple et seulement du peuple, se produisit en Amérique.

Le 3ᵉ coup de canon et la 3ᵉ concentration eurent lieu quand la proclamation de la doctrine de Liberté, Égalité et Fraternité eut lieu en France.

Le 4ᵉ et le 5ᵉ coup de canon et la 4ᵉ et la 5ᵉ concentration n'ont pas encore eu lieu. A la 5ᵉ concentration, succédera le règne du Saint Empire, c'est-à-dire le règne de la Raison, de la Vérité et de la Justice [2].

Les enseignements du grade sont complètement formulés dans les cinq serments prêtés par le récipiendiaire. Voici leur texte :

Iᵉʳ Serment [3].

« Je jure que rien, absolument rien ne pourra jamais être un obstacle à ce que je me consacre à rendre les hommes meilleurs et plus éclairés, et m'efforce de devenir chaque jour plus instruit et plus avide de vérité et vertu [4].

« Je jure de me montrer toujours assidu à remplir mes devoirs franc-maçonniques et à étudier avec zèle les enseignements du

---

1. *Rituel de Prince du Royal Secret*. Mss. portant le n° 867 de la collection du Grand Orient de France.
Ritual of Prince of the Royal Secret, par Albert Pike, grand commandeur du Suprême Conseil pour la Juridiction sud des États-Unis. Charleston, 1880, p. 67 à 141.
El Triple Triangulo, par André Viriato de Castro, grand commandeur du Suprême Conseil de Colon. Madrid, 1884, p. 295.
Rituel des grades 31ᵉ et 32ᵉ, par J.-M. Ragon. Paris, 1860.
Rituale del grado trentadue della Massoneria, par Dominico Anghera, grand maitre de la Maçonnerie italienne. Rome, 1874.
2. *Ibid.*
3. *Ibid.*
4. *Ibid.*
Monita des Souverains grands Inspecteurs généraux du Suprême Conseil pour la Juridiction nord des États-Unis. Boston, 1880.

Rite, pour parvenir à être en tout et pour tout un véritable soldat de la Lumière[1]. »

2° Serment [2].

« Je jure de m'opposer toujours et par tous les moyens aux arbitrariétés (sic) de l'homme sur l'homme [3].

« Je jure de m'efforcer de toutes mes forces de dominer et abattre quiconque tentera d'asservir les hommes libres, au moyen de leurs appétits, leurs besoins, leurs passions et leurs folies [4].

« Je jure de conquérir pour le peuple la liberté de son vote, en conservant la pleine et entière liberté du mien, et en ne tolérant pas que personne m'impose sa volonté pour des actes dont moi seul suis responsable, et pour lesquels je n'ai à suivre que les conseils de ma conscience et les opinions de mon raisonnement [5]. »

3° Serment [6].

« Je jure d'être toujours, et de me montrer toujours l'ennemi acharné et le plus implacable de toute tyrannie spirituelle qui essaie de s'imposer aux consciences des hommes [7].

---

1. *Rituel de Prince du Royal Secret*. Mss. portant le n° 867 de la collection du Grand Orient de France.
Ritual of Prince of the Royal Secret, par Albert Pike, grand commandeur du Suprême Conseil pour la Juridiction sud des États-Unis. Charleston, 1880, p. 67 à 141.
El Triple Triangulo, par Andréa Viriato de Castro, grand commandeur du Suprême Conseil de Colon. Madrid, 1884, p. 294.
Rituels des Grades 31° et 32°, par J.-M. Ragon. Paris, 1860, p. 10 et 43.
Rituale del Grado Trentadue della Massoneria, par Dominico Anghera, grand maître de la Franc-Maçonnerie italienne. Rome, 1874.
Monita des Souverains grands Inspecteurs généraux du Suprême Conseil pour la Juridiction nord des États-Unis. Boston, 1880.
2. *Ibid.*
3. *Ibid.*
4. *Ibid.*
El Triple Triangulo, par Andrea Viriato de Covadonja, grand commandeur du Suprême Conseil pour la Juridiction sud des États-Unis. Charleston, 1880, p. 67 à 141.
5. *Ibid.*
6. *Ibid.*
Legenda Magistralia à l'usage des Souverains Grands Inspecteurs Généraux, par Albert Pike, grand commandeur du Suprême Conseil pour la Juridiction sud des États-Unis. Charleston, 1881.
7. *Ibid.*

« Je jure d'empêcher par tous les moyens quels qu'ils soient, toute tentative de l'Eglise, du Temple, de la Synagogue ou de la Mosquée, de s'imposer à la liberté de conscience, de rendre la pensée et l'opinion ses esclaves, et de prétendre obliger les hommes à croire ce qu'elles veulent bien prescrire [1].

« Je jure de combattre, sur tous les terrains, la superstition par la Raison, et l'hypocrisie et le fanatisme par la Vérité, remplissant ainsi le plus sacré de mes devoirs maçonniques [2]. »

4° Serment [3].

« Je jure et promets, de mon plein et libre gré, de combattre par tous les moyens et de renverser sur tous les terrains, les projets de quiconque prétendra saisir le pouvoir par des moyens illicites ou indignes, ou qui sera lui-même indigne, incapable et incompétent pour l'exercer [4].

« Je jure de travailler sans trêve ni repos à rendre les hommes virils, indépendants et conscients d'eux-mêmes, sans me décourager si mes efforts paraissent infructueux ou si leur faiblesse semble incurable [5].

« Je jure d'être toujours le soldat fidèle et dévoué du peuple, dont l'exaltation au pouvoir et à la liberté doit être le but absorbant de mes efforts [6]. »

---

1. *Rituel de Prince du Royal Secret.* Mss. portant le n° 867 de la collection du Grand Orient de France.
Ritual of Prince of the Royal Secret, par Albert Pike, grand commandeur du Suprême Conseil pour la Juridiction sud des États-Unis. Charleston, 1880, p. 67 à 141.
El Triple Triangulo, par Andréa Viriato de Castro, grand commandeur du Suprême Conseil de Colon. Madrid, 1884, p. 294.
Rituels des Grades 31° et 32°, par J.-M. Ragon. Paris, 1860, p. 10 à 43.
Rituale del Grado Trentadue della Massoneria, par Dominico Anghera, grand maître de la Maçonnerie italienne. Rome, 1874.
Legenda Magistralia, à l'usage exclusif des Souverains Grands Inspecteurs Généraux, par Albert Pike, grand commandeur du Suprême Conseil pour la Juridiction sud des États-Unis. Charleston, 1881.
2. *Ibid.*
3. *Ibid.*
4. *Ibid.*
5. *Ibid.*
Instructions secrètes des Souverains Grands Inspecteurs Généraux pour la conduite des Loges, Chapitres et Conseils, par le vicomte de la Jonquière. Mss. portant le n° 43 de la collection des « La Jonquière Manuscripts », de la grande Loge d'Édimbourg.
6. *Ibid.*

5° *Serment* [1].

« Je jure de me montrer toujours fidèle et exact dans l'accomplissement de tous mes devoirs franc-maçonniques, pour encourager les tièdes, les apathiques et les indifférents à se renoncer pour la Franc-Maçonnerie [2].

« Je jure de maintenir, de soutenir et de défendre, toujours et sur tous les terrains, les droits sacrés et inaliénables de la Franc-Maçonnerie à la liberté d'action la plus étendue [3].

« Je jure de donner toujours des preuves irréfutables de mon dévouement au Rite, et de ma loyauté comme soldat enthousiaste de la Franc-Maçonnerie [4]. »

Par conséquent la synthèse du grade est que le Franc-Maçon, pour devenir un véritable prince du Royal Secret, doit apprendre à être bien réellement [5] :

Le véritable soldat de la Lumière,
Le véritable soldat de la Liberté,
Le véritable soldat de la Raison pure,
Le véritable soldat du Peuple,
Le véritable soldat de la Franc-Maçonnerie [6].

Cet enseignement du grade est quintuple, parce que le nombre cinq est en Maçonnerie l'emblème de la génération, de la réalité [7].

---

1. *Rituel de Prince du Royal Secret.* Mss. portant le n° 867 de la collection du Grand Orient de France.
Ritual of Prince of the Royal Secret, par Albert Pike, grand commandeur du Suprême Conseil pour la Juridiction sud des États-Unis. Charleston, 1880, p. 67 à 141.
El Triple Triangulo, par Andréa Viriato de Castro, grand commandeur du Suprême Conseil de Colon. Madrid, 1884, p. 298.
Rituels des Grades 31ᵉ et 32ᵉ, par J.-M. Ragon. Paris, 1860, p. 10 à 43.
Rituale del Grado Trentadue della Massoneria, par Dominico Anghera, grand maître de la Maçonnerie italienne. Rome, 1874.
Instructions secrètes des Souverains Grands Inspecteurs Généraux pour la conduite des Loges, Chapitres et Conseils, par le vicomte de La Jonquière. Mss. portant le n° 43 de la collection des « La Jonquière Manuscripts » de la grande Loge d'Édimbourg.
2. *Ibid.*
3. *Ibid.*
4. *Ibid.*
5. *Ibid.*
6. *Ibid.*
7. *Ibid.*

.˙.

Le 33ᵉ et dernier degré de l'Ordre est purement hermétique. Je vais, pour prouver ce fait, donner la description de la Chambre du suprême conseil en appelant l'attention du lecteur sur le réchaud et le vase *rempli de mercure* qui s'y trouvent. Les enseignements de la Magie et de l'Alchimie sont synthétisés dans ce grade, c'est-à-dire pour ceux qui savent comprendre et non pas pour les E.˙. de la V.˙.

CHAMBRE DU SUPRÊME CONSEIL

Les tentures sont couleur pourpre, emblématique de l'autorité, recouvertes de têtes de mort, squelettes et os en sautoir brodés en argent, symbole de la régénération de la Nature par la mort, rappelant la régénération de la société par la Maçonnerie.

A l'Orient se trouve le trône du Président, élevé de cinq degrés, emblématiques des cinq parties que comprend l'ensemble de l'Enseignement Maçonnique.

Il est couvert d'un dais pourpre et or, dont le fronton présente un aigle à deux têtes, les ailes déployées, symbole égyptien de la Sagesse exerçant partout son empire pour l'Ordre et le Progrès. Cet aigle est brodé en argent, et a les becs et les serres en or. Entre ses serres il soutient un glaive en or, emblème du Pouvoir, dont la poignée est du côté de la serre droite. Une banderole, où se lit la devise « Dieu et mon droit », de Richard Cœur de Lion, traduite en latin par : *Deus meumque Jus*, s'étend de l'une à l'autre des extrémités du glaive.

L'aigle porte une couronne royale, emblème du Pouvoir matériel, sur ses deux têtes; et cette couronne est surmontée d'un triangle rayonnant en or, portant au centre, en rouge, le YOD hébraïque, emblème du Pouvoir spirituel.

Au-dessus du trône, figure un transparent où l'on voit le nom hébreu de JEHOVAH, Cause Première, peint en or, émettant des rayons et entouré de trois triangles équilatéraux en or, enlacés en hexagone, et portant dans chacun de leurs angles une des neuf lettres, en rouge, du mot SAPIENTIA, Sagesse. Cela veut dire que la Sagesse suprême préside les travaux du Conseil en l'éclairant de ses rayons.

A droite et à gauche du trône sont groupés les 32 étendards, chacun de la couleur du grade et portant son emblème, des 32 grades du Rite Écossais Ancien et Accepté.

A l'Occident se trouve le trône du Vice-Président, élevé de trois degrés, emblème des éléments de toute création : la Cause, le Moyen, la Fin. Il est surmonté d'un Phénix renaissant entre les flammes, emblème de l'Immortalité de la Lumière Maçonnique, dont l'enseignement a traversé intact les bûchers dressés par le Mensonge, l'Erreur, le Fanatisme et l'Hypocrisie.

Au centre du Conseil se trouve un autel quadrangulaire, recouvert en velours pourpre frangé d'or, portant sur le centre de la face dirigée vers l'Occident le chiffre 33 brodé en or.

Sur cet Autel se trouve le livre des Constitutions, sur lequel est croisée une épée.

Au nord de cet Autel, c'est-à-dire à sa droite, se trouve un squelette, dont le bras droit levé et portant un poignard dans la main semble s'apprêter à poignarder quelqu'un. La main gauche de ce squelette soutient le drapeau de l'Ordre. Sous le squelette, se trouve un fauteuil disposé de façon à ce que le coup de poignard paraisse destiné à celui qui l'occupe. Cette représentation symbolise que la mort des traîtres est nécessaire pour le maintien de l'Ordre.

Le drapeau de l'Ordre est de soie blanche, de 1 mètre de largeur sur 75 centimètres de hauteur; sa hampe a 2 mètres 1/2 de hauteur; il est frangé d'or, et porte, brodé en noir, un aigle à deux têtes, soutenant une épée nue entre ses serres, ayant les becs, les serres et la poignée de l'épée en or, et portant une couronne royale surmontée d'un triangle rayonnant dont le chiffre 33 occupe le centre. C'est le symbole du pouvoir matériel et du pouvoir spirituel dont dispose l'Ordre, grâce à la Sagesse de ses Souverains Grands Inspecteurs Généraux.

Au sud de l'Autel, c'est-à-dire à sa gauche, se trouve une table à parfums, portant un réchaud sur lequel est placé un vase métallique rempli à moitié de mercure. Sur le réchaud on projette un gros encens formé d'ambre, d'olibanum, de résine, de storax labdanum et de benjoin.

Le Conseil est éclairé par onze lumières, disposées comme il suit : un chandelier à cinq branches à l'Orient, symbolisant les cinq parties de l'Enseignement Maçonnique; un chandelier à trois branches à l'Occident, symbolisant la Création universelle; un chandelier à deux branches au Midi, symbolisant la Matière, le Principe passif; un chandelier à une branche au Nord, symbolisant le Feu Central, la Cause première, le Principe actif.

Les Officiers indispensables pour la constitution d'un Suprême

Conseil sont au nombre de sept, nombre emblématique de la Perfection absolue. Ce sont :
Le Très Puissant Souverain Grand Commandeur,
Le Puissant Souverain Lieutenant Grand Commandeur,
Le Grand Trésorier du Saint Empire,
Le Grand Chancelier du Saint Empire,
Le Grand Secrétaire du Saint Empire,
L'Illustre Grand Maître des Cérémonies,
L'Illustre Grand Capitaine des Gardes.

Le Très Puissant Souverain Grand Commandeur occupe le trône situé à l'Orient, ayant devant lui un autel triangulaire recouvert de velours cramoisi et or.

Le Puissant Souverain Lieutenant Grand Commandeur occupe le trône situé à l'Occident, et a devant lui un Autel triangulaire recouvert de velours cramoisi et or.

Le Grand Trésorier du Saint Empire est placé à l'extrême gauche de l'Orient.

Le Grand Chancelier du Saint Empire est placé à la gauche du Grand Commandeur, entre celui-ci et le Grand Trésorier.

Le Grand Secrétaire du Saint Empire est placé à la droite du Grand Commandeur.

L'Illustre Grand Maître des Cérémonies est placé à l'extrême droite de l'Orient, de l'autre côté du Grand Secrétaire.

L'Illustre Grand Capitaine des Gardes se place au sud-ouest, à la droite du Lieutenant Grand Commandeur et à proximité de la porte d'entrée.

Au-dessus de cette porte d'entrée est écrite la devise de l'ordre : *Deus meumque Jus.*

Le costume des Illustres Souverains Grands Inspecteurs Généraux est le costume noir de ville, avec le cordon, les bijoux et la croix teutonique.

Le cordon est un ruban blanc, de soie moirée, de 11 centimètres de largeur, destiné à être porté de gauche à droite, c'est-à-dire du côté du cœur et de la volonté au côté de l'action. Sur le devant il porte brodé en or un triangle équilatéral rayonnant, au centre duquel est le chiffre 33, et à la droite et à la gauche duquel triangle se trouvent deux glaives d'argent dont les pointes convergent vers le centre. Il symbolise la vigilance constante, et l'apprêt constant à la lutte, des Souverains Inspecteurs Généraux, vengeurs des innocentes victimes des ennemis de l'Ordre. Le cordon se termine par une pointe entourée de franges d'or et portant au milieu une rosette rouge et verte, couleurs de la Vie et de l'Espérance.

Les bijoux sont : l'Aigle, la triple croix et l'alliance.

L'Aigle à deux têtes est en argent, a les becs, les serres et l'épée qu'il tient entre ses serres en or. Les deux têtes sont surmontées d'un triangle rayonnant, ayant la pointe en bas et au centre le יוד hébreu, symbole de l'existence.

L'aigle est attaché à un ruban blanc de 11 centimètres, ayant de chaque côté un liséré d'or de 3 centimètres de largeur.

La triple croix est formée par la jonction de deux croix ordinaires par le sommet, d'où partent deux bras horizontaux, qui complètent, à ce point de jonction, la croix totale formée par la jonction des deux bras verticaux entiers. Elle est en émail rouge pour les dignitaires du Suprême Conseil.

Les anciens dignitaires la portent entourée d'une jarretière noire brodée d'or. Cette croix se porte suspendue à l'Aigle.

L'Alliance est un double anneau de deux lignes d'épaisseur, portant gravée à l'intérieur la devise : *Deus meumque Jus*, et le nom du propriétaire. Elle symbolise le mariage, l'union indissoluble du Souverain Grand Inspecteur Général avec l'Ordre.

La Croix teutonique est une croix puissant gueules, chargée sur une croix puissant or, surchargée d'un écusson aux lettres J∴ B∴ M∴ : la croix principale surmontée d'un principal bleu semé de France. Les Souverains Grands Inspecteurs Généraux la portent attachée sur le côté gauche, au-dessus du cœur.

Le Suprême Conseil a un tapis quadrillé rouge et noir, emblème de sa vitalité pour le châtiment.

*
* *

Pour être impartial nous allons indiquer l'attribution que l'auteur anonyme de la « Maçonnerie pratique » donne aux 33 degrés ainsi que leur sens.

Nous ferons suivre ces extraits de plusieurs planches éclairant toutes ces données.

Inutile de prévenir le lecteur que l'ouvrage que nous citons est fait par de bons catholiques qui y ont glissé toutes les calomnies possibles mais sans parvenir à dénaturer la pureté des enseignements maçonniques.

RITE ÉCOSSAIS ANCIEN ET ACCEPTÉ

RÉSUMÉ DES SEPT CATÉGORIES COMPRENANT LES 32 PREMIERS GRADES

Jetons un coup d'œil d'ensemble sur les enseignements pratiques du Rite Écossais Ancien et Accepté.

1re SÉRIE. — GRADES GNOSTIQUES ÉLÉMENTAIRES.

1er Degré.

Génération et pas création ; sa cause, le *membrum virile*[1].

2e Degré.

Génération et pas création. Son moyen, les *genitalia mulieris*[2].

3e Degré.

Génération et pas création. Son produit, la vie et la mort, toutes deux principe et terme de tout ce qui existe[3].

2e SÉRIE. — GRADES GNOSTIQUES SUPÉRIEURS.

18e Degré.

Émancipation de l'humanité par l'amour et par la vérité gnostique[4].

---

1. *Instructions secrètes des Souverains Grands Inspecteurs Généraux pour la conduite des Loges, Chapitres et Conseils,* par le vicomte de la Jonquière. Mss. portant le n° 43 de la collection des « La Jonquière Manuscripts » de la Grande Loge d'Édimbourg.
Legenda Magistralia, à l'usage exclusif des Souverains Grands Inspecteurs Généraux, par Albert Pike, grand commandeur du Suprême Conseil pour la Juridiction sud des État-Unis. Charleston, 1881.
Monita des Souverains Grands Inspecteurs généraux du Suprême Conseil pour la Juridiction nord des États-Unis. Boston, 1880.
2. *Ibid.*
3. *Ibid.*
4. *Ibid.*

30° Degré.

Agir en aimant et en haïssant à outrance ; en respectant et en méprisant sans bornes [1].

3° SÉRIE. — GRADES D'ILLUMINÉS.

9° Degré.

Égalité devant la loi [2].

10° Degré.

Guerre à mort à l'immobilisation du capital humain [3] [a].

11° Degré.

Vengeance accomplie de tous les traîtres [4].

21° Degré.

La victime a droit de vengeance sur le criminel [5].

4° SÉRIE. — GRADES ISRAÉLITES ET BIBLIQUES.

4° Degré.

Conscience, pas révélation [6].

---

1. *Legenda Magistralia*, à l'usage exclusif des Souverains Grands Inspecteurs Généraux, par Albert Pike, grand commandeur du Suprême Conseil pour la Juridiction sud des États-Unis. Charleston, 1881.
Instructions secrètes des Souverains Grands Inspecteurs Généraux pour la conduite des Loges, Chapitres et Conseils, par le vicomte de la Jonquière. Mss. portant le n° 43 de la collection des « La Jonquière Manuscripts » de la Grande Loge d'Édimbourg.
Monita des Souverains Grands Inspecteurs Généraux du Suprême Conseil pour la Juridiction nord des États-Unis. Boston, 1880.
2. *Ibid.*
3. *Ibid.*
4. *Ibid.*
5. *Ibid.*
6. *Ibid.*

a. Cela veut dire en style clair : guerre à mort au célibat religieux. (Note de l'Éditeur.)

5° Degré.

Éternité, pas temporalité de l'existence de l'humanité [1].

6° Degré.

Posséder le secret du mal, c'est l'éviter et le vaincre [2].

7° Degré.

Pas d'autre droit que le droit naturel [3].

8° Degré.

La liberté est le seul trait d'union entre le travail et la propriété [4].

12° Degré.

Représentation du peuple [5].

13° Degré.

Déisme antimaçonnique [6].

14° Degré.

Surnaturalisme antimaçonnique [7].

15° Degré.

Lutte incessante pour le triomphe du progrès par la raison [8].

1. *Instructions secrètes des Souverains Grands Inspecteurs Généraux, pour la conduite des Loges, Chapitres et Conseils*, par le vicomte de la Jonquière. Mss. portant le n° 43 de la collection des « La Jonquière Manuscripts » de la Grande Loge d'Édimbourg.
Monita des Souverains Grands Inspecteurs Généraux, Suprême Conseil pour la Juridiction nord des États-Unis. Boston, 1880.
Legenda Magistralia, à l'usage exclusif des Souverains Grands Inspecteurs Généraux, par Albert Pike, grand commandeur du Suprême Conseil pour la Juridiction sud des États-Unis. Charleston, 1881.
2. *Ibid.*
3. *Ibid.*
4. *Ibid.*
5. *Ibid.*
6. *Ibid.*
7. *Ibid.*
8. *Ibid.*

16° Degré.

Le triomphe de la liberté exige courage et persévérance [1].

17° Degré.

Le triomphe de la fraternité exige la liberté de réunion [2].

5° SÉRIE. — GRADES TEMPLIERS.

19° Degré.

Le triomphe de la vérité exige l'accord entre les intérêts matériels et moraux réalisé par les passions [3].

23° Degré.

L'action gouvernementale doit déraciner la superstition [4].

24° Degré.

La nécessité de la destruction du sectarianisme donne droit aux générations nouvelles de modifier les lois des anciennes [5].

25° Degré.

Pour conquérir la liberté, briser de force les chaînes du despotisme [6].

---

1. *Instructions secrètes des Souverains Grands Inspecteurs Généraux pour la conduite des Loges, Chapitres et Conseils,* par le vicomte de la Jonquière. Mss. portant le n° 43 de la collection des « La Jonquière Manuscripts » de la Grande Loge d'Édimbourg.
Monita des Souverains Grands Inspecteurs Généraux du Suprême Conseil pour la Juridiction nord des États-Unis. Boston, 1880.
Legenda Magistralia, à l'usage exclusif des Souverains Grands Inspecteurs Généraux, par Albert Pike, grand commandeur du Suprême Conseil de la Juridiction sud des États-Unis. Charleston, 1881.
2. *Ibid.*
3. *Ibid.*
4. *Ibid.*
5. *Ibid.*
6. *Ibid.*

26° Degré.

L'égalité sociale résulte de l'harmonisation des lois avec les principes, l'éducation et les usages sociaux [1].

27° Degré.

L'autorité gouvernementale doit être remplacée par la représentation directe des intérêts libres des associés [2].

29° Degré.

La souveraineté du peuple doit être défendue quand même.

6° SÉRIE. — GRADES HERMÉTIQUES.

22° Degré.

L'apothéose du grand œuvre, le travail [3].

28° Degré.

Le vrai Dieu est la raison pure dans la nature [4].

7° SÉRIE. — GRADES ADMINISTRATIFS.

31° Degré.

Le pouvoir judiciaire maçonnique est un moyen, non un but [5].

---

1. *Legenda Magistralia*, à l'usage exclusif des Souverains Grands Inspecteurs Généraux, par Albert Pike, grand commandeur du Suprême Conseil pour la Juridiction sud des États-Unis. Charleston, 1881.
Instructions secrètes des Souverains Grands Inspecteurs Généraux pour la conduite des Loges, Chapitres et Conseils, par le vicomte de la Jonquière. Mss. portant le n° 43 de la collection des « La Jonquière manuscripts » de la Grande Loge d'Édimbourg.
Monita des Souverains Grands Inspecteurs Généraux du Suprême Conseil pour la Juridiction nord des États-Unis. Boston, 1880.
2. *Ibid.*
3. *Ibid.*
4. *Ibid.*
5. *Ibid.*

32ᵉ Degré.

Soldats de la lumière, la liberté, la raison pure : le peuple et la franc-maçonnerie [1].

33ᵉ Degré.

Atteinte [a] du but réel de la Franc-Maçonnerie [2].

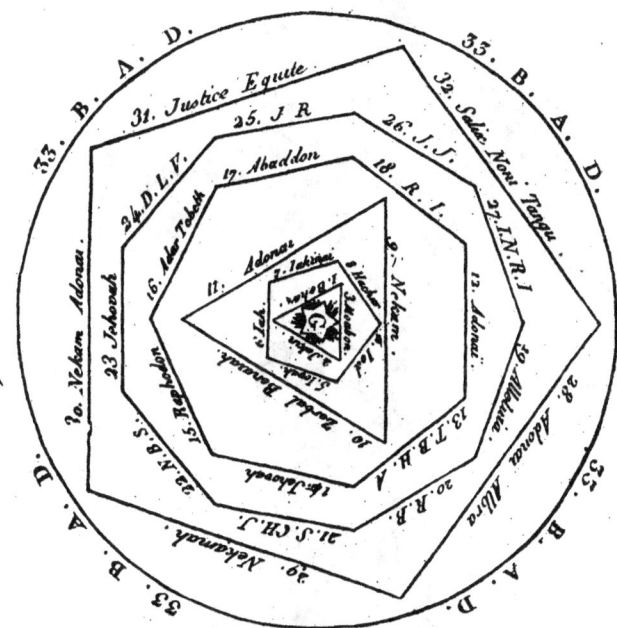

Thème des 33 degrés de l'Écossisme.

De ce coup d'œil d'ensemble, il résulte que les grades gnostiques sont seuls véritablement franc-maçonniques, puisqu'ils renferment

---

1. *Monita* des Souverains Grands Inspecteurs Généraux, Suprême Conseil pour la Juridiction nord des États-Unis. Boston, 1880.
   Instructions Secrètes des Souverains Grands Inspecteurs Généraux pour la conduite des Loges, Chapitres et Conseils, par le vicomte de la Jonquière. Mss. portant le n° 43 de la collection des « La Jonquière Manuscripts » de la Grande Loge d'Édimbourg.
   Legenda Magistralia, à l'usage exclusif des Souverains Grands Inspecteurs Généraux, par Albert Pike, grand commandeur du Suprême Conseil pour la Juridiction sud des États-Unis. Charleston, 1881.
2. *Ibid.*
a. *Obtention.* (Note de l'Éditeur.)

l'enseignement de la théorie, et de plus la théorie et la pratique de la raison pure et de la nature, que les grades juifs et bibliques manquent de logique et de cohésion; que les grades templiers sont

SYSTÊME MAÇONNIQUE.

socialistes; que les grades hermétiques sont une réduplication de grades gnostiques; et enfin que les grades administratifs sont inutiles, puisque la pratique de la pratique gnostique est déjà l'objet d'un grade véritablement maçonnique [1].

1. *Legenda Magistralia*, à l'usage exclusif des Souverains Grands Inspecteurs Généraux, par Albert Pike, grand commandeur du Suprême Conseil pour la Juridiction sud des Etats-Unis. Charleston, 1881.
Instructions Secrètes des Souverains Grands Inspecteurs Généraux pour

En résumé, le Rite Écossais Ancien et Accepté est un corps d'enseignement politico-religioso-économique, composé de 28 membres ou grades, dont l'âme seule, composée de 5 graduations d'enseignement, est véritablement et réellement franc-maçonnique, parce qu'elle est gnostique pure ; car la société secrète qui a nom Franc-Maçonnerie n'a été dans son passé que le gnosticisme enveloppé dans le compagnonnage, et n'est dans le présent que le gnosticisme enveloppé dans des conventions et des formes emblématiques [1].

En consacrant toutes nos forces au triomphe du gnosticisme pur, nous écraserons le gnosticisme adultéré et faussé, la religion révélée ; et, en écrasant la religion, nous renverserons la monarchie, dont elle est la seule raison d'être [2].

C'est seulement en agissant ainsi que le but sublime de la Franc-Maçonnerie pourra être atteint [3].

§ 4. — PERTE DE LA TRADITION

Nous avons dit que la Maçonnerie avait totalement perdu le sens de la tradition ésotérique.

Aucun maçon, ou presque aucun, ne comprend aujourd'hui l'importance du symbolisme des Loges.

Cela provient de ce que la Maçonnerie s'est lancée entièrement dans la politique au lieu de rester indépendante.

Quelles sont les causes de cette erreur dans sa direction?

Quelques mots d'histoire vont nous les montrer.

Voici d'abord l'état actuel des différents rites maçonniques avec la date de leurs fondations :

---

la conduite des Loges, Chapitres et Conseils, par le vicomte de la Jonquière. Mss. portant le n° 43 de la collection des « la Jonquière Manuscripts » de la Grande Loge d'Édimbourg.

Monita des Souverains Grands Inspecteurs Généraux, Suprême Conseil pour la Juridiction nord des États-Unis. Boston, 1880.

1. *Instructions secrètes des Souverains Grands Inspecteurs Généraux pour la conduite des Loges, Chapitres et Conseils,* par le vicomte de la Jonquière. Mss. portant le n° 43 de la collection des « La Jonquière Manuscripts » de la Grande Loge d'Édimbourg.

2. *Ibid.*

3. *Ibid.*

VIII

FONDATION DES DIFFÉRENTS RITES

Mais la Franc-Maçonnerie ne conserva pas longtemps l'unité extérieure que ses fondateurs, principalement Anderson et Desaguliers, avaient rêvée pour elle.

Dès 1728 les Rites firent leur apparition; et ces incarnations variées du gnosticisme pur devinrent de plus en plus nombreuses, à mesure que le succès parut s'attacher à la variété des formes extérieures, dont ces Rites enveloppèrent l'Enseignement Franc-Maçonnique et le double but qu'il se proposait [1].

En 1717, il n'existait qu'une Franc-Maçonnerie unique [2].

En 1728, le premier Rite, celui de l'Écossais Ramsay, fit son apparition [3].

En 1743, le premier Rite français, celui du Temple, fut fondé à Lyon [4].

En 1750, un nouveau Rite fut créé en Angleterre et un autre en France [5].

En 1758, deux nouveaux Rites se produisirent en France [6].

En 1770, deux Rites firent leur apparition en Allemagne [7].

En 1776, deux nouveaux Rites apparurent en Allemagne et un en France [8].

En 1780, un fut fondé en Allemagne [9].

---

1. *Histoire philosophique de la Franc-Maçonnerie*, par Kauffmann et Cherpin, Lyon, 1850, p. 439 et suiv.
2. *History of Freemasonry*, par Jacques-Georges Gould. Londres, 1884.
3. *Ibid.*
4. *Histoire pittoresque de la Maçonnerie*, par J.-T.-B. Clavel. Paris, 1844, p. 166 et suiv.
5. *Ibid.*
6. *Ibid.*
7. *Geschichte der Freimaurerei*, par Georges-Frédéric Findel. Leipzig, 1874.
8. *Acta Latomorum*, par Thory. Paris, 1815.
Geschichte der Freimaurerei, par Georges-Frédéric Findel, Leipzig, 1874, p. 120, 122, 145.
9. *Ibid.*

En 1782, deux en France [1].
En 1783, un en Allemagne [2].
En 1785, un en Suède [3].
En 1796, un en Allemagne [4].
En 1801, un nouveau Rite fut fondé en France, et un dans l'Amérique du Nord [5].
En 1805, un nouveau Rite apparut en Italie [6].
En 1825, un au Mexique [7].
En 1839, un en France [8].
En 1865, un en Angleterre [9].

De sorte que, de 1717 à 1865, dans une période de cent quarante-huit années, la doctrine Franc-Maçonnique du gnosticisme pur fut présentée aux adeptes de vingt-quatre manières différentes au moyen de vingt-quatre procédés différents de mise en scène.

De ces vingt-quatre Rites, seuls douze sont encore en pleine activité.

Ce sont les suivants :
Deux anglais, le Rite de York et le Rite Ancien et Primitif.
Deux français, le Rite Écossais-Moderne et le Rite du Temple.
Quatre allemands, les Rites de Fessler, Gumemdorf, Schreider et Knigge.
Un italien, le Rite de Misraïm.
Un suédois, le Rite de Swedenborg.
Un mexicain, le Rite National Mexicain.

---

1. *Histoire générale de la Franc-Maçonnerie*, par Émile Rébold. Paris, 1861, p. 146 et 147.
Die drei Altesten Kulsturkunden der Freimaurerei, par J.-B. Krause, Dresde, 1810.
2. *Ibid.*
3. *History of Freemasonry in Sweden*, parue dans le numéro 3, page 23, du *Kneph*, journal officiel du Rite Ancien et Primitif.
4. *Sammtliche Schriffen über Freimaurerei*, par Georges Fessler, Freiberg, 1805-1807.
5. *History of the Ancient and Accepted Rite of Freemasonry*, par Robert Folger, grand secrétaire du Suprême Conseil de la Juridiction nord des États-Unis. New-York, 1881.
6. *De l'Ordre maçonnique de Misraïm depuis sa création*, par Marc Bédarride, Paris, 1845, p. 153, vol. II.
7. *Boletin oficial del supremo Consejo de Mexico*. Mexico, 1869.
8. *Notice sur le Rite de Memphis*, par Léon Jaybert, Bulletin du Grand Orient de France, numéro de mars 1858.
9. *History of the Ancient and Primitive Rite*, par Jean Yarker. Londres, 1881.

Un américain, le Rite Écossais Ancien et Accepté [1].
C'est ce dernier Rite qui compte actuellement des adhérents en nombre plus considérable.

Vingt-deux Suprêmes Conseils, ou Corps dirigeants d'État, du Rite Écossais Ancien et Accepté, sont actuellement en plein exercice. Ils se sont constitués en Confédération en septembre 1875, et c'est le Suprême Conseil de Suisse qui exerce le Pouvoir exécutif de la Confédération [2].

*
* *

Tous ces rites ont conservé la doctrine gnostique et spiritualiste sauf un : *le rite français*. Aussi à l'heure présente les membres de ce rite sont-ils regardés comme des profanes quand ils voyagent dans les autres pays.

Voici d'après la « Maçonnerie pratique » l'histoire et l'esprit de ce rite :

RITE FRANÇAIS

I

SON HISTOIRE

La première Loge Maçonnique fut installée à Paris, rue des Boucheries, le 12 juin 1726, par le comte Derwentwater, délégué fondé de pouvoirs de la Grande Loge d'Angleterre [3].

D'autres Loges s'installèrent bientôt, et, en 1730, le premier Grand Maître français fut élu dans la personne du duc d'Antin, et

---

1. *The Cosmopolitan Masonic Pocket-Book and Calendar* pour l'année 1885. Londres, 1885.
2. Traité d'union, d'alliance et de confédération des Suprêmes Conseils du Rite Écossais Ancien et Accepté, du 22 septembre 1875. Lausanne, 1875.
3. *Acta Latomorum*, par Thory, Paris, 1815, vol. I, p. 97, 98, 102.
Histoire des Trois Grandes Loges, par Émile Rébold, Paris, 1864, p. 51, 52, 57, 58.
Histoire Pittoresque de la Franc-Maçonnerie, par J.-B.-T. Clavel, Paris, 1844, p. 120.
Histoire Philosophique de la Franc-Maçonnerie, par Kauffmann et Cherpin, Lyon, 1850, p. 266.

présida la « Grande Loge Anglaise de France » non adoptée à cette époque [1]

Cette désignation fut changée en 1756, et la « Grande Loge du Royaume » dirigea désormais les travaux des Francs-Maçons français [2].

Le Grand Maître qui succéda au duc d'Antin, nomme Grand Maître adjoint un maître de danse peu estimable, Lacorne [3].

Cette nomination ne fut pas agréée par la Grande Loge régulière. Lacorne en créa une nouvelle, dont tous les membres furent déclarés exclus de la Maçonnerie par la Grande Loge régulière [4].

Cette exclusion donna naissance à des chocs violents, à des voies de fait, et les autorités civiles firent cesser en 1767 tous les travaux maçonniques [5].

La Grande Loge régulière rapporta en 1771 la décision excluant la fraction Lacorne, et reprit ses travaux [6].

La fraction Lacorne ayant prétendu que de graves abus avaient été commis de 1767 à 1771, pendant la suspension des travaux, la Grande Loge régulière nomma en janvier 1772 huit commissaires enquêteurs [7].

Ces commissaires donnèrent raison à la fraction Lacorne, en déclarant, le 24 décembre 1772, que la Grande Loge régulière avait cessé d'être l'autorité maçonnique en France [8].

La fraction Lacorne mit à bon profit cette décision, et s'érigea, *proprio motu*, en autorité maçonnique, sous la désigation du Grand Orient de France [9].

Le Grand Orient de France est donc né, le 24 décembre 1772, par suite de la victoire des dissidents de la fraction Lacorne sur les fidèles de la Grande Loge primitive et seule régulière [10].

1. *Acta Latomorum*, par Thory, Paris, 1815, vol. I, p. 97, 98, 102.
Histoire des Trois Grandes Loges, par Emile Rébold, Paris, 1864, p. 51, 52, 57, 58.
Histoire Pittoresque de la Franc-Maçonnerie, par J.-B.-T. Clavel, Paris, 1844, p. 120.
Histoire Philosophique de la Franc-Maçonnerie, par Kauffmann et Cherpin, Lyon, 1850, p. 266.
2. *Ibid.*
3. *Ibid.*
4. *Ibid.*
5. *Ibid.*
6. *Ibid.*
7. *Ibid.*
8. *Ibid.*
9. *Ibid.*
10. *Ibid.*

— 728 —

Ce Grand Orient de France, devenu la seule puissance maçonnique française, institua dans son sein, en 1781, une Chambre spéciale chargée d'étudier les Hauts Grades et d'y initier des candidats [1].

Cette Chambre des Hauts Grades créa en 1786 le Rite Français des sept grades [2].

Ces sept grades sont désignés sous les noms suivants : Apprenti, Compagnon, Maître, Élu, Chevalier d'Orient, Écossais et Prince Rose-Croix [3].

Sauf de légères différences de mise en scène, voici les résultats de la comparaison entre le Rite Français et le Rite Écossais [4] :

Au point de vue de l'enseignement et de la doctrine :

Le 1ᵉʳ Grade français est le 1ᵉʳ Grade écossais.
Le 2ᵉ Grade français est le 2ᵉ Grade écossais.
Le 3ᵉ Grade français est le 3ᵉ Grade écossais.
Le 4ᵉ Grade français est le 9ᵉ Grade écossais.
Le 5ᵉ Grade français est le 14ᵉ Grade écossais.
Le 6ᵉ Grade français est le 15ᵉ Grade écossais.
Le 7ᵉ Grade français est la même chose que le Grade écossais de Rose-Croix.

Mais le gnosticisme pur n'est plus l'âme du Rite de 1786, et, à ces variantes sans valeur dans l'enveloppe extérieure des doctrines ritualistiques françaises, viennent s'ajouter des modifications de pratique franc-maçonnique qui ne manquent pas d'importance.

II

SON ESPRIT

Nous allons résumer, (non pas d'après la pratique réelle des Ateliers français, où la politique de clocher et les négociations anti-

1. *Acta Latomorum*, par Thory. Paris, 1815, vol. I, p. 108 à 170.
Histoire des Trois Grandes Loges, par Émile Rébold, Paris, 1864, p. 63, 77, 78.
Histoire Pittoresque de la Franc-Maçonnerie, par J.-B.-T. Clavel, Paris, 1844.
Histoire Philosophique de la Franc-Maçonnerie, par Kauffmann et Cherpin, Lyon, 1850, p. 485.
2. *Ibid.*
3. *Ibid.*
4. *Tuileur général de la Franc-Maçonnerie*, par J.-M. Ragon, Paris, 1860.

déistes tiennent tant de place, que la véritable doctrine maçonnique française est morte, depuis longtemps étouffée par le manque d'air, mais d'après les documents secrets les plus dignes de foi), les enseignements pratiques du Rite français [1].

Apprenti du Rite Français.

La Franc-Maçonnerie est la rédemption des masses populaires aveuglées par la superstition, rendues inertes par l'ignorance, enchaînées par le despotisme, hébétées par la hiérarchie cléricale [2].

Compagnon du Rite Français.

Le peuple a droit à la plus grande liberté politique et religieuse, mais pour la posséder il lui faut pratiquer la prudence, la justice, la fermeté et la modération, et ne jamais avoir recours ni à l'imprémédiation ni à la vengeance, ni au désespoir, ni aux excès [3].

Maître du Rite Français.

Le peuple, mis à mort par l'asservissement et l'ignorance, est rendu à la vie par la certitude de l'immortalité de l'humanité [4].

Élu Français.

L'ignorance, le principal assassin de la liberté rationnelle, physique, intellectuelle et spirituelle, est hors la loi. Partout où elle est rencontrée, l'ignorance doit être anéantie, décapitée sans autre forme de procès [5].

Chevalier d'Orient Français.

Le gouvernement véritablement libre et réellement constitutionnel est celui qui se constitue le rédempteur et l'illustrateur du

---

1. *Instructions secrètes des Souverains Grands Inspecteurs Généraux pour la conduite des Loges, Chapitres et Conseils,* par le vicomte de la Jonquière. Mss. portant le n° 43 de la collection des « La Jonquière Manuscripts » de la Grande Loge d'Édimbourg.
2. *Ibid.*
3. *Ibid.*
4. *Ibid.*
5. *Ibid.*

peuple, rendu libre dans sa soumission à la loi, égal dans ses droits devant la loi et fraternisant dans une communauté d'intérêts et de sympathies [1].

Écossais Français.

Les institutions véritablement libres et le régime réellement constitutionnel une fois établis, sont maintenus et rendus définitifs par la fidélité aux engagements contractés, et par la constance et la persévérance mises en jeu pour les tenir [2].

Rose-Croix Français.

L'homme apprend par la foi qu'il peut devenir libre, par l'espérance qu'il peut continuer à être toujours libre, et par la charité la nécessité de la tolérance civile et religieuse, condition indispensable du règne de la loi d'amour qui seule peut réaliser l'émancipation de l'humanité [3].

Cet ensemble d'enseignements nous montre qu'il y a dans le Rite français, une moelle d'idéalisme bien plus importante et surtout bien plus perceptible que dans le Rite écossais ancien et accepté, et c'est peut-être à cet inévitable idéalisme que ce Rite doit l'abandon presque absolu dont sa doctrine se voit l'objet [4].

En résumé, le Rite français poursuit comme but l'émancipation de l'humanité par les institutions libres et le régime constitutionnel, acquis et consolidés par les moyens pacifiques, et n'emploie les moyens violents que pour anéantir l'ignorance [5].

D'élimination en élimination, le Grand Orient de France en est arrivé, lors du convent de 1890, à voter la suppression du symbolisme dans ses loges. Il n'existe donc plus aucune trace de Science occulte dans cette société devenue pareille à toutes les associations de secours mutuels. Ce rite est, du reste, le dernier rempart du matérialisme expirant.

---

1. *Instructions Secrètes des Souverains Grands Inspecteurs Généraux pour la Conduite des Loges, Chapitres et Conseils,* par le vicomte de la Jonquière. Mss. portant le n° 43 de la collection des la « Jonquière Manuscripts » de la Grande Loge d'Édimbourg.
2. *Ibid.*
3. *Ibid.*
4. *Ibid.*
5. *Ibid.*

§ 5. — LA LÉGENDE D'HIRAM

THÉORIES PHILOSOPHIQUES DE LA FRANC-MAÇONNERIE

La légende d'Hiram.

Si les Francs-Maçons ont perdu la clef de la tradition qu'ils devaient conserver, les symboles incompris de cette tradition subsistent néanmoins intacts dans les loges qui ne se rattachent pas au Rite français. Nous passerons quelques-uns de ces symboles en revue dans les chapitres suivants. Pour l'instant nous allons résumer tout ce qui précède en publiant *la légende d'Hiram* et ses enseignements.

Cette étude faite en 1888 dans une revue d'occultisme nous valut les félicitations les plus chaleureuses de la part de la *Chaîne d'Union*, l'organe officieux de la Franc-Maçonnerie en France.

SYMBOLES DE LA FRANC-MAÇONNERIE

La légende d'Hiram.

L'acacia m'est connu!

Les symboles de la Science Occulte conservés jusqu'à nos jours par la Franc-Maçonnerie peuvent être divisés en deux classes.

Les uns, comme les tableaux des loges, les hiéroglyphes, les couleurs, les cérémonies, ne sont plus compris par la plupart des affiliés que dans leur sens le plus grossier, quand ils sont compris.

Les autres, renfermés dans quelques récits comme ceux de la mort d'Hiram ou de J.-B. Molay, sont encore entendus dans plusieurs de leurs significations.

C'est d'un de ces derniers symboles, la légende d'Hiram, que nous allons nous occuper.

L'origine de cette légende est assez intéressante, car elle marque l'origine réelle de la Franc-Maçonnerie moderne. La voici d'après Ragon :

« Cette même année (1646) une société de Rose-Croix, formée d'après les idées de la *nouvelle Atlantis de Bacon*, s'assemble dans la salle de réunion des *freemasons* à Londres. Asmhole et lés autres frères de la Rose-Croix, ayant reconnu que le nombre des ouvriers de métier était surpassé par celui des ouvriers de l'intelligence, parce que le premier allait chaque jour en s'affaiblissant, tandis que les derniers augmentaient continuellement, pensèrent que le moment était venu de renoncer aux formules de réception de ces ouvriers, qui ne consistaient qu'en quelques cérémonies à peu près semblables à celles usitées parmi tous les gens de métier, lesquelles avaient, jusque-là, servi d'abri aux *initiés* pour s'adjoindre des *adeptes*.

Ils leur substituèrent, au moyen des traditions orales dont ils se servaient pour leurs aspirants aux sciences occultes, un mode écrit d'initiation calqué sur les anciens mystères et sur ceux de l'Égypte et de la Grèce, et le premier grade initiatique fut écrit tel, à peu près, que nous le connaissons. Ce premier degré ayant reçu l'approbation des initiés, le grade de compagnon fut rédigé en 1648 ; et celui de maître peu de temps après ; mais la décapitation de Charles Ier en 1649 et le parti que prit Asmhole en faveur des *Stuarts*, apportèrent de grandes modifications à ce troisième et dernier grade devenu biblique, tout en lui laissant pour base ce grand hiéroglyphe de la nature symbolisée vers la fin de décembre [1]. »

Ceci semble au premier abord contredire certaines de mes affirmations antérieures au sujet de l'origine de la doctrine maçonnique [2] ; mais en réfléchissant un peu il est aisé d'y voir au contraire la confirmation de mon dire.

Quelle est en effet la filière par laquelle cette nouvelle société de 1648 se rattache à l'antique Science occulte d'une part, aux templiers de l'autre ?

Lisez la biographie d'Asmhole et vous allez retrouver dans cet homme admirable un égyptologue érudit et bien mieux un hermétiste remarquable, un descendant de Jean Dée, l'alchimiste de Londres auteur de la *Monas hieroglyphica*. Asmhole est un initié des alchimistes, et comme tel il maniera le symbole de main de maître.

Voyez, d'autre part, cette mention des Rose-Croix, les véritables, ceux-là, qui président à la naissance de la Franc-Maçonnerie, et vous reconnaîtrez sans peine en eux ces mystérieux *inconnus* que les « frères » devaient tant méconnaître plus tard.

Ne nous écartons cependant pas du sujet qui nous intéresse et

---

1. Ragon, *Orthodoxie maçonnique*, p. 29.
2. Théosophes et francs-maçons (n° 5 du *Lotus*).

revenons à la légende d'Hiram dont nous connaissons le principal auteur : *Elie Asmhole*.

Comment la légende d'Hiram se distingue-t-elle d'un conte de fée quelconque et pourquoi pouvons-nous la désigner sous le nom d'histoire symbolique ?

Une histoire symbolique est un récit combiné de telle sorte que l'évolution des personnages indique exactement l'évolution de la Nature.

Des mythologues modernes ont eu beau jeu à montrer que toutes les histoires, se rapportant aux divinités Indoues, Égyptiennes, Grecques, Romaines et même au Christ des chrétiens n'étaient que des peintures plus ou moins parfaites de la marche du Soleil. De là le nom de *mythes solaires* donné à tous ces récits.

Ceci est vrai à condition de ne pas y voir exclusivement ce sens astronomique, et la méthode de la Science Occulte, l'Analogie, va nous éclairer complètement à ce sujet.

La légende d'Hiram étant une histoire symbolique, voyons la raison d'être de ce genre de symbole, et nous pourrons d'autant mieux comprendre les développements que nous en tirerons dans la suite.

S'il est vrai qu'une même loi gouverne tous les phénomènes de la Nature, exposer un de ces phénomènes, c'est exposer tous les autres. Voilà les bases de l'analogie.

Prenons trois exemples pour expliquer ceci : l'évolution d'un grain de blé, la marche du soleil, la fabrication de la pierre philosophale, et voyons si ces trois faits ne sont pas gouvernés par la même loi.

Le grain de blé est destiné à produire un épi tout entier. A peine est-il planté dans la terre qu'une lutte violente s'engage entre le germe qu'il contient et les éléments extérieurs. Un moment tout est pourri, le grain de blé semble mort pour toujours ; c'est précisément à ce moment qu'il est plus vivant que jamais. Du sein de cette pourriture, de cette noirceur, de ce chaos s'élève le nouvel être se dirigeant vers la lumière ; c'en est fait, le grain de blé vient de se rendre immortel dans les nombreux rejetons qu'il va produire.

Le soleil est destiné à donner la vie à tous les êtres planétaires qui gravitent autour de lui, ainsi qu'à ce qui les couvre.

A peine a-t-il commencé sa course fécondante qu'une lutte violente s'engage sur terre entre ses bonnes influences et les frimas. L'hiver triomphe bientôt. Plus de soleil bienfaisant, il est mort peut-être pour toujours !

C'est cependant quand la mort semble triompher davantage que la vie possède sa plus grande force. L'hiver, fier de sa cruauté, croit être à jamais le maître, quand l'enfant qui couvait sous son linceul triomphe enfin et l'hiver fuit étonné devant le printemps radieux qui se lève, immortalisant partout les germes par la procréation.

La pierre philosophale est destinée à produire le grand œuvre de l'homme. A peine les éléments qui la constitueront sont-ils en présence dans l'athanor qu'une lutte violente s'engage entre eux. Les belles couleurs disparaissent et la masse semble pourrie pour jamais, tout est noir comme la tête d'un corbeau. C'est alors que l'ignorant se désole et que le sage se réjouit. Du sein de ce chaos sort au bout de quelque temps la blancheur éclatante, indice de vie ; les couleurs apparaissent progressivement ; les éléments de la pierre viennent de se rendre immortels dans les transmutations qu'ils produiront.

Il n'est pas bien difficile de retrouver dans ces trois phénomènes une même loi, celle de la lutte de la vie contre la mort dont on peut énoncer ainsi les phases :

Première phase :

La lutte s'établit entre la vie et la mort. La vie est plus faible et cède à la mort.

Matérialisation progressive. — Le grain de blé pourrit. — L'automne apparaît avec les frimas. — Les couleurs de l'œuvre s'altèrent.

Deuxième phase :

La mort semble triomphante. C'est alors que la vie lutte avec plus de force.

Équilibre entre la Matérialisation et la Spiritualisation. — Le germe couve sous la pourriture. — L'hiver abrite les enfants du printemps. — Des couleurs éclatantes vont sortir de la noirceur.

Troisième phase :

La vie triomphe à son tour. La mort est de nouveau vaincue.

Spiritualisation progressive. — L'épi apparaît. — Le printemps se manifeste. — Les belles couleurs de la pierre se montrent.

Si donc nous voulons raconter cette merveilleuse loi dans une histoire, nous parlerons d'un homme sage, fort ou vertueux tué par une scélératesse quelconque ; de la résurrection triomphale du bon et de la punition des coupables.

Le savant n'y voudra voir que l'histoire d'un cycle du Soleil et rira des protestations de l'Alchimiste affirmant qu'il s'agit de la pierre philosophale. Il s'agit de tout cela et de beaucoup plus encore dans ces histoires symboliques, et le véritable Rose-Croix à qui l'on demande la clef du grand œuvre de la Nature se contente de montrer la douzième clef du livre universel en l'expliquant ainsi :

Il faut savoir mourir pour revivre immortel.

Dans les antiques initiations égyptiennes, quand le voile qui cachait le sanctuaire venait de s'abaisser devant les profanes, le récipiendaire assistait à une étrange scène. Le grand prêtre lui racontait de nouveau cette histoire du meurtre d'Osiris que tout Égyptien connaissait dès son enfance ; mais le futur initié devinait sous cette nouvelle manière d'exposer la légende un côté mystérieux inaperçu par lui jusque-là. Bientôt les épreuves de l'initiation psychique allaient l'éclairer davantage.

« En Égypte le 3ᵉ grade se nommait *Porte de la mort*. Le cercueil d'*Osiris* qui, à cause de son assassinat *supposé récent*, portait encore des traces de sang, s'élevait au milieu de la *salle des morts* où se faisait une partie de la réception. On demandait à l'aspirant s'il avait pris part au meurtre d'Osiris ; après d'autres épreuves et malgré ses dénégations, il était frappé ou on feignait de le frapper à la tête d'un coup de hache ; il était renversé, couvert de bandelettes comme les momies ; on gémissait autour de lui ; des éclairs brillaient ; le mort *supposé* était entouré de feu, puis rendu à la vie [1]. »

Dans la moderne initiation maçonnique, le récipiendaire, que ce soit un brave épicier ou un professeur du collège de France, n'est pas peu étonné de s'entendre raconter l'histoire du meurtre du forgeron biblique. Le sens du symbolisme est à tel point ignoré à notre époque que l'esprit est déconcerté devant ces rites qui bien qu'admirablement conçus passent pour ridicules. Sans vouloir cependant nous arrêter davantage sur ce point, abordons cette légende pour en chercher ensuite les divers sens les plus faciles à découvrir.

Salomon voulant élever un temple à l'Éternel demanda l'appui de son voisin le roi de Tyr. Celui-ci lui envoya les plus habiles de ses ouvriers, entre autres l'homme chargé de diriger les travaux du Temple, un architecte nommé Hiram.

C'était un homme aussi farouche qu'instruit. Élevé au milieu des

---

1. Ragon, *Orthodoxie maçonnique*, p. 101.

forêts sauvages, la Nature était sa seule directrice ; il en pénétrait les plus profonds mystères par la seule force de sa merveilleuse intuition.

Dès son arrivée, Hiram partagea les ouvriers en trois grandes classes ; à sa droite se rangèrent ceux qui travaillaient le bois, à sa gauche ceux qui s'occupaient des métaux ; enfin au milieu se trouvaient les travailleurs de la pierre.

Quand la division par classes, suivant la profession, fut accomplie, Hiram divisa chacune des classes en trois parties d'après le savoir de ceux qui les composaient.

Les moins instruits constituèrent dans chaque classe les *apprentis* ; ceux qui étaient habiles dans les travaux qu'ils exécutaient furent les *compagnons* ; enfin ceux qui dirigeaient les autres furent les *maîtres*.

Afin d'empêcher toute confusion entre ces ordres, chacun des membres reçut une parole mystérieuse indiquant sa place dans la hiérarchie ; les apprentis se reconnaissaient en prononçant la parole *Jakin*, les compagnons en disant *Bohaz* ; les maîtres en épelant la mystérieuse tétrade des initiés : יהוה.

Tel est l'ordre admirable suivant lequel le sage Hiram établit sa hiérarchie.

Le savoir seul permettait aux ouvriers de s'élever d'un rang et cette sage mesure fut cependant la cause du meurtre d'Hiram.

Trois méchants compagnons voulurent arracher de force au grand architecte du Temple la parole mystérieuse des maîtres et ourdirent à cet effet le plus infâme complot. Les maîtres se réunissaient chaque jour dans une chambre située au milieu du temple et la porte située à l'Orient leur était réservée. Le sage Hiram sortait le dernier de tous après s'être assuré par lui-même de la bonne exécution de ses ordres.

Connaissant cette particularité, les trois compagnons s'embusquèrent chacun à l'une des trois uniques portes et attendirent la sortie du grand architecte.

Hiram, les travaux de la journée accomplis, se dirige vers la porte du Sud où il trouve *Jubelas* qui lui demande la parole des maîtres. Avec sa douceur habituelle, Hiram fait remarquer au compagnon que le savoir seul permet la connaissance de la mystérieuse formule ; furieux, le compagnon veut frapper Hiram à la tête avec la pesante règle de fer de 24 pouces dont il s'est armé ; le maître détourne le coup et n'est atteint qu'à la gorge.

Hiram se rend alors à la porte de l'Occident qui servait d'entrée commune à tous les ouvriers. Là se trouvait *Jubelos* qui, sur le refus du maître de livrer son secret, le frappe au cœur avec sa pesante équerre.

Tout étourdi, Hiram se traîne jusqu'à la porte de l'Orient où *Jubelum*, rendu plus furieux encore que ses complices par le refus de l'architecte, l'achève d'un coup de maillet sur le front.

Les trois scélérats s'interrogèrent mutuellement et, voyant que leur plan avait échoué, n'eurent plus qu'un désir : faire disparaître les traces de leur forfait.

Ils cachèrent le cadavre dans les décombres, et le lendemain au petit jour, le portèrent dans une forêt voisine où ils l'ensevelirent. Une branche d'acacia indiqua seule le tombeau du plus grand des hommes.

Cependant Salomon, ne voyant pas revenir son architecte et pressentant un malheur, envoya d'abord trois maîtres à sa recherche. Ceux-ci n'ayant rien trouvé, le roi envoya de nouveau neuf maîtres qui, au bout de sept jours de recherches, découvrirent, par la branche d'acacia, le tombeau d'Hiram qui ressuscite grâce à eux dans chaque vrai franc-maçon.

Les coupables, qui s'étaient échappés, ne tardèrent pas à être pris. Leur retraite fut trahie par un inconnu et l'un des quinze maîtres envoyés pour les punir tua le plus coupable d'entre eux, l'assassin d'Hiram, *Abibala*, dans une caverne auprès d'une source où il s'était réfugié. Un chien indiqua le lieu de retraite du scélérat. Les autres assassins se tuèrent en se précipitant du haut des carrières dans lesquelles ils s'étaient réfugiés. Les têtes des trois compagnons furent portées à Salomon.

Telle est, dans ses principales lignes, la légende d'Hiram. Avant d'entreprendre l'étude des divers sens dans lesquels on peut la considérer, je dois faire quelques remarques importantes.

Tout d'abord, il m'a semblé inutile de compliquer ce récit par l'introduction des enjolivements dont l'a décoré l'imagination des fabricants de rituels. Ainsi, quelques auteurs mêlent à cette légende le récit des amours d'Hiram avec Balkis, reine de Saba, et font entrer Salomon comme complice dans le meurtre d'Hiram.

Une autre remarque assez curieuse c'est le changement des noms des trois scélérats dans les divers grades ; ainsi le lecteur a sans doute vu avec étonnement *Jubelum* devenu *Abibala* un peu avant la mort.

Voici ce que dit le Thuileur général à ce sujet :

« Les noms des trois meurtriers d'Hiram varient beaucoup dans les différents grades, et suivant les diverses applications que l'on a faites de la Maçonnerie.

Quel est donc le moyen établi par Hiram pour devenir membre de la classe dirigeante?

Est-ce l'hérédité des titres et des charges féodales ? Non.

Est-ce l'hérédité de la fortune soumettant les pauvres au despotisme d'un être immoral et abâtardi? Non.

Est-ce l'intrigue donnant les places au plus protégé ? Non, mille fois non.

Rien n'empêche celui qui veut le faire d'arriver au premier rang, dans la Société d'Hiram. Il suffit d'en être digne.

Tout au mérite et non à l'hérédité, tout au savoir et non à la fortune, tout au concours et non à l'intrigue, telle est l'expression de la seconde formule sociale d'Hiram.

A tous ceux qui prétendent que la Franc-Maçonnerie ne se rattache à aucune filiation, montrez la légende du Maître. S'ils nient l'existence possible d'une société idéale dans laquelle ne dirigent que ceux qui savent, racontez-leur avec Fabre d'Olivet et Saint-Yves d'Alveydre l'histoire de Ram et de son empire universel ; si le passé ne les intéresse plus, transportez-les au cœur des institutions de la Chine vénérable et cherchez avec eux l'emploi qui n'est pas gagné au concours [1] !

Nous pourrions montrer encore d'autres développements sociaux dans cette légende ; mais la place nous manque. Qu'il nous suffise d'indiquer et de comprendre les deux premières formules sociales d'Hiram ;

A chacun selon ses aptitudes d'abord:

A chacun selon son mérite ensuite [2].

Le sens astronomique a été traité avec assez d'autorité par tous les auteurs maçonniques pour que je croie inutile d'y rien ajouter. C'est comme mythe solaire que les affiliés considèrent presque exclusivement la légende d'Hiram, témoin les extraits suivants:

« Le soleil, au solstice d'été, provoque, chez tout ce qui respire, les chants de la reconnaissance ; alors *Hiram* qui le représente, peut donner, à qui de droit, la *parole sacrée*, c'est-à-dire la vie. Quand le soleil descend dans les signes inférieurs, le *muétisme* de la nature commence ; Hiram ne peut donc plus donner la parole sacrée aux *compagnons* qui représentent les trois derniers mois inertes de l'année.

1. Voy. Fabre d'Olivet, *de l'État social de l'Homme*; Saint-Yves d'Alveydre, *Mission des Juifs*; Simon, *la Cité chinoise*.
2. Une belle dissertation sur la légende d'Hiram, au point de vue des trois assassins, se trouve dans Eliphas Levi, *Histoire de la Magie*, p. 399 et suivantes.

« Ce sont :

> *Abiram, Romvel, Gravelot,*
> ou *Hobbhen, Schterke, Austersfuth,*
> ou *Giblon, Giblas, Giblos*
> ou *Jubela, Jubelo, Jubelum,*

« Le *Templier* y voit *Squin de Florian, Noffodeï*, et l'*Inconnu* sur les dépositions desquels Philippe le Bel accusa l'ordre devant le Pape, ou bien encore les trois abominables, Philippe le Bel, Clément V et *Noffodeï*.

« Le *Maçon couronné*, le *Rose-Croix* de France leur substituent *Judas, Caïphe* et *Pilate*, les trois auteurs de la mort de *Jésus*.

« Dans le *Rose-Croix de Kulwining* les trois assassins de la *Beauté* sont : *Caïn, Hakan, Héni.* »

Disons enfin que la mort des trois scélérats est racontée différemment dans les divers rites. La forme, du reste, importe peu, le fond seul du récit doit nous intéresser dans les développements qui vont suivre.

Comme toutes les histoires symboliques, la légende d'Hiram renferme plusieurs sens qui peuvent être classés en trois groupes : sens naturel, sens moral, sens psychique.

1° *Sens naturel.* — Au sens naturel ou physique, la légende peut être considérée sous deux aspects principaux : comme sociale, s'appliquant aux lois de la société, et comme astronomique, développant un mythe solaire.

Considérons quelque peu la façon dont Hiram divise ses ouvriers, et nous verrons apparaître une des plus belles idées sociales qu'on puisse développer. Quelle protestation contre ces sociétés où l'intrigue seule mène à tout ! Il ne faut pas de paresseux dans l'œuvre entreprise par Hiram : tous sont ouvriers. Comprenant toutefois que la liberté de l'homme doit être respectée avant tout, Hiram laisse chacun prendre dans la Société le travail qu'il peut mener à bonne fin et proclame, dès la base de son organisation, le principe : *A chacun selon ses aptitudes*.

Les classes une fois établies, au nombre de trois, la hiérarchie sociale fait son apparition. Partout et toujours il se trouvera des dirigeants et des dirigés ; c'est une loi naturelle que des planètes gravitent autour d'un soleil, et cette loi s'observe analogiquement aussi bien dans la marche d'une famille que dans celle de l'Univers. Ici les satellites obéissent à l'impulsion solaire ; là les enfants doivent se courber sous l'impulsion paternelle.

« Le premier compagnon est censé frapper faiblement Hiram d'une *règle de 24 pouces*, image des vingt-quatre heures que dure chaque révolution diurne : première distribution du temps qui, après l'exaltation du grand astre, attente faiblement à son existence, en lui portant le premier coup.

« Le second le frappe d'une *équerre de fer*, symbole de la dernière saison, figurée dans les intercessions de deux lignes droites qui diviseraient, en quatre parties égales, le cercle zodiacal, dont le centre symbolise le cœur d'Hiram, où aboutit la pointe des quatre équerres figurant les quatre saisons : deuxième distribution du temps qui, à cette époque, porte un plus grand coup à l'existence solaire.

« Le troisième compagnon le frappe mortellement au front d'un *fort coup de maillet*, dont la forme cylindrique symbolise l'année qui veut dire *cercle, anneau:* troisième distribution du temps, dont l'accomplissement porte le dernier coup à l'existence du soleil *expirant*.

« De cette interprétation, on a conclu qu'*Hiram*, fondeur de métaux, devenu le héros de la nouvelle légende avec le titre d'*architecte*, est l'*Osiris* (le Soleil) de l'initiation moderne ; qu'*Isis*, sa veuve, est la *Loge*, emblème de la terre (en sanscrit *loga*, le monde) et qu'*Horus*, fils d'Osiris (ou de la lumière) et fils de la veuve est le *franc-maçon*, c'est-à-dire l'*initié* qui habite la loge terrestre (*enfant de la veuve et de la lumière*) [1]. »

« Ainsi les trois compagnons perfides trahissent leur maître comme fit Typhon à l'égard d'Osiris, et l'on dit dans la narration : Hiram se présente à la porte de l'occident pour sortir du temple : c'est précisément ce que fait le soleil; car, si je suppose cet astre prenant son domicile dans le signe du bélier, le premier jour du printemps, le dernier jour de son triomphe au solstice d'été, où la veille de sa mort, qui a lieu dans la balance, il descend à l'horizon par la porte de l'occident ; et si alors j'examine la position que le bélier prend à l'orient, je verrai près de lui le grand Orion, le bras levé, tenant une massue, dans l'attitude de le frapper. Au nord, je verrai Persée, une arme à la main et dans l'attitude d'un homme prêt à faire un mauvais coup. Je le répète, l'assassinat d'Hiram, pris dans le style figuré ou allégorique, est comme la passion d'Osiris, comme celle d'Adonis, d'Atys et de Mythra, un fait de l'imagination de prêtres astronomes, qui avaient pour but la peinture de l'absence du soleil sur la terre.

1. Ragon, *loc. cit.*

« Le roman que l'on nous présente sur Hiram est complet, car le ciel nous fait voir aussi les *neuf maîtres* qui vont à la recherche de son corps ; et si on porte ses regards à l'occident de l'horizon, lorsque le soleil se couche dans le bélier, on verra, autour de cette constellation, Persée, Phaéton et Orion. En suivant ainsi les constellations qui décorent le ciel dans cette position, on remarquera, au nord, Céphée, Hercule et le Bootès, et à l'orient on verra paraître le Centaure, le Serpentaire et le Scorpion ; tous marchent avec lui, et le suivent pas à pas jusqu'à l'instant de sa nouvelle apparition à l'orient [1]. »

2° *Sens moral*. — Le sens moral et religieux de la Légende d'Hiram a été entrevu par tous les grands réformateurs de la franc-maçonnerie. Ainsi dans un essai d'unification des divers rites, intitulé *le Maître décoré en trois points*, le récipiendaire consulté sur le secret de l'ordre, le divise en cinq parties distinctes.

« La première partie a rapport à l'exposition de la *religion naturelle, universelle et immuable* par le moyen de symboles et de maximes. »

La légende d'Hiram, dans l'effort de tous ces ouvriers de classes et de nationalités étrangères, contribuant par leurs travaux à élever le Temple du Dieu unique, enseigne à tous ses adeptes la tradition des gnostiques et de tous les anciens initiés : l'existence de la Religion unique dont tous les cultes sont des manifestations. C'est pour cela que le vrai franc-maçon doit être ennemi du *sectarisme* quelque forme qu'il prenne.

La deuxième partie du secret maçonnique, d'après l'auteur que je viens de citer, se rapporte au secret des opérations de la nature. Ceci fait allusion au sens *hermétique* et *alchimique* de la légende d'Hiram dont je ne veux pas entreprendre ici le développement.

La troisième partie du secret c'est la perfection du cœur humain, dont le temple n'est qu'une allégorie.

On pourrait rattacher à ce point l'application, dans la légende d'Hiram, de la grande loi des compensations figurée par la résurrection d'Hiram, l'exil et la punition des coupables. Combien ne s'élève-t-on pas contre la maxime devenue populaire : *Le vice est toujours puni et la vertu récompensée ?* Cependant la connaissance de la loi de *Karma* n'est-elle pas venue donner un immense appui à cette maxime, en montrant que, dans l'invisible comme dans le visible, *une action sollicite une réaction égale*, et en proclamant la similitude des lois physiques et des lois morales ?

---

1. Lenoir, *la Franc-Maçonnerie*, p. 287.

La quatrième partie du secret se rapporte au mythe solaire dont nous avons déjà parlé.

Enfin la cinquième partie retrace la lutte des instincts et de la volonté :

« La victoire des erreurs et des passions sur la vérité ou la vertu, et celle de la vérité ou de la vertu sur les erreurs et les passions figurées également par la mort et la résurrection d'Hiram (qui est *vérité* ou la *vertu*), lequel Hiram est frappé par trois compagnons scélérats (qui sont l'*ambition*, le *mensonge* et l'*ignorance*), tiré de la tombe et vengé par les neuf maîtres vertueux (qui sont les *vertus* et les *devoirs* maçonniques). »

3° *Sens psychique.* — Le plus important des sens qu'on peut attribuer à la légende d'Hiram est sans contredit celui qui a trait aux épreuves mystérieuses pratiquées dans tous les sanctuaires en vue du développement de l'âme du récipiendaire.

Le but tout entier de la légende se trouve renfermé dans cette mort du juste tué en secret et dans son éclatante résurrection.

Le principe de l'Univers qui préside à la destruction et au changement des formes, ce principe connu dans toutes les théogonies et désigné sous les noms de Siva, d'Ahriman, de Typhon, de Nabash, de Satan, a été merveilleusement défini par Fabre d'Olivet : le Destin.

L'arme la plus terrible que le Destin puisse opposer à la Volonté Humaine divinement toute-puissante, c'est la Mort. L'initiation à toutes les époques n'a voulu atteindre qu'un but : instruire l'homme et par là rendre le Destin impuissant dans ses attaques.

A chaque pas, le récipiendaire des mystères d'Éleusis était menacé de la Mort et ce n'est qu'en montrant qu'il était toujours prêt à la subir qu'il atteignait aux dernières révélations. Une des épreuves les plus terribles qu'il eût à supporter était la suivante :

Deux verres étaient placés devant lui. Le grand prêtre lui disait :

« Fils de la Terre, un de ces deux verres contient un poison terrible. Si vraiment tu crois à l'au-delà, si tu n'as pas peur de mourir, choisis un de ces verres et bois. Puissent les Dieux te protéger ! »

En cas de refus, le récipiendaire était emprisonné jusqu'à sa mort.

Platon devint célèbre parmi les initiés pour le courage qu'il déploya dans cette épreuve.

La légende d'Hiram nous montre le développement de ce mystère dans ce sage qui meurt plutôt que de livrer son secret, et qui ressuscite immortel. A propos de l'histoire du grain de blé, nous avons assez insisté sur ce fait que la mort précède toujours la vie suivante, pour qu'on puisse ne voir dans la même loi appliquée à l'évolution de l'âme qu'une répétition analogique du même fait.

« En langage symbolique, on dit communément que *la Mort est la Porte de la Vie :* vérité peu connue de ceux qui possèdent le grade de *Maître*, quoique les emblèmes mis sous leurs yeux eussent dû les en instruire. On entend, par cette figure, que la fermentation, que la putréfaction précèdent la naissance et la donnent ; que, sans la première condition, la seconde ne peut avoir lieu ; qu'en un mot, pour que la génération s'accomplisse, il faut que les principes générateurs meurent, pour ainsi dire, qu'ils se dissolvent, se désunissent par la putréfaction. En effet, sans un mouvement interne et fermentatif, sans l'écartement, sans la désagrégation des parties environnantes, comment le germe pourrait-il se faire jour à travers les enveloppes qui le tiennent captif[1] ? »

« Dans tous les mystères anciens, comme dans l'initiation maçonnique, le cérémonial de la réception figurait les révolutions des corps célestes et leur action fécondante sur la terre. Ce cérémonial faisait également allusion aux diverses purifications de l'âme pendant son passage à travers les planètes, où elle revêtait des corps plus purs à mesure qu'elle se rapprochait de sa source, la Lumière incréée. Les prêtres, qui présidaient à l'initiation, lui attribuaient la vertu de dispenser l'âme de l'initié de diverses migrations planétaires ; cette âme, à la mort de l'adepte, passait directement dans le séjour de l'éternelle béatitude.[2] »

Tout ceci paraîtrait fabuleux à plus d'un franc-maçon si je n'avais pris soin de citer l'opinion d'un de leurs livres les plus sérieux : le Thuileur général.

Entrons cependant dans quelques détails au sujet de cette exposition de l'immortalité dans la légende d'Hiram.

Quand l'architecte du Temple est tué, les meurtriers l'enfouissent en terre et marquent la place de son tombeau par une branche d'Acacia. C'est elle qui guidera bientôt les maîtres dans leurs recherches. Que représente donc ce symbole ?

L'Acacia est l'analogue de l'Aubépine, de la Croix égyptienne et chrétienne et de la lettre hébraïque *Vau* qui veut dire Lien.

C'est le symbole du Lien qui unit le Visible à l'Invisible, notre vie à la suivante ; en un mot, c'est le gage de l'immortalité.

---

1. Thuileur des trente-trois degrés de l'Ecossisme du rite ancien, dit accepté, p. 244.
2. Clavel, *Histoire pittoresque de la Franc-Maçonnerie*, p. 54.

Le corps d'Hiram est en putréfaction; mais sur lui s'élève la branche verte, couleur de l'Espérance, qui indique que tout n'est pas fini.

Admirons maintenant le génie des auteurs de la légende, qui mettent ce symbole parlant dans la bouche de tous les maîtres. Le franc-maçon a beau être athée, ne plus croire dans les transformations spirituelles de son être, il avoue lui-même, quoique à son insu, son ignorance et prouve qu'il ne comprend rien aux symboles quand il dit :

L'ACACIA M'EST CONNU [1] !

*
* *

Vous connaissez l'immortalité, dites-vous ; alors pourquoi professer le matérialisme ?

Francs-Maçons qui vous moquez de la Science occulte, Francs-Maçons qui vous moquez des théories spiritualistes, revenez à la Légende du Grand Architecte du Temple mystique ; comprenez vos symboles et vous verrez combien paraissent ridicules vos formules positivistes proférées devant l'*Étoile flamboyante !*

Vous devez être les ennemis de tous les sectarismes ; craignez de devenir vous-mêmes sectaires.

Nous venons de passer en revue quelques-uns des sens que peut nous révéler l'étude de cette admirable légende d'Hiram.

Asmhole a changé en une branche d'Acacia l'antique palme dont Homère et Virgile ont doté les hommes deux fois nés : corporellement par la naissance terrestre, spirituellement par l'initiation psychique. Mais que ce soit une branche d'Acacia, d'Olivier, de Myrte ou une Croix qui se dresse devant l'investigateur, il doit voir partout le même symbole de la renaissance psychique et dire avec Asmhole et les Rose-Croix :

L'IMMORTALITÉ M'EST CONNUE !

1. Formule de reconnaissance du grade de maître.

GRAND CARRÉ UNIVERSEL,

contenant, dans ses 144 cases, tous les mots sacrés des huit grades de france (y compris le maitre parfait), et du Chevalier Kadosch.

LE MÊME CARRÉ UNIVERSEL,
en Caractères Vulgaires.

H	A	M	E	SCH	E	N	A	M	M	O	A	L	K	M
N	O	H	I	L	E	L	B	I	E	PH	L	S	N	E
S	E	U	A	N	P	A	I	K	N	N	A	PH	K	O
SCH	E	D	D	B	R	A	H	E	A	O	A	A	A	O
K	E	L	E	A	O	I	X	H	L	M	C	C	L	R
V	A	M	CH	R	H	R	H	V	A	K	A	H	H	K
I	A	M	H	A	SCH	B	O	I	O	B	Y	D	A	E
A	B	H	A	A	N	E	I	U	M	B	A	R	O	M
I	K	L	L	B	M	A	L	N	H	M	I	M	I	N
B	B	B	I	I	I	M	N	E	L	A	A	S	A	E
L	O	O	E	M	B	B	E	B	M	A	M	N	H	H
O	K	H	L	N	L	A	A	PH	E	O	M	M	O	O
I	U	A	A	E	A	E	N	L	O	R	TH	I	A	U
A	N	B	I	Z	TH	G	H	N	A	R	I	N	I	
I	K	TH	A	N	SCH	M	H	O	E	H	A	TH	E	I

*
.

Nous avons vu les voies suivies par la Tradition de la science des mystères égyptiens depuis Moïse jusqu'à nos jours.

Successivement nous avons suivi *la Bible* depuis sa création jusqu'à la perte de son sens mystérieux, *la Kabbale* depuis Moïse jusqu'aux Esséniens, *la Gnose* depuis les mystères égyptiens d'où elle est sortie jusqu'à nos jours après avoir été successivement transmise par les *philosophes hermétiques, les Templiers, les Rose-Croix* dont les envoyés ont donné naissance à *la Franc-Maçonnerie* qui possède encore *la forme*, mais a perdu *le fond* de ses enseignements.

Nous verrons à propos de l'occultisme contemporain que ce fond n'est pas perdu et qu'il reparaît au contraire plus vivant que jamais.

Il est temps de terminer l'exposition des phases diverses qu'a traversées *la Tradition occidentale* en citant pour mémoire l'influence de la Tradition orientale sur la Science occulte.

CHAPITRE XV

EXPOSÉ DES PRINCIPAUX POINTS DE LA TRADITION ORIENTALE

LA TRADITION ORIENTALE

Dans ces dernières années (1875), une société a pris naissance qui répandit le récit suivant :

La Science occulte ou Science ésotérique perdue par l'Occident s'est conservée intacte au Thibet en la possession de fraternités d'initiés désignés sous le nom de *Mahatmas*.

Les *Mahatmas* ont initié à leur science plusieurs Européens, entre autres une certaine Mme Blavatsky, Russe d'origine et naturalisée depuis Américaine.

*
* *

Si le lecteur curieux parcourt les ouvrages de Mme Blavatsky, qu'y trouvera-t-il ? Voici le résultat de nos investigations personnelles :

1° *Point la moindre méthode.* — On parle de la Kabbale, puis une page plus loin de Darwin, puis dix lignes plus loin de l'Inde primitive, puis de l'Histoire de Jésus et ainsi de suite.

2° *Un amas étonnant d'affirmations* dont quelques-unes sont tirées de textes cités, dont d'autres ne sont appuyées sur rien.

3° *Des contraditions multiples et fondamentales* surtout dans son dernier ouvrage : *The secret doctrine.*

4° *Des injures violentes contre les savants et les chrétiens;* puis plus loin l'apologie de ces mêmes savants ; mais pas des chrétiens.

De tous ces livres se dégage une doctrine difficile à préciser, mélange de Gnosticisme, de Bouddhisme, de Spiritisme, de Kabbale dont certaines parties sont dues à Origène, d'autres à une encyclopédie thibétaine dont on commence à traduire des fragments en Europe. Cette doctrine est présentée sous le nom de Théosophie.

Au début de nos études nous avons été attiré vers cette société que nous croyions sérieuse, mais bientôt nous fûmes suffisamment éclairé et nous sommes parti, suivant l'exemple de tous les écrivains d'occultisme qui se sont retirés un à un du guêpier.

Ce qui attire malgré tout vers cette théosophie c'est l'élévation des doctrines professées. Il n'existe pas de meilleur résumé de cette doctrine que la lettre suivante publiée dans le *Bouddhisme ésotérique* de *A. P. Sinnett;* nous la donnons *in extenso* comme complément de ce que nous avons dit au sujet de la tradition occidentale *qui s'est conservée intacte*, quoi qu'en disent les membres de cette société.

Lettre d'un Indou initié à un Européen.

Je profite, cher monsieur, de mes premiers moments de loisir pour répondre formellement à votre lettre du 17 dernier en vous rendant compte des résultats de ma conférence avec nos chefs, au sujet de la proposition que vous me faites dans cette lettre, et en donnant en même temps satisfaction à toutes vos questions. J'ai d'abord à vous remercier de la part de toute la section de notre affiliation, qui, tout particulièrement intéressée à la prospérité de l'Inde, vous exprime sa gratitude pour votre offre de secours dont l'importance et la nécessité ne peuvent être mises en doute.

Poursuivant notre filiation ésotérique à travers les vicissitudes de la civilisation indienne depuis un passé bien éloigné, nous avons pour notre patrie un amour si profond, si passionné, qu'il a survécu même à l'influence généralisatrice, cosmopolisante (pardonnez-moi si le mot n'est pas anglais) de nos études des lois secrètes de la Nature.

Je ressens donc, comme tout autre Indien patriote, la plus profonde gratitude de chaque parole, de chaque action bienveillante pour l'Inde. Aussi, soyez sûr que, convaincus comme nous le sommes tous, que la décadence de l'Inde est due en grande partie à l'étouffement de son ancien esprit, et que le seul recours en grâce qui puisse la redresser dans son ancienne altitude intellectuelle et morale doit être cherché dans cette âme, dans cette force de régénération nationale, soyez sûr, dis-je, que chacun de nous serait disposé, tout naturellement et sans se faire prier, à développer une société comme celle dont nous discutons maintenant le programme.

Cette bonne disposition serait absolue, si cette société projetée ne devait être entachée d'aucun mobile égoïste et si son objet réel était de ressusciter la Science antique et de tendre à réhabiliter notre pays aux yeux du monde entier.

Croyez cela, cher monsieur, sans plus amples protestations.

Mais vous savez, comme tout homme qui a lu l'histoire,

que les patriotes ont beau sentir leur cœur éclater d'émotion, si les circonstances sont contre eux. Il est arrivé bien souvent qu'aucune puissance humaine, pas même la furie ni la force du patriotisme le plus passionné, n'a été capable de détourner une destinée de fer de sa course marquée ; et, comme des torches plongées dans l'eau, les nations se sont engouffrées dans les ténèbres de la ruine.

C'est pourquoi nous, qui avons le sentiment de la chute de notre pays, bien que nous n'ayons pas le pouvoir de la valeur d'un coup de bride, nous ne pourrons pas agir comme nous le voudrions, soit dans les affaires générales de ce monde, soit dans l'affaire particulière qui est le sujet de cette lettre.

Nous sommes prêts, mais nous ne sommes pas autorisés à répondre à vos avances autrement qu'en faisant la moitié du chemin, et force nous est de dire que l'idée caressée par M. Sinnett et par vous-même est en partie impraticable.

En un mot, pour moi comme pour n'importe quel frère de notre association, et même pour un néophyte avancé, il est impossible d'être désigné et délégué, comme intelligence dirigeante, comme chef de la branche anglo-indienne de ce genre d'études.

Nous savons que ce serait une bonne chose que vous et un nombre choisi de vos collègues reçussiez régulièrement une instruction et une démonstration expérimentale des phénomènes de cet ordre et de leurs lois.

Car, dût la conviction ne se faire qu'en vous et en quelques personnes, ce serait pourtant un profit assuré que d'enrôler, comme étudiants, dans nos facultés de psychologie asiatique, quelques Anglais peu nombreux, mais représentant une élite.

Nous savons tout cela et bien d'autres choses encore.

Aussi ne refusons-nous pas de correspondre avec vous et de vous aider autrement de différentes manières.

Mais ce que nous refusons, c'est de prendre sur nous aucune autre responsabilité que cette correspondance périodique, que cette assistance de nos conseils et, quand l'occasion s'en présentera, que de vous donner à distance des preuves assez tangibles, assez visibles parfois pour que vous soyez convaincus de notre présence et de notre intérêt.

Quant à vous guider, nous ne voulons pas y consentir, quelque capables que nous puissions être de vous diriger.

Nous ne pouvons nous permettre qu'une chose, c'est de vous donner la pleine mesure de vos lacunes.

Méritez beaucoup et nous saurons nous montrer d'honnêtes débiteurs, peu, et vous n'aurez à attendre qu'un retour proportionnel.

Ce que je vous dis n'est pas un simple texte pris du cahier d'un écolier, quoiqu'il en puisse sembler ainsi, mais l'arrêté même de la loi de notre ordre, et nous ne pouvons transgresser cette loi.

Entièrement dégagés des modes de pensée et d'action des Occidentaux et spécialement des Anglais, si nous nous fusionnions dans une organisation de ce genre, vous sentiriez toutes vos habitudes, toutes vos traditions s'écrouler à chaque instant, si ce n'est sous vos aspirations nouvelles, du moins sous les conditions de leur réalisation, telles que nous vous les aurions suggérées.

Vous n'obtiendriez pas parmi les vôtres de consentement unanime à aller aussi loin que vous pourriez le faire personnellement.

J'ai demandé à M. Sinnett de tracer un plan donnant un corps à vos idées, et qui pût être soumis à nos chefs : cette voie m'a semblé la plus courte pour arriver à un **agrément mutuel**.

Sous notre direction notre branche ne pourrait pas vivre, car vous n'êtes pas des hommes susceptibles d'être, en quoi que ce soit, guidés dans ce sens.

Aussi une telle société serait-elle une naissance prématurée vouée à la mort, et paraîtrait-elle aussi incongrue qu'un attelage à la Daumont traîné à Paris par des yacks indiens.

Vous nous demandez de vous enseigner la vraie science, l'endroit inconnu de l'envers connu de la nature, et vous croyez la réponse aussi facile que la demande.

Vous ne semblez pas vous faire une idée exacte des effrayantes difficultés qu'il y aurait à communiquer, même les plus simples éléments de notre science, à ceux qui ont été pétris cérébralement dans le moule des méthodes familières à vos sciences à vous, Occidentaux.

Vous ne voyez pas que, plus vous vous croyez instruits dans les unes, moins vous êtes capables de comprendre l'autre.

En effet, un homme ne peut penser que selon la réceptivité de ses catégories, et à moins qu'il n'ait le courage de les remplir et de s'en ouvrir de nouvelles, il doit forcément suivre ses vieux errements.

Permettez-m'en quelques exemples ! En conformité avec vos sciences, vous ne reconnaîtrez qu'une seule énergie cosmique. Vous ne verriez aucune différence entre la force vitale, dépensée par un voyageur qui bat les buissons sur son chemin, et le même équivalent dynamique, employé par un savant à mettre une pendule en mouvement.

Nous savons faire cette différence ; nous savons qu'il y a un abîme entre ces deux hommes.

L'un dissipe et gaspille sa force, sans aucun profit ; l'autre la concentre et l'emmagasine, et ici, veuillez bien comprendre que je ne considère nullement l'utilité relative de nos deux hommes, comme on pourrait le supposer.

Je tiens seulement compte de ce fait, que, dans le premier cas, il y a simplement émission de force irréfléchie, sans que cette dernière soit volontairement transformée en une forme plus haute d'énergie mentale; et dans l'autre cas, c'est justement le contraire qui a lieu.

N'allez pas me prendre cependant pour un nébuleux métaphysicien, car voici l'idée que je désire formuler.

Quand un cerveau travaille d'une manière véritablement scientifique, la conséquence de sa plus haute activité intellectuelle est le développement, l'évocation d'une forme sublimée de l'énergie mentale, et cette dernière peut produire dans l'activité cosmique des résultats illimités.

D'autre part, le cerveau qui, sous l'influence d'une science purement mnémotechnique, ne sait pas créer, et n'agit que d'une manière automatique, ne détient ou n'accumule en lui-même qu'un certain équivalent d'énergie brute qui est improductive, soit pour l'individu soit pour l'humanité.

La cervelle humaine est un générateur inépuisable d'une force cosmique de la qualité la plus délicate, et supérieure à toutes les énergies brutales de la nature physique.

L'adepte complet est un centre de rayonnement d'où s'irradient des puissances, des potentialités qui, de corrélation en corrélation, plongent jusque dans les cycles des temps à venir.

Voilà la clef du mystère de la propriété qu'a le cerveau humain de projeter et de rendre sensibles, dans le monde visible, les formes que sa puissance créatrice a générées et fait surgir des éléments du monde invisible.

L'adepte ne crée rien de nouveau, mais il utilise, il met en œuvre les matériaux que la nature a amassés autour de lui et qui, pendant des éternités, ont revêtu toutes les formes possibles.

Il n'a qu'à choisir ce qu'il lui faut et qu'à donner à sa pensée l'existence objective.

Vos savants occidentaux prendraient certainement tout ce qui précède pour un rêve d'halluciné.

Vous dites qu'il y a peu de branches de la science qui ne vous soient plus ou moins familières, et que vous croyez faire un certain bien, grâce aux capacités qu'ont pu vous faire acquérir de longues années d'études.

Sans doute ; mais voulez-vous me permettre de vous esquisser encore plus clairement la différence entre les procédés de vos sciences appelées exactes, quoique bien souvent par pure politesse, et les méthodes des nôtres ?

Ces dernières, comme vous le savez, repoussent le vulgaire et toute vérification devant des assemblées mixtes : aussi M. Tyndall les range-t-il parmi les fictions de la poésie, ce qui indiquerait que la science des choses physiques est condamnée sans appel à une prose absolue.

Parmi nous, pauvres philanthropes inconnus, aucun phénomène d'aucune de ces sciences n'est intéressant que par rapport à sa capacité de produire des effets moraux, qu'en raison directe de son utilité humaine.

Or, qu'y a-t-il de plus entièrement indifférent à tous et à tout, de moins nécessaire à qui et à quoi que ce soit, si ce n'est à d'égoïstes recherches pour son propre avancement, que cette science matérialiste des faits, dans son isolement dédaigneux de tout ce qu'elle ignore ?

Je vous demande ce que les lois de Faraday, de Tyndall et de bien d'autres ont à faire avec la philanthropie, dans leur abstraction de toute relativité avec le genre humain considéré comme un tout intelligent ?

Quel souci ont-elles de l'homme, de l'atome isolé du grand tout et de la grande harmonie ?

Quand parfois elles sont pour lui d'une utilité plus ou moins pratique n'est-ce pas par hasard ?

Dans votre credo occidental, l'énergie cosmique est chose éternelle et incessante, la matière est indestructible ; et vos faits scientifiques sont cloués sur cette borne.

En douter, c'est être traité d'ignorant ; le nier c'est passer pour un bigot, pour un dangereux lunatique ; prétendre perfectionner un pareil credo, c'est s'exposer à l'épithète d'impertinent, d'outrecuidant, si ce n'est de charlatan.

Pourtant, toute cette nomenclature de faits scientifiques n'a jamais pu fournir aux expérimentateurs une seule preuve que, dans sa mystérieuse conscience, la nature préfère que la matière soit plus destructible sous la forme organique que sous la forme inorganique.

Aucun fait matériel et matériellement observé n'a jamais pu infirmer que cette nature travaille lentement, mais incessamment, vers l'apparition de la vie consciente, dont la matière inerte n'est que le voile.

De là la profonde ignorance de vos hommes de science au sujet de la dispersion et de la concentration de l'énergie cosmique sous des aspects hyperphysiques ; de là leurs divisions au sujet des théories de Darwin ; de là leur incertitude relativement au degré de vie consciente, renfermée dans les éléments, dans les états distincts de la substance ; de là nécessairement, le dédain suffisant de toute insuffisance pour tout phénomène qui se permet de ne pas appartenir à leur classification, et pour la seule idée que des mondes de forces semi-intellectuelles et, *à fortiori*, intelligentes, sont à l'œuvre dans les hauteurs et dans les profondeurs cachées de la nature.

Passons à un autre exemple. Nous, Orientaux, nous

voyons une grande différence entre les deux qualités de deux quantités égales d'équivalents vitaux dépensés par deux hommes, dont l'un, supposons, s'en va tranquillement à son travail quotidien et dont l'autre se dirige vers une station de police pour y dénoncer son semblable.

Pour vos hommes de science il n'y aura pas de différence.

Nous en voyons encore une très grande, très spécifique, dans l'énergie du vent et dans celle d'une turbine.

Pourquoi? Parce que dans son évolution invisible, toute pensée humaine passe dans l'endroit dont l'ordre physique est l'envers, et devient une entité active, en s'associant, en s'unifiant avec un élément particulier, c'est-à-dire avec une des forces semi-intellectuelles des royaumes de la vie.

Cette pensée survit comme une intelligence active, comme une créature engendrée de l'esprit, pendant une période plus ou moins longue, et proportionnelle à l'intensité de l'action cérébrale qui l'a générée.

Ainsi, une bonne pensée se perpétue comme une puissance active et bienfaisante, et une mauvaise comme un pouvoir démoniaque et maléfique.

De sorte que l'homme peuple continuellement sa course dans l'espace, d'un monde à son image, rempli des émanations de ses fantaisies, de ses désirs, de ses impulsions et de ses passions.

Mais, à son tour, ce milieu invisible de l'homme réagit, par son seul contact sur toute organisation sensitive ou nerveuse, proportionnellement à son intensité dynamique.

C'est ce que les bouddhistes appellent Shandba, les Indous Karma.

L'adepte crée sciemment ces formes, les autres les génèrent au hasard.

L'adepte, pour réussir et conserver son pouvoir, doit

demeurer dans la solitude et plus ou moins dans l'intérieur de sa propre âme.

Il y a des choses que la science sensoriale perçoit encore moins.

L'industrieuse fourmi, l'active abeille, l'oiseau qui bâtit son nid, accumulent, chacun dans son humble degré, autant d'énergie cosmique dans une forme spécifique, que Hayden, Platon ou un laboureur poussant sa charrue, dans leurs actions spéciales.

Mais le chasseur qui tue le gibier pour son plaisir ou son profit, ou le positiviste qui dépense sa mentalité à prouver que $+ \times + = -$ gaspille et perd l'énergie cosmique ni plus ni moins que le tigre des jungles bondissant sur sa proie.

Ce sont tous des voleurs qui frustrent la nature au lieu de l'enrichir, et tous auront à lui rendre des comptes proportionnellement au degré de leur intellectualité.

Vos sciences expérimentales n'ont rien à faire avec la moralité, la vertu, l'humanité : c'est pourquoi elles ne peuvent pas compter sur notre secours, jusqu'à ce qu'elles rétablissent leur lien et leur alliance avec l'ordre hyperphysique.

Sèche classification de faits extérieurs à l'homme, de ténèbres extra-humaines, existant avant et devant exister après lui, le domaine de leur utilité cesse pour nous, à la frontière même de ces faits.

Cette science occidentale se soucie fort peu des suggestions et des résultats qui peuvent entraîner pour l'humanité les accumulations méthodiques ou non des matériaux qu'elle remue.

C'est pourquoi, comme notre sphère scientifique échappe entièrement à son domaine et l'enveloppe d'aussi loin que l'orbe d'Uranus entoure celui de la Terre, nous nous refusons à sortir de nos lignes distinctives et à nous laisser broyer sous aucune des roues de l'engrenage occidental.

Par ce genre de mentalité la chaleur n'est qu'un mode du mouvement et le mouvement génère la chaleur ; mais pourquoi le mouvement mécanique d'une roue qui tourne, a-t-il dans l'ordre hyperphysique une valeur plus haute que la chaleur dans laquelle il se transforme et s'absorbe graduellement ?

Vos sciences ont encore à la découvrir. La notion philosophique et transcendante, donc absurde, n'est-ce pas? des théosophes du moyen âge que le progrès final du travail de l'humanité aidé par les incessantes découvertes de l'homme aboutirait à imiter l'énergie solaire et sa faculté comme premier mobile et qu'il en résulterait un procédé tirant de la matière inorganique une transformation en aliments nutritifs, une telle idée est inadmissible pour la cervelle de vos hommes de science.

Mais si le soleil, si le père et le grand nourricier de notre système planétaire s'avisait de changer en granit les poulets d'une basse-cour, d'une manière accessible à l'observation et à l'expérience, ces mêmes hommes de science l'accepteraient sans doute comme un fait scientifique, sans exprimer un regret que ces poulets, n'étant plus vivants, ne puissent plus nourrir l'homme qui a faim.

Mais qu'un *Shaberon*, qu'un de nos frères traverse les monts Himalaya en temps de famine, qu'il multiplie des sacs de riz pour empêcher de périr des multitudes humaines, comme il pourrait positivement le faire, que diront vos magistrats et vos collecteurs d'impôts? Ils le jetteront probablement en prison pour lui faire avouer dans quel grenier il aura volé ce riz.

Voilà votre science occidentale, voilà votre société positive, pratique.

Vous avez beau dire que vous êtes frappés de l'immense étendue de l'ignorance générale sur toutes choses ; vous avez beau définir si pertinemment cette ignorance érigée en science et dire qu'elle ne représente qu'une nomenclature grossièrement généralisée de quelques faits palpables, qu'un jargon technique inventé par les hommes pour déguiser la réalité cachée derrière ces faits, vous avez beau parler de votre foi dans les puissances infinies de la nature, vous vous contentez cependant de dépenser votre vie dans un travail qui ne fait qu'aider cette même science occidentale à engendrer les mêmes résultats sociaux.

De toutes vos nombreuses questions nous discuterons tout d'abord, s'il vous plaît, celle qui est relative à l'impuissance supposée qu'aurait montrée la fraternité des initiés en ne laissant aucune trace dans l'histoire du monde.

Avec leur réserve d'arts extraordinaires, ils auraient dû, selon vous, réunir dans les écoles une partie considérable des esprits éclairés de toutes les races humaines.

Sur quelles bases vous appuieriez-vous pour croire qu'ils ne l'ont pas fait ?

Que savez-vous de leurs efforts, de leurs succès ou de leurs insuccès ?

Avez-vous des docks spéciaux pour emmagasiner des données positives sur de telles choses ?

Comment votre société occidentale serait-elle capable de rassembler des preuves, relativement aux faits et gestes d'hommes qui ont mis tous leurs soins à fermer hermétiquement toute porte possible par laquelle la curiosité pût les espionner ?

La première condition du succès de ces hommes a été de demeurer l'inconnu et l'imprévu.

Ce qu'ils ont fait, ils le savent, et ce que ceux du monde extérieur à leur cercle ont pu apercevoir, n'a jamais été qu'un résultat dont la cause est demeurée voilée aux yeux.

Nous n'avons jamais prétendu pouvoir conduire les nations prises en masse à tel ou tel apogée, en dépit du courant général des relations cosmiques du monde.

Les cycles doivent aller jusqu'au bout de leurs cercles.

Les périodes de lumière et de ténèbres se succèdent dans l'ordre intellectuel et dans l'ordre moral, aussi bien que dans l'ordre physique.

Les Yougs mineurs et majeurs doivent s'accomplir conformément à l'ordre de choses établi, et nous sur les bords de la puissante marée des temps, ne pouvons modifier et diriger que quelques-uns de ses moindres courants.

Si nous avions les passions imaginaires du Dieu personnel, tel que le vulgaire l'entend, si les lois universelles, immuables n'étaient que des hochets avec lesquels on pût jouer, alors, vraiment, nous aurions pu créer des conditions d'existence, qui eussent fait de cette terre une Arcadie d'âmes sublimes.

Mais nous avons affaire à une loi immuable, nous sommes nous-mêmes ses créatures, et nous devons nous contenter de ce qui nous est accessible, et en être encore reconnaissants.

Il y a eu des temps où une partie considérable des esprits éclairés, comme vous dites, a reçu l'enseignement, l'initiation de nos écoles.

Ces temps ont existé dans l'Inde, en Perse, en Égypte, en Grèce, à Rome pour l'Occident.

Mais, comme je l'ai indiqué dans une lettre à M. Sinnett, l'adepte est l'oiseau rare, l'efflorescence suprême de son époque et il y en a relativement peu dans un seul siècle.

La terre est un champ de bataille non seulement pour

les forces physiques, mais aussi pour les forces morales ; et les brutalités des passions animales, aiguillonnées par les rudes énergies du dernier groupe des agents éthérés, tendent toujours à écraser les puissances intelligibles, les forces intelligentes.

Ne doit-on pas s'y attendre de la part d'hommes si étroitement liés encore à l'ordre physique d'où ils ont été évolués ?

Il est également vrai que nos rangs se sont éclaircis, mais, comme je l'ai dit, la cause en est que nous appartenons à la race humaine et que, soumis au mouvement général de ses cycles, nous ne pouvons pas les faire rétrogresser.

Pouvez-vous dire au Gange ou au Bramapoutre de remonter vers leurs sources, pouvez-vous même les maîtriser de telle sorte que leurs ondes comprimées ne débordent pas et n'inondent pas leurs rives ?

Non, mais vous pouvez soutirer de leur courant une partie de ces ondes, en remplir des canaux, et utiliser cette force hydraulique pour le bien de l'humanité.

Il en est de même de nous qui, impuissants à arrêter le monde dans sa course et dans sa direction, pouvons cependant utiliser quelque partie de son énergie en l'attirant dans des canaux bienfaisants.

Regardez-nous comme des demi-dieux et mon explication ne vous satisfera pas ; considérez-nous comme de simples hommes, un peu plus sages que les autres, grâce à des connaissances et à des études spéciales, et votre objection aura trouvé une réponse.

Quel bien, dites-vous, mes compatriotes et moi pouvons-nous atteindre par cet ordre de connaissances cachées ?

Quand les Indiens verront que les Anglais prennent

intérêt, jusque dans la personne de leurs hauts fonctionnaires, à la science et à la philosophie de leurs ancêtres, ils s'en occuperont au grand jour.

Quand il leur sera prouvé que les anciennes manifestations de l'ordre divin n'étaient pas des miracles, dans le sens vulgaire de ce mot, mais des résultats scientifiques d'un ordre transcendant, la superstition tombera d'elle-même.

Ainsi, le plus grand mal qui, actuellement, opprime et retarde la résurrection possible de la civilisation indienne, disparaîtra avec le temps.

La tendance actuelle de l'instruction publique est de faire des matérialistes et de déraciner tout spiritualisme, et cela dans les Indes comme partout.

Mais si l'on arrivait à comprendre ce que nos ancêtres ont vraiment voulu dire dans leurs écrits et dans leurs enseignements, l'instruction deviendrait une bénédiction, tandis qu'aujourd'hui, elle est souvent une malédiction.

A l'heure actuelle les Indiens, instruits ou non, considèrent les Anglais comme trop remplis de préjugés par le christianisme d'une part et d'un autre côté, par la science moderne, pour se donner la peine de les comprendre, eux Indiens ou leur tradition.

Ils se haïssent mutuellement, ils se défient les uns des autres.

Que cette attitude vis-à-vis de notre ancienne intellectualité vienne à changer, les princes de l'Inde et les hommes riches ne manqueront pas de fonder des écoles normales pour l'éducation des Pundits ; les vieux manuscrits jusqu'ici inaccessibles à la recherche des Européens apparaîtront de nouveau à la lumière et on y trouvera la clef de beaucoup de choses qui pendant des siècles ont été cachées à l'entendement populaire, choses dont vos philologues sceptiques ne se soucient pas et dont vos missionnaires religieux n'ont pas l'audace d'aborder la compréhension.

La science y gagnerait beaucoup, l'humanité tout.

Les mêmes causes qui tendent aujourd'hui à abaisser les Indous dans le matérialisme travaillent également toute la pensée occidentale.

L'instruction actuelle met le scepticisme sur le trône, mais elle condamne au cachot l'intelligence pure.

Vous pouvez faire un bien immense en aidant les nations occidentales à construire sur une base solide leur foi qui s'écroule.

Ce dont elles ont besoin, c'est de l'évidence que la psychologie asiatique peut seule donner.

Apportez-leur cela et des milliers d'esprits vous devront le bonheur.

L'ère de la foi aveugle est passée, et celle de l'examen est arrivée.

L'examen qui se contente de démasquer l'erreur sans découvrir aucun principe réel sur lequel l'âme puisse bâtir n'engendrera jamais que des iconoclastes.

L'iconoclastisme qui n'a pour principe que la destruction n'engendrera jamais rien, il ne pourra jamais que faire table rase.

Mais l'homme ne trouvera jamais de repos dans la négation.

L'agnosticisme n'est qu'un relais temporaire et le moment est venu de guider l'impulsion récurrente qui ne peut pas manquer d'advenir bientôt et qui poussera le siècle vers l'extrême athéisme, ou le rejettera dans un cléricalisme extrême, si on ne le ramène pas à l'intellectualité primitive et consolante des Aryas.

L'observateur qui suit attentivement le cours des choses actuelles voit d'un côté les catholiques produire des miracles, en moins de temps que les fourmis blanches ne pondent leurs œufs, et, de l'autre, les libres penseurs se convertir en masse à l'agnosticisme, c'est-à-dire à l'absence de tout souci intellectuel et vraiment scientifique, à la liberté de ne plus penser du tout.

La moyenne de ces deux extrêmes donne le cours moyen des choses.

Le siècle marche à une saturnale de phénomènes.

Les mêmes merveilles que les spirites opposent au dogme de la perdition éternelle, sont appelées en témoignage par les catholiques, comme une preuve actuelle du bien fondé de leur foi dans les miracles.

En dehors de ces deux camps, le scepticisme fait des gorges chaudes de tous deux à la fois.

Tous sont aveugles et il n'y a personne pour les guider.

Vous et vos collègues pouvez nourrir l'espoir de fournir de solides matériaux à un besoin général de philosophie religieuse, inexpugnable à tout assaut scientifique, parce qu'elle est elle-même la finalité de la science absolue, la religion dans le sens le plus élevé de ce mot, puisqu'elle renferme les rapports de l'homme physique et de l'homme psychique et des deux avec tout ce qui est au-dessus et au-dessous d'eux.

Cela ne vaut-il pas un léger sacrifice? Et si, après réflexion, vous vous décidez à fournir cette nouvelle carrière, que l'on sache bien que votre société n'est pas une boutique à miracles, ni un club gastronomique, ni un simple laboratoire de phénomènes.

Son principal but doit être d'extirper d'un côté la superstition, de l'autre le scepticisme et, du fond des anciennes sources longtemps cachées, de tirer la preuve que l'homme peut former lui-même sa destinée future, et savoir d'une manière certaine qu'il peut revivre après la mort, s'il sait le vouloir, et que tout phénomène n'est que la manifestation de la loi naturelle, dont l'étude et la compréhension sont le devoir de tout être intelligent.

Koot Hoomi Lal Sing.

(Sinnett, *Occult World*, p. 85-95, Lond. 1883.)

CHAPITRE XVI

IMPORTATION DE LA TRADITION ÉSOTÉRIQUE EN EUROPE

LES BOHÉMIENS

Un point d'Histoire fort peu connu et que nous nous sommes gardé d'aborder jusqu'ici, c'est l'influence *des. Bohémiens* sur la tradition.

Un professeur à l'université de Bucharest, *M. J. A. Vaillant*, à la suite de longues années passées avec les Bohémiens, recueillit une série de traditions qu'il a publiées en divers ouvrages[1].

Ce qui est curieux c'est qu'en étudiant ces traditions de près, on y trouve, déguisé sous la théorie du mythe solaire, un résumé très net de tout ce que nous avons dit jusqu'ici concernant :

1° La valeur des noms propres ;
2° L'origine commune des diverses mythologies ;
3° L'ésotérisme de la Bible.

Nous ne pouvons donc mieux résumer tout ce qui précède qu'en publiant cette tradition des Bohémiens touchant les divers points dont nous nous sommes occupé jusqu'ici.

C'est ce que nous allons faire comme conclusion de notre étude générale sur la Tradition.

---

1. *Les Rômes,* histoire vraie des vrais Bohémiens; *la Bible des Bohémiens; Clef magique de la fiction et du fait.*

comme Apollon chez Admète, et, comme lui, il leur enseigna à jouer de la flûte ; rentré plus tard à Manthura, comme Jésus à Jérusalem, il y étonne comme lui, par sa science et ses miracles, et l'amour qu'il inspire lui fait, comme à Jésus, de nombreux partisans ; mais sa royauté est contestée, comme doit l'être un jour celle de Jésus, et il meurt en croix, sur cette même croix, où, mille ans après, Jésus doit mourir. C'est alors qu'il laisse ses instructions à Ariun, son bien-aimé, comme Jésus-Christ a laissé les siennes à Jean, qu'il appuie sur son cœur.

Qu'ils soient venus en Phénicie par le golfe Persique et la Syrie, ou par le golfe Hébraïque et l'Arabie, toujours est-il qu'ils y arrivèrent avec leur arche ou vaisseau, avec leur argo ou leur science, l'une portant l'autre, car leur grande divinité *As-taroth* n'est autre chose que le *Tan-tara* indo-tartare, le *tarot* des Rômes, le zodiaque,

Le nom de *Sankoniathon,* leur historien et peut-être leur législateur, suffit seul à prouver leur origine indienne, car il nous semble n'être que *Sankon-iatha* ou *Sanko-niatha,* le JATHA ou le maître parfait[1].

D'ailleurs le *Tohu-Boüt* ou chaos d'où, selon sa cosmogonie, est sorti le monde, rappelle trop bien la matière limoneuse, déesse *Bouto* de l'Égypte, et le *bout* terrestre, matière boueuse du Multan, pour n'y pas reconnaître à la fois et le lieu d'où, Pali et Anak, ils en ont apporté l'idée en Palestine ou Kanaan et celui d'où, Kna ou Anakin, ils l'ont importée en Égypte.

RELIGION. — TRADITION

Ils n'ont d'autre *livre* que *le Ciel,* d'autres lettres que les *Étoiles,* d'autres anges que la *Lumière des astres,* d'autres prophètes que *les saisons et les mois,* d'autres sacerdotes et d'autres pontifes que *le Soleil et la Lune,* d'autre Dieu que *la Lumière,* d'autre maître que *Dieu,* d'autre temple que *le Monde.*

SUR LE SANSCRIT

En vain GRÉGOIRE dit le Grand a-t-il fait brûler dans toute la chrétienté les livres de *Cicéron,* de *Tite-Live* et de *Tacite;* en vain, enfin, l'INQUISITION a-t-elle éclairé ses abominables folies D'AUTO-DAFÉS sans nombre, et l'Église de ROME s'est-elle efforcée d'anéantir

1. En sanscrit *Sankia-natha.*

ORIGINE

Tout d'abord voici ce que rapportent les Bohémiens sur leur origine :

Il est, du Sind au Gange, un territoire appelé *Panc ? ab*, c'est-à-dire cinq eaux, parce qu'au sud cinq rivières : le Sutly, le Rair, le Schnab, le Jilu et le Sind, l'arrosent et le fertilisent et qu'au nord, cinq grands fleuves : l'Ira-vati, le Brahma-poutr, le Gange, le Sind et le Gilson qui y prennent leur source s'en échappent pour former la ceinture du monde alors civilisé.

Ce territoire est le Mul-tan, c'est-à-dire le pays de la racine.

Il est ainsi nommé parce qu'il est le berceau où l'homme naquit à la vie de l'esprit et où son esprit le fit naître à la vie du corps; où la science naquit de l'évidence, la fable de l'allégorie et l'image de l'idole, de l'imagination de l'idée.

Vers le xi° siècle avant notre ère, les Zaths étaient déjà retirés dans la Douab ou Mésopotamie, entre le Gemma et le Gange. Dans leur besoin d'un Dieu, et n'en trouvant pas, ils en firent un du soleil, qui, pour eux, est l'astre des besoins, et le nommèrent Isa-Kris ? ten parce que sa lumière est brillante comme l'or, pure comme l'air, et diaphane comme le cristal. Ils le font concevoir par Maha-Maria, la grande Marie, mer ou océan céleste qui contient la lumière du monde, et le font naître de la planète ou déesse lune Devaki, laquelle le mit au monde le 25 décembre, à minuit, dans la ville de Mythra, sur les bords de la rivière qui, pour ces raisons, fut nommée Iemma et Gemma de la Nuit et de la Naissance. Selon eux, quand il naquit, une gloire céleste illumina ses parents et son berceau, comme le soleil éclaire les astres à l'antipode, quand il va sous l'horizon; les chœurs des Devatas, astres ou anges, pasteurs des hommes, firent retentir autour de son berceau les divins concerts de leur sublime harmonie, comme chanteront les pâtres des troupeaux autour du berceau de Jésus; sa naissance inspira des larmes aux tyrans comme en inspirera à Hérode celle de Jésus; dans la crainte de le laisser échapper, Komsa, son oncle et roi de Zath, comme Hérode le sera des Juifs, ordonna de massacrer tous les nouveau-nés; le massacre eut lieu, mais il ne put atteindre celui qui devait être le Sauveur des hommes parce qu'il est l'astre Deva ou Dieu du monde. Pour le cacher à l'Hérode, roi du pays, ses parents le transportèrent à Gokal, ville des vaches, comme ceux de Jésus le transporteront dans les pâturages de Goscen, pour le soustraire au Komsa de la Judée; il vécut là, retiré chez les pâtres, par sa propagande les livres indiens qui pouvaient trahir son origine et dévoiler toute imposture.

La Vérité n'était pas que dans les livres, et les missionnaires de la propagande eussent-ils réussi à faire disparaître les livres des doctrines indiennes que la Vérité n'en serait pas moins écrite dans l'univers par les grands caractères de l'éternel, par ses soleils et ses planètes, ses eaux et ses astres, ses monts et ses pics, ses roches et ses écueils, ses lacs et ses mers, ses glaciers et ses fleuves, et jusque par les monuments des hommes et par leur voix qui a tout nommé dans une langue dont le SAMSKRITA est la fille ou la mère et dont la mienne est le passe-partout.

Tu verras comment se forma, au pays de la Racine, la source de la lumière intellectuelle, EN-EK-KEK ou AN-AK-KUK *l'écriture*, et tu comprendras pourquoi les Syriens, les Hébreux et les Grecs l'ont appelée *al-pha-vita*, *al-eph-beth* ou *alphabet*, lumière de la vie.

Tu verras comment en sanscrit les antitypes se formant souvent par antiphrase, tels que : *siv* vie de *vis'* eau, *ap* eau de *pa* terre, il en a été de même en grec, où *sin* est l'antiphrase de *nis* et *sinop* l'antiphrase de *ponis*, comme *Théo-dore* est celle de *Doro-thée*, *Patro-clès* celle de *Cléo-pâtre*, *Ten-are* celle d'*Éridan* et *Ten-èbres* celle de *Bri-tania*.

Et quand tu te seras bien convaincu de cette loi de l'antiphrase qui de S × M et de M × S fait :

1° *Sam-sem-sim-som-sum* ;
2° *Mas-mes-mis-mos-mus*,

tous noms, toutes qualités lunaires, tous l'*être* et la *plénitude* de l'être, tous le *connu* et l'*inconnu*, tous le *patent* et le caché, le dessus et le dessous, la règle et l'usage, tu comprendras alors comment SAM la lune n'est *sem-élée* ou *sim-ilis*, semblable au soleil que lorsqu'elle est dans son plein, son niveau, son mois *mas* ou *mens* dans sa *table*, *masa* ou *mensa*.

Tu comprendras aussi ce qu'il faut entendre par TABLES de MOSA, dites de MOÏSE ; car, tu le reconnaîtras, *mas* est à *mens*, le mois, l'esprit de la lune, ce que *masa* est à *mensa* la table latine ; et la loi des douze tables de *Rome* n'est autre que les douze tables de la loi de *Moïse*.

ORGANISATION

Chaque tribu de *Selassi* élit son chef, *Baslaï* ou *bul-basha*, et son juge. Le chef et le juge vont presque toujours à cheval.

Les juges de chaque tribu forment la première instance, le *bul-*

basha la deuxième et le grand *armash* de la principauté la troisième.

APPLICATION DE L'ÉSOTÉRISME A LA TRADITION PAR LE SENS COMPARÉ DES DIFFÉRENTS NOMS PROPRES

Nous allons essayer de classer ce qui suit par religion ou par pays spécial; mais nous prévenons que, comme il s'agit d'une *étude générale et comparée*, ce classement est des plus difficiles, sinon même impossible. Ce qui domine tout c'est l'importance du nom propre, importance que nous ne saurions trop faire ressortir.

JUDAISME ET CHRISTIANISME

SUR ADAM

Tu auras compris comment tout *homme* est ADAM à l'orient de sa vie, à sa naissance, et ISA-AK à son couchant, à sa mort; car ADAM, soleil d'Orient, est l'emblème de la naissance de JÉSUS ou de la lumière et ISA-AK, *œil d'Isa* ou de la lune, soleil d'Occident, est l'emblème de son couchant et de sa mort; tu auras compris comment le PEUPLE, seul toujours debout, toujours au-dessus de l'horizon, est toujours à son midi comme le *dominateur* indien IS-WARA, comme le grand soleil IS-RA-EL et pourquoi, chef-d'œuvre de la nature et sa tablette la plus parlante, il est dit que sa voix est la voix de Dieu.

SUR JÉSUS ET MARIE

Tu comprendras alors comment OAN ou *iohan* OANNÈS ou *iohannès*, JEAN, l'esprit divin de toute la Syrie, devait être le précurseur de JÉSUS, *la lumière*, comme l'ESPRIT est la matrice de l'INTELLIGENCE, *la lune* celle du *soleil*, *la femme* celle de *l'homme*, *le cercle* celle du *triangle*.

Tu comprendras alors comment dans toutes les langues $m + r$ sur tous les tons, *Mara* ou *Maria*, *Méru* ou *Meros*, *Miriem* ou *Marie* étant à la fois la *grande lymphe* de l'air et des eaux, le *ciel* ou la *mer* qui le reflète, tout JEAN, tout JÉSUS dut avoir MARIE pour MÈRE.

SUR LE MOT SATAN

Maintenant si je te dis : S-A-T (*sat*) est aux Indes l'un des trois noms de Dieu ; il est l'*assez*, la *suffisance* de soi-même, le SAT latin et son emblème est le TRIANGLE ; tu me croiras, car des trois lettres qui le composent : S représente l'*isa* ou *sitha* indienne, l'*iseth* ou *sethos* égyptienne, le *thésée* Pélage, l'*isis* grecque, le *seth* hébreu et tous : LA LUNE qui est SAM ou SEM, SÉMÉLIE ou SIMILÉS, *sem-blable* au soleil.

A représente l'*adé* ou *adou* indien, *hahad* syrien, *adonis* grec, *adonai* hébreu, et tous : ADAM, *soleil levant*, père d'ABEL, *le jour*, emblème de JÉSUS, *la lumière*, qui, à son midi, est HAM, car il est le grand *Mah;* et son *nom* n'est que l'antiphrase de sa *grandeur*.

T représente le *point, ta.* ou *tau*, le plateau *tab* ou *tav*, la ligne, *tal* ou *tel*, le lit *tulé*, le point sombre *Dhama*, plaine (*Damas*) de l'humanité *Demos*, le haut point *thibet* ou *thobut*, la table, *tabor* ou *tabula* et tous : le jardin d'*Adon* ou d'*Eden*, la terre du soleil, surface ou plaine, table ou plateau, couche ou lit du genre humain.

Si maintenant je te dis encore : N, aspiré ou non sur toutes les voix (*Kan, han an*) ou (*ken, hen en*), est l'espace, le ciel, matrice de *l'Esprit*, l'ÊTRE, et le cercle est son emblème ; tu me croiras, car il est *l'année* dont le fruit est *l'anneau*, le cercle ; car il est pour les Latins HŒNUS-*Jupiter*, ciel du *jour;* HEMIOCHA-*Junon*, ciel de la nuit; car il est l'*Enoch* de Colchide, l'*Enoch* des Hébreux, *henochia* des Indes, *Ken-an* ou *Kain-archi* des Grecs, c'est-à-dire le *Principe*, le premier inventeur des choses ; car il a donné son nom à tous les ENEK ou IANAKA, ANAK ou ANAX, INACHUS, ou ANAKIN des Indes, de Tartarie, de Cappadoce, de Grèce et du Kana-an; car il est grand *Mah* et il a fait le grand esprit *ani-mah* des Latins que vous appelez l'*âme*, l'ANANTA indien, l'ÉTERNEL.

Quand donc je te dirai : mets Δ dans le O, unis le SAT au HAN, lis, et que tu auras prononcé SAT-AN, tu ne pourras plus croire que ce soit là le mauvais esprit puisqu'il est cet esprit qui seul se *suffit* à soi-même et que cet esprit seul est DIEU.

SUR L'ORIGINE DU CHRISTIANISME

Les *théosophes de l'Inde* propagent dans la Syrie, l'Égypte, la Judée, la Grèce, la sagesse, la science, la fable et la vérité de la doctrine indienne ; d'un côté, le mépris des richesses et des puissances, l'alliance des pauvres et des faibles, la communion des opprimés et des déshérités, l'association des ignorants et des esclaves; de l'autre, la réforme astronomique, la nouvelle ère qu'elle enfante, la nouvelle société qui doit en naître; quelque temps encore, et César et Auguste ne seront plus Dieu, et l'*Apo-Stole* se sera substitué à l'*Apo-Théose*, car, voici : « Tibère a tué la religion, le prêtre a égorgé la vertu, le serment a poignardé la foi publique, le juge s'est fait bourreau de la justice, l'armée a tué la gloire et les pourceaux, vautrés dans la fange des orgies, ont éclaboussé le soleil de Pharsale et d'Actium. »

Voici sortir de leurs tombeaux les *Esseni*, race éternelle, toujours morte et toujours vivante, et voici naître au milieu d'eux, faible comme un enfant et beau comme Jason, sincère comme Ésope et bon comme Socrate, naïf comme le peuple et pauvre comme un prolétaire, *cette divine lumière du soleil*, qui, chaque année, au 25 décembre, promet de sauver le monde, mais qui, depuis des siècles, n'a fait qu'en perpétuer la misère et l'esclavage.

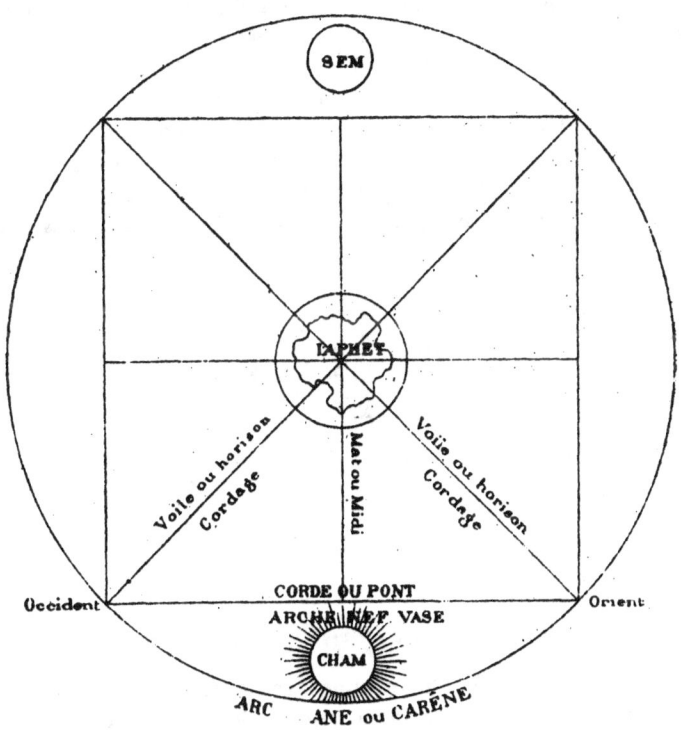

L'ARCHE DE NOÉ

Trace un cercle, emblème de la sphère du monde, divise-le en quatre parties par deux lignes à angles droits, unis les quatre points de ces deux lignes par une corde de manière à former un carré. Conduis par le centre du cercle deux lignes à angle droit qui aboutissent à chacune des quatre cordes, et tu auras ainsi les quatre arches des quatre temps et chacune de ces arches aura sa carène, sa nef, son pont, son mât, ses cordages.

Sa carène sera le contenant, l'arche; sa nef sera le contenu, *le temps;* son pont sera *le laps, l'espace, la distance;* son mât sera son *méridien,* son *solstice,* ses cordages seront son *horizon.*

Or, le temps est *Aon* et l'esprit est *Noa;* donc l'arche de Noé n'est autre chose que l'esprit *Éon* du temps.

Pour preuve qu'il n'est pas autre chose, mesure ses dimensions; et puisqu'il a 300 coudées de longueur, 50 de largeur et 30 de hauteur, dépouille la vérité de la sagesse qui le couvre en ôtant les zéros qui, ici en effet, ne sont que des nullités. Or, puisqu'il reste 353, dis-toi : l'année judaïque se composant alors de 7 mois de 29 jours et de 5 mois de 30, total 353, l'arche de Noé n'est effectivement comme l'*argo* de Colchide que le vaisseau de l'esprit du temps, mesuré par l'esprit de l'homme. Tu as donc compris comment ce vaisseau, contenant *Sem* la lune, *Cham* le Soleil et *Japhet* la terre, l'esprit de l'homme y a enfermé avec lui le Bodhas cultivateur ou semeur, le Zath pâtre ou chamite et le Meyde artisan ou iaphet.

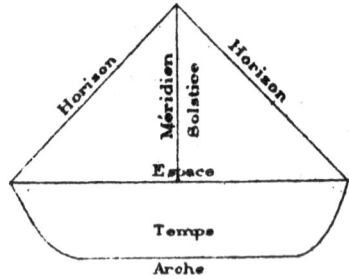

Extrait de Fabre d'Olivet sur le même sujet.

« תבה *une thebath.* Il paraît que c'est le traducteur samaritain qui, en rendant ce mot par *un vaisseau,* a, le premier, donné naissance à toutes les idées ridicules que cette erreur a fait naître. Jamais le mot hébreu תבה n'a signifié *un vaisseau*, dans le sens *d'un navire* comme on a bien voulu l'entendre depuis ; mais bien *un vaisseau* dans le sens d'une chose destinée à en contenir, à en conserver une autre. Ce mot, que l'on trouve employé dans toutes les mythologies anciennes, mérite une attention particulière de la part du lecteur. Il est du genre de ceux auxquels le grand nombre de significations empêche toujours d'assigner une signification déterminée. C'est, d'un côté, le nom symbolique donné par les Égyptiens à leur ville sacrée : *Theba*, considérée comme l'asile, le refuge, la demeure des Dieux ; ville fameuse dont le nom transporté en Grèce, sur une bourgade de la Béotie, a suffi pour l'immortaliser. C'est, d'un autre côté, un circuit, un orbe, un globe, une terre, un coffre, une arche, un Monde, le système solaire, *l'Univers*, enfin, que l'on se figurait contenu dans une sorte de vaisseau que l'on appelait ארב.

« Car je dois rappeler ici que les Égyptiens ne donnaient pas au Soleil et à la Lune des chars comme les Grecs ; mais une sorte de vaisseau rond. Le vaisseau d'Isis n'était autre que cette *Theba*, cette fameuse arche qui nous occupe en ce moment ; et s'il faut le dire, le nom même de Paris, de cette ville où se concentrent, en ce moment, les rayons de gloire échappés à cent villes célèbres, où refleurissent, après de longues ténèbres, les sciences des Égyptiens, des Assyriens et des Grecs ; le nom de Paris, dis-je, n'est que le nom de la Thèbes d'Égypte et de Grèce, celui de la Syparis antique, de la Babel d'Assyrie, traduit dans la langue des Celtes. C'est le vaisseau d'Isis (*Bar-Isis*), cette arche mystérieuse qui, d'une manière ou d'autre, porte toujours les destinées du monde, dont elle est le symbole. »

*
* *

Tous ces peuples primitifs avaient leur *Arga* ou arche qu'ils attribuaient à *Xisuthrus* et dont le sanctuaire était à *Arguri* et c'est sur eux que les Grecs ont copié leur *Argo* qu'ils attribuent à Jason ; c'est parce que cet *argo*, expression du dôme de la voûte du ciel, venait avec eux du *Thibet*, voûte et dôme de la terre, que les Hébreux qui l'attribuèrent à *Noé* et l'ont emporté avec eux des monts de l'Arménie, lui donnent le nom de *Thabeth-nah;* mais, nous le verrons, cette arche de Xisuthrus n'est autre chose que le symbole et l'emblème des mesures abstraites du temps, dont le monde est le vaisseau, calculées par l'esprit thibétain d'après les arcs zodiacaux de la triple lumière (Xisu-thrus) sidérale, lunaire et solaire de l'univers.

Quand, remontant au principe de l'Esprit, au vase de la science, et le rencontrant au Thibet, j'ose te dire : Tu connaîtras ce Thabet-Nah des Hébreux, cette *arche de Noé*, car je t'en montrerai la lumière et l'ombre, la franchise et le mensonge, la nudité et le voile, la vérité et la sagesse; quand, fort des charmes de ma parole, je te promets de délier à tes yeux ce nœud des siècles, fruit de l'intelligence et de l'imagination des hommes; quand je prends sur moi de te démontrer comment l'intelligence ayant *vu* la VÉRITÉ et fait la *science*, l'imagination trouva la SAGESSE et inventa la *religion;* enfin je veux te convaincre que la religion est la *saie* de l'esprit, la *sagesse* de la science, c'est-à-dire le voile de la Vérité, le nuage du ciel, l'ombre de la lumière, l'abstraction du fait, l'allégorie de l'histoire, tu le vois, je n'en doute pas, je le sais, l'histoire m'en a prévenu d'avance, et depuis longtemps, tout fait nouveau, toute vérité nouvellement ré-éclose, toute lumière renaissante trouve les orgueilleux pour incrédules, les gens de routine pour persécuteurs et les sots pour plaisants.

(NARAD *le Bohémien*).

SEM, CHAM ET JAPHET

Les Bodhas, sémites ou semeurs, et manassas ou médecins furent dits fils de *Sem*, parce que leur intelligence leur fit découvrir, par l'étude du cours de la Lune *Sem*, qui est la créatrice *Cérès* et la magicienne *Médée*, l'art de cultiver la terre, d'y semer toute semence et d'en utiliser les simples.

Les Zaths, chameliers et pâtres, et *magha*, mages ou guerriers, furent dits fils de *Cham* parce que leur intelligence leur fit découvrir, par l'étude du cours du Soleil, *Cham*, qui est le créateur *Phal* ou le guerrier *Pallas*, l'art de manier le pal ou l'épieu, et le trait ou la lance pour vaincre et apprivoiser, élever et civiliser, conduire et dominer les bêtes et les hommes.

Les Meydes, iébusiens ou terriens et mendaga ou marchands furent dits fils de *Japhet* parce que leur intelligence leur fit découvrir par l'étude d'Ebhu, terre, qui n'est pas moins celle de Japha ou Java que celle du Thibet, l'art de l'ouvrir et de la creuser pour y chercher le feu et le cuivre, l'argent et l'or, le diamant et les pierres précieuses.

MYTHOLOGIE ÉGYPTIENNE-SYMBOLISME

LES LÉGISLATEURS

Anaks,	Ménès.
Indiens,	Manou.
Phrygiens,	Is-Mun.
Romains,	Numa, Ma-nu.
Hébreux,	Mano-el.

LA NAISSANCE D'APRÈS LES ÉGYPTIENS

La nature entière étant censée pour eux assister à la naissance de l'homme, dès qu'un nouveau-né entre à la vie dans le vaisseau du monde *Sari*, l'astre-sœur d'Apollon, la lune ou Lucine donne l'impulsion à la proue; *Sevah*, l'astre de dessous, l'étoile, fait aller la rame; *Horus*, l'heure du jour, l'orient de la lumière, tient le gouvernail et *Nebva*, la destinée, préside à la navigation de cette *nabhi* ou nef de l'Inde sur laquelle s'est embarqué le nouveau-né.

LE SYMBOLISME

Tu le sais, tout culte antique était représentatif et fondé sur l'astronomie : des types visibles, matériels y représentaient les choses invisibles, spirituelles.

L'Eléphant au S. E. et le cheval au N.-O. représentaient l'intelligence et l'entendement, la parole et la science, le soleil et sa lumière; le taureau ou le bœuf, et la vache ou la génisse représentaient l'un la force fertilisatrice du jour, du soleil et de l'homme; l'autre, la force fécondatrice de la nuit, de la lune et de la femme. Celui-ci était le type du feu, des passions, l'AMOUR, celle-là le type de l'eau, de l'égalité, la GRACE.

LA LUNE, la nuit, était l'esprit, la lymphe, la *matrice* de Dieu,

LE SOLEIL, le jour, était son intelligence, sa verge, son *burin*.

Le *Serpent*, type de la prudence, représentait le cercle, l'année. l'anneau des siècles, l'éternité, *l'esprit l'être*.

Le carré représentait la terre, les quatre vents, et les quatre points de son horizon.

Le triangle, formé par la Lune, le Soleil et la Terre, représentait l'espace, l'air, le souffle divin, son nom et sa suffisance, *dalet* ou *delta*, puissance lunaire, puissance lymphatique, le Δ, la femelle.

La ligne ou règle verticale représentait le burin, le trait, le rayon, PALA ou BELOS, PALLAS ou PHALLUS, la lumière EL-IF ou ALEPH, ALPHA ou EPHI, puissance solaire, puissance de l'homme, le Φ, le MALE.

La ligne horizontale représentait l'eau, son courant et sa *masse* et l'eau était le type de la vérité, de la blancheur, de la lumière, et celui aussi de la droiture, de la justice, de l'égalité, de l'équité de l'équilibre.

C'est pourquoi le poisson qui y vit, considéré comme le plus parfait des êtres, servit de type à l'esprit de la lune et de la femme, à l'intelligence du soleil et de l'homme et de nourriture aux prêtres d'Égypte; c'est pourquoi aussi, lorsqu'elle s'y étale, s'y pose, *s'y expose* comme la *lune* sur le Nil, lorsqu'elle s'y plonge, s'y baigne, s'y *oint*, comme la SOLEIL dans l'Océan, la *lumière* IÉSU s'est appelée MOSA ou *Moïse* et MASAH ou *Messi*.

Enfin le *cercle*, le *triangle* et le *carré* contenant tout, représentaient DIEU qui est tout.

MYTHOLOGIE GRECQUE

SUR LA MYTHOLOGIE GRECQUE

Analyse du mythe de Thésée.

Le dieu *Put*, dieu de la pensée, de la supputation et du calcul, l'intelligence suprême *Pit-Theus* ou *Bub-dha*, avait divisé le ciel en trois zones, comme le triangle divise le cercle en trois arcs. Les zones du ciel, devenues les *zènes* ou divinités de la terre, étaient celles des astres, de la lune et du soleil, auxquelles président, suivant les lieux et les langues, Brahma, Siva, Vis'nu; Jupiter, Pluton, Jovis, et c'est ainsi, qu'ayant fondé la trinité du monde, il avait fondé Tré-Zène et lui avait donné pour armoiries le trident igné qui fait la pile de ses monnaies.

Il y régnait comme la réalité dans le temps, comme la lumière dans l'espace, qu'Athènes était encore sans dieux comme sans rois, et que le bouc ou chevreau, Égée, constellation du mois d'août, y régnait seul.

Égée n'avait point d'enfant, et il était désireux d'en avoir. Sur les conseils de Pit-thens, il commerce avec sa fille Lusidice Ethra, la lune de l'Éther, comme avait fait Clytemnestre avec Égysthe ; et neuf mois après Ethra met au monde un fils qu'elle appela Thésée, mais qui n'en porta le nom qu'à son arrivée à Athènes.

Celui-ci aspire, sinon à surpasser, du moins à égaler Hercule. Il y mit d'autant moins de présomption que tous deux de même nature, *Heros* ou *Soreh*, ils sont petits-cousins, comme peuvent l'être entre eux le soleil du lion et celui de la chèvre. Quoi qu'il en soit, un cousin vaut un cousin, et pour le prouver, Thésée prend l'épée de son père et, comme le Sun chinois, le Rama indien, le Samson hébraïque, court le monde, la terre, pour le purger des injustices et des iniquités des tyrans et établir la justice et l'égalité parmi les hommes, le ciel, pour le purger des iniquités et des injustices du solstice et établir la justice du temps, l'égalité des jours et l'équité des nuits, l'équinoxe.

En effet Thésée, antilogie de *Iseth* ou de *Sitha* et de *Thasi* ou de *Ithas*, lune d'Égypte, des Indes et de Thessalie, est le soleil du mois d'août, premier mois du tropique du capricorne, et qui, au 24 décembre, devient la thèse de Jason, comme ce jour-là Thasile est la thèse de Jésus qu'elle enfante et met au jour avec la lumière qui grandit ou renaît le lendemain 25. C'est parce que Thésée doit amener à Athènes la vierge de septembre qu'on ne l'y fait arriver, y prendre son nom et y reconnaître son père, qu'au 8ᵉ mois le 15 août, époque où il assume à lui cette Tri-gone, cette céleste vierge tenant en main la balance du temps.

L'époque étant venue de satisfaire au tribut de sept garçons et de sept filles imposé par Minos, Thésée, pour éviter ce sacrifice de sept jours et de sept nuits, qui font au temps une perte d'une semaine, se décide à accompagner les victimes, à périr avec elles ou à les sauver. Il sera enfermé dans le labyrinthe et la proie du Mino-taure, ou il s'emparera du labyrinthe et tuera le taureau de Minos. Plein de cette pensée, il s'embarque sur la *Théorie*, vaisseau à trente rames, comme le mois, vaisseau du temps à trente jours ; il prend avec lui, Thoas, Soloon, Eunéos, comme Jésus prendra avec lui Pierre, Jacques et Jean, comme en tout temps l'astronome prend à témoin la lune, le soleil et le monde. Pour pilote à la proue, il choisit les sept étoiles du pôle, *Pharétos*, type à la fois du carquois de Diane et du char d'Apollon, et appelé aussi Nau-Silha, vaisseau de la Lune. Pour guide à la poupe, il a préféré la brillante étoile compagne de Méni, Phéax ou *Méné Sthée*, qui est Vénus ; il lève l'ancre et, après une heureuse navigation, il arrive en Crète. Là, suivant le fil d'Ari-Adne, voie ou route que suit ordinairement la lune autour de la terre, il tue le taureau du solstice, s'empare du labyrinthe et délivre les victimes qui y étaient enfermées.

C'est ainsi que vainqueur du taureau de Minos, qui voudrait deux fois l'an dévorer en trois jours les sept jours et les sept nuits, que la vache lunaire, Io ou Isis, rumine alors en silence, Thésée retourne à Athènes, affirmant à qui veut l'entendre que ce Minotaure qu'il a vaincu à l'aide des sept jours et des sept nuits des trois quartiers de la lune, n'est autre que le Gôtama des Indes, l'Apis d'Égypte, dont le veau d'or qu'adoraient les Juifs est la copie, et dont *Numitor*, taureau de Numa, est la fable italique.

Aussi depuis ce temps ne croit-on plus que ce taureau de Minos soit né de ses amours avec *Pasiphaé*, mais chacun pense que, comme tout *Epaphus*, ou veau, il est naturellement né d'une Epaphisa ou génisse. Depuis ce temps, Minos, tant respecté des Épopéens ou auteurs de la parole, est devenu l'objet des sarcasmes des poètes.

Quoi qu'il en soit, arrivé à Athènes avec le chevreau d'août dont il est né, parti en Crète avec le premier croissant de la Lune, Thésée y arrive après trois fois sept temps de jour et sept temps de nuit, ne la quitte qu'après avoir dompté la puissance du solstice d'été, établi l'équinoxe d'automne et rentre à Athènes le 7 de posseidon, comme qui dirait le 7 décembre. C'est pourquoi le chevreau d'août ayant disparu dans les vapeurs du temps, Égée expire à la vue de la voile sombre et noire dont son fils a gréé son vaisseau.

De retour à Athènes et Égée étant mort, Thésée, à l'instar de Moïse en Judée, de Sethos en Égypte et de Sun en Chine, divise l'Attique en douze dêmes ou peuplades et la centralise comme il a centralisé l'année divisée en 12 mois; comme eux il établit un gouvernement, sans roi; laissant au peuple seul la souveraineté, il partage le peuple en trois classes, les nobles, les laboureurs et les artisans, et croit avoir ainsi établi leur égalité, parce qu'il a balancé l'une par l'autre, la force du soldat par la ruse du prêtre, la force et la ruse de ceux-ci par le nombre des laboureurs et des artisans; mais il ne tarde pas à s'apercevoir qu'il s'est abusé. Jusque-là, il fonde en l'honneur de *Soloon* qui, comme Ionas, s'est jeté à la mer, la ville de *Putho* ou de la science indienne de puter et de supputer le temps, dont la *Pythie* est l'oracle et le serpent *Python* le symbole.

MINERVE.

S'ils respectent tant ce signe (de la croix) c'est que pour eux, il est l'expression des quatre rayons lumineux de cette céleste zone, *rota* ou *taro* de ATHOR, autour de laquelle tournent les 12 mois de la lune et du soleil dont les manses zodiacales mesurent les années des siècles et les siècles de l'éternité; c'est qu'elle est restée pour eux ce que jadis, sous le nom de Xi (Khi), elle était pour la Grèce, le signe de la lumière des siècles *aiôn*, et de l'éternité de la lumière; ce qu'exprime assez clairement cette antique médaille d'Athènes :

En effet *Ménie* est la Lune, l'esprit, la muse, qui, sous le nom gréco-latin de MIN-ERVE (min-erga ou erga-mène) préside à la confection de la semaine, du mois, de l'an dont elle est l'ouvrière; qui, sous le nom hébraïco-grec d'*Athénée*, ourdit, trame et tisse le fil du temps à l'aide des nuits et des jours, des cycles et des siècles, et qui, au signe d'Eri-gone, c'est-à-dire de la céleste Vierge de septembre, devient à l'équinoxe d'automne, sous ses noms de THASI et de THEMIS, la *thèse* de l'égalité des jours et des nuits, et le *thème* de l'équité des astres et des hommes.

Et le lecteur a compris, je pense, pourquoi le X grec, étant le signe chrétien du salut (*selam*) que donne éternellement aux hommes le *No-el*, nouveau soleil ou nouveau dieu de chaque année (*sal*), ce signe de la lumière *hamulique* ou solaire des Guèbres leur est une *amulette* aussi sacrée que ce $\overset{0}{T}$ égyptien, signe des trois TOT éternels de Moïse, leur est un glorieux T de salut, T-selam ou talisman.

La révélation de la vérité de Dieu n'est autre chose que la révélation de la science des astres par la substitution de l'allégorie à l'autogorie, c'est-à-dire du sens figuré au sens propre, de la fiction au fait.

Polyphème, géant immense et monstrueux n'ayant qu'un œil au milieu du front, l'intelligence, œil du génie.

D'où l'on conçoit comment, pour les Grecs comme pour les Hébreux, la prudence et la ruse constituant la sagesse, le prudent et rusé Ulysse, type de la sagesse hellénique, dut crever cet œil du génie qui ne découvre la vérité, science de Dieu, que pour en faire l'évidence, science de l'homme.

C'est que *Pelopes* et *Pelas-ges*, c'est-à-dire maîtres de la terre, dont ils ont fait le *cycle* ou le tour, ce qui leur valut le nom de *cycl-opes*, ces Romes, anciens *Titans* indo-tartares, sont les restes des *zac-indi* de Sicile, issus de la *Sindi-Kie* du Pont et de ces *Sindi* de Pisidie, de Libye, de Carie, de Lemnos et de Thrace en si grande réputation dans l'antiquité pour leur habileté dans les arts que les Grecs la personnifièrent sous le nom de Polyphème et en firent un géant immense et monstrueux n'ayant qu'un œil au milieu du front, l'intelligence, œil du génie.

MYTHOLOGIE ROMAINE

SUR LES SEPT ROIS DE ROME

Numa est le ciel étoilé, le bois de Némée, où la lune Égérie, louve égarée de Brahma, erre comme erre dans le désert Agar, servante d'Abraham.

Ancus Martius est ce premier croissant de la lune de Mars qui, tombé de Colchide ou de la Troade en Italie, servit naturellement de modèle aux onze *anciles*, pleines lunes ou boucliers qui, mesurant l'année (*sal*), font le salut des hommes et ont donné lieu à l'institution des douze prêtres *saliens*.

Tullus Hostilius est l'hostilité terrestre des hommes entre eux, exprimée par la légende des Horaces et des Curiaces.

Servus Tullus est le servage terrestre des faibles sous les forts, des Albains sous les Romains.

Tarquin l'Ancien est l'ancien *tarqh* ou *torah*, l'ancienne loi, la loi primitive venue d'Orient par les Pélasges, indo-tartares, la science modeste qui fait vœu d'élever un temple à Jovis sur le Capitole, comme David sur le Moria.

Tarquin le Superbe est le nouveau *tarah* ou *torah*, la nouvelle loi, la loi secondaire venue de Grèce et d'Égypte; la science magnifique qui accomplit le vœu de son père, comme Salomon celui de David.

Romulus, fils de Numi-tor, est le taureau de Numa, comme Rémus est le sanglier de Caly-dor, le Gabellius-sus de Némée, et comme Minotor est le taureau de Minos; il sait fort bien que le Capitole, qui doit faire de Rome la capitale de l'Italie, est fondé sous la tête de ce taureau, découverte au ciel par la science avant d'avoir été trouvée dans la terre par la fable; il le sait, mais il n'en dit rien; car s'il le disait, il ne serait plus oracle; et d'ailleurs il y va de sa vie; car l'astronomie fait les auspices, les auspices les mystères, les mystères la religion et la politique, et divulguer l'astronomie, c'est détruire la domination religieuse, c'est anéantir l'exploitation gouvernementale.

CHAPITRE XVII

HISTOIRE DU MYSTICISME D'APRÉS WRONSKI

Résumé.

Hoëne Wronski a fait une *Histoire du Mysticisme* d'après sa théorie qui résume fort bien tout ce que nous avons dit jusqu'ici.

Dans certains points les avis de cet auteur diffèrent des nôtres, mais ces différences sont trop légères pour que nous y attachions plus d'importance qu'il n'en est besoin. Notre avertissement suffit.

Histoire du Mysticisme.

A. — Partie élémentaire du Philosophisme mystique.
oo Philosophisme mystique *primitif*. Mysticisme oriental.
oo Pôles opposés.
a^1 Émanations mystiques — (Ici se trouve l'origine des esprits élémentaires (sylphes, gnomes, salamandres, ondins, etc.), et principalement les doctrines mystiques des Égyptiens).
b^1 Panthéisme mystique (Ici se trouve l'origine de la mysticité religieuse et principalement les doctrines mystiques des Chinois).
b^2 Neutralisation ou dualisme mystique (Origine de deux génies et principalement les doctrines mystiques des Parsis et des Indiens).

b   Philosophisme mystique *dérivé*. Mysticisme occidental principalement européen).
a² *Distinction mystique.*
a⁴ Synchrétisme mystique.
a⁵ Du 1ᵉʳ ordre (Les Esséniens, les Thérapeutes, les Pythagorico-Platoniciens).
b³ Du 2ᵉ ordre (Olympicodore, Martien Capilla, Cassiodore, etc).
b⁴ Transcendantalisme mystique.
a⁵ Pythagorisme nouveau (Apollonius de Tyane, Nicomachus, etc.).
b⁵ Platonisme nouveau (Ammonius Saccas, Plotin, Origène, Amélius Porphyre, Jamblique, Proclus, Hypathie, etc.).
b² *Transition mystique.*
a⁴ Transition du Synchrétisme ou Transcendantalisme. Cabale, Sepher, Jezira (Akibba), Sepher Sohar (Ben Johaï), Porte des cieux (Irira).
b⁴ Transition du Transcendantalisme au Synchrétisme. Gnostique. Mysticisme dans les doctrines chrétiennes.
    B. — Partie *systématique* du Philosophisme mystique.
    oo Diversité systématique.
a² Influence partielle.
a⁴ Influence du Panthéisme dans les Émanations mystiques. Sciences occultes.
a⁵ Siences occultes physiques.
a⁶ Alchimie (Paracelse, etc.).
b⁶ Médecine mystique (Gutman, Weigel, etc.).
b⁵ Sciences occultes morales et spécialement théologie mystique (Oporin, Bodenstein, Kunrath, etc.).
b⁴ Influence des Émanations dans le Panthéisme mystique. Philosophie mystique strictement dite (Pic de la Mirandole, Reuchlin, Giorgius, Agrippa de Nettesheim, Cardan, Knorr de Rosenroth, etc.).
b³ Influence réciproque ou concours final entre le panthéisme et les émanations mystiques. Puissance du Verbe créateur. Astrologie.
b² Identité finale ou systématique entre le synchrétisme et le Transcendantalisme mystiques. Théosophie strictement dite (Boehme, Kuhlman, Drabitz, Comène, Poiret, Burnet, Taylor, Swedenborg, Saint-Martin, Eckartshausen, etc.).

    Suivent les *faits* de la Technie mystique.

TROISIÈME PARTIE

LE MONDE DES INVISIBLES

ET LA

DIVINATION

CHAPITRE XVIII

LE VISIBLE ET L'INVISIBLE EN L'HOMME

Sur le point d'entreprendre la dernière partie de notre travail, il nous semble utile de jeter un coup d'œil rapide sur le chemin parcouru.

Après avoir déterminé par des citations nombreuses et faciles à contrôler l'existence d'une science réelle dans l'antiquité, après avoir dit quelques mots de la méthode employée et de ses applications, nous avons esquissé les doctrines les plus générales de cette science sur l'Univers, les Planètes, les Races et l'Homme lui-même.

L'Embryologie et la Physiologie nous ont fourni les éléments de déductions importantes sur la Naissance et sur la Mort, sur l'Ame et son origine, son état terrestre et son évolution.

C'est alors que, pénétrant davantage au fond de ces mystères d'Égypte, nous y avons trouvé une langue sacrée, commune à tous les initiés, langage dont l'hébreu de Moïse semble être un des plus purs dérivés, sinon la reproduction totale.

Nous avons suivi les phases diverses qu'a traversées la transmission de la tradition initiatique depuis Moïse d'une part pour aboutir, par les Esséniens, au Christianisme, depuis Orphée, d'autre part, pour aboutir par les mystères d'Égypte, à la Gnose.

La Philosophie hermétique, les Templiers, les Rose-Croix et la Franc-Maçonnerie nous ont permis de suivre la trace de cette tradition initiatique jusqu'à nos jours où elle semblait à jamais perdue quand les gigantesques travaux de Bailly, de Court de Gébelin, de Fabre d'Olivet et d'une foule d'autres sont venus donner un essor tout nouveau à la doctrine mystérieuse de l'ancienne Université Trismégiste.

Il nous reste à aborder le côté le plus caché de cette tradition, celui qui touche aux forces en action dans le monde invisible. Depuis trois ans déjà nous préparons un grand travail sur ce point particulier[1]. Nous allons donc aborder rapidement les principales questions qui touchent à ce sujet, renvoyant pour les détails techniques et les longs développements au traité susdit.

Nous allons résumer de notre mieux ce qu'on peut dire sur le Monde de l'Invisible; puis nous déterminerons la méthode employée en Occultisme pour figurer les lois de l'ésotérisme, par des tracés synthétiques ou *pantacles*, en donnant des moyens faciles et à la portée de tous pour expliquer ces signes en apparence incompréhensibles.

Afin d'être aussi clair que possible, nous partirons de l'homme, le microcosme, qui contient en lui, résumées analogiquement, toutes les lois de l'Univers, et c'est en nous élevant de la connaissance du visible et de l'invisible dans l'homme et de leurs rapports que nous parviendrons à mieux comprendre l'action des forces analogues dans le Monde.

1. *Traité méthodique de Magie pratique.*

Le corps humain avec ses mille détails, tel qu'il nous apparaît quand on le considère d'un coup d'œil rapide, peut être conçu comme un écran matériel sur lequel viennent se peindre les incitations venues du dedans, et d'où partent les impressions venant du dehors.

Ces formes harmonieusement groupées sont constituées par des millions de cellules changeant sans cesse et, ce qui permet à ces cellules de toujours figurer une forme presque toujours semblable, c'est la force invisible qui agit silencieusement de l'autre côté du rideau matériel.

Semblable à ce tapis des Gobelins sur lequel se peignent les figures les plus artistiques, sans qu'on puisse apercevoir les artistes travaillant de l'autre côté, le corps humain visible n'est que le voile du corps invisible, qui préside d'une manière incessante à l'élaboration des cellules organiques.

Flourens, voulant se rendre compte du temps que mettraient à disparaître les cellules les plus dures de l'organisme, les cellules osseuses, chez les mammifères, fit manger à certains des animaux de cette espèce de la garance pendant un nombre déterminé de jours, les fit reposer un temps égal et recommença plusieurs fois. La garance a la propriété de colorer en rouge les os des animaux tant qu'ils en mangent.

Au bout d'un certain temps le physiologiste examina les os de ces sujets d'expérience et put constater l'existence de cercles alternativement blancs et rouges correspondant à la période d'ingestion ou de privation de garance.

Il put ainsi se rendre compte que les cellules osseuses, les plus résistantes de l'organisme, mettent au maximum *un mois* à se renouveler entièrement chez les mammifères comme le cobaye ou le lapin.

En calculant qu'un homme vit douze fois moins vite

qu'un de ces animaux, on en arrive à voir qu'en dix mois ou un an au plus le corps humain est *intégralement renouvelé* quant à ses éléments constituants.

Quand je parle à un ami que je n'ai pas vu depuis un an, ce n'est plus le même homme, physiquement parlant, qui se présente à moi, c'est un homme entièrement nouveau et cependant *sa forme* est à peine changée [1].

Il y a donc dans l'homme quelque chose qui conserve la forme de cet homme pendant que la matière change incessamment, ce quelque chose n'est pas matériel, n'est pas visible, *c'est une force invisible* celle qu'on appelle vulgairement *la vie*, celle que nous appelons le *corps astral* en occultisme.

C'est cette force invisible qui fabrique le corps dans l'œuf matériel, c'est elle qui l'entretient pendant la vie, c'est elle qui le dissoudra après la mort.

Comme on ne saurait trop insister sur *l'action* de ce corps astral dont nous avons seulement indiqué l'existence et la constitution dans la seconde partie, nous allons détacher du *Traité de Magie pratique* un passage sur ce sujet.

Une blessure a la phalange

Défense de l'organisme.

L'homme est constitué, anatomiquement parlant, par un nombre incalculable de cellules possédant chacune son individualité, mais groupées par fonctions.

Nous savons qu'à l'origine ces cellules, maintenant si diverses, étaient toutes semblables et se nommaient *cellules*

---

1. Un ingénieur de mérite a basé sur ces faits sa réfutation du livre matérialiste de Büchner. Voyez : Maldan, *Matière et Force*. Paris, 1885, in-8° (Dentu).

embryonnaires. C'était leur état de plus grande vigueur, leur âge de croissance et de vitalité alors que, comparables à l'enfant par rapport à l'homme fait, elles possédaient une somme de force vitale qu'elles ont peu à peu perdue depuis.

Maintenant les unes, braves bourgeois, sont devenues des cellules osseuses, paresseusement fixées à leurs compagnes de même fonction et se reposant dans leur incrustation de sels calcaires.

Les autres, plus actives, ont formé des tissus contractiles, des membranes de revêtement; mais toutes elles possèdent cette langueur, ce calme qui prouve l'exercice continuel d'une même fonction. Elles naissent, croissent et meurent sous l'action de ce mystérieux *Inconscient* agissant par le Grand Sympathique et transmettent à leurs descendantes leur quiétude et leur régularité.

Telle est la marche générale de la vie organique à l'état normal ; que se passe-t-il en cas d'accident subit [1] ?

Un jour les diverses cellules de ce morceau de doigt qui menaient la vie paisible que nous venons d'essayer de décrire, peut-être un peu naïvement, ces cellules éprouvent un émoi absolument extraordinaire.

Le possesseur du doigt, par une imprudence coupable, a laissé une lame d'acier bien coupante pénétrer tout à coup au milieu de cette colonie si tranquille.

Les vaisseaux, subitement brisés, laissent échapper à flots les globules détournés de leur course; une foule de cellules de toutes fonctions: cellules de revêtement de la peau, cellules de plaques terminales nerveuses, cellules contractiles des muscles striés, viennent de trouver la mort dans cette aventure. Des corps étrangers ont auda-

---

[1]. Voyez la *Physiologie de l'Inconscient* d'Hautmann.

cieusement pris possession de la place occupée jadis par les défuntes ; *la phalange est en danger*, il faut organiser la défense [1].

Un phénomène absolument remarquable se produit alors. Les globules blancs, les leucocytes analogues aux cellules embryonnaires ; ceux qui possèdent encore le plus de force défensive et constructive, accourent en foule autour du point attaqué. Ce sont les véritables soldats toujours prêts. Ils entourent les corps étrangers, établissent autour d'eux une véritable barrière organique et s'opposent à leur progrès.

En même temps les globules rouges s'amassent aussi, apportant une somme considérable de vitalité à cet endroit. Le lieu du combat devient plus chaud que le reste de l'organisme, il y a une *fièvre locale* avec de la *rougeur*, et en un mot *une inflammation* prend naissance.

Cependant au moment où le couteau a pénétré les cellules de réception, des sensations, subitement détruites, sont mortes en transmettant la sensation de douleur la plus forte qu'elles pouvaient transmettre, les plexus du grand sympathique ont tout d'abord vibré à cette sensation et le cœur de l'imprudent lui a semblé *se serrer* en lui [2] sous l'influence du mal ; la conscience elle-même a ressenti vivement le choc ; mais elle ne peut rien faire. L'homme a beau vouloir, il ne peut qu'aider de son mieux l'Inconscient à tout réparer, c'est ce que celui-ci va faire.

Pensez-vous que ces cellules fixées en leurs places d'après les fonctions qu'elles accomplissent restent inactives? Pas du tout.

1. Tout ce que nous allons décrire pourra être contrôlé dans les livres classiques entre autres dans le *Manuel d'Histologie Pathologique* de Cornil et Ranvier. Voir aussi les leçons de A. Robin sur la *Pneumonie*.
2. Claude Bernard a démontré que les expressions *cœur serré, cœur gros*, etc., répondaient à des réalités physiologiques.

A l'instant de l'accident tous les travaux s'arrêtent ; les cellules de revêtement, même les cellules tout obèses et remplies de graisse, se réveillent de leur torpeur. Une vie nouvelle les envahit, elles redeviennent subitement jeunes pour la défense de l'organe menacé, les cellules plates se gonflent, les noyaux se dédoublent et de nouveaux défenseurs prennent naissance, les cellules obèses transforment rapidement leur graisse, les cellules pétrifiées abandonnent les sels calcaires et toutes, devenues capables de se mouvoir, redevenues en un instant *cellules embryonnaires*, quittent leur place, et vont grossir le nombre des combattants déjà engagés dans la bataille.

Il n'y a plus là ni muscles, ni membranes, ni cartilages, ni vaisseaux, ni nerfs, il n'y a plus que des cellules embryonnaires libres, des soldats munis du maximum des moyens de défense et qui luttent jusqu'à la mort pour sauver les organes menacés.

Si la victoire vient couronner les efforts des défenseurs, si, à force de lutter, les corps étrangers sont enfin expulsés, tout le monde se met au travail et la réparation des endroits lésés se fait progressivement.

Alors les cellules, mobilisées pour le combat, reprennent leur place, elles se fixent à un endroit, s'aplatissent de nouveau pour former des membranes, se remplissent de sels calcaires pour former des os, l'organe se refait DANS SA FORME PRIMITIVE [1] si la blessure n'est pas trop profonde, et peu à peu la vie tranquille d'autrefois recommence comme si de rien n'était, et cela continuera jusqu'à la mort de l'individu, à moins de nouvel accident.

Qui donc a dirigé cette défense ? Est-ce la conscience ? Est-ce la volonté ?

---

1. Fait inexpliqué et inexplicable pour la science actuelle.

Certes non.

C'est malgré la volonté, à l'insu de la conscience que cette admirable action s'est produite ; à peine l'homme a-t-il ressenti par des douleurs vagues le travail qui s'est fait en son doigt, l'Inconscient a tout dirigé, l'Inconscient a vaincu, l'Inconscient a refait l'organe dans sa forme première ; ce qui montre qu'il y a en lui la *mémoire des formes*. Qui donc après cela vient dire que l'Inconscient n'est pas *intelligent ?* Qui donc vient nier l'existence indépendante et individuelle de cette force quasi divine qui a accompli tous ces miracles ? Qui donc vient proclamer que le hasard des affinités chimiques a tout fait et qu'il n'y a pas lieu de faire intervenir là un élément intelligent, quoique métaphysique ? Qui donc ne veut tirer aucun enseignement de cet admirable phénomène ?

Celui qui l'a découvert, celui qui l'a étudié dans tous ses détails, celui qui le connaît mieux que personne : le savant matérialiste !

Cette force mystérieuse que nous venons de voir en action est celle qui produira la plupart des phénomènes magiques, celle dont les actions hors de l'être rempliront les savants d'étonnement à tel point qu'ils nieront jusqu'à l'évidence des faits alors que son action dans l'être humain, action toute miraculeuse et vraiment magique, est à peine considérée dans ses détails par eux.

* ***

Tout cela revient à dire que le visible n'est que la manifestation, la *matérialisation* de l'invisible.

Quand je parle, puis-je faire autre chose que de matérialiser le principe invisible, l'idée, qui est dans mon cerveau ?

J'habille cette entité spirituelle d'un vêtement matériel, vêtement de couleur différente suivant le pays pour lequel j'écris ; vêtement qui sera l'anglais, l'allemand, l'italien ou le chinois, peu importe, l'habit peut varier de couleur, l'entité sera toujours identique à elle-même, voilà pourquoi on pourra *traduire* cette idée en diverses langues, c'est-à-dire lui faire changer à volonté la couleur de son vêtement, l'idée reste entière et toujours semblable à elle-même.

Mon verbe est donc l'habit que je donne à mon idée.

Or il est une maladie curieuse : l'*aphasie*, qui vient nous montrer l'indépendance des deux organes, celui qui conçoit l'idée et celui qui la matérialise.

L'aphasique conçoit bien l'idée qu'il veut exprimer, mais il ne peut parler, ou s'il parle, son organe d'expression le trahit, il dit un autre mot que celui qu'il veut prononcer ; mais, s'il ne peut parler, il peut écrire, le plus souvent, tant il est vrai que la Nature a mis en notre pouvoir plusieurs moyens de matérialiser nos idées.

Nous voyons dans tous ces faits trois choses :

1° *L'idée*, entité métaphysique, spirituelle ;

2° *L'organe d'expression* de matérialisation : le larynx dans le cas qui nous occupe ;

3° Entre les deux un *principe de communication*, principe qui peut être aussi altéré.

Pour bien comprendre cela, prenons l'exemple du télégraphe.

L'employé doit transmettre une dépêche A (l'idée) à un endroit éloigné.

A cet effet trois choses sont nécessaires :

1° Un organe transmetteur (cerveau) ; 1

2° Un organe récepteur (larynx) ; 2

3° Un conduit allant d'un organe à l'autre (nerf) ; 3

Si le transmetteur est dérangé, direz-vous que la dépêche n'existe pas?

C'est pourtant ce que disent les matérialistes quand ils objectent que l'âme n'existe pas, puisqu'elle n'apparaît plus quand le cerveau (transmetteur) s'affaiblit.

Notez bien que ce sont des forces *invisibles* qui circulent dans ces conduits.

Le transmetteur fait subir à une force invisible, l'électricité, diverses oscillations. L'électricité reproduit, *matérialise* ces oscillations sur le récepteur où chacun peut les lire.

Personne *ne voit* cette électricité et cependant elle agit exactement dans cette action, mais elle n'est pas la dépêche elle-même.

L'électricité représente *la vie*, la force invisible, qui relie les deux opposés dans l'homme et chaque fois que l'âme (l'employé transmetteur) imprime une oscillation à cette vie (électricité) cette oscillation vient se manifester sur un point du corps matériel (cadran récepteur).

Voilà pourquoi nous avons dit que le corps peut être conçu « comme un écran matériel sur lequel viennent *se peindre* les incitations venues du dedans ».

Il résulte de tout ce qui précède que toute forme visible n'est que le résultat de l'action d'une forme invisible (corps astral, vie) agissant sous l'impulsion d'une *idée*.

Un observateur pourra donc, en étudiant *les formes* du corps, retrouver *les idées* qui ont donné naissance à ces formes, comme le télégraphiste, en lisant son cadran, retrouve les mouvements qu'exécute sur le transmetteur celui qui envoie la dépêche.

Les formes de notre visage, de nos membres, les lignes de notre main *sont les dépêches* envoyées par l'employé invisible qui est en nous, *l'âme;* en lisant ces dépêches, nous pourrons découvrir les secrets mêmes de l'âme ; de là les sciences diverses de divination pour la lecture des lignes de la main (*Chiromancie*) ou des formes du visage ou de l'individu (*Physiognomonie*).

Nous allons dire quelques mots de ces sciences de divination nous réservant d'entrer dans de plus grands détails dans notre traité de *Magie pratique*. Mais auparavant nous allons développer par des exemples très nets cette idée des rapports qui relient toutes les parties du corps humain.

CORRESPONDANCES MAGIQUES DANS L'HOMME VISIBLE[1]

> Le visible est la manifestation de l'invisible.

Louis-Claude de Saint-Martin, le philosophe inconnu, l'un de nos plus profonds maîtres en occultisme, nous indique les bases de tout véritable enseignement par cette suggestive épigraphe :

« *Expliquer la Nature par l'Homme, et non l'Homme par la Nature.* »

C'est donc par l'étude de l'organisme humain que nous parviendrons à la connaissance des forces subtiles dont la magie prétend nous donner les lois ; mais cet organisme lui-même, comment devons-nous l'étudier ?

Vous connaissez, n'est-ce pas, cette singulière manie qui nous est chère ? Une question est à peine posée que nous vous entraînons loin du sujet considéré pour vous parler

---

1. Extrait du *Traité élémentaire de Magie Pratique* de Papus (en préparation).

de mille riens qui paraissent n'avoir aucun rapport avec ce qui vous intéresse. — Voilà pourquoi je vous prie de me suivre dès l'instant bien loin d'ici (oh! en esprit seulement), devant Notre-Dame de Paris par exemple.

Là — nous y voilà. — Veuillez maintenant me dire comment vous allez décrire ce monument.

Allez-vous courir chez l'architecte et lui demander les plans détaillés de cet édifice? Dans le cas présent, ce serait peut-être difficile et vous n'y pensez même pas.

Irez-vous du moins trouver le maçon pour savoir de quelle carrière ont été tirées les pierres, comment fut gâché le plâtre, quels ouvriers furent employés?

Je vois que mes questions vous impatientent. Et vous vous demandez comment serait faite la cervelle de la personne qui ferait toutes ces ridicules demandes avant de décrire Notre-Dame de Paris.

Cette cervelle fonctionnerait tout simplement comme celle d'un de nos savants physiologistes qui ne peuvent décrire l'homme (un monument intéressant, somme toute) sans vous ennuyer au préalable de détails multiples sur l'architecte et sur le plan (les causes premières) et surtout sur l'origine et la constitution des matériaux qui ont servi à faire ce monument (os, muscles, nerfs, etc., etc.).

Ce procédé, qui vous semblait tout à l'heure si bouffon, est donc journellement employé dans nos livres de physiologie contemporaine qui enseignent que l'embryologie, c'est-à-dire l'histoire de la construction du monument, est la seule base possible à donner à l'étude de l'organisme humain.

Comme nous ne sommes pas des savants, ou plutôt comme je ne suis pas un savant, nous allons faire comme tout le monde et nous commencerons par dire *ce que nous voyons* en l'étudiant aussi bien que possible, et plus tard, si nous y trouvons quelque plaisir, nous entrerons dans le monument pour considérer ce que nous ne voyons pas extérieurement, et même, si notre amour d'apprendre augmente toujours, nous irons humblement trouver monsieur le savant et nous lui demanderons de nous dire comment le maçon a construit l'édifice et comment l'architecte l'a conçu, si toutefois monsieur le savant croit à l'existence d'un plan de construction, car il y a beaucoup de physiologistes qui n'y croient pas. Peut-être alors comprendrons-nous ces belles explications qui eussent été pour nous brillants hiéroglyphes alors que nous ignorions l'état actuel de ce merveilleux monument.

Ce n'est donc pas en procédant du connu à l'inconnu, mais bien en procédant *du visible à l'invisible,* que nous allons aborder l'étude de l'homme, le monument le plus parfait de la création, si l'on en croit nos maîtres les kabbalistes, et même nos habituels détracteurs les darwinistes.

Nous tenons cependant à bien faire remarquer dès l'abord que nous n'entrerons pas en de minutieux détails, réservés pour un autre ouvrage tout physiologique, non plus que nous ne perdrons de temps à prouver une à une nos affirmations basées sur l'alliance de la Science actuelle et de la Magie, notre ouvrage n'étant pas écrit à l'usage des facultés ni des écoles primaires.

***

LA PARTIE VISIBLE DE L'HOMME. — LE CORPS

Ce n'est plus Notre-Dame de Paris que vous avez maintenant devant les yeux, c'est un objet plus complexe au premier abord et peut-être aussi le plus difficile à décrire de toute la Nature, c'est le *corps humain*.

Nous remarquons de suite dans ce corps deux divisions primordiales :

1° Une partie centrale qui contient (nous le savons déjà, je pense) tous les organes importants de l'homme ; cette partie, c'est le tronc ;

2° Des parties accessoires : les *Membres*, moins importantes que la précédente puisqu'on peut les couper sans détruire l'être lui-même et qui servent de moyen d'action aux organes contenus dans le tronc.

Voilà donc notre première grande division : l'homme est composé d'une partie centrale et fondamentale : le tronc, et de parties adjacentes : les membres. Continuons notre étude en considérant chacune de ces parties. Voyons la plus importante :

LE TRONC

Ce qui nous frappe tout d'abord si nous considérons avec quelque attention ce centre de l'organisme, c'est qu'il présente également une division en plusieurs segments nettement séparés.

Ainsi, tout en haut, nous voyons la *tête*, séparée parfaitement du segment qui lui fait suite, la poitrine.

La *poitrine* est elle-même distincte d'un autre segment, le *ventre*.

Tête, poitrine et ventre, tels sont les trois centres distincts qui constituent par leur réunion le tronc. — Nous reviendrons tout à l'heure sur cette division ; voyons pour l'instant si nous n'avons rien à dire de l'autre partie de l'être humain, *les membres*.

LES MEMBRES

Prenez donc la peine de regarder au moins le bras. Ici encore nous trouvons des segments à tel point connus qu'ils ont reçu les noms distincts que vous savez bien : *bras, avant-bras, main*.

De même les membres inférieurs nous montrent trois segments : la *cuisse*, la *jambe* (le mollet), le *pied*.

Remarquez de suite cette curieuse répétition de *trois* dans ces divisions. Le tronc était divisé en trois parties, il en est de même de la jambe et du bras, et vous savez aussi, n'est-ce pas, que la main et le pied, les segments terminaux des membres, présentent encore *trois* divisions : *poignet* (carpe) et *cheville* (tarse) ; *paume* (métacarpe) et *plante* (métatarse) ; *doigts*[1] et *orteils*.

La Magie nous dit que toutes ces parties se correspondent rigoureusement ; nous aurons à le voir tout à l'heure en détail. Contentons-nous de signaler ce fait pour l'instant.

Cependant, me direz-vous, puisque vous insistez sur votre division par trois, comment se fait-il qu'il n'y ait que deux paires de membres : les bras et les jambes, et pas trois ?

Voilà précisément ce qui vous trompe. Les anciens anatomistes hindous savaient et les modernes viennent de découvrir que le *maxillaire inférieur* constitue une troisième paire de membres véritables : *la partie verticale* du maxillaire représente *le bras* ; *la partie horizontale, l'avant-bras, les gencives* représentent *les doigts*, et *les dents les ongles*. Toute une branche de l'anatomie, sous l'influence

---

[1]. Inutile, je pense, de faire remarquer que chaque doigt présente également trois segments : phalange, phalangine et phalangette.

des travaux de Vicq-d'Azir, de Gœthe, d'Oken, de G. de Saint-Hilaire, de Foltz, d'Adrien Péladan, etc., etc., s'édifie en ce moment sous le nom d'*anatomie philosophique*. Les quelques données que nous allons indiquer dans cette étude peuvent servir de base à cette réédification d'une science très ancienne que nous avons tout spécialement étudiée. Encore une fois, nous ne pouvons, dans cet ouvrage, entrer dans les détails que comportent de telles considérations, et nous allons rapidement passer en revue les rapports qui peuvent exister entre tous ces segments dont nous venons de parler.

RAPPORTS DES MEMBRES ENTRE EUX

Il faudrait écrire un véritable traité d'anatomie sur cette seule question si on voulait l'étudier comme elle le mérite. Nous renvoyons les curieux aux travaux de Foltz, nous bornant à signaler les rapports suivants :

Le *bras* correspond à la *cuisse* et à la *partie verticale du maxillaire*.

L'*avant-bras* correspond à la *jambe* et à la partie horizontale du maxillaire.

La main correspond au *pied* et aux *gencives*.

Il ne fallait pas grande attention, me direz-vous, pour établir ces rapports. C'est exact si vous considérez, comme je le fais en ce moment, tout cela d'une façon générale ; mais si vous voulez étudier en détail, que de difficultés ne rencontrez-vous pas !

Ainsi, pour prendre un exemple, le pouce de la main ne correspond pas du tout au gros orteil du pied, mais bien aux deux derniers doigts, ainsi que l'a victorieusement démontré Foltz. Ceci nous montre donc les erreurs dont il faut se garder dans l'établissement sans réflexion des rapports qui peuvent exister entre les différentes parties de l'homme.

RAPPORT DES MEMBRES AVEC LE TRONC

Un peu d'attention suffit pour nous faire découvrir que chacune des paires de membres que nous avons décrites est en rapport avec l'un des trois grands centres du tronc.

Ainsi les jambes sont spécialement rattachées au segment inférieur : le *ventre*.

Les bras, au segment moyen : la *poitrine*, et le maxillaire au segment supérieur : la *tête*.

Un auteur presque totalement inconnu, *Jean Malfatti de Montereggio*[1], fournit de curieux développements à ce sujet. Son livre est à peu près incompréhensible pour qui ne connaît pas les principes de la Science Occulte; citons une phrase qui a rapport au sujet qui nous occupe :

« Les mains et les pieds sont simultanément les *instruments* correspondants du tact, comme placentas osseux, les premières à l'œuf thoracique (poitrine), les derniers à l'œuf abdominal (ventre)[2]. »

Pour résumer, retenons bien ce fait que chaque segment du tronc présente une paire de membres qui lui sont adjoints et qui peuvent indiquer ce qui se passe en son intérieur.

Des données très importantes au point de vue magique nous sont fournies par les rapports que nous avons maintenant à considérer :

---

1. Jean Malfatti de Montereggio, *la Mathèse*, Vienne, 1837, traduite par Ostrowski. (Nous devons la communication de cet ouvrage à Stanislas de Guaita.)
2. *Mathèse*, p. 10.

RAPPORT DU TRONC AVEC LES MEMBRES

Le segment particulier du tronc d'où dépendent les membres imprime à ceux-ci un caractère spécial qui fournit des enseignements bien profonds au Mage, tout en échappant totalement aux investigations du médecin vulgaire.

Toutes les sciences de divination par l'inspection des traits et des lignes sont basées sur les rapports qui relient tous les segments entre eux. Il serait hasardeux en ce moment pour moi d'entreprendre la défense scientifique de la Métoposcopie (divination par les lignes du front) ou de la Chiromancie (divination par les lignes de la main); aussi renverrai-je cette discussion pour l'instant, tout en constatant que ceux qui traitent tout cela de *superstition ridicule* ignorent totalement les raisons pour lesquelles ils font cette affirmation. Cependant je dois montrer les rapports possibles qui relient entre eux tous ces segments, et je vais à ce propos donner quelques détails au sujet de la face et des rapports des organes qui s'y trouvent avec le reste de l'organisme ; mais, avant, nous allons terminer ce qui a rapport à notre étude présente.

Chacune des divisions principales des membres correspond à un segment du tronc; bien plus, dans chaque membre, les divisions d'une partie correspondent à la division analogue des membres tout entiers.

Ainsi les divisions du doigt:

Phalange, Phalangine, Phalangette,

correspondent exactement aux divisions de la main:

Poignet, Paume, Doigt,

à tel point que la constitution anatomique d'une phalangette reproduira *analogiquement* celle du doigt tout entier. C'est là un point d'anatomie philosophique qui n'a pas été approfondi, que je sache. De même les divisions de la main correspondent en tous points à celles des bras :

Bras, Avant-Bras, Main,

et celles-ci correspondent de même aux divisions du tronc :

Ventre, Poitrine, Tête.

Si nous établissons d'après ces données très élémentaires un tableau de correspondance, nous obtiendrons ce qui suit :

Tronc	Ventre	Poitrine	Tête
Bras (Membre)	Bras	Avant-bras	Main
Main	Poignet	Paume	Doigt
Doigt	Phalange	Phalangine	Phalangette

Ainsi le Bras, le Poignet ou la Phalange nous indiqueront les rapports visibles ou occultes à établir avec le ventre ; de même que si nous voulons savoir ce qui se passe dans la tête, nous aurons recours à l'examen de la main tout entière ou seulement à un doigt, ou même à la phalangette qui représente spécialement cette tête.

De là toutes les indications des chiromanciens. La figure suivante fait encore mieux comprendre ces rapports :

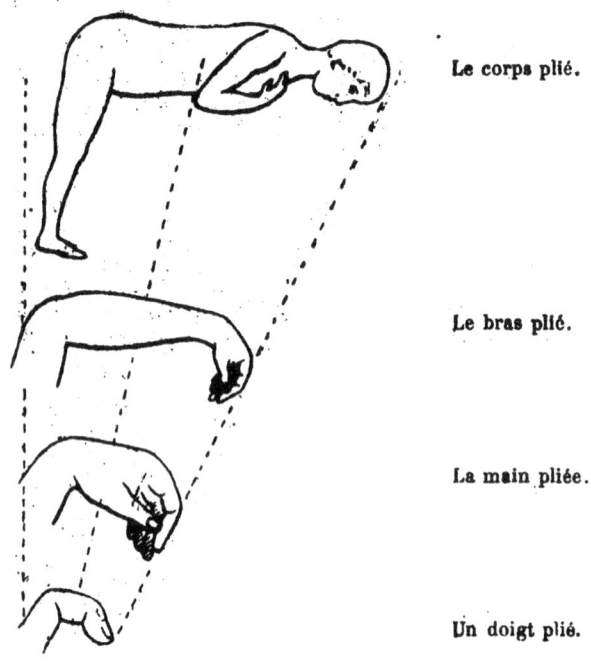

Rapport du Tronc avec les Membres (Chiromancie).

LA FACE HUMAINE

(Quelques-unes de ses correspondances)

De même que le tronc se divise en trois segments, de même que chacun des membres se divise en trois parties, de même aussi la face humaine présente trois grands domaines, ainsi que l'a déterminé Lavater :

Le domaine des *Yeux ;*
Le domaine du *Nez ;*
Le domaine de la *Bouche.*

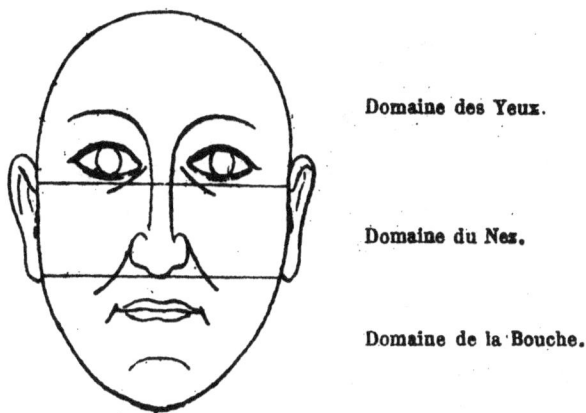

Domaine des Yeux.

Domaine du Nez.

Domaine de la Bouche.

I. *Les Yeux.* — Anatomiquement, les yeux sont en rapport direct avec le cerveau. Ce sont, à proprement parler, les *fenêtres du cerveau*, et c'est en eux que nous voyons peintes ces émotions qui agitent l'être tout entier.

Les maladies mentales exercent presque toujours une action très caractéristique sur les yeux et spécialement sur la pupille. Les yeux correspondent donc en tout point à *la tête*.

II. *Le Nez.* — Le nez est en rapport direct avec le canal qui conduit l'air dans les poumons : la trachée. C'est l'organe essentiel de la Respiration. L'homme peut aussi respirer par la bouche; mais les mammifères, et spécialement le cheval, en sont incapables, ce qui indique bien que *le nez est la fenêtre de la poitrine*, comme les yeux sont celles de la tête.

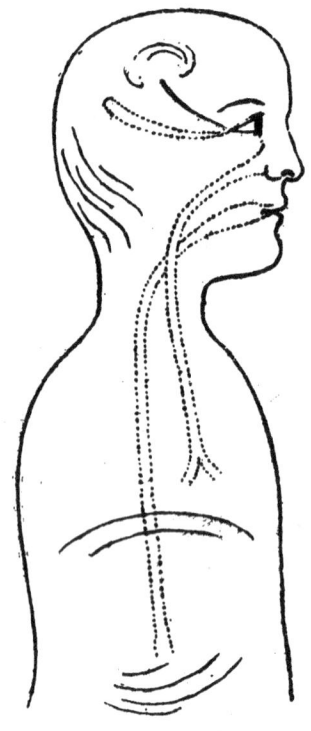

Fenêtre de la Tête.
Fenêtre de la Poitrine.
Fenêtre du Ventre.

Citons à l'appui de ce fait ces colorations si particulières des pommettes dans les maladies du poumon ; ces dépressions caractéristiques au niveau des ailes du nez (facies cardiaque) dans les maladies de cœur, faits bien constatés par nos savants médecins contemporains, mais absolument *inexplicables* pour eux... et pour cause !

III. *La Bouche*. — La Bouche correspond directement au canal des aliments, à l'œsophage et par là au *Ventre;* c'est la *fenêtre du Ventre*.

Si ces idées paraissaient absurdes à quelque savant, je le prierais de me dire pourquoi il fait *tirer la langue* aux malades pour se rendre compte de l'état de leur estomac, et pourquoi la péritonite exerce une action si particulière sur les *lèvres* des gens qui sont atteints de cette affection. La Magie seule permet de donner une raison suffisante de tous ces faits.

En résumé, la Tête, la Poitrine et le Ventre ont leurs *fenêtres* sur la face elle-même, dans les Yeux, le Nez et la Bouche. Voilà pourquoi Paracelse, le grand initié, faisait des diagnostics médicaux sur la seule inspection des traits.

Cependant ces divisions sont très générales, et nous pouvons encore aller plus loin si cela vous intéresse.

Ainsi le domaine des yeux comprend trois parties : le front, qui est vraiment la *tête de la tête* comme correspondance ; l'œil, qui est la *tête de la poitrine*, c'est-à-dire l'endroit où se peindront les affections les plus élevées d'origine passionnelle (amour — haine — colère, etc., etc.) ; la paupière inférieure, qui est la *tête du ventre*, l'endroit où se peindront les traces des *plaisirs* ou des *douleurs* dont le ventre est l'origine (tous les excès vénériens se peignent par un cercle noir au-dessous des yeux, ainsi que beaucoup d'affections spéciales, métrite, prostatite, etc.).

Le domaine de la poitrine comprend également trois parties : la racine du nez ou *poitrine de la tête* ; les pommettes ou *poitrine de la poitrine*, et les ailes du nez avec les deux lignes qui en partent ou *poitrine du ventre*. Ces deux lignes sont la reproduction dans ce domaine des lignes qui soulignent les yeux dans le domaine précédent.

De même, le domaine de la bouche comprend la lèvre supérieure ou *ventre de la tête* ; la lèvre inférieure ou *ventre de la poitrine*, et le menton ou *ventre du ventre*. Nous donnons ces divisions sans les expliquer autrement ; elles servent de base à une foule de systèmes de divination et doivent être connues de tous ceux qui s'occupent de Science Occulte.

CHAPITRE XIX

EXEMPLE D'UNE SCIENCE DE DIVINATION
LA CHIROMANCIE

RÉSUMÉ SYNTHÉTIQUE DE CHIROMANCIE

Notre étude serait incomplète si nous ne donnions pas les fondements d'au moins une des sciences dites : de divination.

Je sais bien que les ignorants de la Science Occulte prétendent que ces sciences de divination sont entièrement fausses et ne peuvent donner aucun résultat sérieux. Les faits viennent chaque jour faire justice de ces belles paroles.

Un procédé, cher à la critique contemporaine, consiste à juger un travail uniquement sur les points touchant à ces sortes d'études. C'est ainsi que, pour le Larousse [1], mon ouvrage sur le Tarot se réduit uniquement au chapitre dédié aux dames et consacré à la cartomancie.

Quoi qu'il en soit, comme mon souci est, avant tout, d'être complet, je vais développer les données principales d'une des plus vieilles sciences de divination connues : la Chiromancie (lecture de la main).

Appliquant la Science Occulte à la théorie de la chiromancie, je vais présenter cet art sous un jour tout nouveau donnant des enseignements qu'on chercherait en vain dans les traités modernes sur la question. Ces traités, surtout celui de Desbarolles, seront utiles à consulter pour les analyses de détail, je me contenterai dans ce chapitre d'envisager la question sous le point de vue purement synthétique.

---

1. Encyclopédie du xix° siècle, supplément, art. *Théosophie*.

— 816 —

Il me semble inutile de répondre à l'objection que les lignes de la main sont le résultat des occupations spéciales de l'individu ou des plis naturels de la peau. Un docteur en médecine peut seul se permettre de ces fautes d'observation.

La main gauche qui travaille moins a beaucoup plus de lignes que la main droite et les enfants nouveau-nés qui n'ont encore choisi, que je sache, aucune profession particulière, ont un grand nombre de lignes. Quant aux plis naturels de la peau, les observations faites d'après les données de la chiromancie montreront mieux leur rôle véritable que tous les traités possibles et impossibles d'anatomie.

Considérons la main (on prend généralement la gauche comme exemple) d'une façon synthétique; qu'y verrons-nous?

Une série d'organes qui sont presque incapables de se mouvoir séparément : les quatre doigts; un organe qui s'oppose à ceux-là : le Pouce.

L'ensemble des doigts représentera l'ensemble des impulsions venues de la fatalité, des suggestions données à l'individu; le Pouce représente au contraire l'action possible de l'individu sur ces suggestions, l'acceptation ou le refus des impulsions données.

Chaque doigt représente particulièrement une suggestion; nous aurons à voir ces divisions en détail bientôt.

Remarquez les hauteurs diverses occupées par les doigts. Que verrez-vous?

Le plus haut de tous, celui qui domine l'ensemble est *le médius*, le doigt du milieu.

De chaque côté de ce doigt vous en trouvez deux autres, un grand et un petit de chaque côté, à droite c'est l'Annulaire et le Petit doigt, à gauche c'est l'Index et le Pouce.

Vous pouvez donc comparer ce médius au support d'une balance dont les plateaux sont formés par les doigts situés de chaque côté.

Nous retrouvons donc là notre ternaire universel, les deux opposés (les deux plateaux) et le support qui les réunit tous deux (le médius).

Au milieu, ce qui domine tout c'est le Destin inéluctable, la Fatalité, le sombre Κρονος. — SATURNE (nom astrologique du médius).

A droite de la Fatalité le Rêve, la Théorie, l'Idéal représenté par les deux doigts.

APOLLON (l'annulaire). — L'Art.
MERCURE (le petit doigt). — La Science.

A gauche de la Fatalité, la Raison, la Pratique, le Positif représenté par les deux doigts.

JUPITER (l'index). — Les honneurs.
VÉNUS (le pouce). — La Volonté. — L'HOMME. — L'Amour.

Résumons les noms attribués à chaque doigt :

LE MÉDIUS : *Saturne.* — L'ANNULAIRE : *Apollon.* — LE PETIT DOIGT : *Mercure.* — L'INDEX : *Jupiter.* — LE POUCE : *L'Homme et Vénus.*

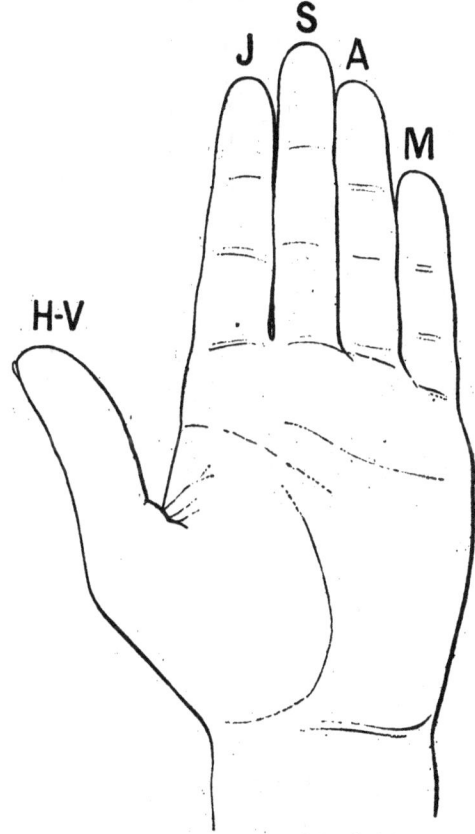

Les noms astrologiques des doigts.

Chaque doigt comprend :

1° *Une saillie* sur laquelle il prend racine. Cette saillie a reçu le nom de Mont. Chaque mont prend le nom du doigt correspondant (mont de Jupiter, mont de Saturne, etc.).

2° Une ligne qui part de ce doigt pour cheminer dans la main.

Cette ligne est très marquée ou bien absente suivant que la *suggestion* donnée par le doigt est forte ou n'existe pas chez l'individu.

Voyons le trajet suivi par chacune des lignes rattachée à un doigt et le nom de ces lignes.

SATURNE (LE MÉDIUS) ET LA LIGNE DE FATALITÉ

Du doigt de Saturne part une ligne qui traverse verticalement

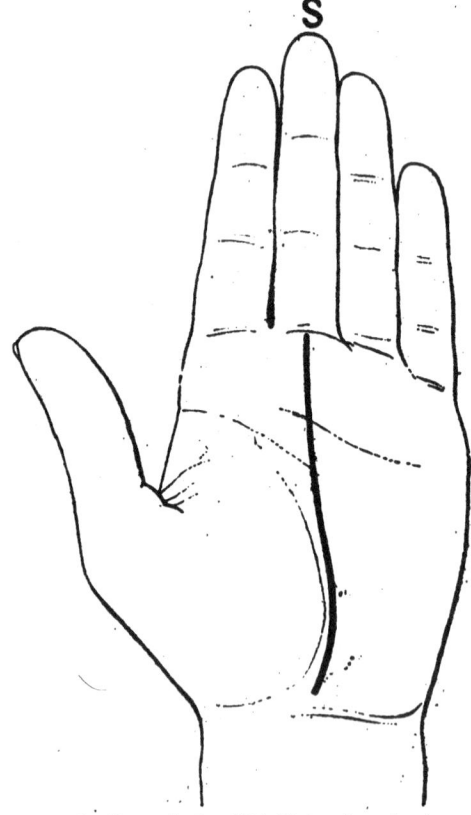

La ligne de fatalité (*Saturnienne*).

toute la main pour aboutir presque au poignet : *c'est la ligne de fatalité;* elle indiquera les événements

MERCURE ET SA LIGNE

Mercure représente le côté pratique de l'idéal, c'est *la Science* par rapport à l'art, c'est aussi *le Commerce* par rapport à l'invention.

Mercure était le messager des dieux, c'était le reporter de l'Olympe.

Dans la main la *ligne de Mercure* sera la ligne des *intuitifs*, des *médiums*, des personnes *nerveuses* à l'excès, sujettes aux rêves prophétiques (le petit doigt dit aux nourrices les secrets des enfants).

Cette ligne part du petit doigt et se dirige vers le poignet pour naître au même niveau presque que la ligne de Saturne.

Se garder de l'erreur qui consiste à croire que cette ligne représente les *maladies du foie*, c'est la ligne de l'*intuition*; elle manque très souvent.

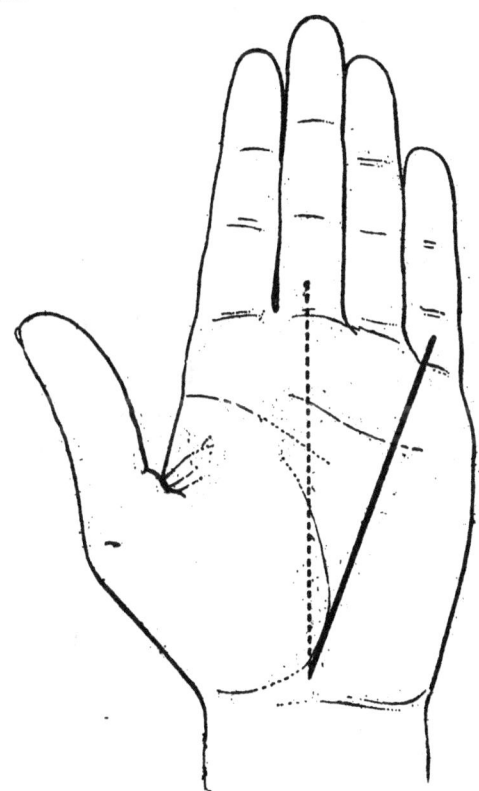

La ligne de l'intuition (*Mercurienne*).

APOLLON ET SA LIGNE

Apollon c'est l'idéal dans toute sa pureté. C'est l'art, c'est l'invention, c'est aussi la fortune noblement acquise.

Dans la main *la ligne d'Apollon* sera la ligne des artistes et des inventeurs. Elle part de l'annulaire et se dirige vers le bas en allant souvent vers le niveau de la rencontre du pouce et du poignet.

Elle est rarement complète. Très souvent elle est divisée en plusieurs tronçons.

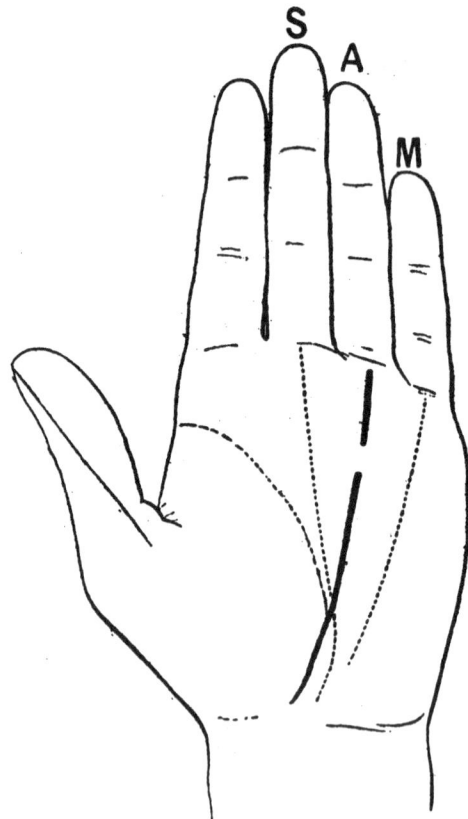

La ligne de l'idéal (*Apollonienne*).

JUPITER ET SA LIGNE

Jupiter ce sont les honneurs, c'est *l'idéal de la vie pratique*, c'est aussi le dévouement, la magnanimité, *le Cœur*.

La ligne de Cœur part de Jupiter ou de son mont et se dirige *horizontalement* (et non plus verticalement) vers le petit doigt au bas du mont duquel elle aboutit.

C'est la ligne de la passion, du dévouement, de la colère. C'est la ligne de l'ambition.

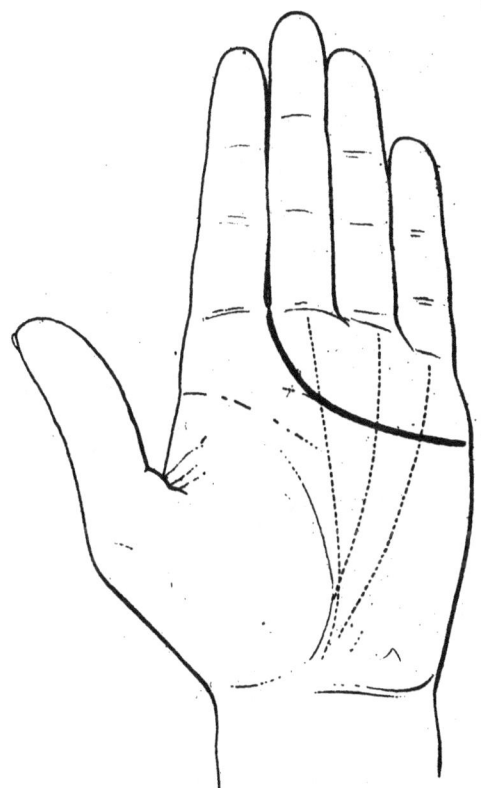

La ligne de cœur *(Jupitérienne)*.

LE POUCE ET SA LIGNE

Le pouce c'est l'homme lui-même dans ses trois spécifications :
En haut la raison (1re phalange).
Au milieu le sentiment (2e phalange).
Au bas les sens (racine).

L'homme est entouré par la *vie physique* qui marque les étapes de son corps.

Aussi la ligne qui entoure le pouce est-elle *la ligne de vie*.

C'est sur elle qu'on verra, non pas les événements (ce qui serait une erreur), mais *les maladies*, c'est-à-dire tout ce qui touchera au physique, au côté le plus matériel, le plus pratique de l'homme.

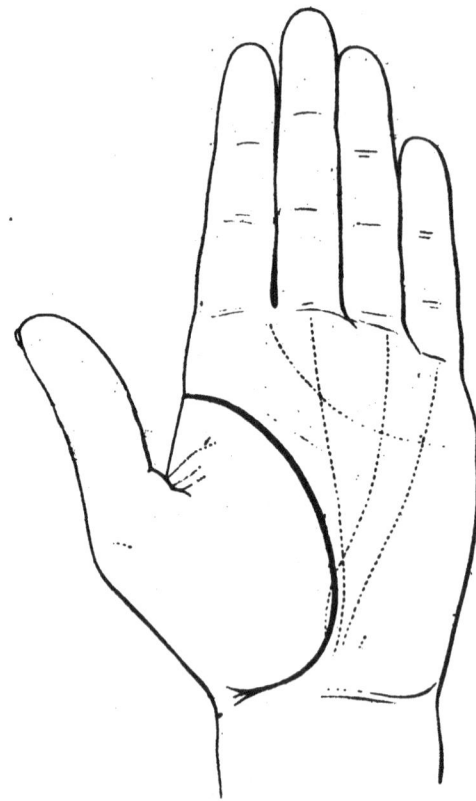

La ligne de vie (*Hominale*).

AUTRES CENTRES

Outre les doigts, deux centres doivent être considérés :
1° La partie centrale de la main, correspondant à *Mars* ;
2° La partie droite de la main, celle qui s'étend depuis le petit doigt jusqu'au poignet. Cette partie présente un renflement caractéristique attribué à *la Lune*.

MARS ET SA LIGNE

Tenant le milieu entre toutes les autres lignes, on en voit une placée entre la ligne de cœur et la ligne de vie et dirigée horizontalement.

C'est la ligne de tête, la ligne de l'action qui sillonne tout le domaine du dieu par excellence de l'Activité : Mars.

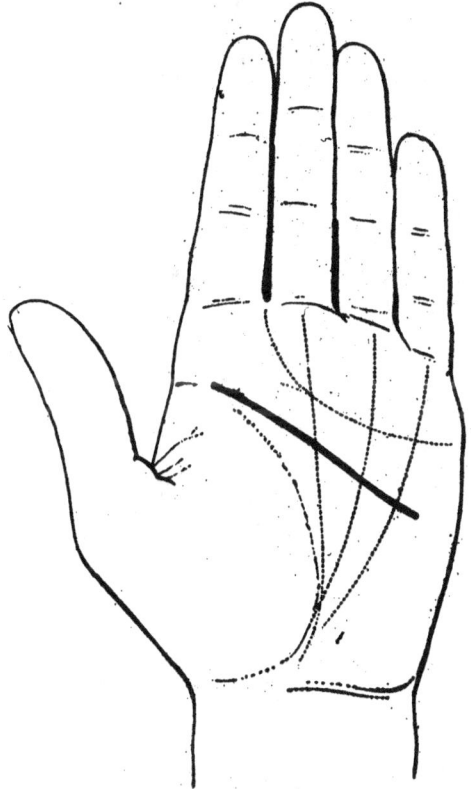

La ligne de tête (*Martiale*).

LA LUNE ET SES LIGNES

La Lune préside à l'imagination, et à la croissance de tout ce qui pousse, à la génération.

Elle n'a pas une ligne à proprement parler ; mais elle en possède un grand nombre échelonnées sur le côté tout à fait externe de la main, depuis le petit doigt jusqu'au poignet.

Pour voir ces lignes il faut mettre la main de profil.

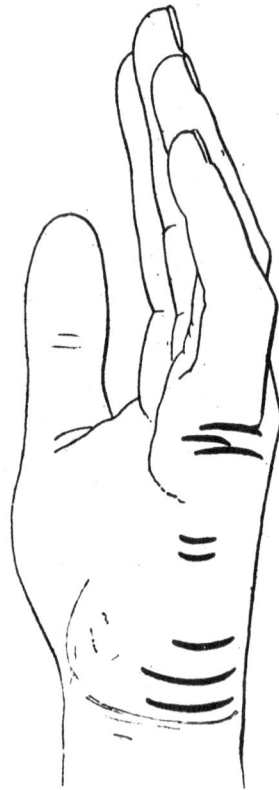

Les lignes d'imagination et de génération
(*Lignes lunaires*).

Nous venons d'exposer la construction de la main et de ses différentes lignes.

Résumons ce que nous avons dit dans une figure d'ensemble.

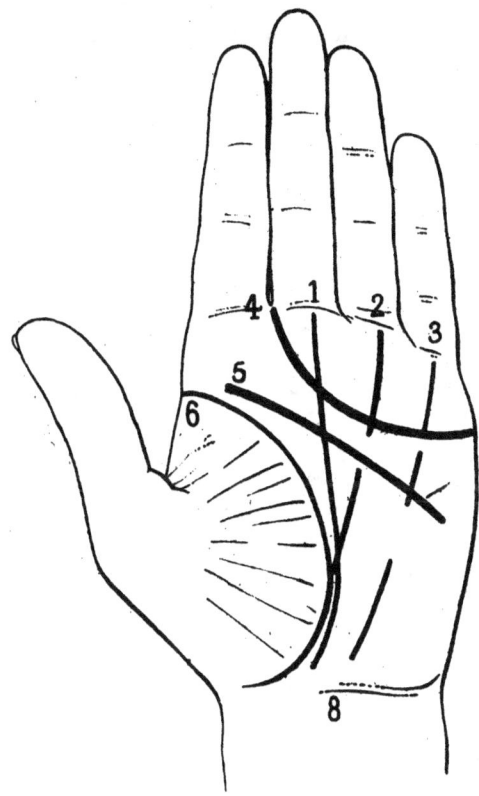

Ensemble.

Trois lignes verticales :
1° *La Saturnienne* (fatalité).
   Partant du médius. Au milieu.
2° *L'Apollonienne* (idéal).
   Partant de l'annulaire. A droite.
3° *La Mercurienne* (intuition.)
   Partant du petit doigt. Extrême droite (manque très souvent).

Trois lignes horizontales :
4° *La ligne de cœur* (générosité).
   Partant de l'index. Gauche.
5° *La ligne de tête* (volonté, activité).
   Au milieu de la main (horizontalement).
6° *La ligne de vie.*

Partant du pouce et l'entourant. Extrême gauche..
Au bas du poignet une série de lignes horizontales : le *Rasulte*.
Munis de ces données, nous connaissons la constitution générale de la main.
Voyons comment on peut y lire les tendances de l'individu.

DEUXIÈME LEÇON

LECTURE DES SIGNES

Deux grands principes luttent dans l'homme ; la *Fatalité* et la *Volonté*.

La *Providence*, le troisième des principes universels, n'intervient qu'accidentellement et d'une façon qui ne peut être sûrement prévue.

La ligne de Saturne représentant la fatalité, la ligne de tête représentant la volonté, leur action réciproque nous donne la première division que nous devons considérer. Cette action produit une croix indiquée par la figure suivante.

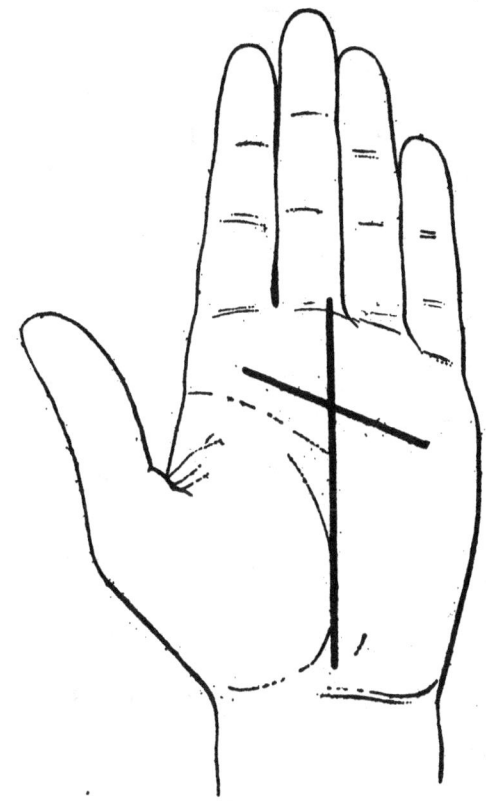

La Fatalité (*Saturnienne*). — La Volonté (*Ligne de tête*).

A droite de cette croix sera le côté *idéal, théorique.*
A gauche le côté *pratique.*

Toutes les lignes qui iront du milieu vers la droite indiqueront les tendances *idéales, intellectuelles,* de l'individu.

Toutes les lignes qui iront du milieu vers la gauche indiqueront, au contraire, les tendances pratiques, matérielles de cet individu.

Voulez-vous voir si quelqu'un est plus idéal que matériel?

Regardez la distance qui existe entre la ligne de tête et la racine des doigts, et voyez si elle est supérieure à la distance de cette ligne à la naissance du poignet.

Le haut de la ligne c'est l'intellectuel ; le bas le matériel.

Maintenant voyons comment on lit les différents présages.

DES ÉVÉNEMENTS

La ligne de la Fatalité saturnienne indique l'époque exacte des événements passés, présents et futurs.

Tout ce qui modifiera quelque peu l'existence est indiqué par un saut de la ligne, par une coupure ou par une autre ligne venant se mettre en travers.

La direction de ce saut à droite ou à gauche indique si l'événement a influé sur les occupations intellectuelles ou sur la position.

Une ligne de Fatalité droite et sans coupures c'est une vie uniforme au point de vue des événements et des idées.

Voici comment on voit les âges (ceci est très important).

Suivez sur la ligne ci-jointe :

La ligne de Fatalité est coupée :

1° Tout en bas par la ligne de Mercure ou celle d'Apollon ;

2° Plus haut par la *Ligne de Tête ;*

3° Plus haut par la *Ligne de Cœur.*

Ces trois points, surtout les deux derniers, sont des points de repère infaillibles.

La rencontre de la *ligne de tête* et de la *ligne de fatalité* c'est 20 ans juste.

La rencontre de la *ligne de cœur* et de la *ligne de fatalité*, c'est 40 ans juste.

La rencontre de la ligne de *Mercure ou d'Apollon* et de la *ligne de fatalité* c'est 10 ou 12 ans.

En divisant par le milieu ces diverses lignes on obtient les âges intermédiaires :

30 ans au point du milieu de la ligne de cœur et de la ligne de tête (voy. la figure), et ainsi des autres.

On ne trouve ces données dans aucun des livres « classiques » sur la question. J'en garantis la vérité dans 90 cas sur 100.

On regarde donc si la ligne de fatalité se coupe et est traversée par une autre ligne au niveau de l'un quelconque de ces points et on en déduit l'âge d'un événement. Ainsi supposons une main qui ait le signe suivant :

Un peu après la vingtième année (rencontre de la saturnienne et de la ligne de tête); la saturnienne *fait un saut* à droite.

Vous dites :

A 20 ans vous avez changé vos occupations et vous avez eu idée de vous lancer dans une vie plus intellectuelle.

Mais voyez la figure. Une ligne traverse la saturnienne un peu après vingt ans et se dirige droit vers Apollon.

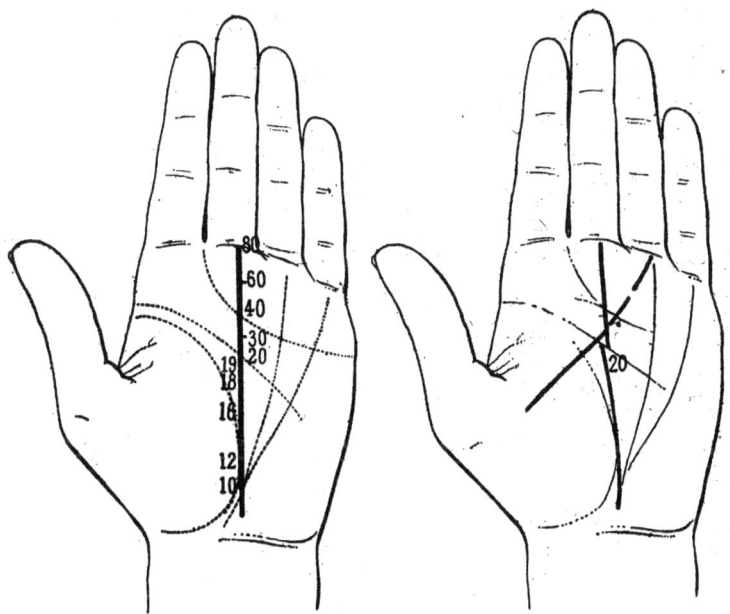

Les âges des événements (*données inconnues des auteurs des traités de Chiromancie moderne*).

Vous dites :

A 20 ans vous avez décidé tout à coup (la ligne *qui coupe* la fatalité indique une action de la *volonté*) de vous occuper d'art. De là un changement dans toutes vos occupations.

Cet exemple développé par la pratique arrive à tout expliquer.

DE LA CHANCE

La chance est indiquée par *le nombre de lignes qui doublent* la saturnienne.

Ainsi voilà une main qui a de la chance de 20 à 30 ans, qui la perd de 30 à 40 et qui la rattrape à 40; mais au point de vue de la *position matérielle*.

La *très grande chance* est indiquée par une ligne doublant la saturnienne dans presque toute sa longueur.

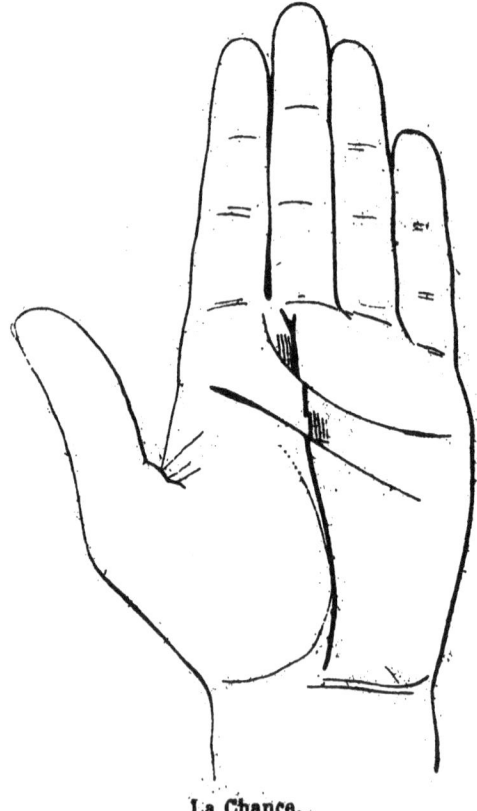

La Chance.

DE LA VIE PHYSIQUE ET DES MALADIES

Les maladies se voient dans la *ligne de vie*. Je ne puis garantir absolument les prédictions de la mort à tel ou tel âge d'après les considérations de cette ligne

Ainsi j'ai examiné dans les amphithéâtres des hôpitaux environ 200 mains presque immédiatement après la mort et je n'ai observé la vérité des prédictions que dans 60 0/0 des cas environ.

Il faut donc corroborer les enseignements de la ligne de vie par ceux de la ligne de fatalité et surtout par l'examen des deux mains.

Les âges sont ainsi indiqués dans cette ligne (on trouvera dans le traité de Desbarolles la clef de cette division).

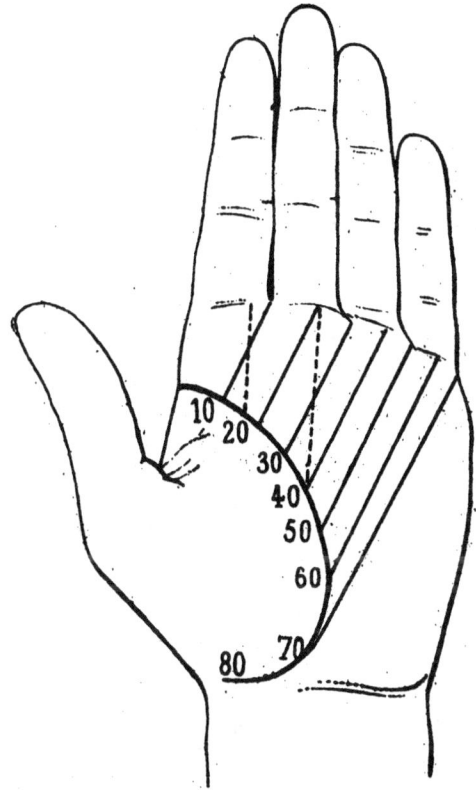

Une maladie grave dont on relève est marquée par une interruption de la ligne de vie, interruption suivie de la reprise de la ligne.

Le danger d'apoplexie est indiqué par l'arrêt subit de la ligne sans reprise.

Les maladies de langueur sont marquées par un affaiblissement continu de la ligne de vie qui devient à la fin tellement mince qu'on peut à peine la suivre.

Les paralysies sont en général indiquées par des îles.

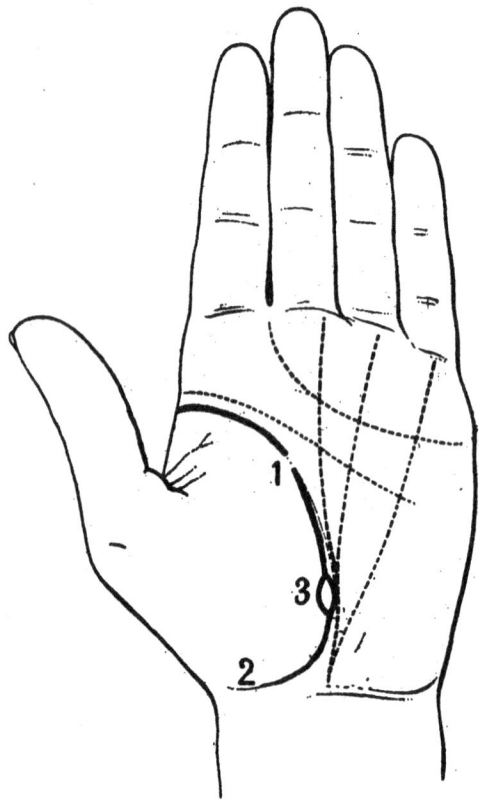

Quelques indications de la ligne de vie.

DU MOI

Le pouce indique l'homme lui-même et sa triple division : *Tête* ou phalange supérieure; *Poitrine* ou phalange médiane et *Ventre* ou Éminence Thénar (l'éminence charnue dans laquelle le pouce prend naissance).

Le caractère de l'individu se voit à la phalange supérieure. Un emporté a cette phalange presque carrée, un généreux a la phalange tournée en dehors.

— 833 —

La phalange supérieure du pouce très large et très grosse par rapport au reste du doigt indique un caractère épouvantable pouvant aller jusqu'à l'*assassinat*.

On raconte que Lacenaire fut suivi longtemps dans sa vie par Vidocq, qui croyait à la chiromancie et qui lui avait trouvé un pouce d'assassin.

Tous ces détails se trouvent très bien exposés dans les livres connus consacrés à cette question.

Rappelons que les anciens considéraient à tel point le pouce comme le symbole de l'homme lui-même qu'on coupait le pouce aux lâches ; de là le mot *poltron* (pouce coupé, *pollice trunco*).

DE L'AMOUR SENSUEL

L'amour idéal est indiqué dans la ligne de cœur.

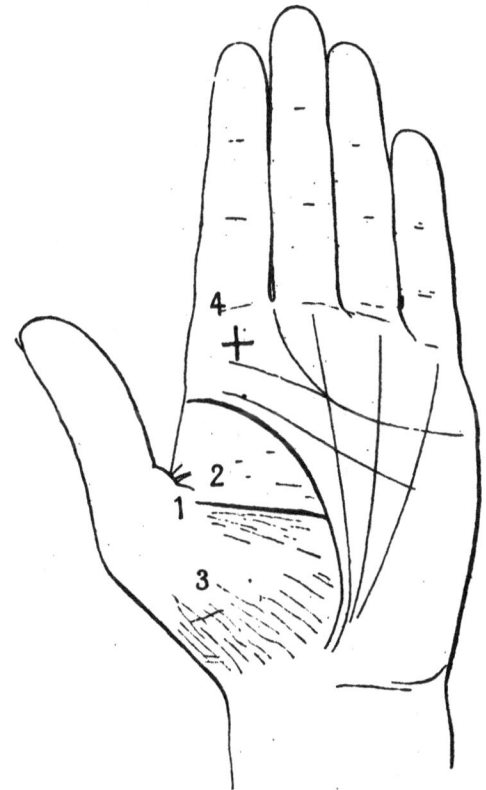

Un seul amour sérieux dans la vie, mariage d'amour.

L'amour sensuel dans le mont de Vénus.

Les amourettes sont marquées par de petites lignes peu profondes et nombreuses (2).

Les amours sérieuses par de grandes lignes profondes. Il peut n'y avoir qu'un seul amour dans la vie (1).

La figure précédente indique ce fait.

La tendance à la luxure est indiquée par des grilles au bas du mont de Vénus (3).

MARIAGE D'AMOUR.

Le mariage d'amour est indiqué par une croix sous Jupiter (4).

La croix mal formée indique que le mariage sur le point de se faire ne s'est pas conclu.

Quand une barre accessoire traverse la croix en bas, elle indique des empêchements très grands au mariage.

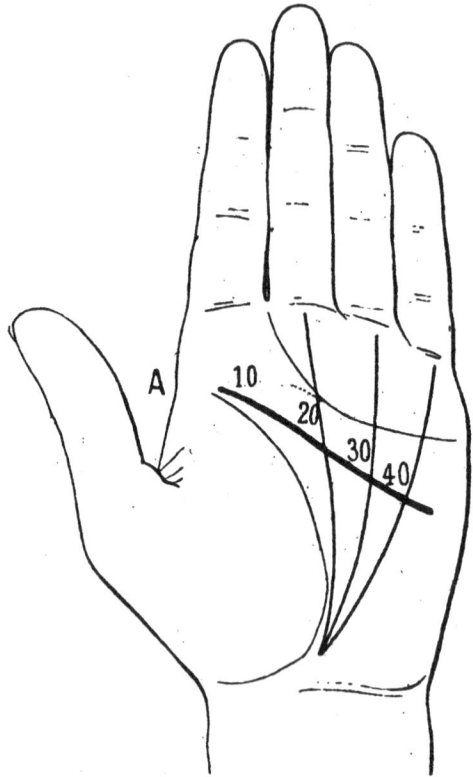

Les âges de la ligne de tête (Lignes de Mars inconnues des modernes).

DE LA VOLONTÉ.

La Volonté est marquée par la profondeur de la *Ligne de tête*, qui indique aussi le courage.

Les blessures physiques qui dépendent de *Mars* sont aussi indiquées sur cette ligne par des points.

Les anciens traités de chiromancie du xvie siècle divisent cette ligne en âges pour indiquer les événements.

La rencontre de la Saturnienne et de cette ligne, c'est 20 ans.

La rencontre de la Mercurielle avec elle, c'est 40 ans.

Voici cette division inconnue des modernes.

DE L'AUDACE ET DE LA RÉUSSITE.

Une remarque importante à faire et celle par laquelle on doit commencer l'observation de toutes les mains, c'est que :

Quand la ligne de tête et la ligne de vie sont séparées l'une de l'autre (comme dans la figure précédente en A), l'individu a une confiance inébranlable en son étoile et en lui et réussira presque tout ce qu'il entreprendra.

Quand ces lignes sont unies par de petites lignes intermédiaires, l'individu a confiance en son étoile, mais pas en lui.

Quand les deux lignes sont intimement unies, l'individu se désole toujours, n'a confiance en rien et manque la plupart de ses entreprises.

DE LA VIE SENTIMENTALE.

Les passions de source sentimentale, chagrins moraux et amours idéales, sont indiquées par la *Ligne de cœur* (ligne de Jupiter).

Plus cette ligne est marquée, plus l'individu est généreux et magnanime, plus il est susceptible de dévouement, plus il a de cœur.

On peut voir l'époque des grands chagrins moraux par des divisions de cette ligne ou des croix qu'elle renferme et en considérant les âges qui y sont marqués.

La rencontre de la Mercurielle et de la ligne de cœur, c'est 10 ou 12 ans.

La rencontre et de la ligne de cœur et de celle d'Apollon, c'est 20 ans.

La rencontre avec la Saturnienne c'est 40 ans.

On trouvera des détails sur cette ligne dans tous les traités de chiromancie.

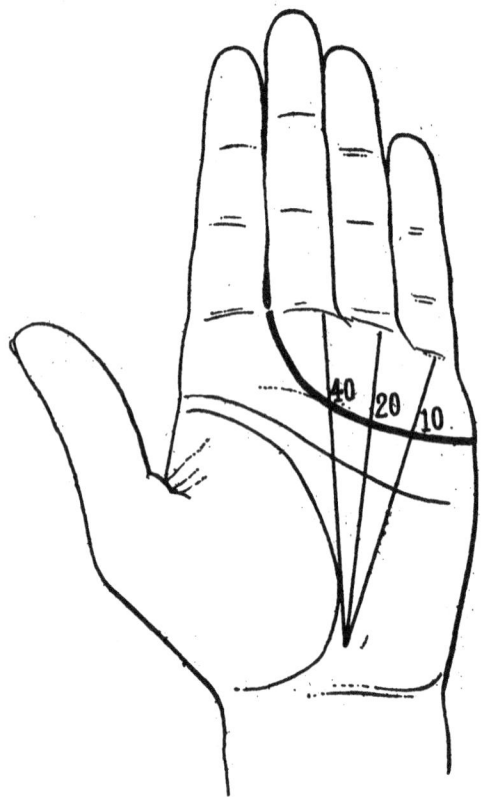

Les âges de la ligne de cœur (inconnus des modernes).

DE L'ART. — DE LA FORTUNE.

La longueur de la ligne d'Apollon indique la faculté d'inventer ou d'idéaliser.

Quand cette ligne est accompagnée d'une foule d'autres petites lignes sous le doigt d'Apollon, l'individu a des tendances artistiques très développées (A).

Les musiciens ont d'habitude une foule de petites lignes peu marquées, les poètes ou les peintres ont moins de lignes, mais plus profondes.

Une fourche en haut de cette ligne indique la fortune (B).

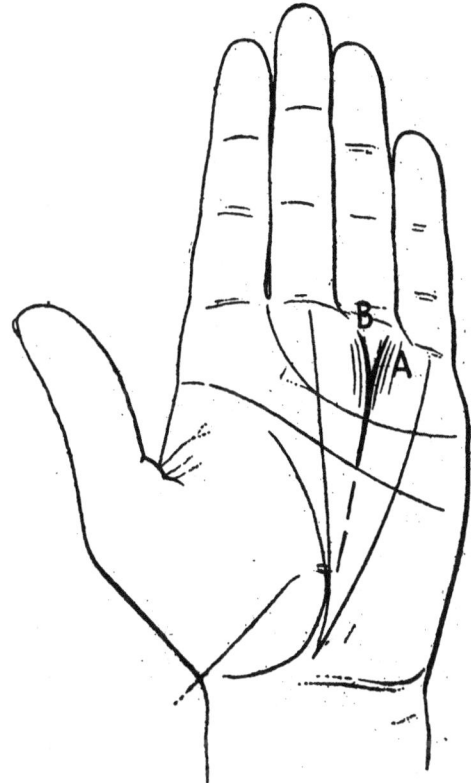

L'art et la fortune.

DE LA SCIENCE.

La ligne de Mercure accompagnée de petites lignes sous le petit doigt indique le goût *de la Science* (et non spécialement de la Médecine, comme dit Desbarolles).

On verra le genre de Science par l'existence ou la non-existence de la ligne d'intuition se continuant dans la main.

De même que le Pouce devenu pernicieux indiquait l'assassinat, le petit doigt spatulé, c'est-à-dire matérialisé et finissant *en massue* (voir les travaux de d'Arpentigny) indique la tendance *au Vol*, péché mignon du dieu Mercure qui reçoit en même temps les hommages des commerçants et des voleurs.

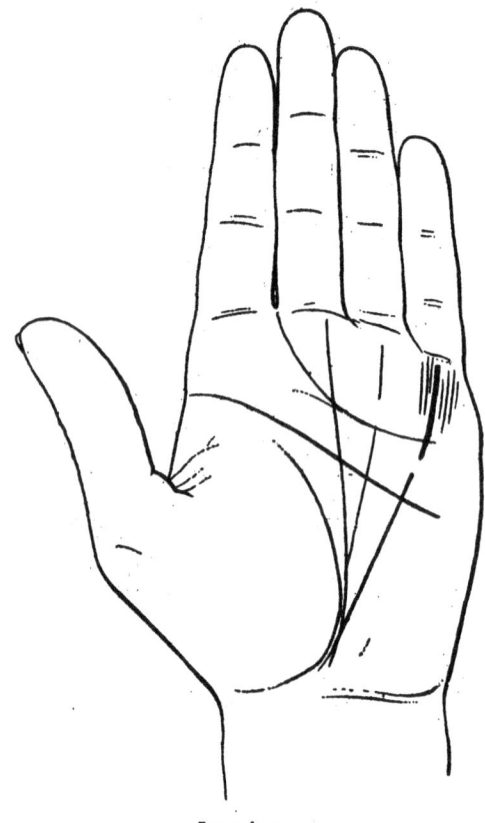

La science.

DU COMMERCE.

Une seule ligne profonde sous Mercure indique le goût du commerce.

GOUT DE LA GLOIRE OU DE L'ARGENT.

L'idéal du théoricien c'est la Gloire.
L'idéal de l'homme pratique c'est l'Argent.
Pour voir de suite quel est celui de ces goûts qui domine chez un

individu, on regarde quel est celui des doigts, index ou annulaire, qui dépasse l'autre. Cette comparaison est très facile, grâce à Saturne.

Si l'annulaire (Apollon) dépasse, c'est que l'amour de la gloire l'emporte sur l'amour de l'argent, et qu'on préfère en général l'idéal à la vie pratique.

Le contraire a lieu si Jupiter dépasse Apollon.

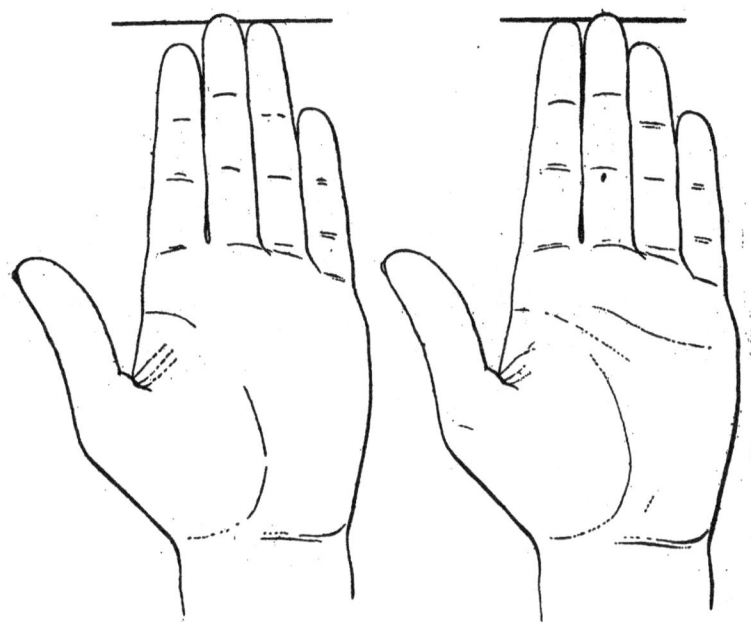

Amour de la gloire (intuitif).   Amour de l'argent (déductif).

CONCLUSION

On pourrait continuer ces déductions et entrer dans une foule de détails venus de la tradition.

Notre intention n'est pas de résumer les traités connus sur la question.

Nous avons voulu montrer comment les données fondamentales de la Science occulte s'appliquaient exactement à tout, même à la chiromancie.

La plupart des données que nous établissons ci-dessus sont originales. Elles seront un guide précieux pour ceux qui voudront approfondir ce genre d'études. Je leur conseille vivement de se procurer l'ouvrage d'un élève d'Eliphas Levi, *Desbarolles* [1], qui a beaucoup étudié cet art, mais en se perdant trop dans les détails.

1. Librairie du Merveilleux, 29, rue de Trévise.

CHAPITRE XX

LA NATURE INVISIBLE
LA MAGIE

---

§ 1. — L'IDÉE. — LA VIE ET LA MATIÈRE

LE MAGNÉTISME ET LE SPIRITISME

L'idée directrice dans le monde invisible, la matière manifestant cette idée par *la forme* dans le monde visible, un *courant fluidique* intermédiaire, tels sont les éléments d'action que nous avons déterminés chez l'homme.

Dans une étude précédente[1], nous avons vu qu'on pouvait comparer l'idée au cocher d'une voiture, le corps à la voiture elle-même et le principe intermédiaire au cheval.

Le Corps astral (nom dans la Science occulte de ce principe intermédiaire) fabrique le corps physique à l'insu de la volonté, nous l'avons vu dans le chapitre XVIII.

C'est dire que ce principe intermédiaire est plus fort physiquement que les deux autres principes. Il nous faut étudier en détail ses fonctions, car de leur connaissance dérive celle des éléments mêmes de la Magie.

---

1. Chap. IV

Quels sont les éléments qui entrent en action dans cette fabrication ?

De petits êtres vivants obéissant passivement à toutes les impulsions que leur donne le corps astral agissant par les nerfs émanés du Grand Sympathique ; ces petits êtres sont les globules sanguins qui apportent la force à tous les points de l'organisme.

Le Corps astral a donc à son service :

1° Des centres de condensation où la force est mise en réserve (les ganglions du grand sympathique) ;

2° Des conducteurs de cette force dans tous les organes indépendants de la volonté (filets allant aux organes à fibres lisses) ;

3° De petits êtres en très grand nombre portant des réserves de forces et obéissant passivement à toutes les impulsions bonnes ou mauvaises : les globules sanguins et les globules lymphatiques (renvoyer à la physiologie synthétique).

Tout ce domaine, encore une fois, échappe, à l'état ordinaire, à l'influence de la volonté, il agit d'après des lois fixes et déterminées ; c'est le domaine de l'*Inconscient*.

Or, une idée enracinée dans l'esprit des savants contemporains, c'est que ces forces ne peuvent agir qu'en l'homme, ne sortent jamais hors de lui et, à plus forte raison, ne peuvent agir hors de son être sans conducteur intermédiaire.

La Science occulte enseigne, au contraire, que la réserve de forces condensée dans les ganglions du grand sympathique est susceptible, quand elle entre dans un état de tension suffisant, de s'échapper hors de l'homme et d'aller agir à distance.

Mais le corps astral n'est jamais qu'un intermédiaire. Semblable au fluide électrique dans le télégraphe (mais à un fluide électrique à qui les fils sont inutiles pour se transporter d'un point à un autre), il lui faut une incitation qui détermine son départ, *une idée*, et un cadran enregistreur qui manifeste son arrivée, *un corps matériel*.

Nous pourrons donc assister à ce phénomène d'une idée de l'homme agissant sur de la matière autre que celle de son propre corps, sans contact apparent, au moyen de la vie de cet homme.

Un muscle se contractera toujours, que l'incitation vienne d'un ordre du cerveau ou d'un courant électrique extérieur.

De même la matière organique peut obéir à toutes les incitations, qu'elles viennent de la vie de la personne qui agit ou de la vie d'une autre personne.

Trois ordres de phénomènes se rattachent à cette théorie :

Les phénomènes du Magnétisme.
Les phénomènes du Spiritisme.
Les phénomènes de la Magie.

Le Magnétisme et le Corps astral.

Dans les phénomènes du Magnétisme, une personne est plongée dans un sommeil spécial, caractérisé en ce que les relations entre l'idée et le reste de l'organisme sont coupées.

Le sujet magnétique est semblable à un appareil télégraphique qui ne serait composé que du fil conducteur (les nerfs prêts à agir) et de l'appareil récepteur (le corps). Que manque-t-il ?

1° La dépêche à transmettre ;
2° L'appareil de départ, l'appareil transmetteur (le cer-

veau) dont les relations avec le récepteur (le corps) sont coupées.

Le Magnétiseur agit en remplaçant, par son idée, l'idée

du sujet lui-même. Le corps astral du sujet obéit passivement à l'incitation venue de l'idée du magnétiseur, comme il obéirait à l'incitation venue de l'idée du sujet lui-même ;

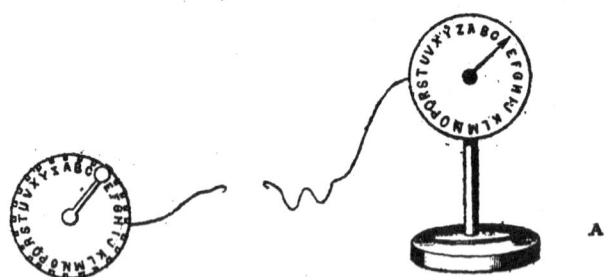

telle est la théorie de la *suggestion*, c'est-à-dire de l'ordre donné au corps astral par un autre cerveau que celui du sujet à qui appartient en propre ce corps astral.

Bien plus, certaines facultés dites psychiques, qui appartiennent autant au corps astral qu'à l'âme elle-même, comme *la mémoire*, peuvent conserver l'incitation venue d'un cerveau étranger aussi bien qu'elles auraient conservé l'incitation venue de la personne elle-même ; de là *la suggestion à échéance plus ou moins longue*.

La théorie ésotérique enseignant que les idées sont des puissances actives, des êtres réels, on voit comment une suggestion à échéance consiste à mettre dans le cerveau d'un sujet un *germe en puissance*, germe qui deviendra un être actif, qui naîtra à la vie, le jour fixé par l'opérateur (trois jours, un mois, un an après la suggestion) et qui enverra son impulsion au corps astral.

Mais, dans certains cas, les faits du Magnétisme touchent de très près à la Magie des temples anciens. C'est quand la volonté du Magnétiseur, agissant sur le corps astral du sujet, envoie ce corps astral *à distance*, ce qui permet de voir au loin indépendamment du temps et de l'espace.

Mais, pour que cette action se produise, il faut que la vie du sujet, que son corps astral, ait un *point de repère*, *un guide* sûr qui la mette en relation avec la personne ou l'endroit qu'on veut décrire.

Sans ce fil conducteur invisible pour les yeux matériels et *visible pour tous les sujets voyants*, on ne peut pas plus envoyer le corps astral du sujet que le télégraphiste ne peut envoyer des dépêches sans fil conducteur.

Voilà pourquoi les savants qui renferment une lettre dans un coffre-fort et qui mettent au défi les magnétiseurs de faire lire cette lettre, n'obtiendront jamais de réponse.

Le sujet, n'étant pas guidé, ira dans le cerveau de son magnétiseur et pas plus loin.

Les figures schématiques suivantes indiquent ces cas

La différence du Magnétisme et de la Magie, c'est que dans cette dernière, le Mage envoie volontairement son

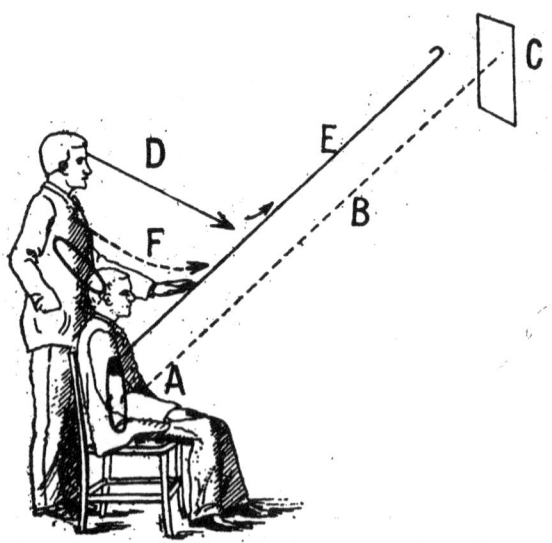

A, objet reliant la chose C par l'intermédiaire du lien fluidique B au sujet endormi. — D, volonté du magnétiseur dirigeant le corps astral E du sujet sur la chose C grâce au lien fluidique B. — F, corps du magnétiseur se mêlant inconsciemment au corps astral du sujet.

propre corps astral au point désiré, sans perdre conscience et sans avoir besoin d'intermédiaire.

Phénomènes du Spiritisme.

Dans les phénomènes spirites, la relation entre l'âme et le corps astral est aussi rompue. Mais cette fois, aucun magnétiseur ne vient mettre sa volonté à la place de celle du sujet.

Chez le sujet produisant des phénomènes spirites importants, sujet nommé *médium*, c'est-à-dire intermédiaire, le corps astral sort également; mais il est dirigé par des actions la plupart du temps invisibles.

Tantôt c'est d'un assistant ou d'un groupe de ces assistants que part l'impulsion, l'idée, qui va diriger ce corps astral, tantôt c'est un *esprit*, comme disent les spirites, qui vient s'emparer du corps astral du médium pour se manifester.

Quand saint Jean, la Vierge Marie ou Jésus-Christ viennent se communiquer, cherchez dans l'assistance un croyant catholique, c'est de son cerveau et pas d'autre part qu'est issue l'idée directrice. De même quand, ainsi que je l'ai vu, *d'Artagnan* se présente, inutile de voir qu'il s'agit d'un fervent d'Alexandre Dumas.

Pour qu'un *esprit*, pour que l'être lui-même vienne se communiquer, il faut qu'une *relation fluidique* quelconque existe entre l'évocateur et l'évoqué, de même que pour qu'un sujet magnétique puisse réellement voir à *distance*, et non dans le cerveau de son magnétiseur, il faut qu'un *lien fluidique* existe.

Aussi quand une mère éplorée voit sa fille se manifester à elle, d'une manière évidente, quand une fille restée seule sur terre voit son père défunt lui apparaître et lui promettre son appui, il y a quatre-vingts chances sur cent pour que ces phénomènes soient bien produits par les « esprits », les « moi » des défunts. Au contraire, quand Victor Hugo vient faire des vers de treize pieds ou donner des conseils culinaires, quand Mme de Girardin vient déclarer sa flamme posthume à un médium américain, il y a quatre-vingt-dix chances sur cent pour qu'il s'agisse là d'une erreur d'interprétation. Le point de départ de l'idée impulsive doit être cherché tout près.

Toutes ces données seront développées dans tous leurs détails et appuyées sur une foule de faits et d'expériences dans le *Traité élémentaire de Magie pratique*. Ici nous ne faisons que résumer rapidement quelques théories indispensables à connaître.

Cependant, comme cette question de spiritisme intéresse beaucoup de nos lecteurs, je vais reproduire une conférence dans laquelle j'abordai l'action du corps astral dans la production de ces phénomèmes encore peu connus.

LE ROLE DU PÉRISPRIT DANS LES PHÉNOMÈNES SPIRITES

Conférence faite à la Société spirite.

Mesdames, Messieurs, Leymarie m'a prié de prendre ce soir la parole devant vous. Je dois donc vous demander toute votre indulgence pour la faiblesse de l'auteur, eu égard au sujet traité.

Combien de fois ne vous est-il pas arrivé, après avoir raconté un phénomène quelconque, d'entendre une foule de gens vous dire : « Oh! je vous en prie, menez-moi dans votre groupe, faites apparaître mon père défunt et je serai un apôtre de vos doctrines! »

Ce qui constitue le caractère bien spécial du spiritisme, ce sont ses expériences pratiques, et cependant ces expériences mêmes sont un de ses plus grands dangers au point de vue de la vulgarisation.

Il semble tout naturel, au premier abord, de convaincre les incrédules par le fait. Toutefois l'expérience nous a bien souvent montré que certaines personnes étaient d'une influence telle sur ces phénomènes que leur seule présence suffisait à tout arrêter.

Ces remarques s'appliquent surtout aux cercles nouvellement formés dans lesquels des faits remarquables se produisent habituellement ; et là, les phénomènes diminuent d'intensité à mesure que les nouveaux venus sont plus nombreux.

A quoi cela tient-il ?

Je vais essayer, Mesdames et Messieurs, de vous donner à ce sujet une théorie dont je vous serai reconnaissant de vérifier vous-mêmes la portée pratique dans vos expériences postérieures.

Cette théorie n'est certes pas nouvelle ; elle forme la base même de l'antique *magie* dont, vous le savez, le spiritisme est une résurrection partielle.

LE PÉRISPRIT

Allan Kardec insiste avec raison sur l'étude du *périsprit* ; c'est, en effet, par cette étude, qu'il faut commencer celle du spiritisme lui-même si l'on veut bien comprendre ses enseignements.

Le périsprit est ce principe chargé d'assurer les rapports entre le corps et l'âme. Que veulent dire ces mots pour les physiologistes contemporains ?

Vous n'ignorez pas combien notre siècle a horreur, peut-être à tort, de la métaphysique. Nous devons suivre les goûts du siècle et définir, non plus pour vous, spirites, qui savez tout cela, mais pour les contemporains, ces mots : *corps — périsprit — âme*.

Le corps n'a pas besoin d'être étudié longuement, son existence n'étant heureusement pas niée par nos savants.

L'âme demande au contraire de longs développements si l'on veut s'en faire une idée même générale. Nous n'avons pas le loisir de traiter cette question ; contentons-nous de dire que nous appelons âme ce principe qui se manifeste à nous par la conscience en un ternaire : Mémoire — Intelligence — Volonté.

Ce dernier terme surtout nous est fort utile, car il indique bien pour les physiologistes ce que nous entendons par l'âme. Les organes soumis à l'influence de notre volonté sont en effet bien nettement séparés dans le corps humain de ceux qui échappent totalement à cette influence, comme le cœur, le foie, les intestins, etc., etc.

Quelle est donc cette force qui gouverne notre cœur, qui répare, *à l'insu de notre conscience*, les pertes de l'organisme au fur et à mesure du travail produit? Cette force c'est celle que le sang charrie partout, c'est la vie.

Est-il vrai que la vie soit contenue dans le sang? Une expérience élémentaire le prouve : empêchez le sang d'arriver à un organe, vous savez tous que cet organe *mourra*. Qu'on ne vienne pas parler ici de l'action du système nerveux ; la paralysie nous montre qu'un membre continue à *vivre* alors que *la volonté* n'a plus d'influence sur lui. Le corps — la vie — la volonté constituent donc trois entités distinctes ayant chacune leur domaine bien spécial, scientifiquement parlant.

Mais comment la volonté peut-elle se manifester? Seulement quand le cerveau reçoit convenablement l'irrigation sanguine. Que le sang vienne en effet à quitter subitement le cerveau sous l'influence d'une saignée ou de toute autre cause et, de suite, l'évanouissement se produit, c'est-à-dire *la rupture des relations* entre *le corps* et *la volonté*. Inversement, si un vaisseau se brise et que le sang arrive en trop grande quantité, la rupture des rapports normaux se produit aussi, mais cette fois par *apoplexie*.

C'est donc bien le sang, c'est-à-dire *la vie*, qui établit les rapports entre *le corps* et *la volonté*.

Vous allez me demander à quoi bon toutes ces digressions et pourquoi je juge à propos de vous parler médecine au lieu de traiter mon sujet. N'ayez crainte, Mesdames et Messieurs, si j'ai tourné le dos à la question principale, c'est pour mieux la saisir tout à l'heure, et la preuve en est que maintenant nous sommes à même de prouver scientifiquement l'affirmation d'Allan Kardec, venant dire après Paracelse et Van Helmont : le périsprit est l'intermédiaire entre l'âme et le corps.

La vie ou le périsprit sont deux mots identiques désignant *une même chose*, et étudier le périsprit, c'est étudier la vie. Or étudier la vie, c'est faire de la magie, ainsi que le montrait tout dernièrement Barlet citant l'illustre Polonais Wronski. Vous voyez donc que nous sommes en plein dans notre sujet : la magie pratique dont le spiritisme est une traduction abrégée, ainsi que je vous le disais tout à l'heure.

La vie a donc des propriétés inconnues des savants contemporains? Certainement, et c'est là justement la clef de cette théorie à laquelle nous arriverons bientôt.

PROPRIÉTÉ DU PÉRISPRIT. — LE MÉDIUM

Le périsprit ou la vie, c'est la même chose, nous venons de le voir. Je puis donc me servir également de l'un quelconque de ces termes, dans la suite.

Nous avons vu que la vie, charriée par le sang dans l'organisme, était l'intermédiaire entre le corps et la volonté, ou comme nous disons, nous, que le périsprit était l'intermédiaire entre le corps et l'âme. Mais la vie est-elle seulement contenue dans le sang?

Pas le moins du monde. Ainsi que j'ai eu l'honneur de vous le dire en septembre dernier, dans une conférence au Congrès, une partie de la vie humaine est *en réserve*, toute prête à « donner » en cas de danger ou de grand effort physiologique. Cette réserve est placée dans une série de ganglions nerveux reliés entre eux et répandus dans tout l'organisme. L'ensemble de ces ganglions s'appelle en médecine le système nerveux ganglionnaire ou le *grand sympathique*. Les centres principaux de ce grand sympathique sont situés autour du cœur (plexus solaire) et dans le ventre.

Le périsprit nous apparaît maintenant dans sa totalité, doublant exactement chaque organe et, si intimement lié à l'organisme, que si on dessine l'ensemble de son royaume, on obtient le double exact de l'être humain. Ce périsprit n'a-t-il cependant d'autres fonctions que celles-là et ne nous intéresse-t-il que comme l'intermédiaire entre la volonté et le corps, c'est-à-dire entre l'esprit et la matière?.

Pas du tout, et c'est ici que se présente à nous la formule qui donne l'explication du rôle des médiums dans les phénomènes spirites. Cette formule peut se résumer ainsi :

La vie peut, dans certaines conditions, sortir de l'être humain et agir à distance.

C'est ce que je vais essayer de vous démontrer.

*
* *

Vous connaissez tous, Mesdames et Messieurs, cette expérience des fakirs de l'Inde qui se placent en catalepsie devant une graine contenue dans un petit tas de terre, au milieu d'une chambre. Vous savez qu'en moins de deux heures, la graine a poussé, une tige est née qui se couvre de feuilles, puis de fleurs et enfin se montre un fruit qui mûrit et qu'on peut manger.

Voilà des choses surnaturelles, dirions-nous, si nous ne savions mieux que personne que *le surnaturel n'existe pas* et que tout dans la nature est bien naturel, que c'est à nous d'en trouver les lois. Que s'est-il donc passé dans cette expérience des fakirs?

La Science occulte nous répond pertinemment à ce sujet. La vie du fakir est sortie hors de lui-même ; dirigée par sa volonté, elle a été projetée sur la graine, et cette graine qui mettait un an à produire un fruit, sous l'influence de la *vie végétale*, n'a mis que deux heures sous l'influence de la *vie humaine*.

Dernièrement, vous avez pu lire dans la *Revue spirite* les expériences de M. Pelletier qui, endormant trois sujets et les plaçant autour d'une table, voit les objets matériels légers se mouvoir *sans contact* et au commandement. Que se passe-t-il ?

Sa volonté s'empare de la vie des trois sujets et dirige la force de ces trois périsprits sur les objets matériels qui se meuvent sous cette influence. Nous devons en effet nous souvenir qu'un esprit (volonté et âme) ne peut agir sur la matière (corps) qu'au moyen d'un périsprit (force vitale).

Une autre manière de vérifier ce fait consiste à prendre un sujet endormi, *isolé électriquement*, et à lui demander de décrire ses impressions. Le sujet voit parfaitement le périsprit, c'est-à-dire la vie sortie du médium par le côté gauche (au niveau de la rate), et elle agit sur les objets matériels suivant les impulsions que reçoit le périsprit.

Pouvons-nous, d'après ces données, voir ce qu'est un médium ?

Un médium n'est pas autre chose qu'une *machine à dégager du périsprit* et ce périsprit sert d'intermédiaire et de moyen d'action à toutes les volontés *visibles* ou *invisibles* qui savent s'en emparer. Ce point a été élucidé fort judicieusement par M. Donald Mac Nab dans ses études sur la force psychique. C'est aussi l'avis d'Allan Kardec dans son livre des *Médiums*.

Du reste, interrogez les médiums et tous vous diront qu'au moment où les phénomènes d'incarnation ou de matérialisation vont se produire, *ils sentent une douleur aiguë au niveau du cœur* et qu'aussitôt après, ils perdent conscience. Si vous avez eu soin de placer à quelque distance un sujet magnétique isolé, il vous décrira parfaitement ce qui se produit alors. Le périsprit sort du médium et, à ce moment, les forces invisibles qui sont là peuvent agir et se manifester.

Toutes les volontés peuvent avoir une action sur ce périsprit qui vient de sortir, aussi nous est-il indispensable de parler de l'influence réelle qu'exercent alors les assistants.

LES ASSISTANTS

Eugène Nus nous a montré, avec le talent qu'il possède, que les périsprits des assistants agissent *inconsciemment* sur le périsprit du médium et forment à eux tous une entité véritable que Nus appelle l'*être collectif*.

Quel est donc le rôle des assistants dans une séance?

Ce rôle est loin d'être indifférent, comme on pourrait le croire au premier abord. La volonté, bonne ou mauvaise, de chaque assistant, sa vie également viennent agir sur le périsprit du médium, pendant qu'il est sorti, et appuient ou arrêtent les influences qui ont agi sur ce périsprit.

Les assistants forment donc une véritable *enceinte fluidique* chargée d'empêcher, d'une part, le périsprit du médium de perdre sa force en s'éparpillant dans l'espace, et d'empêcher, d'autre part, les influences extérieures au cercle, s'il y en a, de s'emparer de ce périsprit.

Voilà pourquoi les médiums demandent souvent qu'on fasse autour d'eux la *chaîne* pendant les grandes expériences de *matérialisation ou d'apports*. Cette chaîne augmente de beaucoup la puissance du médium et ce qu'il y a de fort curieux, c'est que cette chaîne était employée dans les temples égyptiens antiques, ainsi que nous le montre Louis Ménard dans le *Polythéisme Hellénique*, et qu'elle est encore employée de nos jours par les francs-maçons qui comprennent si peu la haute importance de cette cérémonie qu'ils l'emploient... pour la transmission du *mot de semestre*.

Vous voyez déjà, Mesdames et Messieurs, quelle influence réelle les assistants exercent sur les phénomènes produits. La vie du médium est à un moment hors de lui et à la disposition de celui qui sait l'accaparer visiblement ou invisiblement. De là les dangers auxquels est exposé le malheureux médium s'il a l'imprudence de s'abandonner à des ignorants. Les exemples sont nombreux, en Amérique, d'accidents arrivés dans ces conditions. Cela nous a conduit à voir tous ces éléments, dont nous venons de parler, *en action* et pour cela, nous allons décrire une *séance obscure*, d'après la théorie que je viens d'avoir l'honneur de développer devant vous.

LES PHÉNOMÈNES. — UNE SÉANCE OBSCURE

Je pense inutile d'insister sur les phénomènes ordinaires que vous connaissez tous. Gabriel Delanne a fort bien dit au Congrès que le temps des tables tournantes était passé. Ceci doit s'entendre, bien entendu, pour ceux qui cherchent à définir les bases de la théorie des phénomènes et non pour les expérimentateurs qui doivent tous, bon gré mal gré, commencer par là.

J'aborderai de suite la description d'une *séance obscure*.
Tout d'abord, pourquoi l'obscurité est-elle nécessaire pour ces phénomènes ? Pour une cause toute simple.

Il s'agit d'impressionner nos yeux matériels par cette force invincible à l'état normal que nous appelons, en occultisme, *lumière astrale* et que le mot de périsprit traduit assez bien en spiritisme.

Cette force vitale ne peut se dégager convenablement qu'à l'abri des rayons jaunes et surtout des rayons rouges du spectre solaire qui agissent sur elle comme l'eau agit sur le sucre. Voilà pourquoi il faudra toujours que le médium soit dans l'ombre ou, après une grande habitude, qu'il soit seulement éclairé par une lumière où les rayons *violets* dominent. Les phénomènes pourront bien se produire dans une salle légèrement éclairée au gaz, mais à la condition, je le répète, que le médium *lui-même* soit séparé de cette lumière. Des ignorants se figurent qu'on éteint les lumières pour mieux tromper ; c'est tout comme s'ils disaient que le photographe s'enferme dans son laboratoire éclairé faiblement en jaune ou en rouge pour se moquer du client à son aise. L'ombre est nécessaire au spiritisme comme elle l'est à certaines opérations de la photographie. Nous devons toujours nous souvenir que, d'après les enseignements élémentaires de la magie, la lumière, l'électricité et cette force mystérieuse qui se manifeste dans les séances spirites, ont *les mêmes lois primordiales*.

C'est donc pour une raison toute physique que l'obscurité est nécessaire dans ce cas.

Les assistants forment *la chaîne*, la séance commence. Le médium prononce quelques paroles, souvent une prière, pour établir une *communion de volontés* entre tous les membres présents.

Souvent il demande de chanter, ce qui augmente encore les liens fluidiques entre tous les périsprits[1].

A ce moment, le médium, placé au centre des assistants et complètement entouré par eux, tombe en *catalepsie*.

Toutes les personnes présentes sentent fort bien alors une sorte de souffle frais qui parcourt toute la chaîne dans un certain sens. C'est le courant fluidique, formé par les périsprits, qui s'établit.

Ce courant fluidique, invisible pour les esprits matériels et visible pour les voyants (sujets somnambuliques), circule au-dessus du cercle et dans son intérieur. Les influences volontaires s'emparent alors de la *vie du médium* qui vient de s'échapper hors de son corps et les phénomènes commencent.

Le périsprit devient visible. De petites lumières bleuâtres apparaissent dans le cercle, des mains lumineuses se montrent, les objets matériels situés sur la table s'inclinent.

Des instruments de musique circulent au-dessus des têtes des assistants en jouant des airs variés. Ces instruments peuvent se poser en moins de trois secondes successivement sur la tête de douze personnes formant la chaîne, phénomène impossible à obtenir par tricherie.

Que se passe-t-il à ce moment?

Le courant fluidique qui circule au-dessus des assistants et qui est renforcé par leur union en chaîne, ce courant porte les objets comme un véritable fleuve pen-

[1]. Je vais décrire les principaux phénomènes obtenus avec un médium en tous points remarquable, Mme B. Hannecart. J'ai pu constater, dans des conditions rigoureuses de contrôle, les phénomènes d'apports, de matérialisation, d'enlèvement sans contact d'objets matériels, etc. J'ai vu beaucoup de médiums, celui-là est un des meilleurs que j'aie rencontrés pour les phénomènes physiques. — P.

dant que ces *influences* agissent de leur côté par l'intermédiaire du périsprit du médium.

Cette idée de l'existence d'un véritable *circulus fluidique* est assez importante pour mériter quelque attention. Quelques faits peuvent-ils venir l'appuyer en dehors de la vision des sujets lucides ?

Eh bien! oui, et je vais vous citer à ce propos deux phénomènes cités sans explication dans le dernier livre de notre ami, le défenseur de nos doctrines dans le monde scientifique français : le Dr Paul Gibier.

Dans une séance à Auteuil, le médium Sch... étant en transes, on entend des instruments de musique divers se promener au-dessus des assistants. L'un d'eux ayant voulu saisir une guitare qui passait au-dessus de lui, rompit la chaîne. A l'instant, l'instrument tomba sur la tête de l'imprudent et lui fendit le front.

Remarquez que l'absence de chaîne expose aux mêmes dangers ; ainsi trois jeunes gens ayant voulu faire une séance obscure, alors qu'ils ignoraient tous les principes du spiritisme, se placèrent seuls dans une chambre absolument nue, où il n'y avait qu'une petite table et trois chaises pour eux. Pendant la première demi-heure, rien ne se produisit ; mais, tout à coup, un grand bruit se fait entendre ; l'un des jeunes gens pousse un cri terrible, les autres effrayés s'empressent d'allumer et trouvent leur camarade évanoui sous la table, la tête brisée par le marbre de la cheminée qui s'était détaché, on ne sait sous quelle influence.

Dans ce dernier cas, les connaissances même élémentaires de la magie montrent que si ces jeunes gens avaient fait la chaîne, le danger eût certes été moins grand. Le circulus fluidique, absent en ce moment, l'eût en effet écarté.

C'est aussi pour cela que dans l'expérience précédente, la rupture de la chaîne a provoqué la rupture du *circulus* et la chute subite de l'objet, phénomène tout physique.

De tout ceci, il ressort qu'avant de faire des séances obscures, *il faut connaître le spiritisme,* comme avant de combiner du chlorate de potasse et de l'acide sulfurique, il faut savoir ce qui va se produire, c'est-à-dire connaître la chimie.

Du reste, les médiums savent à quel danger les expose la brusque rupture de la chaîne, et vous savez tous combien ils exigent que les mains soient toujours toutes enlacées, quoi qu'il arrive, dans les séances.

Supposez maintenant, qu'alors que les émanations fluidiques des assistants sont bien harmonisées par cinq ou six séances successives, vous introduisiez une personne étrangère au groupe, que se passe-t-il ?

Il faut un certain temps pour que l'harmonie s'établisse entre cette personne et le groupe. Pendant ce temps-là, tout reste dans le *statu quo*, le médium, loin de progresser, a plus de mal à se mettre en état de phénoménalité, et, pour peu que les étrangers deviennent plus nombreux, les phénomènes, loin de progresser, diminuent d'intensité et finalement cessent tout à fait.

Remarques. — Il ne faudrait pas croire cependant que la remarque précédente s'appliquât dogmatiquement à tous les cas. C'est principalement dans la *formation des médiums* qu'elle a toute sa portée et dans les phénomènes d'apports et de matérialisation.

Quand le médium est totalement formé, il peut sans crainte aborder tous les milieux ; il en résultera seulement plus ou moins de fatigue pour lui. Tel est le cas d'Eglinton, de Slade, de Home, de Mme Bablin, etc., etc.

— 860 —

Une autre remarque fort importante porte sur l'état spécial des médiums pendant la séance. Le médium est *inconscient*, ne l'oublions jamais, et s'il vient à tromper, c'est qu'il subit une influence de la part des assistants ou d'autre part qui le force à le faire. Si le médium vous trompe, ne vous découragez pas, redoublez de prudence, prenez des précautions infinies contre l'erreur, et bientôt vous vous apercevrez qu'à côté de ces phénomènes qui vous paraissent simulés, il en existe d'autres dont vous ne pouvez nier l'authenticité. C'est là où vous désiriez en arriver. Il est bien entendu que je parle des vrais médiums qui ont donné leurs preuves et non des charlatans qui se rencontrent dans le spiritisme comme partout ailleurs.

FORMATION DES GROUPES ET DES MÉDIUMS

De tout ce qui précède, il résulte qu'une fois qu'un groupe est constitué par la réunion d'un certain nombre de personnes, il faut poursuivre les travaux régulièrement et sans jamais admettre d'étrangers sous peine d'*arrêter net le développement des médiums*.

Les étrangers doivent simplement se grouper entre eux pour former un nouveau noyau d'études, et alors un des médiums développés dans le groupe précédent peut se donner entièrement à la formation de ce nouveau groupe.

Ces remarques, encore une fois, ne sauraient s'appliquer rigoureusement aux phénomènes élémentaires de typtologie et d'écritures médianimiques. C'est à chacun de vous d'en voir l'application.

De plus, je vous livre là, Mesdames et Messieurs, le résultat de mes recherches personnelles depuis quelques années. Il est bien possible que la suite de mes études modifie cette théorie sur beaucoup de points. Voilà pourquoi je vous la donne pour ce qu'elle vaut en vous priant de constater vous-mêmes quels sont les points qui méritent quelque attention et quels sont ceux qui reçoivent une infirmation de la part des faits.

Permettez-moi, en terminant, de vous remercier de la bienveillante attention que vous m'avez prêtée et pardonnez-moi d'avoir peut-être abusé de la permission que m'a donnée votre président, M. Leymarie.

§ 2. — LA MAGIE ET LE CORPS ASTRAL

Nous aurons à revenir tout à l'heure sur cette question de la Magie.

Pour l'instant répétons que le Magnétisme et le Spiritisme sont deux des arts mystiques dont l'ensemble constitue la Magie cérémonielle.

Dans la Magie la Volonté de l'Opérateur exaltée par la prière[1] et par les cérémonies vient agir sur son corps astral et le projetant fortement à distance produit *consciemment* les actions produites *inconsciemment* par les sujets et les médiums.

« L'âme purifiée par la prière, dit Paracelse, tombe sur les corps comme la foudre ; elle chasse les ténèbres qui les enveloppent et les pénètre intimement. »

Il est assez difficile de donner une idée de cette action « consciente » sur le corps astral. Jules Lermina dans sa nouvelle *A Brûler* développe littérairement cette donnée. Mais nous allons emprunter à un excellent livre

---

[1]. Un médium devenu grand prophète dans la Société Théosophique, Mme Blavatsky, nie toute action possible de la prière en Magie. La tradition occidentale et surtout Paracelse se gardent bien de commettre une telle erreur de doctrine.

du D' Gibier, *l'Analyse des choses*, un récit qui expose clairement les sensations que peut éprouver le mage sortant consciemment du corps astral.

*
* *

UNE SORTIE EN CORPS ASTRAL

M. H... est un grand jeune homme blond, d'une trentaine d'années, dont le père était Écossais et la mère Russe. C'est un artiste graveur de talent. Son père était doué de facultés « médianimiques » très puissantes. Sa mère était également médium. Bien que né dans un milieu spiritualiste, il ne s'est pas occupé de spiritisme et n'a éprouvé rien d'anormal jusqu'au moment où il a subi ce qu'il appelle l'accident au sujet duquel il vint me consulter au commencement de 1887.

« Il y a peu de jours, me dit-il, je rentrais chez moi, le soir, vers dix heures, lorsque je fus saisi tout à coup d'un sentiment de lassitude étrange que je ne m'expliquais pas. Décidé, néanmoins, à ne pas me coucher de suite, j'allumai ma lampe et la laissai sur la table de nuit, près de mon lit. Je pris un cigare, le présentai à la flamme de mon carcel, et j'en aspirai quelques bouffées, puis je m'étendis sur une chaise longue.

« Au moment où je me laissais aller nonchalamment à la renverse pour appuyer ma tête sur le coussin du sofa, je sentis que les objets environnants tournaient, j'éprouvai comme un étourdissement, un vide ; puis, brusquement, je me trouvai transporté au milieu de ma chambre. Surpris de ce déplacement dont je n'avais pas eu conscience, je regardai autour de moi, et mon étonnement s'accrut bien autrement.

« Tout d'abord, *je me vis étendu* sur le sofa, mollement, sans raideur, seulement ma main gauche se trouvait élevée au-dessus de moi, le coude étant appuyé, et tenait mon cigare allumé dont la lueur se voyait dans la pénombre produite par l'abat-jour de ma lampe. La première idée qui me vint fut que je m'étais, sans doute, endormi et que ce que j'éprouvais était le résultat d'un rêve. Néanmoins, je m'avouais que jamais je n'en avais eu de semblable et qui me parût si intensivement la réalité. Je dirai plus : j'avais l'impression que jamais je n'avais été autant dans la réalité. Aussi, me rendant compte qu'il ne pouvait être question d'un rêve, la deuxième pensée qui se présenta soudainement à mon imagination fut que j'étais mort. Et, en même temps, je me rappelai que j'avais entendu dire qu'il y a des esprits, et je pensai que j'étais devenu esprit moi-même. Tout ce que j'avais pu apprendre sur ce sujet se déroula longuement, mais en moins de temps qu'il n'en faut pour y songer, devant ma vue intérieure. Je me souviens très bien d'avoir été pris alors comme d'une sorte d'angoisse et de regret de choses inachevées ; ma vie m'apparut comme dans une formule...

« Je m'approchai de moi, ou plutôt de mon corps ou de ce que je croyais être déjà mon cadavre. Un spectacle que je ne compris pas tout de suite appela mon attention : je me vis respirant, mais, de plus, je vis l'intérieur de ma poitrine, et mon cœur y battait lentement, par faibles à-coups, mais avec régularité. Je voyais mon sang, rouge de feu, couler dans de gros vaisseaux. A ce moment, je compris que je devais avoir eu une syncope d'un genre particulier, à moins que les gens qui ont une syncope, pensai-je à part moi, ne se souviennent plus de ce qui leur est arrivé pendant leur évanouissement. Et, alors, je craignis de ne plus me souvenir quand je reviendrais à moi...

« Me sentant un peu rassuré, je jetai les yeux autour de moi en me demandant combien de temps cela allait durer, puis je ne m'occupai plus de mon corps, de l'*autre moi* qui reposait toujours sur sa couche. Je regardai ma lampe qui continuait à brûler silencieusement, et je me fis cette réflexion qu'elle était bien près de mon lit et pourrait communiquer le feu aux rideaux : je pris le bouton, la clef de la mèche pour l'éteindre, mais, là encore, nouveau sujet de surprise ! Je sentais parfaitement le bouton avec sa molette, je percevais pour ainsi dire chacune de ses molécules, mais j'avais beau tourner avec mes doigts, ceux-ci seuls exécutaient le mouvement, et c'est en vain que je cherchais à agir sur le bouton.

« Je m'examinai alors moi-même et vis que, bien que ma main pût passer au travers de moi, je me sentais bien le corps qui me parut, si ma mémoire ne me fait pas défaut sur ce point, comme revêtu de blanc. Puis, je me plaçai devant mon miroir en face de la cheminée. Au lieu de voir mon image dans la glace, je m'aperçus que ma vue semblait s'étendre à volonté et le mur, d'abord, puis la partie postérieure des tableaux et des meubles qui étaient chez mon voisin et ensuite l'intérieur de son appartement m'apparurent. Je me rendis compte de l'absence de lumière dans ces pièces où ma vue s'exerçait pourtant, et je perçus très nettement comme un rayon de clarté qui partait de mon épigastre et éclairait les objets.

« L'idée me vint de pénétrer chez mon voisin que d'ailleurs je ne connaissais pas et qui se trouvait absent de Paris en ce moment. A peine avais-je eu le désir de visiter la première pièce que je m'y trouvai transporté.

Comment? Je n'en sais rien, mais il me semble que j'ai dû traverser la muraille aussi facilement que ma vue la pénétrait. Bref, j'étais chez mon voisin pour la première fois de ma vie. J'inspectai les chambres, me gravai leur aspect dans la mémoire et me dirigeai ensuite vers une bibliothèque où je remarquai tout particulièrement plusieurs titres d'ouvrages placés sur un rayon à hauteur de mes yeux.

« Pour changer de place, je n'avais qu'à vouloir et, sans effort, je me trouvais là où je devais aller.

« A partir de ce moment, mes souvenirs sont très confus ; je sais que j'allai loin, très loin, en Italie, je crois, mais je ne saurais donner l'emploi de mon temps. C'est comme si, n'ayant plus le contrôle de moi-même, n'étant plus maître de mes pensées, je me trouvais transporté ici ou là, selon que ma pensée s'y dirigeait. Je n'étais pas encore sûr d'elle et elle me dispersait en quelque sorte avant que j'aie pu la saisir : la folle du logis, à présent, emmenait le logis avec elle.

« Ce que je puis ajouter, en terminant, c'est que je m'éveillai à cinq heures du matin, roide, froid sur mon sofa et tenant encore mon cigare inachevé entre les doigts. Ma lampe s'était éteinte ; elle avait enfumé le verre. Je me mis au lit sans pouvoir dormir et fus agité par un frisson. Enfin le sommeil vint. Quand je m'éveillai, il était grand jour.

« Au moyen d'un innocent stratagème, le jour même, j'induisis mon concierge à aller voir dans l'appartement de mon voisin s'il n'y avait rien de dérangé et montant avec lui je pus retrouver les meubles, les tableaux vus par moi la nuit précédente ainsi que les titres des livres que j'avais attentivement remarqués.

« Je me suis bien gardé de parler de cela à personne

dans la crainte de passer pour *fou ou halluciné*.... » Son récit terminé M. H. ajouta :

« Que pensez-vous de cela, docteur[1] ? »

A cette question du corps astral se rattachent encore deux points : les rêves prophétiques et certaines formes de folie.

LES RÊVES

Quand vous racontez à votre médecin un rêve prophétique que vous avez eu dans votre vie, le docteur sourit et vous demande comment il se fait qu'on n'ait pas des rêves prophétiques tous les jours.

Cela tient à un fait bien peu connu. Les rêves doivent être divisés en deux classes[2] :

1° *Les songes* ou rêves véritablement prophétiques produits lorsque le corps astral entre dans le monde des causes secondes et revient tout chargé d'images.

2° *Les rêves* proprement dits, dans lesquels le sang et les principes inférieurs de l'homme entrent seuls en action sur le cerveau. Ce sont ces derniers que les psychologues (?) matérialistes prennent comme base de toute leur philosophie (?)

Paracelse, merveilleux révélateur de l'ésotérisme, enseigne ainsi cette vérité :

« Dans le rêve, l'homme vit comme les plantes, seulement de la vie, soit du corps élémentaire[3], soit du corps sidérique[4] (corps astral), sans l'action de son esprit particulier comme homme.

« Si le corps sidérique domine, alors insensible à la vie

---

1. P. Gibier, *Analyse des choses*, p. 142 à 147.
2. *Rouxel* a fait dans l'Initiation une excellente étude sur les rêves.
3. 2°, 3°, 4° principes.
4. 3°, 4°, 5° principes.

élémentaire qui sommeille, il a commerce avec les étoiles; dans ce cas, les rêves se composent de manifestations venues des astres, remplies de science mystérieuse et d'inspirations.

« Si, au contraire, le corps élémentaire domine, alors repose le corps sidérique et les songes ont lieu, selon les convoitises de la chair. »

L'INCARNATION PERMANENTE

Dans le phénomène spirite de l'incarnation on voit une série de faits bien curieux à observer.

Le médium endormi change tout à coup de personnalité. Un autre a pris sa place et dirige ses organes.

Il se produit là ce qui se produit quand un magnétiseur dirige le corps astral d'un sujet; mais ici le magnétiseur est invisible; c'est une entité particulière, soit un « esprit », soit un être psychique à tendances mauvaises qui s'est emparé du corps astral et par suite du corps physique.

Dans certains cas, assez rares du reste, la science occulte enseigne que cette prise de possession peut persister. La victime présente alors une variété spéciale de folie.

Pour faire cesser cet état des cérémonies magiques sont nécessaires, de là les formules *d'exorcisme* employées par l'Église.

Pour bien montrer les rapports intimes qui existent entre l'hypnotisme et le spiritisme nous allons reproduire une étude toute nouvelle sur la question.

RAPPORTS DE L'HYPNOTISME ET DU SPIRITISME

S'il est une question palpitante dans l'étude du spiritisme, c'est sans contredit celle des médiums.

Comment peut-on former des médiums et les développer ? Quelle est la raison qui les pousse dans certains cas à frauder ? Sont-ils conscients de ce moment ?

Autant de problèmes vitaux du spiritisme à résoudre.

Nous ne prétendons pas dans cette étude énoncer la seule solution possible de ces questions ; nous ne venons pas donner *a priori* des règles aux groupes non plus qu'aux médiums eux-mêmes. L'expérience seule doit toujours guider les recherches quelles qu'elles soient ; aussi ce sont les résultats de nos observations sur les expériences que nous avons poursuivies depuis quelques années que nous venons soumettre aux expérimentateurs consciencieux.

Une série d'observations rigoureuses nous a conduit à cette idée que le spiritisme et l'hypnotisme n'étaient pas deux champs d'études différents ; mais bien les degrés divers d'un même ordre de phénomènes ; que le *médium* présentait avec le *sujet* des points communs nombreux, points qu'on n'a pas, que je sache, fait suffisamment ressortir jusqu'ici. Mais le spiritisme conduit à des résultats expérimentaux bien plus complets que l'hypnotisme, le médium est bien un sujet, mais un sujet qui pousse les phénomènes au delà du domaine actuellement connu en hypnotisme.

Ceci a une très grande importance ; car s'il est vrai que le *médium* présente une série d'états analogues, quoique plus complets, à ceux du *sujet*, on comprend comment nous sommes assurés d'obtenir des règles nouvelles pour le développement des médiums et comment nous pourrons nous rendre parfaitement compte d'une série de faits encore obscurs (tricherie inconsciente, susceptibilité des médiums, etc.) qui empêchent les groupes de se développer comme ils le voudraient, le médium venant souvent à manquer tout à coup.

De plus le savant qui méprise l'étude de ces phénomènes parce qu'il ne les connaît pas sera amené bien plus facilement à les considérer s'il s'agit d'étudier des faits analogues à ceux dont il a bien voulu... emprunter la connaissance aux magnétiseurs.

Plusieurs auteurs se sont déjà occupés des rapports de l'hypnotisme et du spiritisme. *Cahagnet*, un des premiers parmi les contemporains, se servit des extatiques pour étudier l'état de l'âme après la mort; *Paul Auguez* vers 1850 fait décrire par un sujet magnétisé *ce qui se passe pendant qu'un médium agit sur une table*[1], enfin tout dernièrement *MM. Rossi et Pagnoni*[2] ont poursuivi le même genre d'études.

Nous allons porter la question sur un autre terrain. Au lieu d'appliquer les facultés d'un sujet à la description des phénomènes spirites, nous allons résumer les diverses phases que présente le sujet hypnotisé et nous allons montrer qu'on peut retrouver ces phases dans le médium pourvu qu'on veuille bien prêter à cette étude quelque attention. Voyons donc ce qu'est un sujet; nous résumerons ensuite nos idées sur le médium et nous chercherons enfin les rapports possibles du sujet au médium.

LE SUJET

Certaines personnes sont plus aptes que d'autres à subir l'action hypnotique[3]. On reconnaît en général celles qui subissent très facilement cette action à leur impressionnabilité. Le système nerveux fonctionne d'une manière très

1. Paul Auguez, *les Manifestations des Esprits*, réponse à M. Viennet.
2. La médiumnité hypnotique (Librairie Spirite).
3. Nous employons le mot hypnotisme de préférence à celui de magnétisme car nous allons décrire dans cette étude les phases étudiées surtout par les hypnotiseurs.

active chez ces personnes, de là leur état particulier dans la vie courante. La moindre chose les irrite, le moindre ennui les accable; mais aussi le moindre bonheur les transporte de joie; on les désigne d'un seul mot la plupart du temps : ce sont des êtres *nerveux*.

A l'état de veille ces personnes ont des *pressentiments* que d'autres n'ont pas; elles sentent qu'un malheur va leur arriver plusieurs jours à l'avance sans connaître la cause de cette sensation, elles ont aussi des *intuitions* très vives, inexplicables quant à leur origine.

Si l'on agit sur ces personnes soit au moyen du fluide vital humain par les passes, soit au moyen du fluide vital solaire[1], par les objets brillants, les miroirs rotatifs du docteur Luys, etc., etc., divers phénomènes prennent naissance.

D'abord le sujet ferme les paupières; il sent une lourdeur dans la tête, un léger picotement dans les yeux, et enfin s'endort d'un sommeil bien particulier : le sommeil magnétique.

Il présente alors des *états* différents qu'on a désignés sous le nom de *phases* en hypnotisme.

Que ces phases soient le résultat d'une suggession mentale ou d'autres causes, qu'elles se produisent chez certains sujets et pas sur d'autres; peu nous importe, nous n'avons pas à entrer pour le moment dans ces questions. Ce qu'il faut bien savoir, c'est qu'elles existent d'une façon indéniable quelque nom qu'on leur donne. Il est important pour nous de bien les connaître.

Elles sont au nombre de *trois* principales :

1. Dans une conférence à une séance générale de la Société d'Etudes Psycho-Magnétiques, j'ai essayé de démontrer ce fait que la prétendue *fatigue du regard* des hypnotiseurs était produite par le fluide solaire, fluide vitalisant et origine réelle du fluide vital humain des magnétiseurs.

I

Dans la première de ces phases le sujet a tous les membres flasques; si on lui tient le bras et qu'on le lâche, le bras retombe sans résistance de la part du sujet qui est alors endormi profondément et peut être comparé à un être ivre-mort. La respiration à ce moment est profonde et régulière. C'est la phase de LÉTHARGIE.

II

Si, dans cet état, vous ouvrez de force les yeux du sujet ou si vous agissez d'une autre façon sur lui la seconde phase prend naissance.

Les membres roidissent et gardent les attitudes que vous leur donnerez quelles que soient ces attitudes. Le sujet a les yeux fixes (retenez bien ceci) et regarde droit devant lui ou à l'endoit où vous dirigez ses yeux. Il ne vous entend pas, aussi fort que vous parliez. Il est complètement *fermé* au monde extérieur. Il est en CATALEPSIE.

C'est dans cet état qu'on peut lui mettre la tête sur une chaise et les pieds sur l'autre, le vide existant entre ces deux points. C'est encore dans cet état que se produisent les *extases*.

Retenez bien deux points : la roideur des membres et la fixité des yeux, nous verrons tout à l'heure pourquoi.

III

Si maintenant vous soufflez sur les yeux du sujet ou si vous faites des passes, ou si vous lui frottez légèrement le front, l'état change complètement.

Le sujet parle et agit absolument comme une personne éveillée, il vous cause naturellement mais n'a pas conscience du milieu ambiant et ne se rend pas compte de l'endroit où il est.

Il est alors dans la troisième phase : LE SOMNAMBULISME LUCIDE.

Il présente dans cet état plusieurs particularités caractéristiques qu'il est de toute importance de bien connaître pour comprendre ce que nous dirons tout à l'heure au sujet des phénomènes spirites.

Tout d'abord il est *suggestible*. On peut lui ordonner de voir ou de faire telle ou telle chose, non seulement pendant son sommeil, mais encore une fois qu'il sera bien éveillé, et cette vision persistera, cette action sera exécutée non seulement des jours, mais des mois et même une année après l'ordre donné.

Au moment où le sujet accomplit sa suggestion, il devient *inconscient* et obéit à son impulsion sans discuter et, fait très important à noter, il perd subitement la sensibilité pour la retrouver après l'accomplissement de la suggestion. Le sujet verra donc tout ce qu'on lui commandera de voir, exécutera ce qu'on lui commandera d'exécuter, sauf des exceptions[1] que nous ne pouvons étudier ici.

A l'état somnambulique, un autre fait prend naissance ; c'est la possibilité du *changement de personnalité*.

Vous dites au sujet : tu n'es plus toi, tu es député et tu fais un discours à la Chambre. Vous voyez alors le sujet entrer subitement dans la peau du personnage que vous venez de lui imposer et prendre toutes les allures du rôle

---

1. Je suis convaincu que le libre arbitre du sujet persiste toujours et peut entrer en action à un moment donné pour combattre une suggestion criminelle.

que vous lui faites jouer. Vous pourrez ainsi changer à votre gré plusieurs fois de personnalité.

C'est encore dans cet état que se produit la *vision à distance* de certains sujets magnétisés.

Donc, pour résumer tout ce que nous avons dit, voici les caractéristiques des trois états :

1° *Léthargie.* — Sommeil profond.
2° *Catalepsie.* — Yeux fixes. Membres roides.
3° *Somnambulisme.* —. Suggestibilité. Changement de personnalité. Vision à distance.

Nous avons décrit là les phases principales. Il existe sans doute un grand nombre d'états intermédiaires et de combinaisons de ces phases entre elles, mais il est inutile d'embrouiller la question.

Notons pour terminer que, d'après les hypnotiseurs, ces phases se succèdent dans l'ordre suivant :

1 *Réveil.* 2 Léthargie. 3 Catalepsie. 4 Somnambulisme. 5 *Réveil.* 6 Léthargie. 7 Catalepsie. 8 Somnambulisme. 9 *Réveil*, etc., etc.

Si bien qu'on peut les figurer par un cercle.

LE MÉDIUM

Connaissant maintenant les principaux phénomènes produits par le sujet, voyons ceux produits par le médium.

Les médiums sont classés généralement d'après les phénomènes qu'ils produisent (médiums à effets physiques, médiums à incarnation, à apports, écrivains, etc., etc.).

Tout en conservant cette classification, nous allons en présenter une nouvelle. Nous allons voir quels sont les phénomènes produits par les médiums qui agissent à l'état de veille et quels sont ceux dans lesquels le médium est endormi.

1° *Le médium à l'état de veille.*

Je pense inutile de rappeler la susceptibilité de presque tous les médiums, leur tendance à l'envie ou à la jalousie dont bien peu parviennent à vaincre les conséquences.

Les phénomènes produits par les médiums à l'état de veille sont ceux de typtologie (mouvements de la table et coups frappés), ceux d'écriture intuitive ou mécanique (médiums écrivains) et différents phénomènes de vision.

2° *Le médium endormi.*

A l'état de sommeil ils montrent des phénomènes plus importants pour l'étude.

A. *Incarnation.* — Le médium endormi change de voix, de geste, de style et de langage même. Un esprit, suivant la théorie spirite, s'empare de ses organes et se manifeste aux assistants par son intermédiaire.

B. *Apports.* — Dans des conditions scientifiques rigoureuses, des objets qui n'étaient pas dans la chambre y sont apportés à travers les murs (pendant que le phénomène se produit, le médium *dort profondément*).

C. *Matérialisations.* — En dehors de toute hallucination possible, des êtres ayant toute l'apparence d'êtres vivants se manifestent aux assistants, parlent, jouent, causent, enfin agissent en tous points comme des vivants, puis se fondent tout à coup après avoir laissé des traces indéniables de leur passage.

(Expériences de W. Crookes, d'Aksakoff, de Zollner, etc., etc.)

(Dans ce cas encore, le médium dort profondément.)

3° *États intermédiaires.* Les classifications ne sauraient avoir rien d'absolu. Ainsi parfois des apports sont faits le médium étant éveillé, des fragments de matérialisation apparaissent dans les mêmes conditions. Les phénomènes de lévitation des objets matériels s'accomplissent aussi dans les deux états. Nous fixons les cas les plus ordinaires, voilà tout. Qu'on retienne simplement ceci, c'est que le médium *cause et agit* dans la vision ou l'incarnation et *dort profondément* dans *l'apport de la matérialisation*. Nous verrons quelle est l'importance de ces remarques.

PARALLÈLE DU SUJET ET DU MÉDIUM

Il semble difficile, au premier abord, d'établir un parallèle strict entre les phénomènes produits par le sujet hypnotique et ceux produits par le médium. Cette difficulté est en effet insurmontable s'il s'agit de prouver que tout se passe absolument de même dans les deux cas ; mais nous verrons qu'au contraire, chaque phénomène spirite répond à un phénomène d'hypnotisme, mais à la condition de bien se rappeler que le spiritisme étudie des faits bien plus transcendants que l'hypnotisme.

C'est en montrant comment je suis arrivé à constater l'existence *des phases* chez les médiums comme chez les sujets que je ferai, j'espère, bien comprendre ma pensée sur ce point.

Avant tout, qu'il soit bien entendu qu'il ne s'agit pas, dans cet article, de savoir quelle est l'action des « esprits » dans ces phénomènes. Le cadre dans lequel je me place me permet de ne pas entrer dans ces considérations, attendu que le médium agit toujours de même, qu'il soit guidé par des esprits ou qu'il exécute les suggestions mentales des assistants. Je prie tous les chefs de groupe de bien vérifier les faits que je vais exposer, et de donner leur avis à ce sujet à la *Revue spirite* qui les publiera, j'en suis convaincu. Il s'agit donc d'expériences et non de théories et, sur ce terrain, tout le monde est d'accord.

Voyons maintenant le résultat de mes observations.

Depuis deux ans environ, je poursuis une série d'expériences fort intéressantes avec un excellent médium à incarnations, Mme D...

Or, j'avais remarqué les phases suivantes dans la production des phénomènes :

Le médium s'endort seul sous l'influence des passes opérées par les « esprits guides ». Le sommeil ainsi obtenu est profond, les membres sont flasques et retombent si on les soulève.

Tout à coup une secousse brusque agite le médium, ses yeux s'ouvrent brusquement et son regard *devient fixe* en même temps que ses pupilles se dilatent. On peut approcher une lumière de l'œil sans faire baisser les paupières.

Puis les yeux se ferment naturellement, la révolution générale s'opère, la figure s'éclaire, l'expression habituelle change et le médium manifeste *une incarnation*, une personnalité autre que la sienne a pris possession de son être et agit comme le médium pourrait le faire éveillé.

Quand la personnalité qui se manifeste ainsi a fini de parler, une légère secousse se produit encore ; le sommeil profond s'établit, puis tout à coup, une autre secousse agite le médium et les yeux s'ouvrent de nouveau — fixes.

— Enfin les yeux se ferment, la figure change de nouveau d'expression et une nouvelle incarnation a lieu.

Résumons ces phases diverses :

1° *Éveil*.
2° 1re secousse — sommeil profond.
3° 2e secousse — regard fixe.
4° Le médium s'incarne et parle.

5° Secousse — sommeil.
6° Secousse — regard fixe.
7° Nouvelle incarnation, etc., etc.

On voit qu'il s'agit là d'une succession d'états absolument semblables à ceux de l'hypnotisme. Les phases 2 et 5 sont celles de *léthargie*, les phases 3 et 6 manifestent la *catalepsie*, les phases 4 et 7 le *somnambulisme lucide*.

Le phénomène de l'incarnation nous montre donc :

1° Une série de phases identiques à celles de l'hypnotisme.

2° Dans la phase de somnambulisme lucide une succession de *personnalités diverses*, incarnations « d'esprits » soit élevés, soit ordinaires.

J'en étais là de mes observations et je pensais qu'il s'agissait tout simplement d'une particularité propre à ce médium, quand je fus amené à constater l'existence des phases chez *tous* les médiums à incarnations que j'eus l'occasion de voir et, tout dernièrement encore, je fis cette constatation d'une manière vraiment frappante.

Remarquons que l'état qui doit frapper le plus pour mettre sur la voie de ces phases, ce n'est pas *la léthargie* analogue pour un observateur superficiel à tous les sommeils possibles, ce n'est pas le *somnambulisme* analogue à l'état de veille pour celui qui n'y prend garde, mais bien *la catalepsie*.

La roideur des membres, la fixité du regard, sont des faits qui frappent vivement les observateurs et qui peuvent se constater très facilement. Ceci dit, revenons à mon récit.

On amena dernièrement dans une des séances spirites fermées du Groupe indépendant d'études ésotériques, un médium à incarnations fort intéressant. Le sujet est un homme intelligent et d'une taille peu élevée (M. Corcol).

Le médium fut placé dans un fauteuil et en quelques minutes fut plongé, sans l'intervention d'aucun assistant, dans un sommeil profond.

Tout à coup une légère secousse secoua tout son être, puis il se *roidit subitement*, à tel point qu'il était étendu horizontalement sur les bras du fauteuil assez large, les épaules sur un bras de ce meuble, les jambes sur l'autre bras, dans une situation tellement semblable à celle des sujets mis en catalepsie, qu'il aurait fallu être aveugle pour ne point voir cette similitude.

Le corps se détendit ensuite peu à peu et une incarnation se produisit. C'était un esprit souffrant, un homme fusillé pendant la Commune et qui ne savait pas qu'il était mort.

Après la séance ordinaire, les conseils fraternellement donnés par un des assistants, les yeux du médium se refermèrent tout à coup, il se roidit de nouveau subitement comme la première fois, puis la résolution s'opéra peu à peu et une seconde incarnation, toute différente de la première, se manifesta.

Résumons les phases par lesquelles passa le médium :
1° Éveil.
2° Sommeil profond.
3° *Roideur de tous les membres.*
4° Incarnation.
5° Sommeil (très court).
6° *Roideur de tous les membres.*
7° Incarnation, etc., etc.

Le réveil, quand il se produit, a lieu toujours *immédiatement après l'incarnation* (phases 4 et 7).

C'est toujours la même série circulaire qui se manifeste.

Dans ce dernier cas, l'état cataleptique qui n'était

qu'indiqué ailleurs, se développe d'une façon indiscutable avec tous ses caractères.

Or je ne crains pas d'affirmer que cette constatation a une importance très grande pour les spirites ; car s'il est prouvé, ainsi que je le crois, que le médium représente un sujet hypnotique *transcendantalisé*, il devient on ne peut plus facile de former des médiums et, bien plus, de former à volonté des médiums pour l'incarnation, ou la matérialisation et les apports ; nous le verrons tout à l'heure.

Pour l'instant, nous allons mettre en parallèle les états hypnotiques et les états du médium, ainsi que les phénomènes produits dans les deux cas.

TRANSITION DES PHÉNOMÈNES HYPNOTIQUES AUX PHÉNOMÈNES SPIRITES

Intuitions. — A l'état de veille, le sujet comme le médium sont impressionnables et intuitifs.

Cependant, alors que le sujet se contente de ressentir les intuitions sans aller plus loin, le médium cherche à les formuler aux assistants. Il développe le plus qu'il peut ce sens de *l'intuition* et progressivement il arrive à *écrire* ce qu'il entend soit consciemment (médium écrivain intuitif), soit, et cela est plus important, inconsciemment (médium écrivain mécanique).

Notons bien que *la cause* de cette intuition échappe à l'analyse des savants matérialistes et peut aussi bien être due à un « esprit » qu'à toute autre influence. Mais nous avons promis de ne pas aborder ce terrain où la conciliation entre toutes les écoles n'est pas encore faite.

Typtologie. — Les phénomènes de typtologie produits à l'état de veille sont particuliers au médium et ne répondent à aucun phénomène hypnotique, du moins d'après l'état présent de mes recherches.

Pressentiments. — Le médium, développant particulièrement la faculté des *pressentiments*, qui n'est qu'une variété de l'intuition, peut arriver à faire des prédictions qui pourront se réaliser.

ÉTAT DE SOMMEIL

Mais tous ces phénomènes se produisent à l'état de veille et nous ne pouvons avoir sur les sujets en cet état aucune action spécifiée. Aussi passerons-nous rapidement à l'étude des faits produits pendant le sommeil.

1° *Léthargie.* — Pendant la période de léthargie, caractérisée par le sommeil profond, aucun phénomène important n'est produit par le sujet hypnotique. Au point de vue des actions qui prennent naissance en lui, la perte de sensibilité et l'accroissement de la force musculaire peuvent nous faire supposer que la force nerveuse est condensée dans *les centres* et particulièrement dans les centres du mouvement (centres antérieurs du cerveau et de la moelle).

Or, les expériences de M. Pelletier en France[1], celles de Crookes en Angleterre, celle des Fakirs dans l'Inde montrent le passage de l'hypnotisme au spiritisme. M. Pelletier nous montre que plusieurs sujets étant placés autour d'une table et étendant les mains au-dessus d'objets légers, ces objets (plumes, bouchons, etc.) sont capables de *se mouvoir* sans contact et au commandement.

Le groupement de plusieurs organismes générateurs de force nerveuse produit des effets analogues à certains phénomènes spirites.

---

1. Voyez la *Revue spirite* et le n° 8 de *l'Initiation.*

Dans ce cas, la force nerveuse sort du sujet et vient agir à distance.

Or, la plupart des phénomènes de *Matérialisation* se produisent pendant que le médium est en léthargie et nous avons toutes les raisons de croire que ces phénomènes représentent un degré plus élevé des phénomènes hypnotiques correspondant au même état. Le médium fournit, dans ce cas, la force nécessaire à « l'esprit » qui se matérialise. Dans le numéro 9 de l'*Initiation*, nous avons montré que cette action d'un esprit semblait incontestable dans certains cas, mais elle ne saurait, à notre avis, être toujours invoquée.

Lors du congrès spirite et spiritualiste de 1889, *M. Donald Nac-Nab* nous montra un cliché photographique représentant une matérialisation de jeune fille qu'il avait pu toucher ainsi que six de ses amis et qu'il avait réussi à photographier. Le médium en léthargie était visible à côté de l'apparition.

Or, cette apparition matérialisée n'était que la reproduction *matérielle* d'un vieux dessin datant de plusieurs siècles et qui avait beaucoup frappé le médium alors qu'il était éveillé. Certaines matérialisations pourraient donc être produites par l'idée du médium qui *s'objectiverait* en s'alliant à certaines forces peu connues de la nature. Cette théorie soutenue, dès 1884, dans une lettre signée de l'Indou Koot-Houmi, ne peut rendre compte de tous les phénomènes, entre autres des cas où la matérialisation, le médium éveillé et l'opérateur causent ensemble; ou encore, ainsi que l'a fait remarquer *Gabriel Delanne*, du cas où le double du médium apparaît derrière la matérialisation. (Expérience du peintre Tissot.)

La force nerveuse agissant dynamiquement hors de l'être plongé en léthargie est aussi un des éléments en action dans le phénomène, si difficile à bien analyser, *des apports*.

2° *Catalepsie*. — Aucun phénomène spirite ne se produit pendant que le médium est en catalepsie, c'est pour le médium un simple état transitoire.

Le sujet, dans cette phase, présente les phénomènes d'extase, phénomènes purement subjectifs et réalisés quelquefois aussi par des médiums.

3° *Somnambulisme*. — Cet état est celui où l'analogie entre le phénomène hypnotique et spirite présente la transition la plus facile à suivre.

Le caractère essentiel du sujet à l'état somnambulique est de pouvoir subir *la suggestion*. L'hypnotiseur peut lui commander de faire telle ou telle action dans un temps donné, de voir telle ou telle chose et l'effet demandé se produit presque inévitablement.

La distinction primordiale entre le sujet et le médium dans cet état, c'est que la suggestion est donnée *au sujet* par un être vivant, par une action volontaire bien déterminable, tandis que le *médium* subit l'influence d'actions ENTIÈREMENT INVISIBLES. Il décrit des visions, il accomplit des actions diverses, en un mot il manifeste certainement des suggestions, mais l'origine de ces suggestions n'est pas déterminable pour ceux qui ignorent l'existence du monde invisible. C'est ici que se place une question de la plus haute importance, c'est celle de la :

TRICHERIE POSSIBLE DU MÉDIUM

Les prétendus savants qui affirment avoir étudié les phénomènes spirites déclarent qu'il n'y a là-dedans que tromperie et prestidigitation.

Ils s'appuient pour soutenir cette affirmation sur ce fait

que les plus forts médiums connus, Home, Eglington, Slade, etc. etc., ont tous été pris en flagrant délit de tricherie.

Savez-vous ce que cela prouve ? Tout simplement que les savants prouvent de ce fait même leur entière ignorance de ces questions.

Demandez-leur, en effet, quel est le caractère bien particulier des sujets, alors qu'ils accomplissent une suggestion. C'est, nous répondront-ils, d'être ABSOLUMENT INCONSCIENTS de leurs actes.

Le sujet, dans cet état, agit comme une machine et ne *saurait en rien être rendu responsable des actes qu'il commet*. La faute de ces actes revient au suggesteur.

Il ne viendra à l'idée d'aucun savant de prétendre que le sujet trompe toujours alors qu'il est certain que quelquefois il est amené malgré lui à tromper. Il en est exactement de même du médium. Rappelez-vous l'étonnement profond des médiums surpris en flagrant délit de tromperie; il leur semble rêver; ils ne comprennent rien à ce qui se passe et sont consternés d'apprendre qu'on vient de les surprendre poussant la table ou la levant avec leurs pieds, les malheureux sont à l'état somnambulique, ils sont absolument irresponsables de leurs actions.

Si donc vous êtes trompés, prenez-vous-en *à vous* et jamais au sujet. C'est à vous de prendre les précautions nécessaires en vous plaçant dans les conditions les plus favorables au contrôle. Laissez faire ensuite et rendez-vous bien compte de l'état hypnotique dans lequel se trouve le médium au moment où il agit.

Nous avons tenu à faire cette digression, car elle est de toute importance. Passons maintenant à l'étude de l'incarnation.

Le sujet est susceptible de changer de personnalité sous l'influence de la suggestion.

De même dans le phénomène de l'*incarnation*, nous retrouvons des faits analogues quoique dus à d'autres causes.

Dans le changement de personnalité du sujet, le cerveau de l'hypnotiseur s'est, en quelque sorte, mis à la place du cerveau de l'hypnotisé qui ne fait que prêter ses organes à tous les actes que se plaît à leur faire exécuter la volonté toute-puissante de celui qui commande la suggestion.

De même les organes du médium deviennent, dans l'incarnation, les moyens passifs par lesquels se manifestent une série de volontés diverses tirant leur source du monde invisible. Le même phénomène se produit en somme : changement de personnalité, la cause seule en est différente, étant visible dans le premier cas, invisible dans le second.

**

Tel est, en résumé, ce que nous voulions dire dans cette étude touchant les rapports possibles à établir entre le phénomène de l'hypnotisme et ceux du spiritisme.

Résumons tout cela dans un tableau.

TABLEAU
INDIQUANT LE PASSAGE DE L'HYPNOTISME AU SPIRITISME ET LE RAPPORT DES DIVERS PHÉNOMÈNES ENTRE EUX

PHASES HYPNOTIQUES	CARACTÈRES GÉNÉRAUX de ces phases (communes au sujet et médium)	PHÉNOMÈNES produits PAR LE SUJET	PHÉNOMÈNES produits PAR LE MÉDIUM	OBSERVATIONS
ÉTAT DE VEILLE	Impressionnabilité	Intuition Pressentiment	Développement de l'Intuition *Écriture intuitive* *Écriture mécanique*	Les bons sujets et les bons médiums sont d'ordinaire des êtres nerveux.
1° LÉTHARGIE	Sommeil profond — Insensibilité	Rien d'objectif (Centralisation de la force nerveuse)	Extériorisation de la force nerveuse Alliance du périsprit et des esprits *Matérialisation* Extériorisation et action dynamique de la force nerveuse *Apports*	
2° CATALEPSIE	Regard fixe Membres roides Conservation des attitudes	Extase	Extase (quelquefois)	État caractéristique à chercher chez les médiums.
3° SOMNAMBULISME LUCIDE	Suggestibilité — Apparence complète de l'état de veille (Yeux ouverts)	Suggestion par un être vivant Inconscience Irresponsabilité Changement de personnalité Vision à distance	Suggestions opérées par des actions invisibles Inconscience *Tricherie possible* *Incarnations* *Prédictions* *Guérisons médianimiques*	Constater l'état somnambulique chez les médiums qui sont surpris à tricher

Applications pratiques à ces données.

FORMATION DES MÉDIUMS

Des données précédentes, nous pouvons tirer certaines règles pratiques qui pourront servir à la formation des médiums, si nos observations sont justes.

Les tentatives faites jusqu'ici pour créer des écoles de médiums ont toujours avorté, nous croyons qu'il est facile maintenant de voir pourquoi, ainsi que le prouve ce qui suit.

La première condition est le choix du futur médium.

Comment s'y prend-on aujourd'hui?

On forme un groupe tant bien que mal et on laisse la médiumnité se développer *seule* et un peu *au hasard*.

Au bout de quelque temps les rivalités ne tardent pas à naître entre les diverses personnes qui se croient douées de quelque médiumnité. La jalousie, l'envie et les petites rancunes sourdes s'en mêlent bientôt, les querelles éclatent et le groupe ne tarde pas à se dissoudre sans permettre aux divers médiums de se développer convenablement.

Comment pourrait-on faire?

Supposons que nous ayons à former un groupe de personnes instruites, désirant se rendre compte des phénomènes.

Deux procédés peuvent être mis en usage :

1° Prendre un sujet tout formé ;

2° En former un.

Je pense que le point capital à obtenir avant tout est la possession d'un bon sujet, capable de produire les trois phases hypnotiques.

Pour posséder ce sujet on commencera par essayer parmi les personnes présentes, surtout parmi les dames dévouées à la cause et qui demandent à être médiums, quelles sont celles qui sont capables de subir des actions hypnotiques.

Pour cela on emploiera le procédé Moutin (attraction de sujet par application des mains sur les omoplates) ou tout autre procédé usuel.

Le sujet une fois choisi, on procédera à son hypnotisation.

On usera à cet effet des miroirs rotatifs du Dr Luys, suivis de passes ou de l'action du regard ; on pourra ne faire que les passes ou même s'en tenir à la simple suggestion, fortement donnée, de dormir. L'important est d'obtenir d'abord le sommeil.

Celui-ci est obtenu. Le sujet dort.

Que faut-il faire?

C'est ici que se place également la pratique à observer vis-à-vis des sujets déjà dressés.

Le premier sommeil obtenu ne laisse pas apparaître tout d'abord les *phases* ainsi que pourraient le croire ceux qui n'ont pas l'habitude des sujets.

Il se produit un état spécial, *mélange de léthargie et de somnambulisme*, état pendant lequel le sujet entend et parle, mais les yeux fermés, ce qui le différencie du somnambulisme vrai. Cet état est celui produit de prime abord par les magnétiseurs ; il est important de ne pas s'arrêter là.

On priera donc le sujet d'ouvrir les yeux *sans se réveiller* et on donnera ainsi naissance à l'état cataleptique. Enfin, une légère insufflation sur le front fera passer le sujet à l'état somnambulique.

Pendant ce développement, comme pendant toutes les expériences, il est nécessaire que les membres présents gardent *un silence absolu*. Le président du groupe doit être à même d'expulser de suite tout membre qui empêcherait la production des phénomènes. Le succès de toutes les expériences futures dépend de l'observation rigoureuse de cette condition.

*
* *

ADAPTATION DU MÉDIUM AUX DIVERS PHÉNOMÈNES

Les phases classiques étant obtenues le reste ira sans encombre.

Pour cela, mettez d'abord le sujet en *somnambulisme lucide*. Ensuite faites la chaîne en le plaçant au milieu du cercle sans que personne touche le médium et laissez le monde invisible se manifester à vous.

Des influences agiront qui vous donneront la marche à suivre pour aller plus loin. Écoutez et obéissez tout en observant silencieusement les ordres donnés et les phénomènes produits.

Vous pouvez aussi mettre le sujet en *léthargie* et faire la chaîne autour de lui après avoir fait l'*obscurité complète*. Prenez bien garde que la chaîne ne soit pas brisée pendant ce genre d'expérience, car il y va de la santé et quelquefois même de la vie du médium. J'ai, du reste, discuté cette question dans une conférence faite à la Société spirite, conférence publiée par la *Revue*.

Développez autant que possible les sujets *un à un*. Ne les mettez en action commune que quand ils seront complètement formés. Sans cela la jalousie naîtra entre eux et vous verrez se reproduire les scènes regrettables qui causent la dissolution de tous les groupes spirites.

Telles sont les idées dont j'ai cru devoir donner connaissance à tous les expérimentateurs. Il est important de vérifier cette succession des états hypnotiques chez les médiums. Ces faits sont peu connus et cependant ils sont des plus utiles. C'est par eux, en effet, qu'on est amené à pouvoir poser des règles définies pour la formation des médiums et, qui plus est, pour la formation à volonté des médiums à incarnations, à apports ou à matérialisations.

En somme la différence capitale qui sépare les phénomènes magnétiques et spirites courants des faits de haute Magie, c'est, dans le premier cas, l'*inconscience* de la sortie du corps astral et de ses actions possibles, dans le second la sortie *consciente* de ce corps astral et sa direction vers un but déterminé.

Ce qui résulte de tout ce que nous avons dit jusqu'ici, c'est qu'il existe dans l'homme trois plans distincts correspondant à trois ordres de forces :

1° *Le plan matériel*, sorte d'écran sur lequel viennent s'enregistrer toutes les actions produites dans le plan psychique ;

2° *Le plan astral*, intermédiaire indifférent, obéissant passivement à toutes les impulsions, qu'elles viennent de la personne ou d'un étranger, qu'elles aient pour but une action sur le corps physique ou sur tout autre objet du plan matériel.

3° *Le plan psychique*, lieu de l'*idée*, origine de toute direction vers le physique par l'intermédiaire de l'astral.

*
* *

Tels sont ces principes dans l'homme ; voyons si nous n'en retrouverons pas d'analogues dans la Nature.

§ 3. — MICROCOSME ET MACROCOSME

La conception de l'homme est différente pour chaque école, nous l'avons déjà vu. Il en est de même de la conception de la Nature.

Les matérialistes ne voient dans la Nature que l'action plus ou moins vive des divers corps agissant les uns sur les autres d'après les lois « scientifiques » de l'attraction universelle ou moléculaire avec *le hasard* pour tout diriger. C'est l'histoire d'une voiture sans cheval ni cocher qui marcherait toute seule.

Les panthéistes admettent dans le Monde une résultante générale origine et fin de toutes les forces sans conscience personnelle et agissant d'après des lois fatales.

C'est l'histoire d'une voiture marchant sous la traction du cheval sans cocher pour tout guider. Cela marchera bien à condition que le cheval soit très, très intelligent; mais gare aux emballements.

Enfin les occultistes admettent trois plans dans la Nature correspondant exactement et point pour point aux trois plans de l'homme :

Le plan matériel correspondant au corps physique ;
Le plan astral correspondant au corps astral ;
Le plan psychique correspondant à l'âme.

Nous avons vu qu'en l'homme chaque point du corps physique représentait un cadran enregistreur transmettant rigoureusement les incitations psychiques par l'intermédiaire du corps astral ; de même dans la Nature chaque objet matériel, chaque être physique représente la signature d'une idée.

De même qu'il ne peut y avoir de parole proférée par

l'homme sans une idée que cette parole matérialise, de même il ne peut y avoir dans le monde aucun objet matériel sans une idée *signifiée* par cet objet.

C'est grâce à cet argument que le théosophe Louis-Claude de Saint-Martin confondit, en dispute publique à l'École normale, le professeur de philosophie Garat.

Celui-ci prétendait que rien ne peut venir dans l'esprit de l'homme d'une autre source que les sensations physiques. Garat pensait empêcher par cet argument le théosophe d'introduire ses doctrines « mystiques ».

Vous avez raison, répondit Saint-Martin, rien ne vient dans l'esprit de l'homme par une autre voie que la sensation ; mais la sensation dérive d'un objet physique et tout objet physique est la matérialisation d'une idée. Si bien que *l'idée invisible* est l'origine réelle de tout ce qui naît en l'esprit de l'homme [1].

Garat ne put réfuter cet argument. La Nature de même que l'homme comprend donc trois divisions subdivisibles elles-mêmes à l'infini d'après la loi trinitaire.

Trois règnes renferment le domaine des actions de la Nature : *le Règne Minéral* correspondant analogiquement au plan physique, *le Règne Végétal* correspondant au plan astral et *le Règne Animal* correspondant au plan psychique de la Nature.

Chacun de ces règnes renferme aussi trois plans : *un plan matériel* (plus ou moins élevé suivant le règne, matière cristallisée, matière organique ou matière nerveuse suivant le cas) ; *un plan astral* (plus ou moins élevé suivant le règne, forces physiques, forces vitales, forces psychiques suivant le cas) ; *un plan intellectuel* (intelligence des éléments, intelligences organiques, intelligences psychiques). On

---

[1]. Voy. *le Crocodile,* poème-épico-magique, par Saint-Martin.

peut aller loin dans ces divisions et l'on reconstituera ainsi la Philosophie hermétique professée par tous les alchimistes instruits et par Robert Fludd, Van Helmont, Jacob Boehm, Saint-Martin, etc., etc.

Qu'on ne pense pas cependant que ces idées n'aient pû être défendues depuis la science actuelle ; un homme de génie trop peu connu, *Oken*, a établi un système de classification complet s'appliquant aussi bien aux minéraux, aux végétaux et aux animaux et bien supérieur à nos systèmes actuels, en partant des données de l'Occultisme.

Voici quelques extraits très curieux de cet auteur du xıx° siècle à ce sujet :

« La Nature dans son ensemble doit être considérée comme un corps organique dont les parties seraient le développement ou plutôt la *répétition d'un seul principe*. Nous essaierons de le prouver par l'exposition de notre système.

«Les *animaux* étant postérieurs aux plantes, les *plantes* postérieures aux *minéraux*, les *minéraux* postérieurs aux éléments, il s'ensuit que les *éléments* sont, au moins pour les minéraux, les plantes et les animaux, le principe dont ces corps émanent, dont ils sont le développement dans des degrés divers de modification, ou mieux, dont ils sont la *répétition* dans l'acception que nous donnons à ce mot et dont ce qui suit fera saisir la force et la justesse. »

Ainsi *les éléments* des anciens sont repris par Oken comme base de son étude sur la Nature ; les éléments ne sont pas compris de nos jours à leur valeur réelle, ainsi que l'a fort bien vu, du reste, Hegel.

« L'ancienne doctrine de la formation de toutes choses par quatre éléments selon Pythagore, Empédocle, Platon et Aristote ou par trois principes selon Paracelse, dit Hegel, n'a pas prétendu par là désigner empiriquement la pure matière primitive ; mais bien plus essentiellement la détermination idéale de la force qui individualise la figure du corps ; et nous devons par là admirer avant tout l'effort par lequel ces hommes, dans les choses sensibles qu'ils choisissaient pour signes, ne connurent et ne retinrent que la détermination générale de l'idée. Au contraire les physiciens empiriques modernes ont, de préférence, fondé leur gloire sur une tout autre manière d'envisager la question, procédant toujours à la recherche du particulier, au lieu de s'efforcer d'élever le particulier au général et de reconnaître celui-ci dans celui-là [1]. »

Mais comment rattacher cette idée ancienne des éléments aux travaux de la Chimie contemporaine ?

Ainsi nous savons que l'eau est composée d'hydrogène et d'oxygène, deux corps simples, l'air de trois de ces corps simples, l'oxygène, l'azote et l'acide carbonique, la terre des quatre corps simples originaux, Hydrogène, Oxygène, Azote et Carbone. Quant au feu, l'oxygène pur semble être son élément primordial allié à un principe encore inconnu.

Un fait curieux c'est que la progression atomique range tous les corps chimiques en *quatre* séries gouvernées chacune par un des corps simples principaux.

La série monoatomique est représentée par l'Hydrogène.

La série diatomique est représentée par l'Oxygène.

La série triatomique est représentée par l'Azote.

La série tétratomique est représentée par le Carbone.

C'est encore Oken qui va nous donner la clef de ce problème :

« Les corps *simples* tels que *l'hydrogène* (et l'azote ou l'hydrogène oxydé), *l'oxygène* et *le carbone* sont pour les

---

[1]. Hegel, *Philosophie de la Nature*, p. 245.

éléments CE QUE sont pour les corps organiques *les parties ou systèmes anatomiques* [1]. »

Considérer les éléments comme des êtres complets ayant les corps simples comme organes, c'est à mon avis une des idées les plus hardies et les plus neuves qu'on ait exprimées au XIX° siècle en philosophie chimique.

Il résulte de là que la Chimie analytique c'est l'Anatomie de la Matière tandis que la Chimie synthétique en est la Physiologie.

Poursuivant ces données, Oken fait de nombreuses applications de détail. Pour montrer jusqu'à quelle hauteur de synthèse il conduit ses études nous donnerons seulement les deux extraits suivants, l'un sur les nerfs, l'autre sur les rapports des éléments dans les trois règnes.

*
* *

Les muscles étant la répétition des vaisseaux entourent les os, ainsi que ceux-ci l'intestin.

NERFS

La partie la plus élevée d'un organe principal, en se combinant avec les nerfs, se métamorphose en organe de *sens*.

1. Les vaisseaux combinés avec les nerfs sont l'organe du *toucher* ou le tact. Le toucher est un acte de *cohésion* dans la *peau*.

2. L'*intestin* devient l'organe du goût. La gustation est un acte *chimique* dans la langue.

3. Le *poumon* devient l'organe de l'*odorat*. L'odorat est un acte *électrique* dans le *nez*.

4. Les organes du *mouvement* deviennent l'organe de l'ouïe. L'audition est un acte magnétique dans l'oreille.

1. Oken, *Esquisse*, p. 3.

5. Le système *nerveux* se métamorphose enfin dans l'organe de la *vue*. La *vision* est un acte de *lumière* dans l'œil.

Les parties organiques des trois éléments terrestres sont :

1. Les *intestins* comme organe de la *terre*.
2. Les *veines* comme organe de l'*eau*.
3. La *trachée aux poumons* comme organe de l'*air*.

Les parties organiques de l'élément du feu sont :

1. Les os comme organes de la *pesanteur*.
2. Les muscles comme organes de la *chaleur*.
3. Les nerfs comme organes de la *lumière*.

1. Intestins correspondant au tissu cellulaire (terre de la plante).
2. Vaisseaux correspondant aux conduits intercellulaires (eau de la plante).
3. Poumons correspondant aux vaisseaux spiraux (air de la plante).

Toutes ces idées se rapportent à l'établissement des liens intimes qui reliaient la Nature entre elle d'abord, puis avec l'Homme. Cette opinion est celle de tous les occultistes, anciens ou modernes ; on trouve dans leurs œuvres des *tableaux d'analogie* qui indiquent quelques-uns de ces rapports ; nous en donnons deux exemples ci-dessous précédés d'un extrait de *Paracelse* sur cette question :

« Le macrocosme se compose donc d'un ciel et d'une terre mis en correspondance par le rapport des germes avec les astres, de manière que le ciel imprime et dirige le mouvement tandis que la terre le reçoit et y obéit.

« Quant au microcosme ou à l'homme, fait à l'image de Dieu et du macrocosme dont il résume en lui-même toutes les forces et toutes les propriétés, il a aussi son ciel et sa terre, ses astres et ses forces physiques correspondantes. C'est le cerveau qui est le siège de ce ciel, principe de ses pensées, de ses volontés, de ses mouvements, de ses sentiments.

« Par ce ciel, il est en rapport avec les astres de l'Univers, dont l'influence s'étend sur ses pensées et sur ses actes[1]. »

---

1. *Analyse du Système de Paracelse*, par H. Bouche.

ÉCHELLE DU 4 A LA CORRESPONDANCE DES ÉLÉMENTS

	Archétype	Macrocosme — Loi de Gravitation et de Corruption		Microcosme — Loi de Prudence
	FEU	**AIR**	**EAU**	**TERRE**
Archétype	?	?	?	?
Anges des axes du Ciel	Michel	Raphaël	Gabriel	Uriel
Chefs des éléments	Séraphins	Chérubins	Tharsis	Ariel
Animaux de Sainteté	Lion	Aigle	Homme	Veau
Triplicité des signes	Bélier, Lion, Sagittaire	Jumeaux, Balance, Verseau	Ecrevisse, Scorpion, Poissons	Taureau, Vierge, Capricorne
Étoiles et Planètes	Mars et Soleil	Jupiter et Vénus	Saturne et Mercure	Étoiles fixes et Lune
Qualité des éléments célestes	Lumière	Diaphane	Agilité	Communauté
Éléments	Feu	Air	Eau	Terre
Qualités de ces éléments	Chaud	Humide	Froid	Sec
Temps	Été	Printemps	Hiver	Automne
Axes du Monde	Orient	Occident	Septentrion	Midi
Genres de mixtes parfaits	Animaux	Plantes	Métaux	Pierres
Sortes d'Animaux	Marchant	Volant	Nageant	Reptiles
Éléments des Plantes	Semences	Fleurs	Feuilles	Racines
Métaux	Or et Fer	Cuivre et étain	Vif Argent	Plomb et Argent
Pierres	Luisantes et ardentes	Légères-Transparentes	Claires-Congelées	Pesantes-Opaques
Éléments de l'Homme	Entendement	Esprit	Âme	Corps
Puissances de l'Âme	Entendement	Raison	Fantaisie	Sens
Puissances judiciaires	Foi	Science	Opinion	Expérience
Vertus morales	Justice	Tempérance	Prudence	Force
Sens	Vue	Ouïe	Goût et Odorat	Toucher
Éléments du corps humain	Esprit	Chair	Humeurs	Os
Quadruple esprit	Animal	Vital	Engendratif	Naturel
Humeurs	Colère	Sang	Pituite	Mélancolie
Complexions	Impétuosité	Gaieté	Paresse	Lenteur
Fleuves des Enfers	Phlégéthon	Cocyte	Styx	Achéron
Démons nuisibles	Samael	Azael	Azazel	Mahazael
Maîtres Démons	Orien	Pagnus	Egyn	Amacus

Si, laissant de côté tous les détails, nous considérons la Nature synthétiquement, nous y verrons :

1° Un plan matériel formé par la matière physique de tous les êtres ;

2° Un plan astral formé par la force unique qui renouvelle les formes au fur et à mesure de leur disparition, toujours d'après un plan identique ;

3° Un plan psychique formé par l'Intelligence qui dirige tous les mouvements en vue du but final.

Disons quelques mots de ces trois plans et des forces qui sont en action sur chacun d'eux.

§ 4. — L'ASTRAL

L'ÉLÉMENTAL ET L'ÉLÉMENTAIRE, ROLE OCCULTE DES SATELLITES

Pour ne pas faire de confusion dans la suite, rappelons-nous que la Nature n'est que le terme inférieur de la grande série trinitaire : Dieu — Homme — Nature.

Analogiquement la Nature est donc *le Corps de l'Univers*, l'Humanité en est la vie (ou le Corps astral), Dieu en est l'Esprit.

Le corps dans l'homme est composé de trois principes :

La Matière du Corps.
La Vie du Corps.
L'âme du corps, le corps astral.

La Matière du corps est constituée par une foule de cellules de formes et de fonctions très différentes.

La Matière de la Nature est constituée par une foule

d'êtres de formes et de fonctions très différentes (êtres minéraux, végétaux, animaux).

La Vie du corps est localisée dans chacune de ces cellules qu'elle anime. Elle se renouvelle sans cesse par la circulation de la force apportée par le sang de l'homme.

La Vie de la Nature est localisée dans chacun des êtres qu'elle anime. Elle se renouvelle sans cesse par la circulation de la lumière apportée par le fluide astral de l'Univers.

L'Ame du corps est localisée dans les ganglions du grand sympathique. Elle dirige la marche de la Vie d'après les lois fatales de la régénération et de la destruction.

L'Ame de la Nature est localisée dans certains centres constitués soit par des groupes d'êtres élevés (animaux), soit par de grands centres de condensation de fluide astral (satellites).

*
* *

De ces trois éléments deux surtout doivent nous occuper pour l'instant au point de vue de la Magie : la Vie de la Nature principalement et l'âme de la Nature subsidiairement.

Une particularité bien curieuse dans les cellules de l'homme c'est que les unes sont fixées à leur place où elles exercent leurs fonctions, tandis que les autres, véritables messagers, vont chercher la vie au centre du renouvellement (dans le poumon), l'apportent aux cellules immobiles et repartent accomplir de nouveau leurs fonctions : ce sont *les globules sanguins.*

Ces petits êtres obéissent passivement à l'action motrice du corps astral, ils iront régénérer les organes en y apportant de la vie ou les détruire en y apportant un excès de force et en donnant lieu aux inflammations. Ces êtres, générateurs de force, sont indifférents au bien comme au mal qu'ils produisent, leur rôle consiste uniquement à suivre passivement les impulsions.

Pour découvrir ces globules, il faut *déchirer* le voile matériel qui recouvre le monde invisible de l'homme, alors les globules s'échappent (hémorrhagie); on peut les examiner au moyen d'appareils spéciaux qui donnent à la vue une puissance qu'elle ne possède pas à l'état normal (microscopes).

Ces considérations sont importantes, car elles éclairent un point très peu connu de l'étude de la Nature.

Dans la Nature les êtres sont fixés sur les différentes planètes. Dans chaque système solaire la lumière vient baigner chacune des planètes et fournir les éléments de régénération nécessaires.

Chaque planète est pour le système ce que chaque organe est pour l'homme, la lumière est par suite pour les planètes ce que le sang est pour les organes.

Nous avons vu que dans le sang sont contenus des êtres particuliers, les globules.

De même dans les courants de lumière sont contenus des êtres particuliers :

Les esprits des éléments ou *élémentals*.

Ces petits êtres obéissent passivement à l'action motrice du fluide astral, ils iront régénérer les planètes en y apportant la vie, ou les détruire en y apportant un excès de force.

Ces élémentals, générateurs de force, sont indifférents au bien comme au mal qu'ils produisent : leur rôle consiste uniquement à suivre passivement les impulsions.

Pour découvrir ces élémentals, il faut déchirer le voile matériel qui recouvre le monde invisible de la Nature, alors les élémentals apparaissent ; on peut les examiner au moyen d'états spéciaux qui donnent à la vue une puissance qu'elle ne possède pas à l'état normal : état hypno-magnétique de vision lucide.

Différents instruments magiques peuvent aider à cette vision. Ces instruments fabriqués en cristal d'après certaines règles se nomment miroirs magiques[1].

Mais ces miroirs magiques ne peuvent que satisfaire la curiosité en prouvant l'existence réelle de ces êtres, inférieurs à l'homme.

Quand on veut agir sur ces êtres, il faut connaître les vertus des figures magiques ou pantacles, des paroles mystiques et des cérémonies du rituel kabbalistique.

Ce n'est pas le lieu d'en parler ici, d'autant plus que nous préparons un travail complet sur cette question.

Les globules sanguins dans l'homme, les élémentals dans la Nature charrient la force animatrice.

Dans l'homme il existe des centres de condensation de cette force, centres dans lesquels l'excédent non utilisé est soigneusement recueilli pour être déversé ensuite régulièrement dans les organes : ce sont les *ganglions du grand sympathique*[2].

Ces ganglions sont des organes particuliers annexés aux autres organes et constituant des centres locaux d'émission, image et reflet du centre général d'émission : le système nerveux central.

Si nous considérons un système solaire, nous y verrons :

1° Un centre d'émission : le Soleil ;

---

1. On trouvera les procédés de construction de ces miroirs dans la *Magie magnétique* de Cahagnet et dans la *Magie dévoilée* de du Potet.

Le peintre J. Tissot de Paris possède un miroir magique qui vient d'un temple de l'Inde. J'ai pu constater l'action de ce miroir sur des sujets lucides.

2. Voy. G. Encausse, *Essai de Physiologie synthétique*.

2° Des courants de force émise, les courants de lumière solaire ;
3° Des organes de réception ; les Planètes.
Y a-t-il autre chose dans un système solaire?

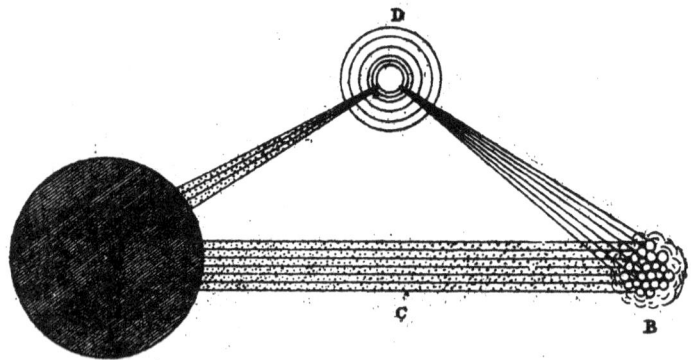

A, Système central de forces.
B, Organe. — C, Sang et globules.
D, Ganglion sympathique condensateur.

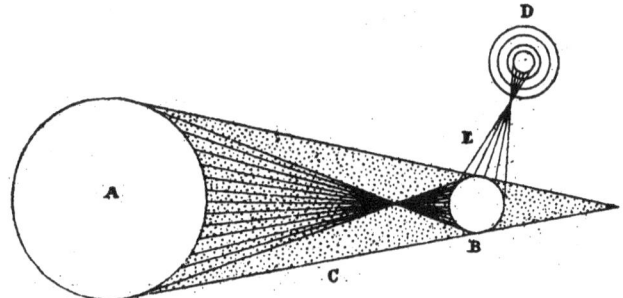

A, Soleil (système central de forces).
B, Terre (organe récepteur). — C, Lumière et élémentals.
D, Lune (satellite ganglion condensateur).
E, Courant de force continue réfléchie de la Lune à la Terre.

Nous touchons là à un des plus grands mystères de la Science ésotérique, mystère qui ne se trouve révélé ni dans les livres de l'école théosophique ni dans ceux des auteurs contemporains.

Oui, il y a dans chaque système solaire des *centres*

de réserve de force astrale, comme il y en a dans l'homme. Ces centres sont *les Satellites planétaires*.

Ces satellites sont des organes particuliers *annexés* aux autres organes (les planètes) et constituant des *centres locaux* d'émission, *image et reflet* du centre général ; le système de force central : le Soleil.

Voyez si ces données ne s'appliquent pas exactement à la Lune par rapport à la Terre.

On pourra donc juger de la puissance utile d'une planète d'après le nombre de ses satellites; nous ne saurions trop appeler l'attention de nos lecteurs sur cette considération.

La croissance des organes est dirigée par le grand sympathique dans l'homme, de même la croissance des êtres sur les planètes est dirigée par les satellites condensateurs ; de là l'idée attribuée à la Lune, par la Science occulte, de présider à la croissance de tout ce qui pousse sur terre, ainsi qu'à certains mystères de la génération des êtres et des âmes.

*
* *

De même que toutes les impressions perçues par l'homme sont condensées dans la mémoire où on peut toujours les retrouver, de même tous les actes et tous les faits de la Nature seraient condensés dans la Lumière astrale, origine et matrice des formes [1].

D'après ce que nous avons dit précédemment au sujet du Magnétisme [2], on sait que pour agir sur le corps physique il faut toujours se servir du corps astral, comme le cocher pour agir sur sa voiture est obligé d'employer le cheval.

1. Voir sur ce point l'étude du *Thélème* et de la *Force universelle* dans notre chapitre sur l'*Alchimie*.
2. Page 843.

Ainsi, si l'on veut avoir une action sur les globules sanguins, il faut agir d'abord sur la force du grand sympathique qui gouverne ces globules, et alors ceux-ci obéiront passivement.

Comme la vie de l'homme n'est en somme que de la lumière astrale fixée dans des ganglions, si l'on arrive à agir assez fortement sur cette vie on pourra, par contrecoup, agir sur la lumière astrale de la Nature.

Comme cette lumière astrale de la Nature est la force qui gouverne les élémentals, en agissant sur elle on pourra agir sur les élémentals, et jeter subitement en un point donné une somme de force astrale très grande. De là la production de certains phénomènes de la Magie cérémonielle.

Pour arriver à gouverner consciemment les esprits des éléments il faut donc :

1° Épurer sa volonté et l'habituer à commander en maîtresse absolue au corps astral et au corps physique (de là les pratiques ascétiques de la Magie et des religions ésotériques);

2° Condenser cette volonté épurée par la prière et l'entraînement en vue de produire une idée toute-puissante;

3° Faire agir cette idée vivifiée par l'imagination[1] sur le corps astral, épuré lui-même par un régime alimentaire déterminé (de là le végétarisme et les jeûnes);

4° Lancer ce corps astral dans le fluide astral de la Nature en y imprimant l'idée directrice;

5° Agglomérer autour de cette idée les élémentals qui obéissent facilement à l'impulsion reçue.

---

1. L'imagination est l'*organe* de l'homme psychique. (Paracelse.)
La volonté est le sang de l'homme intellectuel. (Saint-Martin.)

Le point de départ de tout c'est donc la Volonté. Tous les occultistes sont d'accord à ce sujet. Voici quelques extraits qui prouvent notre dire :

L'important c'est donc la Volonté, et toutes les traditions sont unanimes à ce sujet, comme le dit Fabre d'Olivet:

« Hiéroclès, après avoir exposé cette première manière d'expliquer les vers dont il s'agit, touche légèrement la seconde en disant que la Volonté de l'homme peut influer sur la Providence, lorsque, agissant dans une âme forte, elle est assistée du secours du ciel et opère avec lui.

« Ceci était une partie de la doctrine enseignée dans les mystères et dont on défendait la divulgation aux profanes. Selon cette doctrine, dont on peut reconnaître d'assez fortes traces dans Platon, la Volonté, évertuée par la foi, pouvait subjuguer la Nécessité elle-même, commander à la Nature et opérer des miracles. Elle était le principe sur lequel reposait la magie des disciples de Zoroastre. Jésus, en disant paraboliquement qu'au moyen de la foi on pouvait ébranler les montagnes, ne faisait que suivre la tradition théosophique, connue de tous les sages. « La droiture du cœur et la foi triomphent de tous les obstacles, disait Kong-Tzée; tout homme peut se rendre égal aux sages et aux héros dont les nations révèrent la mémoire, disait Meng-Tzée ; ce n'est jamais le pouvoir qui manque, c'est la volonté; pourvu qu'on veuille, on réussit[1]. »

Ces idées des théosophes chinois se retrouvent dans les écrits des Indiens, et même dans ceux de quelques Européens, qui, comme je l'ai déjà fait observer, n'avaient point assez d'érudition pour être imitateurs.

1. Fabre d'Olivet, *Vers dorés*, p. 254.

« Plus la volonté est grande, dit Bœhme, plus l'être est grand, plus il est puissamment inspiré. » La volonté et la liberté sont une même chose *.

« C'est la source de la lumière, la magie qui fait quelque chose de rien. La volonté qui va résolument devant soi, est la foi ; elle modèle sa propre forme en esprit, et se soumet toutes choses ; par elle une âme reçoit le pouvoir de porter son influence dans une autre âme, et de la pénétrer dans ses essences les plus intimes. Lorsqu'elle agit avec Dieu, elle peut renverser les montagnes, briser les rochers, confondre les complots des impies, souffler sur eux le désordre et l'effroi ; elle peut opérer tous les prodiges, commander aux cieux, à la mer, enchaîner la mort même ; tout lui est soumis. On ne peut rien nommer qu'elle ne puisse commander au nom de l'Éternel. L'âme qui exécute ces grandes choses ne fait qu'imiter les prophètes et les saints, Moïse, Jésus et les apôtres. Tous les élus ont une semblable puissance. Le mal disparaît devant eux. Rien ne saurait nuire à celui en qui Dieu demeure [1]. »

Les rapports du monde visible au monde invisible avaient été appliqués à tous ces êtres spirituels, et les mages leur avaient donné des noms au moyen desquels ils prétendaient les appeler.

Leur aide ne servait qu'à une chose : c'est à concentrer autour de l'adepte une plus grande quantité de Force universelle, de Mouvement, au moyen de laquelle il pouvait produire des résultats proportionnés à l'intensité de ses facultés psychiques.

« Le cerveau humain est un générateur inépuisable de force cosmique de la qualité la plus raffinée, qu'il tire de l'énergie inférieure de la nature brute ; l'adepte com-

1. Jacob Bœhme, Question 6.

plet a fait de lui-même un centre rayonnant de virtualités d'où naîtront corrélations sur corrélations à travers les âges à venir. Telle est la clef du mystérieux pouvoir qu'il possède de projeter et de matérialiser dans le monde visible les formes que son imagination a construites dans l'invisible avec la matière cosmique inerte. L'adepte ne crée rien de nouveau ; il ne fait qu'employer, en les manipulant, des matériaux que la nature a en magasin autour de lui, la matière première qui durant les éternités a passé à travers toutes les formes. Il n'a qu'à choisir celle dont il a besoin, et la rappeler à l'existence objective. Ceci ne semblerait-il pas à l'un de vos SAVANTS biologistes le rêve d'un fou[1] ? »

Le secret de toute action magique réside donc dans l'alliance de *l'idée* avec un *élémental* au moyen de la lumière astrale servant de force générale.

On donne ainsi naissance à un nouvel être constitué :

De l'idée comme *âme ;*

Du fluide astral comme *médiateur ;*

De l'élémental comme *corps.*

Cet être, création humaine, agit dans la Nature comme l'homme, création divine, agit dans l'Univers.

La connaissance du pouvoir de générer des idées dans un but déterminé et de les allier aux forces inconscientes de la Nature est un des arcanes les plus profonds de la Magie pratique.

Cet arcane est basé sur ce fait que l'idée est une *force en puissance d'être* qui agira bien ou mal suivant le motif qui lui aura donné naissance. L'ésotérisme oriental définit fort bien cette question, déjà étudiée par Fabre d'Olivet :

« Chaque pensée de l'homme passe au moment où elle est développée dans le monde intérieur, où elle devient

---

1. Kout-Houmi (*loc. cit.*, p. 167).

une entité active par son association, ce que nous pourrions appeler sa fusion, avec un ÉLÉMENTAL, c'est-à-dire avec une des forces semi-intelligentes des règnes de la nature. Elle survit comme une intelligence active, créature engendrée par l'esprit, pendant un temps plus ou moins long suivant l'intensité originelle de l'action cérébrale qui lui a donné naissance.

« Ainsi une bonne pensée est perpétuée comme un pouvoir activement bienveillant; une mauvaise comme un démon malfaisant. Et de la sorte, l'homme peuple continuellement son courant dans l'espace d'un monde à lui où se pressent les enfants de ses fantaisies, de ses désirs, de ses impulsions et de ses passions; ce courant réagit en proportion de son intensité dynamique sur toute organisation sensitive ou nerveuse qui se trouve en contact avec lui. Le Bouddhiste l'appelle son SHANDRA, l'Hindou lui donne le nom de KARMA[1]. L'adepte involue consciemment ces formes; les autres hommes les laissent échapper sans en avoir conscience [2]. »

***

L'agent au moyen duquel on agit sur ces forces intellectuelles, c'est la Volonté. On peut voir dans le chapitre 18 [3] que les facultés humaines sont, par elles-mêmes, indifférentes au bien comme au mal, leur portée varie d'après l'impulsion qu'y attache la Volonté. Il en est absolument de même de ces êtres élémentaires.

Après la mort, la vie se répand dans la Nature. Après

1. Voy. chap. III, le *Système de Pythagore*.
2. Kout-Houmi (Sinnet, *Monde occulte*, p. 170).
3. *La Psychologie de Pythagore*.

la mort psychique le NON-MOI supérieur se répand dans la Divinité et se fond avec elle.

L'immortalité consciente au degré du Κριστος n'est atteinte, comme le montre Wronski, que quand l'être parvient, par la Sainteté absolue, à identifier son MOI avec le NON-MOI supérieur.

Disons que l'immortalité du corps physique ne pourrait être atteinte qu'en identifiant, par la Science absolue de la Vie, le NON-MOI inférieur (corps astral) avec le corps physique, personnalité terrestre [1].

*
* *

Ce sont là des exceptions rares. Ce qu'il est important de retenir, c'est que ce que le spirite appelle un « Esprit » correspond ABSOLUMENT à ce que l'occultiste appelle un « élémentaire »; il n'y a dans tout cela que différence de mots, le spiritisme, philosophie primaire, n'ayant pas à aborder les questions transcendantales qui sont du domaine de la Science des Mystères sacrés.

Le Mage peut donc faire appel à deux sortes d'êtres:

1° Aux êtres inconscients : *les Élémentals* obéissant passivement à toute influence. Ceux-ci se retourneront contre le Mage et le dévoreront le jour où une Volonté plus forte que la sienne les commandera;

2° Aux êtres conscients et volontaires : *les Élémentaires*. Ceux-ci obéiront s'ils le veulent bien. Ce sont eux qui apparaissent aux malheureuses victimes des hallucinations de la Sorcellerie sous la figure du diable, auquel on fait des pactes.

A la mort, l'entité psychique constituée par l'ensemble

---

[1]. On trouvera de curieux détails à ce sujet dans l'*Élixir de Vie* de Jules Lermina. Une broch, in-18, prix : 0 fr. 75.

de toutes les pensées de l'homme forme un MOI psychique.

Ce MOI sera bon ou mauvais suivant que le résultat de l'addition sera positif ou négatif. On donne à ce MOI en occultisme le nom d'*Élémentaire*.

L'Élémentaire est un être conscient, sachant ce qu'il fait, pouvant agir volontairement. On ne doit pas le confondre avec *l'élémental*.

L'Élémentaire correspond à la *cellule nerveuse* de l'homme, et *l'élémental* correspond au *globule sanguin*[1].

Cet élémentaire est ce que le spirite appelle un « Esprit », c'est le MOI Personnel de l'être décédé. L'occultiste ne doit pas oublier qu'au-dessus de ce MOI Personnel, il y a un NON-MOI *impersonnel* formé des 6° et 7° Principes. Ce NON-MOI est à la personnalité ce que la vie est au corps.

En résumé le monde invisible est composé :

CHEZ L'HOMME	DANS LA MATIÈRE
1° De globules sanguins porteurs de forces inconscientes.	1° D'Élémentals (*Inconscients*)
2° De cellules nerveuses génératrices de force volontaire.	2° D'Élémentaires générateurs de volonté. (*Conscients*)
3° Du fluide vital reliant l'idée à la Matière.	3° De fluide astral reliant le monde des causes au monde des faits.

Mais la Nature agissant d'après des lois *fatales* n'est qu'un des trois facteurs constituant l'Univers.

1. Et surtout à la *cellule embryonnaire*.

L'UNIVERS

Disons quelques mots maintenant de cet Univers lui-même et des forces en action dans sa sphère.

Trois forces sont en action dans l'Univers, nous dit Fabre d'Olivet :

1° La Fatalité, *le Destin*, force essentielle de *la Nature*. Principe créateur pour le Matérialisme et le Déterminisme ;
2° *La Volonté humaine*, le libre arbitre, force essentielle de *l'Homme*. *Principe créateur pour le Panthéisme ;*
3° *La Providence*, l'action Divine, force essentielle de Dieu. *Principe créateur pour le Théisme.*

Considérée séparément comme seule agissante dans l'Univers, chacune de ces trois forces n'explique qu'un tiers des causes, des lois et des faits.

De là l'insuffisance du système purement analytique, qu'il s'agisse du Matérialisme des Savants, du Panthéisme des Philosophes ou du Théisme pur des Théologiens.

L'Ésotérisme seul, établissant l'unité d'action de ces trois forces, donne naissance à un système vraiment *synthétique*.

Un exemple nous montre quels sont les moyens d'action de chacune de ces forces.

LES TROIS FORCES EN ACTION DANS LA NATURE

Supposons qu'une nuit vous êtes tout à coup très impressionné par un rêve. Vous voyez votre maison brûler, les flammes gagnent partout, détruisant tous les objets qui vous sont chers ; puis vous vous réveillez sur cette impression.

Le rêve que vous avez fait n'est pas semblable aux mille

rêvasseries des autres nuits. Il vous frappe par quelque chose de mystérieux, de plus il reste profondément gravé en votre esprit.

Le lendemain matin vous avez deux choses à faire : ou croire à l'avertissement du rêve, prendre vos papiers et vos objets précieux et partir, ou dire que ce sont là les résultats d'une imagination trop active et rester bien tranquillement chez vous.

La liberté de votre décision est entière à ce moment.

Bientôt le rêve se réalise plus fortement encore que vous ne pouvez penser. Si vous êtes parti, votre vie est sauve ; si vous êtes resté, vous êtes perdu.

Les trois forces sont entrées en action dans cet événement.

1° Votre maison doit brûler ce jour-là.

C'est là un fait *fatal*, inéluctable, rien ne peut l'empêcher, ni Dieu ni aucun être.

Voilà le caractère du Destin et de ses actes.

2° La Providence ne peut pas empêcher le Destin [1] de s'accomplir. Elle ne peut qu'une chose : susciter un avertissement. C'est pourquoi vous avez le rêve.

La Providence agit toujours par des moyens mystérieux et inattendus. L'histoire de Jeanne d'Arc en est une des plus belles preuves.

3° Averti par la Providence, votre libre arbitre, *votre volonté d'homme*, aussi puissante de son côté que le Destin ou la Providence elle-même, peut s'allier à l'une ou à l'autre de ces forces.

Si vous vous alliez à la Providence, si vous écoutez son avertissement, vous êtes *providentiellement* sauvé.

---

1. Voilà pourquoi le Destin est le plus ancien et le plus terrible des Dieux de l'ancienne mythologie.

Si vous vous alliez au Destin, si vous méprisez ses avis mystérieux, vous êtes *fatalement* perdu.

Cet exemple fera comprendre au mieux l'action de chacune des trois forces qui dirigent l'Univers. Dans une pièce d'un jeune auteur de grand talent, M. L. Hennique, intitulée *Amour* et jouée à l'Odéon, le dernier acte tout entier roule sur l'action de ces trois forces. Cette action est merveilleusement mise en scène.

Fabre d'Olivet, dans son *Histoire philosophique du genre humain*, montre l'évolution de ces forces dans l'histoire et tire de leur action de précieux enseignements. L'histoire de Jeanne d'Arc ne peut s'expliquer *en entier* que d'après la Doctrine de la Providence, du Destin et de la Volonté humaine.

Le point primordial à noter c'est que ces trois forces sont ÉGALES, et que l'Homme est aussi libre que la Fatalité et que la Providence et peut obéir ou désobéir à son gré. Cette doctrine permet d'expliquer un grand nombre de problèmes religieux.

L'alliance de la volonté humaine avec la Providence en vue d'une œuvre mystique, c'est la Magie blanche.

L'alliance de cette volonté avec le Destin, c'est la Sorcellerie. Voilà pourquoi les doctrines *exclusivement fatalistes* de l'Inde ne présentent qu'un seul des côtés de la question ; voilà pourquoi les auteurs qui se rattachent à cette école dédaignent *la prière*, le plus puissant mode d'action de l'homme sur la Providence.

Voilà, d'après Fabre d'Olivet lui-même, l'application de cette théorie des trois forces aux lois sociales et au problème de l'origine du mal. George Montière a donné d'importants développements sur ce dernier point dans une étude comparative publiée dans l'*Initiation* (2° année).

« L'homme, créé libre pour être une des grandes puissances de l'univers, est précipité de son état glorieux, avant qu'il ait atteint son complément. Il est obligé de se diviser pour racheter sa faute et élaborer sa propre nature. Placé sur la terre, il a contre lui le Destin qu'il s'est fait et qu'il va se faire, et n'a pour aide, pour soutien immédiat dans ce grand travail, que la Providence divine. De là trois principes de politique générale toujours en contact :

« La Providence qui, par sa nature céleste, tend toujours à l'unité. Elle devient en politique le principe des théocraties, elle donne toutes les idées religieuses et préside à la fondation de tous les cultes; il n'est rien d'intellectuel qui ne vienne d'elle, elle est la vie de tout; son but est l'empire universel ;

« Le Destin, qui donne la forme et la conséquence de tous les principes mis en action. Il n'y a rien de légitime hors de lui. Il est le principe des monarchies et le triomphe de la nécessité;

« Enfin la Volonté de l'homme, qui possède un mouvement d'action et de progression; sans elle rien ne se perfectionnerait. Elle est le principe des républiques, le triomphe de la liberté, et la réalisation de tout ce qui peut être tant en bien qu'en mal.

« Ainsi chaque fois que les peuples sont trop opprimés par le Destin, ou trop corrompus par la Volonté de l'homme, il faut qu'il y ait réaction par la Providence, pour éviter la ruine totale des États, et l'interruption du travail de l'homme universel. »

Voyez maintenant l'application de cette sorte de prophétie par connaissance des principes sociaux, dont j'ai parlé tout à l'heure, dans le résumé suivant:

« Chaque fois que les hommes, emportés par une ambition et une cupidité sans bornes, sont parvenus à établir un point central d'où ils peuvent développer les combinaisons de ce funeste binaire, signalé comme la ruine de tous les États par les sages de l'antiquité, il faut que le monde entier soit bouleversé dans ses rapports sociaux.

« Ce binaire consiste à réunir dans une capitale les trois aristocraties centrales, sur des bases totalement fausses, en annulant tous les droits publics qui pourraient leur servir de balancement. L'aristocratie ecclésiastique, après avoir matérialisé les croyances religieuses, perd sa considération; au premier bouleversement, on lui ravit ses biens, on la chasse, ensuite on la rappelle et on la solde pour la forcer d'agir dans une loi contraire à la loi religieuse qui la constituait.

« L'aristocratie militaire centrale, qui ne peut avoir de poids que par la destruction des droits civils des militaires provinciaux, est obligée de se lier avec des financiers pour atteindre à ce but; et dès qu'elle y touche, la première révolution la ruine de fond en comble. On lui enlève ses richesses et ses droits usurpés, et elle ne peut les remplacer que par des honneurs éphémères, les faveurs des rois, les dilapidations du trésor public ou des associations sourdes dans des affaires d'un commerce détestable.

« L'aristocratie spéculante abîme alors le commerce naturel, renverse tous les balancements provinciaux, détruit tous les liens des peuples, accumule les richesses, crée de nouvelles valeurs, métamorphose jusqu'au sein de la terre, sème avec une rapidité incroyable une corruption impossible à décrire, et cherche des consommateurs et des victimes jusqu'aux confins de l'univers. »

*
* *

« *Nahash* caractérise proprement ce sentiment intérieur et profond qui attache l'être à sa propre existence individuelle et qui lui fait ardemment désirer de la conserver ou de l'étendre.

« *Nakash* est plutôt, si je puis m'exprimer ainsi, cet égoïsme radical qui porte l'être à se faire centre et à tout rapporter à lui.

« Moïse dit que ce sentiment était la passion entraînante de l'animalité élémentaire, le ressort secret ou le levain que Dieu avait donné à la nature.

« *Nahash harym* ne serait pas un être distinct, indépendant, tel que vous avez peint Lucifer d'après le système que Manès avait emprunté des Chaldéens et des Perses ; mais bien un mobile central donné à la matière, un ressort caché, un levain, agissant dans la profondité des choses, que Dieu aurait placé dans la nature corporelle pour en élaborer les éléments. »

Telle est la force qui va pousser Adam à envahir de son esprit la science créatrice. Pourquoi cette science cause-t-elle sa perte ? Fabre d'Olivet répond par une comparaison, puis par un discours d'Adam à Caïn.

« La vie et la science sont également bonnes ; mais elles demandent à être réunies convenablement et proportionnées l'une à l'autre.

« Quoiqu'un enfant jouisse de la vie dès le moment de sa naissance, sa vie encore faible, et pour ainsi dire à son aurore, n'a point assez de vigueur pour résister aux moindres ébranlements du corps et de l'âme, qu'elle supportera plus tard. Si l'on considère cet enfant du côté des aliments, on voit qu'il n'a besoin que d'un lait léger, et que, si on lui donnait autre chose, si on prétendait le nourrir de la même manière qu'un homme fait, on le tuerait inévitablement. Ce qui a lieu pour le corps a également lieu pour l'âme. Si de trop bonne heure elle éprouve les secousses des fortes passions, elle y succombe. L'esprit est dans le même cas. La science, qui est son partage, doit lui être donnée avec ménagement: Vouloir qu'un enfant sache dans sa tendre jeunesse ce qu'il ne doit savoir qu'étant homme, c'est le perdre.

« L'Éternel Dieu, mon fils, avait donné la vie et la science à l'homme; mais la vie dans la fleur de l'adolescence et la science seulement en germe. Il voulait que l'une se développât avec l'autre, et qu'elles parvinssent ensemble à leur plus haut degré de plénitude et de perfection. L'homme savait que cela était ainsi et même ne pouvait être qu'ainsi. Il savait qu'une science précoce exposerait sa vie et même pourrait la lui ravir. Quant à ce qui est de cette absence de vie appelée *mort*, il n'en avait qu'une idée confuse. Tout ce qu'il en concevait, c'est que c'était un état redoutable. Un événement funeste dont il est inutile de te rendre compte, parce qu'il ne peut te regarder que dans ses résultats, et que tu ne le comprendrais pas dans son principe parce que tu n'es encore qu'un enfant, ayant mis toute la science à ma portée, je ne pus résister au désir de la posséder. Entraîné par une passion aveugle, et croyant échapper au danger dont j'étais menacé, je saisis le fruit qui m'était offert. Mon audace devança les temps, et mon esprit, en effet, envahit la science. Mais la prédiction de l'Éternel Dieu s'accomplit; ma vie trop faible succomba sous le poids dont je l'avais accablée. Elle ne pouvait plus croître; elle dut décliner. Un déclin éternel est la plus horrible des souffrances. L'Éternel Dieu me l'épargna en daignant changer le mode de ma vie. Alors tu naquis. Sans l'événement dont je t'ai parlé, tu ne serais pas né, Ève ne serait pas ta mère, ton frère n'aurait pas vu le jour, et l'humanité tout entière qui doit naître de vous n'eût pas existé. »

Ces prémisses établies, Fabre d'Olivet peut aborder

l'exposition de ses idées sur l'origine du mal et ses remèdes :

« Ainsi donc les maux dont l'humanité se trouve malheureusement affligée sont les suites d'un accident, et n'entraient point du tout en principe dans le plan du créateur du Monde (comme veut le faire entendre Lucifer pour se disculper de les avoir amenés). Ces maux ne sont point éternels puisqu'ils sont renfermés dans un temps limité; ils diminuent progressivement d'intensité à mesure que l'humanité s'étend, et dans le temps et dans l'espace, et ils finiront par disparaître entièrement en se confondant avec ce que les géomètres appellent les infiniment petits; de la même manière, pour me servir d'une comparaison sensible, qu'une livre de sel, qui salerait fortement un seau d'eau, salera très peu une citerne, presque point un étang et nullement un fleuve. »

Les Indous connaissent fort bien ces trois forces désignées :

La Providence sera le nom de Brahma (créateur).
La Volonté humaine sera le nom de Wischnou (conservateur).
Le Destin sera le nom de Siva (destructeur).

Les deux extraits suivants montreront l'application des idées à l'Astrologie qu'il faudrait un volume pour bien développer; aussi ne ferons-nous que les mentionner ici.

La science divinatoire par excellence c'est l'Astrologie. Si l'on se rappelle les données de la doctrine de Pythagore concernant la Liberté et la Nécessité, il sera facile de voir les raisons théoriques qui guidaient les chercheurs dans ces études. Comme tout est analogique dans la Nature, les lois qui guident les Mondes dans leur course doivent également guider l'humanité, ce cerveau de la Terre, et les hommes ces cellules de l'humanité. Toutefois l'empire de la Volonté est si grand que, comme on l'a vu tout à l'heure, il peut aller jusqu'à dominer la Nécessité. De là cette formule qui forme la base de l'astrologie :

Astra inclinant, non necessitant.

(Les astres suggèrent, mais ne « nécessitent » pas.)

La Nécessité pour l'homme dérive de ses actions antérieures, de ce que les Indous appellent son Karma. Cette idée est aussi celle de Phythagore et par suite de tous les sanctuaires antiques ; voici la génération de ce KARMA :

« Nirvana, est-il dit dans *Isis*, signifie la certitude de l'immortalité individuelle en ESPRIT, non en AME ; celle-ci étant une émanation finie, ses particules, composées de sensations humaines, de passions et d'aspirations vers quelque forme objective d'existence, doivent nécessairement se désintégrer avant que l'esprit immortel renfermé dans le MOI soit tout à fait affranchi et, par conséquent, assuré contre toute transmigration nouvelle. Et comment l'homme pourrait-il atteindre cet état, aussi longtemps que l'UPADANA, ce désir de VIVRE et de vivre encore, n'aura pas disparu de l'Être sentant, de l'AHANCARA revêtu, pourtant, d'un corps éthéré?

« C'est *l'Upadana* ou désir intense qui produit la VOLONTÉ, qui développe la FORCE, et c'est cette dernière qui engendre la MATIÈRE, c'est-à-dire un objet ayant une forme. Ainsi le MOI désincarné, rien que parce qu'il a en lui ce désir qui ne meurt pas, fournit inconsciemment des conditions à ses propres générations successives, sous diverses formes ; ces dernières dépendent de son état mental et de son KARMA, c'est-à-dire des bonnes ou mauvaises actions de sa précédente existence, de ce qu'on appelle communément ses MÉRITES et ses DÉMÉRITES. »

C'est donc l'ensemble de ces mérites et de ces démérites qui constitue pour l'homme sa Nécessité. Il en est peu qui sachent mener leur volonté à un développement tel qu'elle influe sur cette destinée; aussi les inclinations des astres « nécessitent-elles » pour la plupart des hommes.

« L'avenir se compose du passé; c'est-à-dire que la route que l'homme parcourt dans le temps, et qu'il modifie au moyen de la puissance libre de sa volonté, il l'a déjà parcourue et modifiée; de la même manière, pour me servir d'une image sensible, que la terre décrivant son orbite annuelle autour du soleil, selon le système moderne, parcourt les mêmes espaces, et voit se déployer autour d'elle à peu près les mêmes aspects : en sorte que, suivant de nouveau une route qu'il s'est tracée, l'homme pourrait, non seulement y reconnaître l'empreinte de ses pas, mais prévoir d'avance les objets qu'il va y rencontrer, puisqu'il les a déjà vus, si sa mémoire en conservait l'image et si cette image n'était point effacée par une suite nécessaire de sa nature et des lois providentielles qui la régissent.

« Le principe par lequel on posait que l'avenir n'est qu'un retour du passé ne suffisait pas pour en connaître même le canevas : on avait besoin d'un second principe qui était celui par lequel on établissait que la Nature est semblable partout et, par conséquent, que son action étant uniforme dans la plus petite sphère comme dans la plus grande, dans la plus haute comme dans la plus basse, on peut inférer de l'une à l'autre et prononcer par analogie.

« Ce principe découlait des dogmes antiques sur l'animation de l'Univers tant en général qu'en particulier : dogme consacré chez toutes les nations et d'après lequel on enseignait que non seulement le Grand Tout, mais les mondes innombrables qui en sont comme les membres, les Cieux et le Ciel des Cieux, les Astres et tous les Êtres

— 921 —

qui les peuplent, jusqu'aux plantes mêmes et aux métaux, sont pénétrés par la même âme et mus par le même esprit. Stanley attribue ce dogme aux Chaldéens, Kircher aux Égyptiens et le savant rabbin Maimonides le fait remonter jusqu'aux Sabéens[1].

Si nous voulons savoir quelle est l'origine de ces idées sur l'astrologie, nous verrons que, comme toutes les grandes sciences cultivées par l'antiquité, elle était répandue sur toute la surface de la Terre cnmme le prouve l'auteur que je ne puis me lasser d'invoquer :

« Laisse les fous agir et sans but et sans cause ;
Tu dois, dans le présent, contempler l'avenir.

« C'est-à-dire, tu dois considérer quels seront les résultats de telle ou telle action, et songer que ces résultats dépendant de ta volonté, tandis qu'ils sont encore à naître, deviendront le domaine de la Nécessité à l'instant où l'action sera exécutée, et croissant dans le passé une fois qu'ils auront pris naissance, concourront à former le canevas d'un nouvel avenir.

« Je prie le lecteur, curieux de ces sortes de rapprochements, de réfléchir un moment sur l'idée de Pythagore. Il y trouvera la véritable source de la science astrologique des anciens. Il n'ignore pas, sans doute, quel empire étendu exerça jadis cette science sur la face de la terre. Les Égyptiens, les Chaldéens, les Phéniciens ne la séparaient pas de celle qui règle le culte des Dieux. Leurs temples n'étaient qu'une image abrégée de l'Univers, et la tour qui servait d'observatoire s'élevait à côté de l'autel des sacrifices. Les Péruviens suivaient à cet égard les mêmes usages que les Grecs et les Romains. Partout le

---

1. Fabre d'Olivet, *Vers dorés*, p. 273. *Karma*, Unité de l'Univers.

grand pontife unissait au sacerdoce la science généthliaque ou astrologique, et cachait avec soin, au fond du sanctuaire, les principes de cette science. Elle était un secret d'État chez les Étrusques et à Rome, comme elle l'est encore en Chine et au Japon. Les Brahmes n'en confiaient les éléments qu'à ceux qu'ils jugeaient dignes d'être initiés.

« Or, il ne faut qu'éloigner un moment le bandeau des préjugés, pour voir qu'une science universelle, liée partout à ce que les hommes reconnaissent de plus saint, ne peut être le produit de la folie et de la stupidité, comme l'a répété cent fois la foule des moralistes.

« L'antiquité tout entière n'était certainement ni folle ni stupide, et les sciences qu'elle cultivait s'appuyaient sur des principes qui, pour nous être aujourd'hui totalement inconnus, n'en existaient pas moins [1].

Les Chinois possèdent également ces donnés sur les trois forces et leur action. Ce point est du reste très peu connu. Aussi en dirons-nous quelques mots.

LE TRIANGLE RECTANGLE

Il existe un pantacle connu dès la plus haute antiquité en Chine, c'est le triangle rectangle dont les côtés ont une longueur spéciale.

Ils ont respectivement 3, 4, et 5, si bien que le carré de l'hypoténuse $5 \times 5 = 25$ est égal au carré des autres côtés $3 \times 3 = 9$ et $4 \times 4 = 16$; $16 + 9 = 25$.

Mais là ne s'arrête pas le sens attribué à ce pantacle; les nombres ont en effet une signification mystérieuse qu'on peut interpréter ainsi.

3, l'idée, alliée à 4, la forme, fait équilibre à 5, le Pen-

---

[1]. Fabre d'Olivet, *Vers dorés de Pythagore*, p. 270. Astrologie.

tagramme ou l'Homme; ou dans une autre interprétation :
L'Essence absolue 2, plus l'Homme 4, fait équilibre au
Mal 5. On voit que cette dernière interprétation ne diffère
de la première que par l'application des mêmes principes
à un monde inférieur, comme le montre la disposition suivante :

Idée-Essence
Forme-Homme
Homme-Mal.

L'étude du Pentagramme suffit du reste à expliquer ces apparentes contradictions.

Nous donnons à titre de curiosité le livre chinois *Tchenpey*, basé sur les données ci-dessus. Il est extrait des *Lettres édifiantes* (t. 26, p. 146, Paris, 1783). Le missionnaire qui l'a traduit le déclare antérieur à l'incendie des livres, 213 av. J.-C. Claude de Saint-Martin en a publié un commentaire mystique dans son *Traité des Nombres* (Dentu, Paris, 1863).

Comme on peut le voir, ce livre est basé sur les 22 clefs du livre d'Hermès.

LES 22 TEXTES DU LIVRE CHINOIS TCHEN-PEY

1

« Anciennement Tcheou-Kong interrogea Chan-kao et dit : J'ai ouï dire que vous êtes habile dans les nombres; on dit que Pao-hi donna des règles pour mesurer le ciel.

2

« On ne peut pas monter au ciel, on ne peut pas avec le pied et le pouce mesurer la terre; je vous prie de me dire les fondements de ces nombres.

3

« Chang-kao dit :

4

« Le Yu-en (rond) vient du Fang (carré) 4 = 10.

5

« Le Fang vient du Ku.

6

« Le Ku vient de la multiplication de 9 par 9, cela fait 81.

7

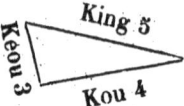

« Si on sépare le Ku en deux, on fait le Keou large de trois et un kou long de quatre. Une ligne King joint les deux côtés Keou, Kou fait des angles, le King est de cinq

8

« Voyez la moitié du Fang.

9

« Le Fang ou le Plat fait les nombres 3, 4, 5.

10

« Les deux Ku font un long Fang de 25, c'est le Tsi-ku total des Ku (5 × 5 = 25).

11

« C'est par la connaissance des fondements de ces calculs que Yu mit l'Empire en bon état.

12

« Tcheou-Kong dit : Voilà qui est grand, je souhaite savoir comment se servir du Ku. Chang-kao répondit : « Le Ku aplani et uni est pour niveler le niveau.

13

« Le Yen-ku est pour voir le haut ou la hauteur.

14

« Le Fou-ku est pour mesurer le profond.

15

« Le Go-ku est pour savoir l'éloigner.

16

« Le Ouan-ku est pour le rond.

17

« Le Ho-ku est pour le Fang.

18

« Le Fang est du ressort de la Terre. Le Yu-en est du ressort du ciel, le ciel est Yu-en, la terre est Fang.

19

« Le calcul du Fang est tien. Du Fang vient le Yu-en.

20

« La figure Ly est pour représenter, décrire, observer le ciel. On désigne la terre par une couleur brune et noire. On désigne le ciel par une couleur mêlée de jaune et d'incarnat.

« Les nombres et le calcul pour le ciel sont dans la figure Ly. Le ciel est comme une enveloppe, la terre se trouve au-dessous de cette enveloppe et cette figure ou instrument sert à connaître la vraie situation du ciel et de la terre.

21

« Celui qui connaît la terre s'appelle sage et habile. Celui qui connaît le ciel s'appelle fort sage, sans passions. La connaissance du Keou-Ku donne la sagesse, on connaît par là la terre; par cette connaissance de la terre on parvient à la connaissance du ciel et on est fort sage et sans passions, on est Ching. Les côtés Keou et Ku ont leurs nombres; la connaissance de ces nombres prouve celle de toutes choses.

22

« Tcheou-Kong dit : Il n'est rien de mieux. »

RÉSUMÉ

En résumé, tout se réduit en Magie au développement de la volonté et à l'application de cette action à la Nature.

Quels sont les procédés de ce développement?

On peut voir dans *Hamlet* une scène |dans laquelle un courtisan veut agir sur les âmes alors, comme le lui fait dédaigneusement remarquer le héros, qu'il ignore comment on tire des sons d'un instrument de bois.

Il arrive souvent que ceux qui s'occupent de ces questions reçoivent un mot ainsi conçu : « Monsieur, pourriez-vous me mettre à même, par retour du courrier, de dominer les éléments et d'être supérieur aux autres hommes?»

Que dirait un grand peintre que l'on prierait de rendre « artiste » le fils d'un paysan en quelques jours?

Tous les arts demandent des études préparatoires. Il en est ainsi pour la Magie. Nous fournirons du reste tous les procédés connus d'entraînement de la volonté dans notre *Traité élémentaire de Magie pratique*.

Pour l'instant nous allons résumer tout ce qui précède en citant les conclusions de trois auteurs : d'abord celles de Wronski, l'un des plus éminents penseurs du XIX° siècle ; ensuite celles d'un écrivain théosophique, ancien médium qui, malgré son amour de la polémique violente, a su déroger pour une fois à ses peu louables habitudes : H. P. Blavatsky ; enfin celles de Fabre d'Olivet, auteur occidental plus profond que tous les théosophes indous réunis et, du reste, parfaitement inconnu d'eux.

CRÉATION DE LA MAGIE (P.-C. de Thaumaturgie).

EN
Évocation de la Vie
(Ici appartient la résurrection des Morts)

E E	E S
Évocation du Néant	Évocation de l'Esprit
U E	U S
Évocation des Cacodémons	Évocation des Agathodémons
T E	T S
Conjuration des Cacodémons	Conjuration des Agathodémons
S E	E S
Théurgie	Goétie

C F
Mysticisme (pratique)

P C
Théosophie
Mysticisme contemplatif ou soi-disant
Philosophie mystique

Note sur la Théosophie.

Identité finale dans la réunion systématique de l'évocation des Agathodémons et de celle des Cacodémons moyennant l'évocation de la vie qui leur est commune.

Technie mystique.

Organisation mystique de l'harmonie pour prendre part à la marche de la création. Association mystique.

A. — *Fins ou buts* de l'association mystique.
a^2 Fin principale, hyperphysique. Participation à la création.
b^2 Fin accessoire ou physique. Direction des destinées de la terre.
b Moyens de l'association mystique.
a^2 Moyen principal. Sociétés secrètes.
b^2 Moyen accessoire. Usage des œuvres mystiques.

Note sur les Buts.

a^2 Le but principal de l'association mystique résulte immédiatement de la détermination théorique du mysticisme, telle que nous l'avons donnée plus haut, comme consistant dans la limitation mystique de la réalité absolue en observant que la limitation forme en général la neutralisation entre la *privation* et la *prestation* de la réalité! Et c'est en suivant ce but principal que les sociétés mystiques, pour prendre part à la création, cultivent les sentiments et les arts surnaturels tels que *l'autopsie, la poésie télétique, la philosophie hermétique, les guérisons magnétiques, la palingénésie*, etc., et certains mystères de génération physique, etc.

a^2 *Sociétés secrètes.*

Ne pouvant pratiquer ni discuter publiquement les efforts surnaturels que fait l'association mystique pour prendre part à la création, parce que, pour le moins, le public en rirait, et ne pouvant non plus diriger ouvertement les destinées terrestres parce que les gouvernements s'y opposeraient, cette association mystérieuse ne peut agir autrement que par le moyen des sociétés secrètes. Ainsi, comme on le conçoit actuellement, c'est dans la scène du mysticisme que naissent toutes les sociétés secrètes qui ont existé et qui existent encore sur notre globe, et qui toutes, mues par de tels ressorts mystérieux, ont dominé et continuent encore, malgré les gouvernements, à dominer le monde.

Ces sociétés secrètes, créées à mesure qu'on en a besoin, sont détachées par bandes distinctes et opposées en apparence, professant respectivement, et tour à tour, les opinions du jour les plus contraires, pour diriger séparément, et avec confiance, tous les partis, politiques, religieux, économiques et littéraires, et elles sont rattachées, pour y recevoir une direction commune, à un centre inconnu où est caché le ressort puissant qui cherche ainsi à mouvoir invisiblement tous les sceptres de la terre.

Par exemple les deux partis politiques, des libéraux, droit humain, et des royalistes, droit divin, qui partagent aujourd'hui le monde, ont respectivement leurs sociétés secrètes dont ils reçoivent l'impulsion et la direction; et, sans qu'elles puissent s'en douter, ces sociétés secrètes, les unes comme les autres, sont elles-mêmes, par l'habileté de quelques chefs, mues et dirigées suivant les vues d'un comité suprême et inconnu qui gouverne le monde.

b² Citation curieuse sur la Providence vivante.

Condition de possibilité des œuvres mystiques. Cette condition de possibilité consiste dans un ordre de vie élevé, que nous avons déjà mentionné plus haut, en annonçant que nous le désignerions du nom de *stase vitale*. Tout se réduit donc à savoir jusqu'à quel point la nature humaine, c'est-à-dire la nature de l'être raisonnable sur la terre, *sur notre globe*, est susceptible de rehausser sa stase vitale, pour s'élever aux régions des œuvres mystiques. Et cette question décisive ne peut être résolue qu'*à posteriori* ou par le fait.

Il en résulte, pour la philosophie, deux conséquences majeures. La première est que, par le pressentiment que l'homme a de cette vocation mystérieuse de sa nature, vocation qui vient enfin d'être légitimée par la raison, il ne peut refuser absolument toute foi aux œuvres mystiques; et que, par suite de cette disposition humaine, d'innombrables fourbes et imposteurs, abusant d'une si ineffaçable crédulité, ont sans cesse trompé les hommes par de prétendues œuvres mystiques.

La seconde conséquence philosophique est que nulle œuvre de mysticisme, fût-elle de la moindre valeur, par exemple un simple fait de magnétisme éleuthérique, ne doit être admise comme telle qu'avec la critique la plus sévère et que, pour obvier à de graves inconvénients, il est plus profitable à la raison humaine de méconnaître les véritables œuvres mystiques, s'il en existe sur notre globe, que de se livrer à une trop grande crédulité à leur égard.

Libéralisme ou droits de l'homme. Franc-maçonnerie.
Servilisme ou devoirs de l'homme. Mystiques.

Affiliations mystiques sous les pyramides d'Égypte.
Secte ésotérique de Pythagore.
Astrologues ou mathématiciens de Rome.
Maison de sagesse du Caire.
Assassins (Vieux de la Montagne).
Templiers.
Rose-Croix (Andrea fama fraternitatis).
Robert Fludd.

.*.

Autre note CURIEUSE *écrite vers 1823.*

b^8 Cercles dirigeants ou *Illuminés proprement dits.* On conçoit qu'à cet égard très peu de chose transpire dans le public. Peut-être pourrait-on ranger ici, du moins en partie, les FRÈRES INITIÉS DE L'ASIE, mais il est plus probable qu'ils appartiennent encore à la *Stricte observance* en considérant surtout leur penchant vers la mysticité qui les rend peu propres *à cette direction supérieure.*

b^4 *Identité finale* ou systématique entre les épreuves et les secrets ou entre le monde visible et le monde invisible ; réalisation mystique de l'absolu dans l'absolu ; affiliation potentielle : *les invisibles ou esprits terrestres.*

NOTA. — Une seule fois ces Invisibles se sont montrés aux hommes. Ce fut lors de l'effroyable tribunal secret (Heimlicher Act).

Ces esprits terrestres ne paraissent pas aujourd'hui, mais ce sont eux qui régissent toutes les sociétés secrètes; et dans ce comité, l'ancien livre de sang reste toujours ouvert.

Les rapports de l'invisible au visible avaient été étendus à leurs plus grandes limites, si bien qu'on savait la chaîne par laquelle un objet, quel qu'il fût, remontait à l'intelligence de qui il devait sa forme. De là l'emploi de certains objets, de certains caractères pour fixer la volonté dans les opérations magiques.

Ces objets ne servaient qu'à former un point d'appui sur lequel s'appuyait la volonté de l'adepte pour agir comme un puissant aimant sur la force universelle. Un adepte ne peut pas produire un effet contre nature, un miracle, pour la bonne raison que cela n'existe pas.

∗
∗ ∗

« **1**. Il n'y a pas de miracles; tout ce qui arrive est le résultat de la LOI éternelle, immuable, toujours active. Le miracle apparent n'est que l'opération de forces antagonistes à ce que le D' B. Carpenter (membre de la Société Royale), homme de grandes connaissances, mais de peu de savoir, appelle les lois bien démontrées de la nature. Comme beaucoup de ses confrères, le D' Carpenter ignore un fait, c'est qu'il peut y avoir des Lois autrefois connues et maintenant inconnues à la science.

« **2**. La nature est *tri-une*[1] :

« 1° Nature visible, objective;

« 2° Nature invisible, occulte, naturante, modèle exact et principe vital de l'autre;

« 3° Au-dessus de ces deux est l'Esprit, source de toutes forces, éternel et indestructible.

« Les natures inférieures changent constamment; la plus élevée jamais.

« **3**. L'homme est aussi tri-un :

« 1° Le corps physique, l'homme objectif;

« 2° Le corps astral, vitalisant ou âme, c'est l'homme réel;

« 3° Ces deux sont tonalisés et illuminés par le troisième, l'immortel Esprit.

« Quand l'homme réel réussit à se fondre dans ce dernier, il devient une intensité immortelle.

« **4**. La Magie considérée comme science est la connaissance de ces principes et de la voie par laquelle

---

1. La division ternaire est la base de tout ésotérisme. Toutefois ce ternaire atteint son plein développement dans le Septénaire. (Papus).

l'omniscience et l'omnipotence de l'Esprit et son contrôle sur les forces de la Nature peuvent être acquis par l'individu tandis qu'il est encore dans le corps.

« Considérée comme art, la Magie est l'application de ces connaissances à la pratique.

« 5. La connaissance des arcanes mésapprise constitue la sorcellerie; mise en usage avec l'idée de BIEN, elle constitue la vraie Magie ou la Sagesse.

« 6. Le médium est l'opposé de l'adepte. Le médium est l'instrument passif d'influences étrangères, l'adepte exerce *activement* sa puissance sur lui-même et sur toutes les puissances inférieures.

« 7. Tout ce qui est, qui fut ou qui sera étant stéréotypé dans la lumière astrale, tablette de l'univers invisible, l'adepte initié, en usant de la vision de son propre esprit, peut savoir tout ce qui a été connu et tout ce qui le sera.

« 8. Les Races d'hommes diffèrent en dons spirituels comme en dons corporels (couleur, stature, etc.). Chez certains peuples les voyants prévalent naturellement, chez d'autres ce sont les médiums.

« Quelques-unes sont adonnées à la sorcellerie et se transmettent les règles secrètes de la pratique de génération en génération. Ces règles embrassent des phénomènes psychiques plus ou moins grands.

« 9. Une phase d'habileté magique c'est l'extraction volontaire et consciente de l'homme du dedans (forme astrale), hors de l'homme extérieur (corps physique).

« Dans le cas de quelques médiums cette sortie a lieu; mais elle est inconsciente et involontaire; avec eux le corps est plus ou moins catalepsié en ce moment; mais chez les adeptes on ne peut s'apercevoir de l'absence de la forme astrale, car les sens physiques sont alertes et l'individu semble seulement être dans un état de recueillement, « être autre part », comme on dit.

« Ni le temps ni l'espace n'offrent d'obstacle à la pérégrination de la forme astrale. Le Thaumaturge tout à fait habile en science occulte peut faire en sorte que son corps physique semble disparaître ou prendre en apparence toute forme qu'il lui plaît. Il peut rendre sa forme astrale visible ou lui donner des apparences protéennes. Dans les deux cas le résultat provient d'une hallucination mesmérique collective des sens de tous les témoins. L'hallucination est si parfaite que celui qui en est le sujet jurerait sa vie qu'il a vu une réalité, alors que ce n'est qu'un tableau de son esprit imprimé sur sa conscience par la volonté irrésistible du Mesmériseur

« Mais tandis que la forme astrale peut aller partout, pénétrer tout obstacle et être vue à toute distance hors du corps physique, ce dernier est sujet aux méthodes ordinaires de transport. Il peut être lévité dans des conditions magnétiques spéciales, mais il ne peut pas passer d'une place à une autre sauf de la manière ordinaire.

« La matière inerte peut, dans certains cas et sous certaines conditions, être désintégrée, passer à travers des murs, puis être reconstituée ; mais cela est impossible avec les organismes vivants.

« Les Swedenborgiens croient et la science des arcanes enseigne que fréquemment l'âme abandonne le corps vivant et que chaque jour, en chaque condition d'existence, nous rencontrons de ces cadavres vivants. Ceci peut être le résultat de causes variées, parmi lesquelles une frayeur, une douleur, un désespoir trop forts, une violente attaque de maladie.

« Dans la « carcasse » vacante peut entrer et habiter la forme astrale d'un adepte sorcier ou d'un élémentaire (âme humaine désincarnée attachée à la terre) ou encore, mais très rarement, d'un élémental. Un adepte en Magie blanche a naturellement le même pouvoir; mais, sauf quand il est dans l'obligation d'accomplir un but important et tout à fait exceptionnel, il ne se résoudra pas à se polluer en occupant le corps d'une personne impure.

Dans la folie, l'être astral du patient est, soit demi-paralysé, troublé et sujet à l'influence de toute sorte d'esprits qui passent, soit parti pour toujours, et le corps est la possession de quelque entité vampirique en voie de désintégration, qui s'accroche désespérément à la Terre dont elle veut goûter les plaisirs sensuels pendant une courte période allongée par cet expédient.

« **10**. La pierre angulaire de la Magie, c'est une connaissance pratique et approfondie du Magnétisme et de l'Électricité, de leurs qualités, de leur corrélation et de leur potentialité. Ce qui est surtout nécessaire, c'est d'être familiarisé avec leurs effets dans et sur le règne animal et l'homme.

« Il y a des propriétés occultes aussi étranges que celles de l'aimant dans beaucoup d'autres minéraux que les praticiens en Magie *doivent* connaître, propriétés dont la science dite exacte est complètement ignorante.

« Les plantes aussi ont, à un degré étonnant, des propriétés mystiques, et les secrets des herbes de songe et d'enchantement ne sont perdus que pour la science européenne et lui sont inconnus, sauf dans quelques cas bien marqués comme l'opium et le haschich. Et encore les effets psychiques même de ces quelques plantes sur l'organisme humain sont regardés comme des cas évidents de désordre mental temporaire. Les femmes de Thessalie et d'Épire, les femmes hiérophantes des rites de Sabasius n'ont pas emporté leurs secrets lors de la chute de leur sanctuaire. Ils sont toujours conservés, et ceux qui connaissent la nature du Soma savent aussi bien les propriétés des autres plantes.

« Pour résumer en peu de mots, la MAGIE est la SAGESSE SPIRITUELLE, la Nature est l'alliée matérielle, la pupille et le serviteur du Magicien. Un principe vital commun remplit toutes choses, et ce principe subit la domination de la volonté humaine poussée à perfection. L'adepte peut stimuler les mouvements des forces naturelles dans les plantes et les animaux à un degré supra-naturel. Ces actions, loin d'obstruer le cours de la Nature, agissent au contraire comme des adjuvants en fournissant les conditions d'une action vitale plus intense.

« L'adepte peut dominer les sensations et altérer les conditions des corps physiques et astraux des autres personnes non adeptes. Il peut aussi gouverner et employer comme il lui plaît les esprits des éléments[1], mais il ne peut exercer son action sur l'*Esprit immortel* d'aucun être humain vivant ou mort, car ces esprits sont à titre égal des étincelles de l'essence divine, et ne sont sujets à aucune domination étrangère. »

Ce passage remarquable jette un grand jour sur le secret des pratiques de la magie ainsi que sur les phénomènes obtenus de nos jours par les spirites. Il est toutefois curieux de rechercher l'origine de ces théories concernant les intermédiaires entre l'homme et l'invisible ; aussi vais-je encore avoir recours à Fabre d'Olivet :

« Comme Pythagore désignait Dieu par 1 et la matière par 2, il exprimait l'Univers par le nombre 12 qui résulte de la réunion des deux autres. Ce nombre se

---

[1]. Élémentals.

formait par la multiplication de 3 par 4, c'est-à-dire que ce philosophe concevait le Monde universel comme composé de trois mondes particuliers, qui, s'enchaînant l'un à l'autre au moyen de quatre modifications élémentaires, se développaient en douze sphères concentriques.

L'Être ineffable qui remplissait ces douze sphères, sans être saisi par aucune, était DIEU. Pythagore lui donnait pour âme la vérité et pour corps la lumière. Les intelligences qui peuplaient les trois mondes étaient : premièrement les Dieux immortels proprement dits, secondement les héros glorifiés, troisièmement les Démons terrestres.

« Les Dieux immortels, émanations directes de l'Être incréé et manifestations de ses facultés infinies, étaient ainsi nommés parce qu'ils ne pouvaient jamais tomber dans l'oubli de leur Père, errer dans les ténèbres de l'ignorance et de l'impiété ; au lieu que les âmes des hommes qui produisaient, selon leur degré de pureté, les héros glorifiés et les démons terrestres, pouvaient mourir quelquefois à la vie divine par leur éloignement volontaire de Dieu ; car la mort de l'essence intellectuelle n'était, selon Pythagore, imité en cela par Platon, que l'ignorance et l'impiété.

« D'après le système des émanations on concevait l'unité absolue en Dieu comme l'âme spirituelle de l'Univers, le principe de l'existence, la lumière des lumières ; on croyait que cette Unité créatrice, inaccessible à l'entendement même, produisait par émanation une diffusion de lumière qui, procédant du centre à la circonférence, allait en perdant insensiblement de son éclat et de sa pureté, à mesure qu'elle s'éloignait de sa source jusqu'aux confins des ténèbres dans lesquelles elle finissait par se confondre, en sorte que ses rayons divergents, devenant de moins en moins spirituels, et d'ailleurs repoussés par les ténèbres, se condensaient en se mêlant avec elles et, prenant une forme matérielle, formaient toutes les espèces d'êtres que le Monde renferme.

« Ainsi l'on admettait entre l'Être suprême et l'homme une chaîne incalculable d'êtres intermédiaires dont les perfections décroissaient en proportion de leur éloignement du Principe créateur.

« Tous les philosophes et tous les sectaires, qui admirent cette hiérarchie spirituelle, envisagèrent, sous des rapports qui leur étaient propres, les êtres différents dont elle était composée. Les mages des Perses, qui y voyaient des génies plus ou moins parfaits, leur donnaient des noms relatifs à leurs perfections et se servaient ensuite de ces noms mêmes pour les évoquer : de là vint la magie des Persans que les Juifs ayant reçue par traditions durant leur captivité à Babylone, appelèrent Kabbale. Cette magie se mêla à l'astrologie parmi les Chaldéens qui considéraient les astres comme des êtres animés appartenant à la chaîne universelle des émanations divines; elle se lia en Égypte aux mystères de la Nature et se renferma dans les sanctuaires, où les prêtres l'enseignaient sous l'écorce des symboles et des hiéroglyphes. Pythagore, en concevant cette hiérarchie spirituelle comme une progression géométrique, envisagea les êtres qui la composent sous des rapports harmoniques, et fonda par analogie les lois de l'Univers sur celles de la musique. Il appela harmonie le mouvement des sphères célestes et se servit des nombres pour exprimer les facultés des êtres différents, leurs relations et leurs influences. Hiéroclès fait mention d'un livre sacré attribué à ce philosophe, dans lequel il appelait la Divinité le Nombre des Nombres.

« Platon, qui considéra, quelques siècles après, ces mêmes êtres comme des idées et des types, cherchait à pénétrer leur nature, à se les soumettre par la dialectique et la force de la pensée.

« Synésius, qui réunissait la doctrine de Pythagore à celle de Platon, appelait Dieu tantôt le Nombre des Nombres et tantôt l'Idée des Idées. Les gnostiques donnaient aux êtres intermédiaires le nom d'Éons. Ce nom, qui signifie en égyptien un Principe de Volonté, se développant par une faculté plastique, inhérente, s'est appliqué en grec à une durée infinie [1]. »

1. Fabre d'Olivet, *Vers dorés de Pythagore*.

1. La réduction photographique a fait perdre presque toute sa valeur à cette composition. En voici les éléments :

A gauche. — L'Occident et la Science dominés par la Lune ; en bas, usines et machines ; plus haut, un cours dans une école occidentale ; plus haut, les professeurs occidentaux, représentants des diverses branches de LA SCIENCE qui domine la figure et donne la main à la Foi.

A droite. — L'Orient et la Foi dominés par le Soleil ; en bas, le Sphinx et les Pyramides, puis la nature inviolée ; plus haut un « guru » oriental instruisant le « tschela » en plein air (opposé de l'école occidentale) ; plus haut les prêtres des divers cultes indou, égyptien, musulman, chrétien, représentants des diverses branches de LA FOI qui domine la figure et donne la main à la Science.

Divers pantacles ésotériques, composés et gravés par le F∴ Bertrand, ancien vénérable.

CHAPITRE XXI

LES TABLEAUX ANALOGIQUES
ET LES FIGURES MAGIQUES

PROCÉDÉ D'EXPLICATION

§ 1. — DU SYMBOLISME

Quand, aujourd'hui, nous voulons dépeindre les divers enseignements de la Science occulte, nous sommes obligés, de par notre époque et ses coutumes, d'écrire les données de l'ésotérisme comme on écrit toutes les données possibles, qu'il s'agisse de statuts d'un syndicat ou d'un livre de haute philosophie. Une seule méthode d'écriture est à notre disposition, le style peut varier, être meilleur que le nôtre (ce qui n'est pas difficile), mais là se bornent nos moyens d'action.

Nous avons vu que les anciens avaient différentes méthodes d'expression Aussi nous faut-il analyser ces méthodes, non pas pour les employer, mais bien pour comprendre les écrits des hermétistes et les figures magiques des vieux grimoires.

Nous allons passer en revue les différents procédés de construction et d'explication des tableaux et des pantacles ; mais auparavant il nous semble utile de donner l'exposé du symbolisme ancien d'après de Brière.

Tous les traducteurs, sans distinction, ont considéré l'imitation comme la représentation de l'objet même, dans le sens direct. Ils n'ont pas fait attention que, quelque sens que l'on donne à une image, dès le moment qu'on la représente, bien ou mal, n'importe, il y a *imitation ;* et que dès lors l'explication serait niaise et pléonastique, si elle ne portait pas sur un genre particulier d'imitation, distinct de celui de la figure. Ils n'ont pas réfléchi que *l'imitation* appartient, selon saint Clément, *aux symboles ;* et que la dénomination de *symbole* ne peut s'appliquer à un objet quelconque se désignant soi-même ; συμβολικος signifie *métaphorique*, et l'on ne peut pas dire qu'un objet se représente par métaphore ; ce serait tout le contraire : c'est justement le nom de *symboliques* que Porphyre donne aux grandes images qui représentent les idées théologiques. On ne saurait dire qu'un chien soit le symbole d'un chien, ni le soleil le symbole du soleil, ni la lune le symbole de la lune ; ce n'est point un symbole, c'est un portrait. L'idée de symbole entraîne toujours avec elle quelque chose de différent de l'objet représenté : « un symbole, dit saint Maxime sur saint Denis l'Aréopagite, est un objet sensible pris pour une chose intellectuelle » (Συμβολον, αισθητον τι αντι νοητου παραλαμβανομενον) ; et il ajoute : « tels que le pain et le vin pour la nourriture immatérielle et divine, et la joie, et ainsi des autres » (οιον αρτος και οινος, αντι της αὐλου και θεις τροφῆς, και ευφροσυνῆς, και οσα τοιαυτα). Quand on représentait les choses par elles-mêmes, on disait qu'elles étaient exprimées φυσικῶς, naturellement ; tandis que, lorsqu'on les désignait par des figures allusives, δια τινων σημειων, on disait que c'était συμβολικῶς, symboliquement, métaphoriquement ; ou bien ἀναγωγικως, anagogiquement, c'est-à-dire mystiquement, et dans un sens théologique. (Saint Maxime sur saint Denis, *De Eccl. hierarchia.*) Ainsi un objet n'est un symbole que par l'application qu'on en fait. En effet, le lion est le symbole du *courage*, il n'est pas le *courage* en personne. Dans les idées que je combats, le nom de symbole serait plutôt applicable à la forme alphabétique, si cette forme existait, qu'à la représentation même de l'objet. A toute force, on pourrait dire que l'*aigle* est le symbole de l'*a ;* mais on ne dirait pas qu'il est le symbole de l'*aigle :* est-ce que, dans tous les cas, il n'y a pas imitation de la figure ? Ainsi les explicateurs de saint Clément font dépendre le rapport des signes aux idées, de l'interprétation qu'ils leur donnent : de sorte qu'un signe *imite* ou *n'imite pas*, selon qu'il est pris par eux pour un *objet* ou pour une *lettre ;* c'est arbitraire et absurde.

Les savants du jour, ne connaissant pas les *idées antiques*, n'ont jamais songé qu'il pût y avoir une autre *imitation* que celle que pratique un dessinateur. Ils ont toujours ignoré la nature du grand et fécond principe de l'IMITATION, le plus important pour l'intelligence de l'antiquité religieuse. Ils ignorent que, dans les sciences antiques de l'Orient, et dans les nôtres, au moyen âge, l'IMITATION venait des *objets mêmes*, qu'ils fussent en nature ou représentés ; et portait sur tous les genres de conformité qui pouvaient exister entre les *objets* et les *choses* : tels que le nom, la forme, la couleur, l'action, les mœurs, le nombre, le caractère, la dépendance, l'usage, etc., en vertu de l'association des idées. (C'est précisément de cette imitation que saint Clément a voulu parler.) Ils ne savent pas ce que c'est que la SIGNATURE; et ils ne connaissent pas l'EFFICACITÉ que, en raison de cette *signature*, les objets et leurs images possédaient ; et, faute de sentir l'importance de cette connaissance, ils laissent passer, sans les remarquer, une foule de choses qui mériteraient d'être examinées. Aussi j'affirme, très sérieusement, qu'aucune découverte, en fait de religions anciennes, n'a eu lieu jusqu'à ce jour. L'étude approfondie des IDÉES ANTIQUES peut seule nous mettre au courant de la formation des religions anciennes, et d'une foule de choses que nous ne comprenons pas, faute de moyens de les expliquer. Mais il est impossible de raisonner avec des personnes qui ne possèdent aucun des éléments de la question ; on ne peut pas s'entendre : et cependant ce sont là les juges dont il me faut subir les arrêts.

Je vais exposer quelques observations à l'égard du symbole oriental.

Chez nous, l'on considère généralement le symbole comme une image représentant allégoriquement une idée morale. Le symbole diffère de l'emblème, en ce que le symbole est seul et isolé, tandis que l'emblème est composé. Le symbole appartient originairement à l'écriture du langage ; il désigne une idée : l'emblème se rattache à la représentation scénique ; il montre une pensée en action. Ainsi un *chien* reproduit l'idée de la *fidélité;* une *colombe*, de l'*innocence;* mais une *femme* au teint livide, dont le sein est déchiré par des serpents, est l'emblème de l'*envie* : car il semble qu'on ait voulu imiter l'effet qu'un sentiment violent produit sur la physionomie. Le symbole provient souvent d'un rapport réel ou supposé entre l'objet et la chose signifiée : au lieu que l'emblème n'a quelquefois qu'un rapport très indirect, et plutôt senti que démontré, avec la pensée qu'on veut peindre ; mais on le représente avec tous ses accessoires pour mieux caractériser la pensée.

Cette explication du symbole et de l'emblème suffit pour rendre compte des représentations figurées qu'on trouve sur les monuments de la Grèce et de Rome, et sur les monuments construits dans l'ancien monde, d'après le modèle des édifices romains ; tels que les basiliques et les palais des rois.

Mais cette explication est insuffisante lorsqu'il s'agit des symboles et des emblèmes appartenant aux édifices et aux religions de l'Orient ; principalement à ceux qui se rapportent au culte du peuple égyptien.

Dans l'Orient, le symbole religieux n'était pas seulement l'expression d'une idée ; c'était encore une cause active, une puissance qui, suivant l'intention de celui qui la mettait en usage, effectuait ou détruisait la chose qu'elle représentait, dans le temps présent, ou dans un temps plus ou moins éloigné.

Figurer un emblème divin, c'était intéresser les divinités à sa propre cause, par un culte convenable et approprié : car rien ne plaisait tant aux dieux, à ce qu'on croyait, que d'imiter l'organisation du monde céleste : on supposait que le dieu était appelé par son image et venait s'y placer.

Ainsi dans l'Orient, figurer un symbole de *victoire*, c'était produire la *victoire*, rendre victorieux : un symbole de *puissance* donnait la puissance à celui qui le portait, et l'ôtait à celui contre lequel il était dirigé.

Tout cela avait lieu en vertu des grands principes du *lien universel* [1], de l'*imitation*, de l'*efficacité* et de la *fatalité*, principes immenses qui sont l'âme de toutes les religions et de tous les cultes.

Dans beaucoup de cas, l'imitation n'avait lieu que d'un peu loin, et ne portait que sur certains points.

J'ai déjà parlé de ces fontaines auxquelles on donnait la forme d'un lion, à cause du signe sous lequel avait lieu la crue du Nil ; et j'ai dit que cette figure de lion était *une prière* pour avoir une abondance d'eau. Représenter le symbole de l'élévation des eaux, c'était produire cette élévation elle-même. Lorsque l'élévation n'était pas suffisante, c'est que le peuple avait péché ; mais le symbole n'était pas moins infaillible.

Lorsque Rachel, longtemps stérile, parvint à devenir féconde, ce ne fut qu'après avoir mangé des pommes de mandragore que Lia, sa sœur, lui donna. Or, la mandragore est narcotique et antiaphrodisiaque ; mais la racine de la mandragore figure grossièrement un

---

1. Il existait, à ce qu'on croyait, un *lien* de correspondance entre le ciel et la terre : et les figures qu'on supposait dans le monde archétype, étaient obligées d'opérer sur le monde terrestre, par la force de l'imitation, et par la puissance des paroles. De là le mot *religio*, culte, qui *rattache*.

corps humain; et c'est la raison de l'efficacité de la pomme : car une partie de la plante allait pour l'autre [1].

Dieu ayant envoyé aux cinq villes des Philistins des hémorrhoïdes et des rats, pour les punir d'avoir capturé son arche, ces villes ne purent être délivrées de leurs fléaux qu'après avoir offert à Dieu cinq *anus* d'or et cinq *rats* d'or, suivant le nombre des villes qui avaient été affligées. Ici il y a imitation du nombre des villes, des parties passives, et des animaux agissants.

Lorsque les Hébreux, à cause de leur désobéissance, furent frappés de ces *serpents* dont la morsure était mortelle, Moïse fit faire un *serpent d'airain*, dont la vue guérissait les blessés[2]. Le serpent de Moïse imitait la figure des serpents meurtriers. S'il y avait eu la figure d'une autre espèce de serpent, il n'y aurait pas eu d'imitation, ni par conséquent de guérison.

Lorsque les Israélites, pendant le séjour de Moïse sur le mont Sinaï, demandèrent à Aaron de leur faire un dieu pour les conduire, et que celui ci résolut de leur donner le *veau d'or*, il exigea qu'ils lui remissent tous les *pendants* d'oreilles de leurs femmes, de leurs fils et de leurs filles. Pourquoi cette préférence sur tout autre objet d'or? C'est que le veau se dit *hegel* en hébreu, et que sa racine *hagal* désigne tout ce qui est *rond;* les boucles d'oreilles, à cause de leur rondeur, s'appellent *hégil*. Elles ont aussi un autre nom, *nézém*, par lequel la Bible les désigne en cet endroit, et qui leur est commun avec le *collier*. Mais ce synonyme, en raison de la circonstance, rappelait l'autre nom *hégil*, et, par analogie,

---

1. Le mot *mandragore* (masculin) vient de l'arménien *manragor;* de *manr*, petit, et de *or*, ou *gor*, comme; comme un petit homme. En persan on lui donne le nom d'*isterenk*, qui signifie *stérile*, infécond, d'*estar*, mulet. Mais *isterenk* pourrait bien venir d'*ist*, fesse, et de *renk*, apparence, parce que la racine de cette plante a, dit-on, une grosseur qu'on pourrait prendre pour une fesse. En arabe, son nom est *leffah*, qui a de grosses cuisses. Les Allemands donnent à la plante le nom d'*allraun*, qui signifie le *tout à fait castrat*. Elle était employée dans la magie : de là le mot *run*, qui signifie *murmurer*, comme faisaient les magiciens; et les *runes*, sortes de caractères magiques. Les Hébreux nommaient les pommes *dodaïm*, les aimables, ou qui font aimer ; les Coptes, *bétuké*, pommes d'amour, ou *noutem*, qui produit du fruit.

On voit que la mandragore a pris son nom de l'imitation qu'elle opère.

Mandragoras est aussi un surnom de Jupiter.

2. En hébreu NaHaCHe signifie *serpent;* il signifie aussi *augure*. NeHoCHe qui est d'airain; THaN signifie aussi serpent, dragon; d'où NeHoCh-THaN, le serpent d'airain. Les Hébreux l'ont adoré dans la suite; c'est le serpent de Mercure.

réveillait l'idée de *rondeur*, et en même temps celle du *veau*. Je parlerai autre part de ce fameux veau d'or, qui, comme on sait, n'est que le veau Apis [1].
Les Hébreux étant arrivés au lieu nommé *Mara* ou amertume,

1. Un des grands inconvénients de la traduction, lorsqu'il s'agit des prophéties et des fables de l'antiquité orientale, passées dans les auteurs grecs et latins, c'est de préciser toujours le sens d'un mot oriental, et de masquer tous les autres sens qui lui appartiennent. Il y a souvent, dans l'Orient, *allusion* d'un sens à l'autre, tantôt par *imitation*, tantôt par *allégorie ;* comme nous venons de le voir par les noms *hégil* et *nézem*, des pendants d'oreilles, à l'occasion du veau d'or. Le traducteur ne peut pas faire sentir l'allusion, parce que le mot dont il se sert n'a pas toutes les significations du mot oriental traduit, et que les termes qui expriment dans sa langue les idées représentées par ce mot oriental, diffèrent entre eux totalement ; et enfin, que le génie des langues européennes se refuse aux jeux de mots, dans le discours sérieux. Il s'ensuit que, lorsqu'on veut se rendre compte des choses antiques, il faut toujours comparer les mots grecs et latins des traducteurs aux divers synonymes orientaux qui y correspondent. Cette observation est très importante pour l'explication des fables mythologiques : elle l'est souvent aussi pour comprendre la Bible. Je vais en donner la preuve.
En hébreu, *haroum* signifie *nu, éclairé, prudent* ; et dans un sens dépréciatif, *rusé*. La Genèse, en parlant du serpent, nous dit « qu'il était le plus *nu* (*haroum*) des animaux des champs. » Effectivement il n'a pas de poil, et il avait alors des pieds. Les Septante on traduit *haroum* par φρονιμώτατος, le plus éclairé, le plus sage, le plus prudent : la Vulgate, par *callidior*, le plus habile, le plus sagace ; Le Maistre de Sacy, par le *plus rusé* : ce dernier sens a prévalu. Voilà donc que le serpent, de *nu*, est devenu *rusé*. Or, il est certain que, dans l'antiquité, le serpent ne passait pas pour *rusé*, mais pour *prudent*, de cette prudence que donnent la connaissance et l'expérience du monde ; car Notre-Seigneur dit à ses disciples : « Soyez prudents, φρονιμοι, comme les serpents, et simples comme les colombes. » La simplicité exclut la ruse. Le serpent avait mangé du fruit des deux arbres ; il était éclairé et immortel, et il voulait que l'homme participât aux mêmes avantages.
Le résultat que l'homme obtint du fruit défendu, fut d'être *éclairé*, car *ses yeux s'ouvrirent* ; et de comprendre qu'il était *nu*. Il était donc nu et éclairé (*haroum*). L'endroit de la Genèse qui concerne la chute de l'homme roule donc sur les deux sens du mot hébreu.
Si nous passons à la fable grecque, nous verrons que Mercure était le *messager* de Jupiter et le *conseiller* de Saturne. Or, dans les langues orientales, *melak* signifie *messager, ange, annonciateur* et aussi *opérateur ; melek* signifie *conseiller* et *roi*. Si vous considérez le rapport qui existe entre *melak* et *melek*, vous comprendrez pourquoi Mercure était un *messager* et un *conseiller ;* si vous restez dans les termes grecs et latins, vous ignorerez toujours le motif du cumul de ces deux fonctions. De *melak*, opérateur, nom donné aux divinités qui agissent sur le monde, vous ferez venir *Adra-melek* et *Anna-melek*, deux divinités chaldéennes : et vous aurez l'origine de tous ces rois, *melakim*, que la fable mentionne.

dans le désert de *Sur*, là où les eaux étaient naturellement amères ; Moïse, pour leur procurer de l'eau douce, prit un morceau de bois extrait d'un arbre amer, nommé *ardifné*, écrivit dessus le nom mystique de Dieu, et le jeta au milieu des eaux : les eaux devinrent douces tout aussitôt. Il y avait *imitation* de l'amertume des eaux par celle de l'arbre ; et la propriété du bois ayant été changée par la puissance du nom ineffable écrit dessus, selon l'intention de Moïse, changea aussi, par communication, la propriété des eaux amères. C'est la même chose que du sucre dissous dans un verre d'eau, et mêlé ensuite à l'eau d'une carafe. Il est certain que l'eau de la carafe, après le mélange, participerait du goût sucré du verre d'eau. C'est ainsi que l'on comprenait l'influence des intermédiaires.

Moïse sur le mont *Horeb*, pendant le combat qui avait lieu entre les Hébreux et les Amalécites, tenait ses bras élevés horizontalement : il imitait alors la *croix*, qui, entre autres significations, désignait la victoire. Lorsqu'il baissait les bras, le peuple hébreu était vaincu ; et lorsqu'il les relevait, les Hébreux redevenaient vainqueurs : c'est pourquoi Aaron et son fils Hur le firent asseoir, et lui soutinrent les bras jusqu'à la fin de la journée, afin que la défaite des Amalécites fût complète. Il y avait *victoire*, parce qu'il y avait représentation du symbole qui désignait et produisait la victoire. Il faut observer que dans cette position, Moïse tenait à la main la baguette sur laquelle était écrit le nom ineffable (probablement en hiéroglyphes égyptiens, parce que de son temps l'écriture alphabétique n'était pas encore connue).

Sans sortir du sujet qui m'occupe en ce moment, je dirai que Notre-Seigneur apparut à Constantin avec sa croix, et lui dit : *Tu vaincras avec ce signe;* ce qui prouve que la croix était un symbole de victoire. Constantin, en faisant porter devant lui une croix, défit toujours Maxence qui n'avait pu qu'opérer des conjurations magiques, et évoquer les démons. Les Égyptiens affirmaient que, si les chrétiens produisaient un grand nombre de miracles, c'était uniquement par la grande vertu du signe de la croix. Si les Égyptiens parlaient ainsi, ce n'était point à cause du rapport du symbole avec l'instrument du supplice de Notre-Seigneur, mais à cause de la vertu qu'ils attribuaient eux-mêmes à la figure de la croix. Mais nous verrons plus tard ce que c'était que cette croix.

C'est que derrière le symbole il y avait le nom de l'objet ; que ce nom appartenait à la langue sacrée, et avait diverses significations : et que ce nom, écrit ou prononcé avec intention, était une prière, et même une injonction, aux puissances surnaturelles chargées de l'administration du monde, d'accomplir la volonté de celui qui l'avait figuré. Les bénédictions et les malédictions appartiennent à la même source, et participent à la même infaillibilité [1]. Dans l'antiquité, tout miracle supposait une parole effective. Chez les Hébreux, le nom secret de Dieu, écrit, ou prononcé tout bas par un prophète, avait un pouvoir universel, et remplaçait toutes les formules magiques : c'est ce qu'on appelait *invoquer par le nom du Seigneur*. La Bible nous apprend qu'Énos, fils de Seth et petit-fils d'Adam, fut le premier qui jouit d'un semblable privilège. Les patriarches, comme on sait, parlaient la langue sainte, qui fut

---

1. Je vais en donner quelques exemples :
Jacob, ayant une peau de chèvre sur les mains et sur le cou, trompe son père Isaac, et surprend sa bénédiction qui appartenait de droit à Ésaü, l'aîné des deux fils. Ésaü, dépouillé de son droit d'aînesse, réclame contre la tromperie. Chez nous, erreur ne fait pas compte; et l'on trouverait tout simple qu'Isaac, convaincu de la supercherie de son fils cadet, lui eût retiré son don, et eût restitué sa bénédiction à l'aîné. Mais Isaac déclare que c'est impossible, et accorde à Ésaü d'autres dons pour le consoler de la perte de celui-ci. Pourquoi? C'est que l'effet de la bénédiction était irrévocable; et l'on sait la prospérité promise à Jacob. On ne pouvait multiplier la bénédiction, attendu qu'il ne pouvait y avoir deux aînés. C'est le droit d'aînesse lésé qui avait armé Caïn contre Abel, et qui, plus tard, arma les fils de Jacob contre Joseph. Ce même Jacob, grand amateur de bénédictions, rencontre un jour un ange, avec qui il lutte, et qu'il saisit fortement, lui annonçant qu'il ne le lâchera qu'après avoir reçu sa bénédiction : et l'ange, pour recouvrer sa liberté, se hâte de bénir Jacob. Cet ange ne pouvait plus retirer sa bénédiction; et une malédiction eût été sans effet; la place était déjà prise.

Il en était de même des malédictions; et ces actes, ainsi que les prières, les serments, les prédictions et les invocations, étaient sous l'influence de cette loi générale qui conduit le monde, et qu'on appelait le sort ou la *fatalité*. Nul ne pouvait éviter sa destinée.

C'est ainsi qu'il faut comprendre l'histoire fabuleuse; et cette impossibilité de revenir sur une promesse, ou de retirer un don heureux ou funeste, que l'on rencontre à chaque pas, tient à l'influence des paroles et des actes symboliques.

Neptune se voit obligé, par le serment qu'il a fait à Thésée, de faire périr Hippolyte, qu'il sait innocent. Jupiter, par le même motif, brûle Sémélé; et Phébus confie son char à Phaéton.

Dans nos contes de fées, on voit souvent une fée jeter par colère un mauvais sort sur une jeune princesse : et les autres fées, ne pouvant enlever le mauvais sort, cherchent à l'atténuer en donnant quelque heureuse qualité à la princesse. — Dans les *Mille et une Nuits*, on trouve que certains gestes, certaines paroles, produisent, sans intention, un grand effet qui étonne. La mère d'Aladin, en frottant sa lampe pour la nettoyer, voit apparaître un génie. Le hasard seul lui a appris le moyen de se servir miraculeusement de sa lampe.

l'unique jusqu'à la construction de la tour de Babel. Les chrétiens, en commandant aux démons, substituèrent le nom de Jésus-Christ à celui de Dieu le père : le nom divin de Jésus-Christ, inconnu des hommes, devait n'être connu que des anges et des démons [1].

Lors de la descente du Saint-Esprit sur les apôtres, il se fit un *grand vent (pneuma* ou *spiritus)*; et chaque apôtre vit descendre sur lui une *langue de feu :* aussitôt tous les apôtres se mirent à parler des *langues étrangères.* Le vent était la marque du Saint-Esprit, considéré comme igné; et les langues de feu, sa distribution. Celles-ci marquaient, en outre, les *langues* différentes inspirées subitement aux apôtres. Il y avait encore allusion à la chute des *langues* de feu, qui aura lieu lors de l'embrasement du monde, lequel était alors considéré comme prochain. Ceci se rapporte encore à la confusion ou chute des langues, lors de la construction de la tour de Babel.

La puissance attachée aux talismans n'avait pas d'autre fondement que l'influence des paroles magiques, que ces paroles fussent écrites en toutes lettres, ou qu'elles fussent représentées par des symboles.

L'art médical était fondé, en partie, sur les rapports extérieurs des choses : la rhubarbe chassait la bile, parce que la rhubarbe et la bile sont *jaunes :* le *loriot*, espèce d'oiseau, guérissait la jaunisse, parce que l'un et l'autre se nomment *ictéros* en grec. Chaque partie du corps, interne ou externe, trouvait parmi les plantes, des analogues qui, par *imitation* de la forme du membre, lui procuraient la guérison des maux dont il était particulièrement affecté.

Sous le rapport moral, la philosophie trouvait encore des ressemblances entre l'homme *petit monde* et le *grand monde* ou *cosmos*. Ainsi le monde avait une intelligence opératrice et une âme motrice : et l'homme avait aussi une intelligence et une âme.

La divination des songes était fondée sur l'*imitation*, produite par les images fantastiques des rêves, appelées *éléments*. On connaît le songe de Pharaon, expliqué par Joseph. Les *sept* vaches grasses et les *sept* vaches maigres correspondaient aux années de fécondité et de stérilité de la terre. En voici un autre exemple. Un Grec ayant rêvé qu'un de ses amis lui rendait de l'argent prêté, et

---

1. Saint Paul distingue positivement la langue des anges de celle des hommes; et il affirme que lorsqu'il fut transporté au troisième ciel, il y entendit des paroles qu'un homme ne pouvait pas comprendre. Selon le *Targum*, cette langue est celle au moyen de laquelle Dieu créa le monde.

qu'il remettait à celui-ci son obligation écrite, les devins de Memphis lui annoncèrent que ce songe signifiait *qu'il n'aurait pas d'enfant :* parce que, *la quittance* rendue, il ne pouvait toucher aucun *intérêt;* et que celui qui s'*abstient* des femmes, ne peut avoir d'*enfant.* En grec, ἀποχή signifie *abstinence*, et *obligation écrite;* et τόκος, *enfant*, et *intérêt de l'argent.* (Voyez Artémidore.)

L'histoire des animaux fournissait à la morale pratique des symboles de vertus à exercer et de vices à fuir. Le lion signifiait *courage;* le pélican, qui se sacrifie, dit-on, pour ses petits, signifiait *amour paternel;* la huppe, qui nourrit ses vieux parents, signifiait *piété filiale;* et ces exemples que donnait la nature étaient beaucoup plus persuasifs que les lourds préceptes d'un pédagogue, parce qu'ils faisaient rentrer la pratique des vertus dans l'ordre nécessaire des choses de ce monde. Ainsi l'on disait que les dieux sont toujours bienfaisants ; mais que l'homme, en péchant, s'éloigne de leur action; comme, lorsque l'on se met à l'ombre, on se soustrait à la chaleur du soleil.

Ainsi, dans l'Occident, le symbole ne fut qu'un signe purement mémoratif ; tandis que, dans l'Orient, c'était une parole, une puissance.

La distinction que je viens d'établir entre le symbolisme oriental et le symbolisme occidental, distinction qui n'a jamais été faite avant moi, disparut en partie lorsque les Romains conquirent l'Orient. Alors, les superstitions chaldéennes, égyptiennes et persanes s'introduisirent dans Rome. Le culte de Mithras, celui de Sérapis, et l'emploi général des amulettes et des anneaux constellés s'y établirent ; et le symbolisme oriental prit place à côté du symbolisme occidental.

Le christianisme, venu d'Orient, apporta aussi sa part de symbolisme : et le signe de la croix, employé par les fidèles, dans les occasions de péril, servit à raffermir leur courage et à chasser les démons. Le souffle dans l'oreille, l'application de l'huile sainte, le sel, la salive et l'imposition des mains, conférant le Saint-Esprit, sont encore des symboles orientaux[1]. L'emploi de ces symboles,

---

1. Le Catéchisme du concile de Trente, donnant la définition des SACREMENTS en général, dit que « ce sont des SIGNES institués de Dieu et non des hommes, qui renferment en eux *la vertu de produire la chose sacrée qu'ils signifient.* » Par exemple, dans le baptême, l'ablution du corps *opère invisiblement dans l'âme* ce qu'elle désigne et marque extérieurement. Mais il faut y joindre les paroles *sacramentelles,* la foi et l'intention. (Chez les premiers chrétiens, l'ablution était complète, afin que tout le corps participât à la régénération.)

réservé autrefois en Orient au seul sacerdoce, ne put non plus avoir de vertu, en Occident, que par une personne consacrée. Un laïque n'a pas la puissance opérante : il n'a pas en soi l'efficacité apostolique. Ainsi, un laïque qui usurperait les fonctions ecclésiastiques, ne commettrait pas seulement un sacrilège; mais il ne produirait aucun effet : les péchés seraient toujours retenus ; sa messe serait nulle ; et les sacrements ne seraient point conférés par lui.

En Orient, tout acte ou tout événement important était accompagné d'un *signe*, c'est-à-dire d'un acte, d'un fait, qui l'annonçait ou le confirmait : d'où est venu le *présage*. Ce signe était souvent arbitraire, mais souvent extraordinaire, ce qui lui faisait donner aussi le nom de *miracle*. Il n'était point efficace par rapport à la chose prédite, parce qu'il ne tenait pas au symbolisme proprement dit : c'était l'éclair qui annonce le tonnerre ; de là les *signes* du zodiaque, à cause de l'annonce des événements. Ainsi, nous voyons dans Isaïe, ch. xxxviii, v. 5 à 8 : « Voici ce que dit le Seigneur... J'ajouterai encore quinze années à votre vie, et je vous délivrerai de la puissance du roi des Assyriens. Voici le *signe* que le Seigneur vous donnera pour vous assurer qu'il accomplira ce qu'il a dit : je ferai que l'ombre du soleil, qui est descendue de dix degrés sur le cadran d'*Achaz, retournera* de dix degrés en arrière. Et le soleil remonta des dix degrés par lesquels il était déjà descendu. »

Dans l'Évangile, les miracles de Jésus-Christ ne sont désignés que sous le nom de *signes*, comme annonçant sa mission divine, et l'événement prochain.

De là sont venues certaines coutumes, qui emploient des *signes* dont la vertu est d'annoncer la consommation d'un acte, d'une résolution.

Ainsi, chez les Hébreux, le propriétaire se *déchaussait* d'un pied, devant des témoins, lorsqu'il consentait à vendre sa maison ou sa terre. Autrefois, on nouait les *deux bouts d'une paille* pour montrer que l'affaire était conclue, et la paille était jointe à l'acte écrit. Quand une femme renonçait à la communauté, elle mettait les *clefs de la maison* sur la fosse de son mari. Encore aujourd'hui, lorsqu'on prête serment, *on lève la main droite* (la main de justice). Dans certaines provinces, tant que les contractants n'ont pas *frappé dans la main* l'un de l'autre, il n'y a rien de fait : après le *coup retentissant*, tout est fini ; il n'y a pas moyen d'en revenir.

Il est facile de voir, par tout ce qui vient d'être rapporté, que le nom de *symbole* réveille toujours l'idée d'une signification métaphorique; et que l'*imitation*, dans l'antiquité, n'était pas seulement, comme les savants le pensent, le rapport du type à la copie (de celle-ci on n'en parlait pas, et elle était toujours sous-entendue) ; mais encore le rapport du symbole à la chose signifiée, portant le même nom. C'est donc toujours le nom du symbole, commun à toutes les idées qu'il désigne, que le symbole reproduit naturellement ; sauf ensuite à l'esprit à trouver le sens précis dans les circonstances de la phrase où le symbole est placé. Ainsi, en chinois, les mots et les caractères ont de nombreuses significations ; en sanscrit, les mots ont un grand nombre de sens différents ; Horapollon nous prouve que les symboles hiéroglyphiques avaient des significations très nombreuses ; enfin, l'exemple curieux que j'ai donné de l'application du symbolisme à la langue sacrée, fait voir que le même nom, représenté par le même signe, avait des valeurs très diverses. Ainsi, nous avons vu que le jonc, *amrès*, désignait l'hiérogrammate, la nourriture, la science, le pain, le boulanger, la fin, la maladie, la corde de jonc, le *port*, l'ancre, le contentement, etc. ; et nous avons reconnu qu'une partie de ces valeurs était restée dans le copte moderne.

§ 2. — DES TABLEAUX D'ANALOGIE ET DE LEUR CONSTRUCTION

Dans les méthodes employées par l'initié pour exprimer ses idées, nous n'avons jamais vu jusqu'ici la forme générale d'exposition subir le moindre changement. La valeur des signes employés varie ; mais là se borne toute la méthode.

Que faire pour développer dans un harmonieux ensemble les rapports qui existent entre les sujets traités ?

Nous verrons fréquemment, en parcourant un traité occulte, des phrases dans le genre de celle-ci :

L'aigle se rapporte à l'air,

phrase incompréhensible si l'on n'en trouve pas la clef.

Cette clef réside tout entière dans une méthode d'exposition établie d'après la méthode générale de la Science occulte : l'analogie.

Cette méthode consiste à exprimer les idées de telle façon que l'observateur puisse saisir d'un coup d'œil le rapport qui existe entre la Loi, le fait et le principe d'un phénomène observé.

Ainsi un fait étant donné, vous pouvez sur-le-champ découvrir la loi qui le régit et le rapport qui existe entre cette loi et une foule d'autres faits.

Comme deux choses (FAITS) analogues à une même troisième (LOI) sont analogues entre elles, vous déterminez le rapport qui existe entre le fait observé et l'un quelconque des autres phénomènes.

Cette méthode, on le voit, analyse, éclaire les histoires symboliques; aussi n'était-elle employée que dans les temples et entre élève et maître. Elle était basée sur la construction de tableaux disposés d'une certaine façon.

Pour découvrir la clef du système, essayons de le reconstituer de toutes pièces.

Après avoir lu une histoire symbolique j'ai découvert qu'elle renfermait trois sens.

D'abord un sens positif exprimé par la donnée même de l'histoire : un enfant résulte d'un père et d'une mère; puis un sens comparatif exprimé par les rapports des personnages : rapport de la Lumière, de l'Ombre et de la Pénombre; enfin un sens hermétique et par là même très général : Loi de production de la Nature, le Soleil et la Lune produisant le Mercure.

La loi qui domine tout cela, c'est la loi du Trois. Les principes sont l'actif, le passif et le neutre.

Pour découvrir les rapports qui existent entre ces trois faits : *production de l'Enfant, production de la pénombre, production du Mercure*, je les écris l'un au-dessous de l'autre en remarquant bien quel est le principe actif (+), le principe passif (—) et le principe neutre (∞) ainsi qu'il suit :

+	—	∞
Père	Mère	Enfant
Lumière	Ombre	Pénombre
Soleil	Lune	Mercure

Il suffit d'un coup d'œil jeté sur ce tableau pour voir que les rapports sont admirablement indiqués. Tous les principes actifs des faits observés sont rangés sous le même signe + qui les gouverne tous. Il en est de même des principes passifs et des principes neutres.

Tous les faits sont rangés dans la même disposition en suivant une ligne horizontale, de telle façon qu'en lisant ce tableau verticalement ⚡ on voit le rapport des principes entre eux; en le lisant horizontalement ➻ on voit le rapport des faits aux principes, et en parcourant son ensemble on voit s'en dégager la Loi générale.

```
           P
           R
      LOIS I LOIS
         N
F A     C  I T S
         I
      LOIS P LOIS
           E
           S
```

Une considération importante qui résulte de cette disposition c'est que, comme tous les faits sont gouvernés par la même loi, ces faits sont analogues entre eux et qu'on peut les remplacer les uns par les autres, en ayant soin de choisir, pour remplacer un mot, un autre mot gouverné par le même principe.

De là, une grande confusion dans l'esprit de ceux qui voient deux faits en apparence discordants accolés l'un à l'autre, comme dans la phrase suivante :

Notre mercure androgyne est l'enfant du Soleil barbu et de la Lune sa compagne.

Quel rapport peut-il y avoir entre ce métal, les planètes et la génération qu'on leur attribue? C'est pourtant une application des tableaux analogiques, car

Mercure androgine (Enfant) } c'est le Neutre

Soleil barbu (Père) } c'est l'Actif

Lune compagne (Mère) } c'est le Passif

et voici leurs rapports :

+	−	∞
Soleil	Lune	Mercure
Père	Mère	Enfant
Or	Argent	Vif argent

Si bien que l'alchimiste voulait dire si l'on remplace le Soleil par son équivalent l'Or, et la Lune par son équivalent l'argent :

Notre mercure androgyne est l'enfant de l'Or et de l'Argent.

Reportons-nous aux quelques mots sur l'alchimie du chapitre XIII et nous comprendrons tout à fait.

D'autres phrases sont aussi faciles à réduire pour celui qui connaît les rapports, tout en restant incompréhensibles pour le profane.

Ainsi l'Alchimiste ne dira jamais : changer le Solide en Liquide, mais bien : *convertir la terre* (solide) *en eau* (liquide).

Il résulte de cela que beaucoup d'ignorants prenant les phrases alchimiques à la lettre et lisant :

Tu changeras l'eau en terre et tu sépareras la terre du feu,

se sont ruinés avant d'avoir trouvé le moyen de changer l'eau en humus ou de séparer la terre du feu. Ils n'ont pas peu contribué à jeter sur la Science occulte le discrédit dont elle jouit aujourd'hui.

Il ne faut pas encore aller bien loin pour trouver des gens instruits qui professent gravement que la physique des anciens se réduisait à l'étude de leurs quatre éléments, terre-eau-air-feu. Ce sont ces gens qui trouvent si obscurs les livres hermétiques et pour cause.

Si l'on a bien compris l'emploi de la méthode analogique, on verra de suite l'importance des tableaux qui indiquent de suite les rapports entre les divers objets.

Ces rapports étaient d'une utilité extrême dans la pratique de certaines sciences antiques, entre autres la Magie et l'Astrologie.

Quand, par suite des persécutions du pouvoir arbitraire, les initiés furent obligés de sauver les principes de leur science, ils composèrent d'après les astres un livre mystérieux, résumé et clef de toute la science antique, et livrèrent ce livre aux profanes sans leur en donner la clef[1]. Les alchimistes comprirent le sens mystérieux de ce livre et plusieurs de leurs traités, entre autres les douze clefs de Basile Valentin, sont basés sur son interprétation. Guillaume Postel en retrouva le sens et l'appela *la Genèse d'Henoch*[2], les Rose-Croix le possédèrent également[3] et les initiations élevées n'en ont pas perdu le secret comme le prouvent les ouvrages du théosophe de Saint-Martin[4] établis d'après ces données. On trouvera

1. Fabre d'Olivet, *Vers dorés de Pythagore*, p. 270. Astrologie.
2. *Clef des choses cachées*, Amsterdam, 1646.
3. Les Rose-Croix affirment par exemple qu'ils ont un livre dans lequel ils peuvent apprendre tout ce qui est dans les autres livres faits ou à faire (Naudé, cité par Figuier, p. 299).
Il ne faut pas confondre ces Rose-Croix avec les titulaires du 18e degré maçonnique qui portent le même titre et ne savent rien. (Voy. *Francs-Maçons et Théosophes*, n° 5 du *Lotus*.)
4. Surtout l'ouvrage suivant : *Tableau naturel des Rapports qui existent entre Dieu, l'Homme et l'Univers*.

des développements à ce sujet dans les derniers chapitres du *Rituel de Haute Magie*, d'Eliphas Levi et dans mon volume sur le *Tarot des Bohémiens*.

Les histoires symboliques représentent le sens positif des vérités énoncées, les tableaux correspondent au sens comparatif et à l'analyse de ces vérités ; nous allons étudier tout à l'heure les signes qui correspondent à la synthèse.

Auparavant deux questions restent à élucider : la construction et la lecture de ces tableaux.

Pour construire un tableau analogique on détermine d'abord le chiffre (1, 2, 3, 4, etc.) dont le tableau est le développement. Ainsi le tableau magique ci-dessous est construit d'après le chiffre 4. Il faudra donc tout d'abord autant de colonnes qu'il y a de principes étudiés, c'est-à-dire autant de colonnes que le chiffre représente d'unités. Prenons comme exemple quatre faits quelconques et déterminons leur position d'après le nombre Trois.

Osiris	Isis	Horus
Père	Mère	Enfant
Soleil	Lune	Mercure
Lumière	Ombre	Pénombre
Feu	Eau	Air

Nous voyons bien un exposé dans ce tableau, mais nous ne savons pas de quoi les faits sont le développement. Aussi est-il nécessaire d'ajouter une colonne supplémentaire aux colonnes précédentes, dans laquelle nous écrirons ce qui nous fait ici défaut.

1re COLONNE SUPPLÉMENTAIRE	COLONNE POSITIVE	COLONNE NÉGATIVE	COLONNE NEUTRE
Dieu d'après les Égyptiens	Osiris	Isis	Horus
La Famille	Père	Mère	Enfant
Les trois astres	Soleil	Lune	Mercure
La clarté	Lumière	Ombre	Pénombre
Les éléments	Feu	Eau	Air

Mais tous ces faits, pour aussi nombreux qu'ils soient, se rangent d'après la hiérarchie des Trois Mondes ; aussi faut-il encore ajouter une colonne, ce qui porte à deux le nombre des colonnes supplémentaires qu'il faut ajouter à tout tableau analogique. Voici le tableau définitif :

1ʳᵉ COLONNE SUPPLÉMENT.	COLONNE POSITIVE +	COLONNE NÉGATIVE −	COLONNE NEUTRE ∞	2ᵉ COLONNE SUPPLÉMENT.
Dieu d'après les Égyptiens	Osiris	Isis	Horus	Monde archétype
La Famille	Père	Mère	Enfant	Monde moral
Les trois Astres	Soleil	Lune	Mercure	
La Clarté	Lumière	Ombre	Pénombre	Monde matériel
Les Éléments	Feu	Eau	Air	

Il suffit de se reporter au tableau d'Agrippa pour voir l'usage de cette colonne des Trois Mondes.

La lecture et la pratique des tableaux analogiques sont en grande partie basées sur la lecture des tables numériques antiques, entre autres de la table de Pythagore. Cette lecture se fait d'après le triangle rectangle ainsi qu'il suit :

```
1   2   3    4
2   4   6    8
3   6   9   12
4   8  12   16
```

Soit à chercher quel nombre donne la multiplication de 3 par 4. Le résultat cherché sera à l'angle droit d'un triangle rectangle dont les deux autres angles seront formés par les éléments de la multiplication ainsi qu'il suit :

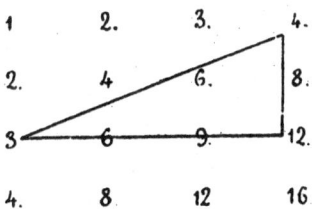

On voit que le résultat 12 se trouve à l'angle droit du triangle rectangle.

— 958 —

Il suffit d'appliquer ces données à un tableau analogique pour former des phrases étranges pour qui n'en a pas la clef, ainsi :

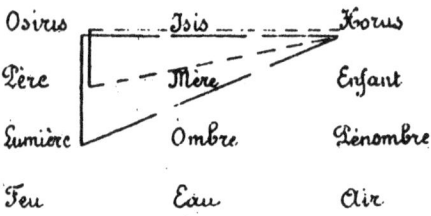

1re phrase : *Osiris est le* PÈRE *d'Horus.*
2e phrase : *Osiris est la* LUMIÈRE *d'Horus.*
3e phrase : *Osiris est le* FEU *d'Horus* .

Il est inutile, je crois, d'insister sur les combinaisons multiples qui peuvent résulter de cette façon d'écrire. On peut retourner l'angle droit du triangle, le faire venir sur le mot Horus, par exemple, et lire la phrase suivante :

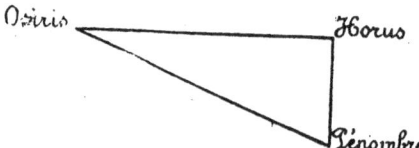

Horus est la Pénombre d'Osiris, phrase assez obscure pour qui n'en connaît pas la clef.

Nous avons donné au commencement du chapitre des applications diverses de cette méthode assez pour qu'il nous semble inutile d'y revenir.

Nous venons d'éclaircir encore un des mystérieux procédés employés par les initiés pour manifester leur idée. Nous avons aussi quelques données concernant deux des plus grandes sciences du Sanctuaire : la Magie et l'Astrologie. Poursuivons notre route et voyons si nous serons aussi heureux dans l'étude de la façon la plus secrète dont était entouré l'enseignement de la Science occulte : les Pantacles ou figures symboliques. Mais auparavant résumons dans un tableau du Trois quelques-unes des connaissances contemporaines. Ce tableau pourrait être beaucoup augmenté; mais nous pensons que les exemples donnés seront suffisants pour éclairer le lecteur.

QUELQUES ADAPTATIONS DU TERNAIRE AUX CONNAISSANCES CONTEMPORAINES

LES 3 MONDES	RAPPORTS, réduction à l'unité	POSITIF-ACTIF +	NÉGATIF-PASSIF −	NEUTRE PARTICIPANT des deux ∞
Monde Divin	Dieu d'après les Chrétiens Dieu d'après les Egyptiens Dieu d'après les Indous	Père Osiris Brahma	Fils Isis Siva	Saint-Esprit Horus Vichnou
Monde Intellectuel	Syllogisme Causalité Personnes du verbe Multiplication Division Espace Temps Musique Division des Astres	Majeure Cause Celle qui parle Multiplicateur Diviseur Longueur Présent Tierce Soleil	Mineure Moyen A qui l'on parle Multiplicande Dividende Largeur Passé Quinte Planète	Conclusion Effet De qui l'on parle Produit Quotient Profondeur Avenir Médiane Satellite
Monde Physique ou mineur	Homme Famille Règnes de la Nature Règne végétal Couleurs simples Chimie Forces en général Magnétisme Electricité Chaleur Lumière Matière	Tête Volonté Père Règne animal Dicotylédonées Rouge Acide Mouvement Attraction Positif Chaud Lumière Gazeuse	Ventre Corps Mère Règne minéral Acotylédonées Bleu Base Repos Répulsion Négatif Froid Ombre Solide	Poitrine Vie Enfant Règne végétal Monocotylédonées Jaune Sel Équilibre Équilibre Neutre Tempéré Pénombre Liquide

LES FIGURES SYNTHÉTIQUES (pantacles) ET LEUR EXPLICATION

L'initié peut s'adresser à tous en exprimant ses idées au moyen des histoires symboliques correspondant aux FAITS et au sens positif.

Beaucoup comprennent encore, sinon le sens, du moins les mots qui composent les tableaux analogiques correspondant aux LOIS et au sens comparatif.

La compréhension *totale* de la dernière langue qu'emploie l'initié est réservée aux seuls adeptes.

Munis des éléments que nous possédons, nous pouvons cependant aborder l'explication partielle de cette méthode synthétique, la dernière et la plus élevée des Sciences occultes. Elle consiste à résumer exactement, dans un seul signe, les faits, les lois et les principes correspondant à l'idée qu'on veut transmettre.

Ce signe, véritable reflet des signes naturels, s'appelle un *pantacle*.

La compréhension et l'usage des pantacles correspondent aux PRINCIPES et au sens superlatif dans la hiérarchie ternaire.

Nous avons deux choses à savoir au sujet de ces figures mystérieuses, d'abord leur construction, ensuite et surtout leur explication.

Nous avons déjà donné la réduction de la Table d'Émeraude en signes géométriques. C'est un véritable pantacle que nous avons ainsi construit; cependant, pour plus de clarté, nous allons en construire un autre.

Le secret le plus caché, le plus occulte du sanctuaire, c'était, nous le savons, la démonstration de l'existence d'un agent universel désigné sous une foule de noms et la mise en pratique des pouvoirs acquis par son étude.

Comment faudrait-il s'y prendre pour désigner cette force par un signe ?

Étudions pour cela ses propriétés.

Avant tout cette force unique est douée, comme son Créateur qu'elle aide à constituer, de deux qualités polarisables; elle est active et passive, attractive et répulsive, à la fois positive et négative.

Nous avons une foule de manières de représenter l'actif; nous pourrons le désigner par le chiffre 1 en marquant le passif du chiffre 2, ce qui nous donnerait 12 pour l'actif-passif. C'est là le procédé pythagoricien.

Nous pouvons encore le désigner par une barre verticale, désignant le passif par une barre horizontale; alors nous aurons la croix, autre image de l'actif-passif. C'est là le procédé des gnostiques et des Rose-Croix.

Mais ces deux désignations, signifiant bien *actif-passif*, ne font pas mention du positif et du négatif, de l'attractif et du répulsif.

Pour atteindre notre but, nous allons chercher notre représentation dans le domaine des formes, dans la Nature elle-même, où le positif sera représenté par un plein et le négatif par son contraire, c'est-à-dire par un vide. C'est de cette manière de concevoir l'actif que sont découlées toutes les images phalloïdes de l'antiquité.

Donc un *plein* et un *vide*, voilà les éléments grâce auxquels nous exprimons les premières qualités de la force universelle.

Mais cette force est encore douée d'un perpétuel mouvement, à tel point que c'est par ce nom que Louis Lucas l'a désignée. L'idée de mouvement cyclique répond en géométrie qualitative au cercle et au nombre dix.

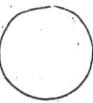

Un plein, un vide et un cercle,
Voilà le point de départ de notre pantacle.
Le plein sera représenté par la queue d'un serpent, le vide par son corps. Tel est le sens de l'οὐροϐόρος antique.

Le serpent est enroulé sur lui-même de telle façon que sa tête (vide, attractif, passif) cherche continuellement à dévorer sa queue (plein, répulsif, actif), qui fuit dans un éternel mouvement.

Voilà la représentation de la force. Comment exprimerons-nous ses lois?

Celles-ci, nous le savons, sont harmoniques et par suite équilibrées. Elles sont représentées dans le monde par l'Orient positif de la Lumière, équilibré par l'Occident négatif de la Lumière ou positif de l'Ombre ; par le Midi positif de la Chaleur, équilibré par le Nord négatif de la Chaleur ou positif du Froid. Deux forces, Lumière et Chaleur, s'opposant l'une à l'autre en positif et négatif pour constituer un quaternaire, voilà l'image des Lois du Mouvement désignées par ses Forces Équilibrées. Leur représentation sera la Croix.

Nous ajouterons donc entre la bouche et la queue du serpent ou autour de lui l'image de la Loi qui régit le mouvement, le quaternaire.

Nous connaissons la force universelle et sa représentation ainsi que celle de ses lois. Comment exprimerons-nous sa marche?

Nous savons que cette force évolue et involue perpétuellement des courants vitaux qui se matérialisent, puis se spiritualisent, qui sortent et rentrent constamment dans l'unité. L'un de ces courants, celui qui va de l'Unité à la Multiplicité, est donc passif descendant ; l'autre, qui va de la Multiplicité à l'Unité, est actif ascendant.

Plusieurs moyens nous seront donc fournis pour représenter la marche de la force universelle.

Nous pourrons la désigner par deux triangles, l'un noir et descendant, l'autre blanc et ascendant. C'est là le procédé suivi dans le pantacle de la Société théosophique.

Nous pourrons la désigner par deux colonnes, l'une blanche, l'autre noire (procédé suivi dans la Franc-Maçonnerie, colonnes

JAKIN et BOHAS) ou par les positions données aux bras d'un personnage, l'un levé en haut pour désigner le courant ascendant, l'autre baissé vers la terre pour désigner le courant descendant.

Réunissons tous ces éléments et nous verrons apparaître la figure qui constitue la 21° clef du Tarot, image de l'absolu.

Le serpent représente la force universelle, les quatre animaux symboliques, la loi des forces équilibrées, émanées de cette force, les deux colonnes au centre du serpent, la marche du Mouvement, et la jeune fille, la production qui en résulte, la Vie.

L'ουροϐορος considéré seul, sans son développement, exprime donc un des principes les plus généraux qui existent. Ce sera l'image :

Dans le Monde Divin :   De l'action du Père sur le Fils.
Dans le Monde Intellectuel :   De l'action de la Liberté sur la Nécessité.
Dans le Monde Matériel ou Physique : De l'action de la Force sur la Résistance.

Cette figure est encore susceptible d'une foule d'applications. En un mot, c'est un pantacle, une image de l'absolu.

LE PANTACLE DU MARTINISME.

Il existe un autre pantacle plus profond encore comme enseignement que celui de la société théosophique, aujourd'hui tombée comme elle le méritait par la conduite de ses fondateurs, c'est celui de Claude de Saint-Martin.

Dieu, le premier principe de l'Univers, est représenté par un cercle (symbole de l'éternité).

L'action de l'Eternité passant de la Puissance en acte est symbolisée par le rapport mystique du centre à la circonférence, par *le rayon* projeté six fois autour du cercle, d'où l'hexagone des six périodes de la création. Le point central forme la 7° période (repos).

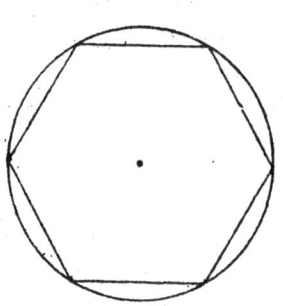

C'est dans ces émanations créatrices (éons) que va évoluer la Nature avec ses deux courants d'involution et d'évolution (triangle ascendant et triangle descendant).

Remarquons que *la Nature* n'atteint pas *Dieu*, elle n'atteint que les forces créatrices émanées de lui.

Aussi, du centre de l'Univers à Dieu lui-même, la puissance de l'homme prend naissance, alliant les effets de la Divinité au fatalisme de la Nature dans sa triple nature synthétisée par l'Unité du libre arbitre en un quaternaire (la croix).

Cette croix, image de l'homme, unit le centre de l'Univers (âme humaine) à Dieu lui-même.

Telle est l'explication du pantacle universel du Martinisme.

§ 3. — EXPLICATION DES PANTACLES.

Explication des Pantacles. — Ces figures qui semblent au premier abord si mystérieuses deviennent cependant, dans la plupart des cas, relativement faciles à expliquer. Voici quelles sont les règles les plus générales qu'on peut assigner à cette explication :

I. *Décomposer la figure en ses éléments;*

II. *Voir la situation qu'occupent ces éléments dans la figure les uns par rapport aux autres;*

III. *Chercher la science à laquelle se rattache de plus près le pantacle.*

I

DÉCOMPOSITION DE LA FIGURE EN SES ÉLÉMENTS

Tout pantacle, pour aussi complexe qu'il paraisse, peut être décomposé en un certain nombre d'éléments se rapportant à la géométrie qualitative (voy. chap. IV).

Nous allons passer en revue un certain nombre d'éléments grâce auxquels le travail se trouvera de beaucoup abrégé.

Mais auparavant je tiens à donner un moyen qu'on doit toujours employer quand la détermination des éléments est difficile, c'est de les compter. On les trouve alors rangés par trois, par sept ou par douze.

S'ils sont rangés par trois, l'idée qu'ils renferment est celle d'Actif-Passif-Neutre et de ses conséquences.

S'ils sont rangés par sept, ils se rapportent soit aux sept planètes soit aux couleurs de l'œuvre hermétique, et la 3° considération (science à laquelle se rapporte la figure) éclaire alors la description.

Enfin s'ils sont rangés par douze, ils expriment tout mouvement zodiacal, et celui du Soleil en particulier.

Cette difficulté écartée, voyons quelques-uns des principaux éléments.

La *croix* exprime l'opposition des forces deux à deux pour donner naissance à la Quinte essence. C'est l'image de l'action de l'Actif sur le Passif, de l'Esprit sur la Matière.

$+$

Naturellement la tête domine le corps, l'Esprit domine la Matière; quand les sorciers veulent exprimer leurs idées dans un pantacle, ils formulent leurs imprécations en détruisant l'harmonie de la figure, ils mettent *la croix la tête en bas* et par là expriment les idées suivantes :

La Matière domine l'Esprit ;
Le Mal est supérieur au Bien ;
Les ténèbres sont préférables à la Lumière.
L'homme doit se laisser guider uniquement par ses plus bas instincts et tout faire pour détruire son intelligence, etc., etc.

Nous savons que la croix exprime ces idées parce qu'elle est formée d'une barre verticale (image de l'actif) et d'une barre horizontale (image du passif) avec toutes les analogies attachées à ces termes.

Le *carré* exprime l'opposition des forces actives et passives pour constituer un équilibre ; c'est pourquoi il est particulièrement l'image de la forme.

Le *triangle* exprime des idées différentes suivant les positions qu'affecte son sommet.

En lui-même le triangle est formé de deux lignes opposées, images du 2 et de l'antagonisme, qui iraient se perdre dans l'Infini sans se rencontrer jamais si une troisième ligne ne venait les unifier toutes deux et par là les ramener à l'Unité en constituant la première figure fermée.

Le *triangle la tête en haut* représente tout ce qui monte de bas en haut.

Il est particulièrement le symbole du Feu, du chaud[1].

« C'est le mystère hiérarchique de la Lumière et la Matière radicale du Feu Élémentaire, c'est le principe formel du Soleil, de la Lune, des étoiles et de toute la Vie naturelle.

« Cette lumière primitive porte en haut tous les phénomènes de sa vertu parce qu'étant purifiée par l'Unité de la Lumière incréée, elle s'élance toujours vers l'Unité d'où elle emprunte son ardeur[2]. »

Le *triangle la tête en bas* représente tout ce qui descend de haut en bas.

Il est particulièrement le symbole de l'Eau, de l'Humide.

« C'est l'Eau surcéleste ou la Matière métaphysique du Monde sortie de l'Esprit prototype; la Mère de toutes choses qui du Binaire produit le Quaternaire.

« Tous ses mouvements tendent en bas et de là vient qu'elle individualise les matières particulières et les corps de toutes choses en leur donnant l'existence[3]. »

L'*Union des deux triangles* représente la combinaison du Chaud et de l'Humide, du Soleil et de la Lune, le principe de toute création, la circulation de la VIE du Ciel à la Terre et de la Terre au Ciel, l'évolution des Indous.

Cette figure, appelée SCEAU de SALOMON, représente l'Univers et ses deux Ternaires : DIEU et la NATURE; c'est l'image du Macrocosme.

Elle explique les paroles d'Hermès dans la Table d'Émeraude :

« Il monte de la Terre au Ciel et derechef il descend en terre et reçoit la force des choses supérieures et inférieures. »

Elle représente encore les vertus η βασιλεια, και η δωξα, και η

---

1. « Comme la flamme d'une torche tend toujours à s'élever, de quelque manière qu'on la tourne, ainsi l'homme dont le cœur est enflammé par la vertu, quelque accident qu'il lui arrive, se dirige toujours vers le but que la sagesse lui indique. » (*Proverbes* du Brahme Barthrovhari.)
2. *L'Ombre idéale de la Sagesse universelle.*
3. *L'Ombre idéale de la Sagesse universelle.*

δυναμις) répandues dans les cycles générateurs (εις τους αιωνας) du verset occulte du *Pater* de saint Jean que récitent encore les prêtres orthodoxes.

« C'est la perfection de l'Univers dans l'ouvrage mystique des six jours où l'on assigne au Monde le haut et le bas, l'Orient et l'Occident, le Midi et le Septentrion.

« Ainsi cet hiéroglyphe du Monde en découvre les sept lumières dans le mystère des sept jours de la Création, car le centre du Sénaire fait le Septénaire sur lequel roule et se repose la Nature et que Dieu a choisi pour sanctifier son Nom adorable. Je dis donc que LA LUMIÈRE du Monde sort du Septénaire parce que l'on monte de lui au Dénaire qui est l'Horizon de l'Éternité d'où partent toute la jouissance et la vertu des choses. » (*L'Ombre idéale.*)

Le lecteur doit être à même, d'après les indications précédentes, de comprendre ces passages d'un écrit du plus pur mysticisme.

II

SITUATION DES ÉLÉMENTS

Déterminer les éléments qui composent un pantacle, c'est un grand point, mais là ne doit pas se borner le travail de l'investigateur.

La position qu'occupent ces éléments jette une vive clarté sur les points les plus obscurs, et cette position est relativement facile à déterminer par la méthode des oppositions.

Cette méthode consiste à appliquer à l'intelligence d'un élément resté obscur la signification opposée de l'élément placé en opposition de celui-ci.

Soit l'exemple suivant :

$$\begin{matrix} & P... & \\ L\therefore & & D\therefore \end{matrix} \quad \begin{cases} \textit{Liberté de passer.} \\ \textit{Liberté. — Pouvoir. — Devoir.} \\ \textit{Lilia. — Pedibus. — Distrue.} \end{cases}$$

Voici trois lettres formant la devise de Cagliostro. Je suis arrivé, supposons, à retrouver le sens de la première et à voir qu'elle signifiait *Liberté* ; j'ai vu ma supposition confirmée par le triangle

— 969 —

à sommet supérieur représenté par les trois points et situé à sa suite, je cherche la signification de l'autre lettre, D.

D'après la méthode des oppositions, je sais que cette lettre opposée de la première, aura un sens réciproque du premier sens, Liberté ; ce sens doit être enfermé dans l'idée de *Nécessité*. Mais le triangle à sommet inférieur ·.· m'indique bientôt que cette nécessité est passive dans ses manifestations et l'idée de Devoir vient prendre la place de la lettre D, la réaction de L sur D donne le *Pouvoir*.

Cet exemple très simple permet de saisir les données de la méthode des oppositions qui est d'une grande utilité dans l'explication des figures mystérieuses. Cette méthode est toujours employée soit en désignant les opposés par des couleurs différentes comme les deux colonnes J et B des francs-maçons, l'une rouge, l'autre bleue, soit en les désignant par des formes différentes comme la bouche et la queue du serpent images de l'actif et du passif, ou les symboles de génération placés sur les colonnes maçonniques, soit encore en leur donnant des directions différentes comme dans le *Sceau de Salomon* (les deux triangles à sommets opposés) ou dans la *croix* (opposition des Lignes).

Couleurs
Formes   } opposées.
Directions

Telles sont les trois façons sous lesquelles sont désignés les antagonistes dans les pantacles.

Nous retrouvons l'application de ceci dans les diverses façons de représenter le quaternaire, image de l'absolu (Voy. *Cycle des nombres*, chap. II.)

Littéralement le quaternaire est désigné par quatre lettres hébraïques : יהוה.

La première י (iod) représente l'actif.

La seconde ה (hé) est l'image du passif.

La troisième ו (vau) représente le lien qui les lie toutes deux.

Enfin la quatrième ה (hé) est la seconde répétée et indique la perpétuité des productions d'Osiris-Isis.

Pour écrire ces lettres à la façon des initiés, il faut les disposer en croix comme ceci :

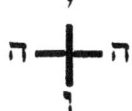

Dans ce cas, la direction indique la signification des éléments, car les éléments actifs (iod et vau) sont sur la même ligne verticale.

Les éléments passifs sur la même ligne horizontale.

On peut également désigner ce quaternaire par des formes différentes :

Le *Bâton*, image de l'actif, représentera le *iod* (י).
La *Coupe*, creuse, image du passif, représentera le premier *hé* (ה).
L'*Épée* ou image de l'alliance de l'actif et du passif,
La *Croix* représentera le *vau* (ו).
Le *Disque* représentera deux coupes superposées et par suite 2 fois 2 indiquant la répétition du *hé* (ה).

Bâton ou *Trèfle* ⎫
Coupe ou *Cœur*   ⎬ Tels sont les éléments, images
Épée ou *Pique*   ⎪ de l'absolu, qui constituent les
Disque ou *Carreau* ⎭ cartes à jouer.

Ces éléments sont peints de deux façons opposées (*rouges* et *noirs*) pour montrer que le quaternaire est formé par l'opposition deux à deux de deux forces primordiales, une active : rouge, l'autre passive : noire.

Voici le résumé géométrique de cette manière de considérer le quaternaire :

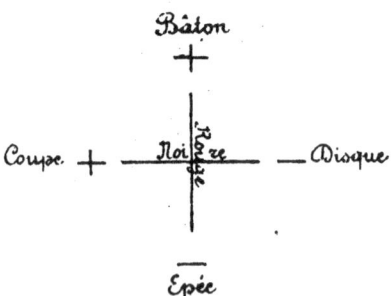

Considérez la 21° clef du livre d'Hermès et vous allez retrouver tout ceci dans les quatre animaux symboliques.

En résumé, la seconde méthode d'explication consiste à opposer le haut de la figure avec le bas, la droite avec la gauche pour en tirer les éclaircissements nécessaires à l'explication.

Il est rare que le sens d'une figure, pour aussi mystérieuse qu'elle soit, n'apparaisse pas en alliant la première méthode (séparation des éléments) à celle-ci.

Toutes ces considérations sur l'explication des figures paraîtront peut-être bien futiles à quelques lecteurs : mais qu'ils songent que la science antique réside presque entièrement dans des pantacles et alors sans doute ils excuseront la monotonie de ces développements.

Ne retrouvons-nous pas l'application de ces données dans la façon d'écrire les trois langues primitives : le Chinois — l'Hébreu — le Sanscrit [1] ?

Le Chinois s'écrit de haut en bas, c'est-à-dire verticalement et de droite à gauche.

L'Hébreu horizontalement et de droite à gauche.

Le Sanscrit horizontalement et de gauche à droite.

D'après Saint-Yves d'Alveydre [2], la direction de l'écriture indiquerait l'origine de l'instruction des peuples. Si nous appliquons ceci aux écritures précédentes, nous trouverons que :

Tous les peuples qui écrivent comme les Chinois, c'est-à-dire du Ciel à la Terre [3], ont une origine touchant de très près à la source primitive. (Les Chinois sont les seuls qui possèdent encore une écriture idéographique.)

Tous les peuples qui écrivent comme les Hébreux, de l'Orient à l'Occident, ont reçu leur instruction d'une source orientale.

Enfin, tous les peuples qui écrivent comme le Sanscrit, d'Occident en Orient, tiennent leur savoir des primitifs sanctuaires métropolitains d'Occident et surtout des Druides.

D'après cela on pourrait considérer le Chinois comme une racine primitive qui, partie du ciel, donnerait comme rejeton l'Hébreu ou le Sanscrit suivant qu'on la prendrait comme active ou passive, comme orientale ou occidentale. Tout ceci se résume dans les dispositions suivantes :

1. Voy. les travaux de Fabre d'Olivet sur la langue hébraïque.
2. *Mission des Juifs*.
3. Moreau de Dammartin, dans son *Traité sur l'Origine des Caractères alphabétiques* (Paris, 1839), démontre que les caractères chinois sont tirés de la configuration des signes célestes.

III

SCIENCE A LAQUELLE SE RATTACHE LE PANTACLE

C'est un grand point d'avoir décomposé une figure en ses éléments, d'avoir trouvé le sens de ces éléments par la méthode des oppositions; mais là ne doit point se borner le travail du chercheur. Supposons qu'il soit arrivé à rapporter aux sept planètes sept éléments d'une analyse difficile ; a-t-il lieu d'être satisfait ?

Le sens général du Pantacle peut seul l'éclairer à ce sujet. S'il s'agit d'Astrologie, le sens positif attribué aux planètes lui suffira ; s'il s'agit d'Alchimie, le sens comparatif seul sera utile et les planètes désigneront les couleurs de l'œuvre [1] ; enfin, s'il est question de Magie, les planètes se rapporteront aux noms des intelligences qui les gouvernent.

On voit de quelle importance est la détermination du sens d'un pantacle, et cette détermination ne peut être obtenue qu'en combinant les deux premières méthodes : *Décomposition en éléments. — Oppositions des éléments*.

Enfin, disons que eette spécification du sens des figures mystérieuses n'existe presque jamais dans les figures antiques et qu'elles désignent analogiquement les trois significations correspondant aux trois mondes.

Appliquons maintenant les données précédentes à l'explication des figures symboliques les plus faciles à rencontrer dans l'étude de la Science occulte.

Je m'abstiendrai souvent d'analyser les explications, que le lecteur pourra retrouver aussi facilement que moi par l'emploi des méthodes ci-dessus.

LE SPHINX

Les Religions se succèdent sur la Terre, les générations passent et les derniers venus croient pouvoir, dans leur orgueil, narguer

---

[1]. « Mais toutefois quand le roi est entré, premièrement il se dépouille de sa robe de drap de fin or, battu en feuilles très déliées, et la baille à son premier homme qui s'appelle Saturne. Adonc Saturne la prend et la garde quarante jours ou quarante-deux au plus, quand une fois il l'a eue; après, le roi revêt son pourpoint de fin velours et le donne au deuxième homme qui s'appelle Jupiter qui le garde vingt jours bons. Adonc Jupiter, par commandement du roi, le baille à la Lune qui est la tierce personne, etc., etc. » (Bérnard le Trevisan.)

les connaissances de l'antiquité. Au-dessus de toutes les sectes, au-dessus de toutes les querelles, au-dessus de toutes les erreurs se

Le Sphinx (dessin de E. Gary de Lacroze).

dresse le Sphinx immobile qui répond par un troublant : Que suis-je ? aux ignorants qui blasphèment la Science.

Les temples peuvent être détruits, les livres peuvent disparaître sans que les hautes connaissances acquises par les anciens puissent être oubliées. Le sphinx reste et il suffit.

Symbole de l'Unité, il résume en lui les formes les plus étrangères l'une à l'autre.

Symbole de la Vérité, il montre la'raison de toutes les erreurs dans ses contrastes mêmes.

Symbole de l'Absolu, il manifeste le Quaternaire mystérieux.

Ma religion seule est vraie, crie le fanatique chrétien.

La vôtre est l'œuvre d'un imposteur, la mienne seule vient de Dieu, répond le Juif.

Tous vos livres saints sont des copies de notre Révélation, s'écrie l'Indou.

Toutes les religions sont des mensonges, rien n'existe en dehors de la Matière, les principes de tous les cultes viennent de la contemplation des astres, la Science seule est vraie, soutient le Savant moderne.

Et le sphinx se dresse au-dessus de toutes les disputes, immobile, résumé de l'Unité de tous les cultes, de toutes les Sciences.

Il montre au chrétien l'Ange, l'Aigle, le Lion et le Taureau qui accompagnent les évangélistes ; le Juif y reconnaît le songe du Juif Ezéchiel ; l'Indou, les secrets d'Adda Nari, et le savant allait passer dédaigneux quand il retrouve sous tous ces symboles les lois des quatre forces élémentaires, Magnétisme, Electricité, Chaleur, Lumière.

Indécis sur sa marche dans la vie, le futur initié interroge le sphinx et le sphinx parle :

Regarde-moi, dit-il, j'ai une tête humaine dans laquelle siège la Science, comme te l'indiquent les ornements de l'initié qui la décorent.

La Science conduit ma marche dans la vie, mais, seule, elle est d'un faible secours. J'ai des griffes de Lion à mes quatre membres ; je suis armé pour l'action, je me fais place à droite et à gauche, en avant et en arrière, rien ne résiste à mes griffes guidées par ma tête, rien ne résiste à l'Audace conduite par la Science.

Mais ces pattes ne sont aussi solides que parce qu'elles sont greffées sur mes flancs de Taureau. Quand une fois j'ai entrepris une action, je poursuis mon but laborieusement, avec la patience du bœuf qui trace le sillon.

Dans les moments de défaillance, quand le découragement est près de m'envahir, quand ma tête ne se sent plus assez forte pour diriger mon être, j'agite mes ailes d'aigle. Je m'élève dans le domaine de l'intuition, je lis dans le Cœur du Monde les secrets de la Vie universelle, puis je reviens continuer mon œuvre en silence.

Ma *tête* te recommande de *Savoir*
Mes *griffes* — d' *Oser*
Mes *flancs* — de *Vouloir*
Mes *ailes* — de *Se Taire*

Suis mes conseils et la vie te paraîtra juste et belle.

Le front d'homme du Sphinx parle d'intelligence ;
Ses mamelles d'amour, ses ongles de combat ;
Ses ailes sont la Foi, le Rêve et l'Espérance,
Et ses flancs de Taureau le travail d'ici-bas.

Si tu sais travailler, croire, aimer, te défendre,
Si par de vils besoins tu n'es pas enchaîné,
Si ton cœur sait vouloir et ton esprit comprendre,
Roi de Thèbes, salut, te voilà couronné [1] !

TÊTE
        AILES
                FLANCS
PATTES   PATTES

Dans ce symbole de sphinx deux grandes oppositions se montrent :

En avant :   La *Tête* (la *Science*) s'oppose aux *Pattes* (l'*Audace*).

En arrière : Les *Flancs* (*Travail*) s'opposent également aux *Pattes* (*Audace*).

Entre les deux existe l'*intuition* (*ailes*) qui les règle.
L'audace dans son action agira d'une manière efficace
    (pattes de devant)
si la Science la domine toujours assez pour la guider.
    (TÊTE)
L'audace dans les études sera couronnée de succès
    (pattes de derrière)
si elle se laisse conduire par le Travail et la Persévérance.
                (flancs de Taureau)

Enfin les excès dans l'Action ou dans l'Étude doivent être tempérés par l'usage de l'imagination (ailes d'aigle).

1. Eliphas Levi, *Fables et Symboles*.

Une autre opposition apparaît, c'est celle du Haut et du Bas harmonisés par le Milieu.

HAUT —   TÊTE   AILES
    MILIEU   — FLANCS DE TAUREAU
BAS   — PATTES DE DEVANT   PATTES DE DERRIÈRE
                +   —

En haut siègent la Science et l'Imagination, en bas la pratique, pratique dans la Science (pattes de devant), pratique dans l'Imagination (pattes de derrière).

La théorie doit toujours dominer et conduire la Pratique ; celui qui veut découvrir les vérités de la Nature rien que par l'expérience matérielle est semblable à un homme qui voudrait se passer de tête pour mettre ses membres en action.

Pas de Théorie sans Pratique
Pas de Pratique sans Théorie
Pas de Théorie } *sans Travail*
Pas de Pratique }

Voilà ce que nous dit encore le sphinx.

Résumons tout ceci dans une figure d'après les indications que nous venons de découvrir.

Devant	}	Tête humaine	=	Actif	+
+	}	Pattes de devant	=	Passif	—
Derrière	{	Ailes d'aigle	=	Actif	+
—	{	Pattes de derrière	=	Passif	—
Milieu	{	Entre les deux et les unissant		Neutre	
	{			∞	
∞		on voit les flancs de taureau.			

Nous désignerons le devant du sphinx actif par une barre verticale.

Le derrière passif par une barre horizontale et nous obtiendrons la figure suivante :

<pre>
                Tête humaine
                     |
     Ailes d'Aigle — FLANCS — Pattes de Derrière
                     |
                Pattes de Devant
</pre>

ou en résumé

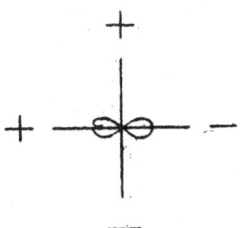

Cette dernière figure nous indique les lois des forces élémentaires émanées de la Force universelle :

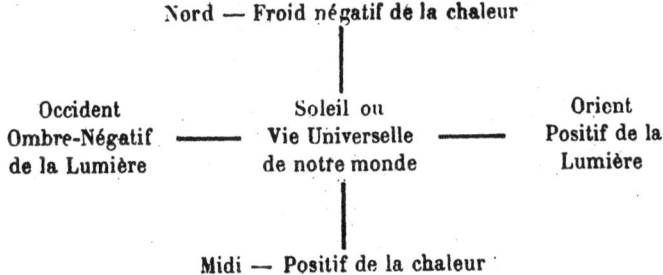

Autre signification du sphinx.

LES PYRAMIDES

Le sphinx n'est pas le seul monument symbolique que nous ait légué l'Égypte.

Les traces des anciens centres d'initiation subsistent encore dans les Pyramides.

« En face du Caire, le plateau de Gizeh, qui se détache en éperon de la chaîne libyque, porte encore sur la rive gauche du Nil trois monuments qui ont défié l'action du temps et des hommes : ce sont les Pyramides.

« Ces trois masses, à bases carrées, un peu inégales en grandeur, forment par leur situation respective un triangle dont une face regarde le Nord, une autre l'Occident et la troisième l'Orient. La plus grande, située à l'angle du Nord et vers le Delta, symbolise la force de la Nature ; la seconde, élevée au Sud-Ouest, à distance d'une portée de flèche de la première, est le symbole du Mouvement; et la dernière, bâtie au sud-est de celle-ci à distance d'un jet de pierre de la seconde, symbolise le Temps. Au midi de cette dernière, à une médiocre distance, sur une ligne qui se prolonge de l'Orient à l'Occident, se dressent trois autres pyramides formant des masses moins considérables et près desquelles s'entassent d'innombrables pierres colossales que l'on pourrait considérer comme les ruines d'une septième pyramide. Il est en effet permis de supposer que les Égyptiens avaient voulu représenter par sept aiguilles ou conoïdes flammiformes, les sept mondes planétaires dont les génies régissent notre univers et dont Hermès fut le révélateur. » (Christian, *Hist. de la Magie*, p. 99 et 100.)

Chaque pyramide est construite sur une base carrée, symbolisant par là la matière, la forme, le signe, l'adaptation.

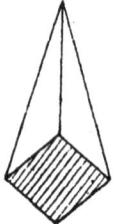

L'élévation de chacun des côtés est Ternaire et symbolise l'idée la théorie.

Que veut dire cette suprématie du Ternaire sur le quaternaire?

Le Ternaire domine le Quaternaire, c'est-à-dire :

L'Idée — le Signe
L'Esprit — la Matière
La Théorie — la Pratique.

L'ensemble de la Pyramide est formé de 4 et de 3, c'est-à-dire de sept, symbole de l'alliance entre l'Idée et le Signe, entre l'Esprit et la Matière, entre la Théorie et la Pratique, c'est la Réalisation.

En haut la Pyramide nous montre un point mathématique (son sommet) d'où partent quatre idées (quatre triangles). Ces quatre idées viennent se baser sur une forme unique (la base) et par là montrent leur solidarité.

Nous retrouvons dans l'étude de ces pyramides le mystérieux tétragramme.

LE PENTAGRAMME

Le Pentagramme ou étoile à cinq pointes, l'Étoile flamboyante des francs-maçons, est encore un pantacle et un des plus complets qu'on puisse imaginer.

Ses sens sont multiples, mais ils se ramènent tous à l'idée primordiale de l'alliance du quaternaire et de l'Unité.

Cette figure désigne surtout l'homme, et c'est dans cette acception que nous allons l'étudier.

La pointe supérieure représente la tête, les quatre autres pointes les membres de l'homme. On peut aussi considérer ce pantacle comme image des cinq sens; mais cette signification trop positive ne doit pas nous arrêter.

Sans vouloir expliquer ici complètement les secrets de cette figure, nous pouvons montrer combien est facile l'interprétation qui peut guider dans sa mise en pratique. En effet, les magiciens se servent, pour agir sur les esprits, du Pentagramme la tête en haut, les sorciers du Pentagramme la tête en bas.

Le Pentagramme la tête en haut indique l'homme chez qui la volonté (la tête) conduit les passions (les membres).

L'idée étant représentée par 3 et la matière (dyade) par 2, on peut, en décomposant ainsi le Pentagramme, montrer cette domination de l'Esprit sur la Matière.

Le Pentagramme la tête en bas représente la même figure que la croix renversée, c'est l'homme chez qui, les passions entraînent la volonté, c'est l'homme passif, l'homme qui laisse subjuguer sa volonté par les mauvais esprits, c'est le Médium.

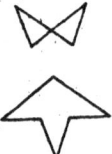

Dans cette situation le Pentagramme indique la matérialisation de l'Esprit, l'homme qui consent à mettre sa tête en bas et ses jambes en l'air.

Le Pentagramme peut donc représenter le Bien ou le Mal suivant la direction qu'il affecte et c'est pour cela qu'il est l'image de l'Homme, du Microcosme capable de faire le Bien ou le Mal suivant sa Volonté.

Dans le *Faust* de Goëthe, on peut voir l'usage magique du Pentagramme (Acte 1ᵉʳ).

LE TAROT

Il existe un ensemble merveilleux de 22 Pentacles, exprimant chacun une des forces de l'absolu : c'est le Tarot des Bohémiens.

Nous avons consacré un gros volume à l'étude de ces pantacles et à la découverte de leur loi de construction ; aussi renvoyons-nous les curieux à cette étude.

Nous allons reproduire les 22 pantacles mystiques du Tarot relevés par Oswald Wirth[1].

---

[1]. On trouve cette collection chez notre éditeur et à la librairie du Merveilleux, 29, rue de Trévise.

22 FIGURES DU TAROT

EXPLICATION DE L'HIÉROGLYPHE ALCHIMIQUE DE NOTRE-DAME DE PARIS

PAR CAMBRIEL.

« A l'une des trois grandes portes d'entrée de l'église Notre-Dame, cathédrale de Paris, et sur celle qui est du côté de l'Hôtel-Dieu, se trouve sculpté sur une grosse pierre, au milieu de ladite porte d'entrée, et en face du Parvis, l'hiéroglyphe reproduit en tête du chapitre vii de cet ouvrage, représentant le plus clairement possible tout le travail, et le produit ou le résultat de la pierre philosophale.

I

« Au bas de cet hiéroglyphe qui est sculpté sur un long et gros carré de pierre, se trouvent au côté gauche et du côté de l'Hôtel-Dieu deux petits ronds pleins et saillants représentant les *Natures métalliques* brutes ou sortant de la mine (qu'il faudra préparer par plusieurs fusions et des aidants salins).

II

« Du côté opposé sont aussi les deux mêmes ronds ou *natures;* mais travaillées ou dégagées des crasses qu'elles apportent des mines lesquelles ont servi à leur création.

III

« Et en face, du côté du Parvis, sont aussi les deux mêmes ronds ou *natures* mais perfectionnées ou totalement dégagées de leurs crasses par le moyen des précédentes fusions.

« Les premières représentent les corps métalliques qu'il faut prendre pour commencer le travail hermétique.

« Les deuxièmes travaillées nous manifestent leur vertu intérieure et se rapportent à cet homme qui est dans une caisse, lequel, étant entouré et couvert de flammes de feu, prend naissance dans le feu.

« Et les troisièmes perfectionnées, ou totalement dégagées de leurs crasses, se rapportent au dragon babylonien [1], ou mercure

[1]. C'est là le Télesme d'Hermès et le mouvement de Louis Lucas (Papus).

philosophal, dans lequel se trouvent réunies toutes les vertus des natures métalliques.

« Ce dragon est en face du Parvis et au-dessus de cet homme qui est entouré et couvert de flammes de feu, et le bout de la queue de ce dragon tient à cet homme, pour désigner qu'il sort de lui et qu'il en est produit, et ses deux serres embrassent l'athanor pour désigner qu'il y est ou qu'il doit y être mis en digestion, et sa tête se termine et se trouve dessous les pieds de l'évêque.

. . . .

« Je dirai donc que de cet homme, qui a pris naissance dans le feu et par le travail des aigles volants[1] représentés par plusieurs fleurs formées de quatre feuilles jointes dont est entouré le bas de sa caisse, est produit le dragon babylonien dont parle Nicolas Flamel, ou le mercure philosophal.

« Ce mercure philosophal est mis dans un œuf de verre, et cet œuf est mis en digestion ou en longue coction dans l'athanor ou fourneau terminé en rond ou voûte, sur laquelle voûte sont placés les pieds de l'évêque au-dessous desquels se trouve la tête du dragon. De ce mercure il résulte la vie représentée par l'évêque qui est au-dessus dudit dragon.

« Cet évêque porte un doigt à sa bouche pour dire à ceux qui le voient, et qui viennent prendre connaissance de ce qu'il représente: « Si vous reconnaissez et devinez ce que je représente par cet hiéroglyphe, taisez-vous !... [2]. »

1. Distillations (Papus).
2. Cambriel, *Cours de philosophie hermétique*, pp. 30 et suivantes.

CHAPITRE XXII

CONCLUSION

LA SCIENCE EXPÉRIMENTALE ET L'OCCULTISME
CONTEMPORAIN. — L'INITIATION ET LE GROUPE
INDÉPENDANT D'ÉTUDES ÉSOTÉRIQUES.

§ 1. — LA SCIENCE OCCULTE ET LA SCIENCE CONTEMPORAINE

Nous voici parvenus au but que nous nous étions désigné. Quelques textes bien authentiques d'auteurs anciens nous ont révélé une science presque aussi riche que la nôtre expérimentalement et surtout théoriquement ; curieux de pénétrer plus avant, nous avons suivi cette science jusque dans les sanctuaires de l'initiation égyptienne ; nous avons retrouvé le grand secret qu'on y renfermait : l'existence et la mise en œuvre d'un agent universel, unique dans son essence, triple dans ses manifestations.

Connaissant les éléments de la théorie, nous avons voulu savoir comment elle était mise en pratique.

C'est alors que la Science antique nous est apparue

complète, munie de ses méthodes spéciales, basées sur l'emploi de l'analogie, et de ses divers moyens de diffusion. Le prêtre égyptien nous a révélé avec quel art l'histoire symbolique transmettait aux générations les grands secrets de l'Hermétisme ; les tableaux des correspondances nous ont livré les clefs de la Magie théorique ; enfin les pantacles et leur explication ont fait tomber devant nous le troisième voile derrière lequel pouvaient se cacher les secrets du sanctuaire.

Les deux premières parties nous ont fait connaître la théorie ; la dernière nous livre l'adaptation ; enfin l'alliance totale nous montrera la Réalisation possible de la Science antique dans l'absolu.

Nous croyons avoir assez montré les raisons qui nous conduisaient à proclamer l'existence d'une science réelle hors du domaine des Sciences contemporaines ; là ne doit pas cependant se borner notre étude.

Voyons la situation que ces deux Sciences occupent l'une par rapport à l'autre.

Nous savons déjà que ces deux Sciences ne forment en réalité que les aspects opposés d'une seule et même Science ; l'une d'elles, la Science occulte, s'occupant surtout du général et de la synthèse, l'autre, la Science contemporaine, s'occupant principalement du particulier et de l'analyse. Ces considérations suffisent à elles seules pour montrer clairement la position respective de ces deux aspects de la Vérité.

Chaque fois que la Science expérimentale a voulu par ses méthodes établir une synthèse, elle n'a abouti qu'à des résultats vraiment dérisoires eu égard au travail employé. C'est alors qu'elle a abandonné l'étude du général aux rêveurs de toute école, se contentant de la connaissance du monde sensible. Toutefois l'absence de lien entre toutes les branches du savoir se fait chaque jour sentir davantage ; la suggestion à distance, les manifestations d'une force encore inconnue chez les Spirites, étudiées par les savants les plus éminents de tous les pays, ont amené de force la science de la Matière dans le domaine de l'Esprit. Les derniers sceptiques, craignant d'être convaincus de force, ne veulent plus voir les phénomènes inexpliqués et croient par là empêcher la Vérité de se produire. Ils invoquent à tout propos l'opinion du fondateur officiel de la méthode expérimentale, de Bacon, qui leur a pourtant dit justement les illusions auxquelles les conduirait l'emploi trop irréfléchi des Mathématiques :

« Au lieu d'exposer les raisons des phénomènes célestes, on ne s'occupe que d'observations et de démonstrations mathématiques ; or, ces observations et ces démonstrations peuvent bien fournir quelque hypothèse ingénieuse pour arranger tout cela dans sa tête, et se faire une idée de cet assemblage, mais non pour savoir au juste comment et pourquoi tout cela est réellement dans la nature : elles indiquent tout au plus les mouvements apparents, l'assemblage artificiel, la combinaison arbitraire de tous ces phénomènes, mais non les causes véritables et la réalité des choses ; et quant à ce sujet, c'est avec fort peu de jugement que l'astronomie est rangée parmi les sciences mathématiques ; cette classification déroge à sa dignité. » (Bacon, *De Dign. et Increm. Scienc.*, l. III, c. IV.)

Tous les grands hommes disent que l'étude du visible ne suffit pas, que l'invisible seul renferme les vérités les plus utiles à connaître ; qu'importe. Tout cela n'avait pas échappé à la merveilleuse sagacité des initiateurs antiques qui savaient montrer avec tant d'art, à l'aspirant, la différence entre le monde sensible et le monde intelligible.

« Avant l'ouverture des Mystères d'Isis, on donnait au récipiendaire une petite boîte en pierre dure figurant, au dehors, un pauvre animal symbolique, un petit insecte, un scarabée.

« Pouah! aurait dit un sceptique moderne. Mais en ouvrant ce modeste hiéroglyphe, on trouvait en dedans un œuf d'or pur, renfermant, sculptés dans des pierres précieuses, les Cabires, les Dieux révélateurs et leurs douze Maisons sacrées.

« Telle était l'exquise méthode suivant laquelle l'antique Sagesse renfermait pieusement dans la Parole et dans le Cœur la connaissance de la Vérité; et cette symbolique voilée, cet hermétisme à triple sceau devenait de plus en plus savant, à mesure que le degré de la Science se rapprochait davantage du divin mystère de la Vie universelle[1]. »

De tous côtés les sciences se butent au monde des causes premières et, faute de vouloir l'étudier scientifiquement, paralysent les progrès.

Ceci apparaît surtout clairement dans une des sciences les plus utiles à l'humanité, science qu'on est contraint d'appeler encore un art : la Médecine.

La Médecine doit étudier de si près le monde invisible, les causes premières, que tôt ou tard elle atteint leur domaine.

Dans ces derniers temps elle s'est lancée tête baissée dans le Matérialisme, protestant avec juste raison contre les rêveries de la Métaphysique dans laquelle elle gravitait. L'anatomie pathologique a victorieusement répondu à l'appel des audacieux novateurs et, entassant découverte sur découverte, a fermé la bouche aux retardataires

---

1. Saint-Yves d'Alveydre, p. 67 (*Mission des Juifs*).

partisans d'un animisme incompris ou d'un vitalisme sans portée pratique.

La topographie des centres nerveux découverte, l'alliance étroite de la clinique et des démonstrations physiologiques enfin opérée, la Médecine matérialiste pouvait être fière de son œuvre et allait proclamer sa victoire quand ce monde de l'invisible qu'on avait relégué pour toujours fit de nouveau son apparition.

La suggestion à distance, indiscutable malgré l'opposition systématique des retardataires, l'existence de plus en plus probable du fluide niée d'abord avec tant d'acharnement, les phénomènes produits par les spirites, étudiés et reconnus réels par les savants officiels[1] de tous pays, forcent, comme je l'ai déjà dit, les investigateurs impartiaux à aborder le domaine de l'immatériel et à augmenter par là les éléments de la future synthèse qui réunira le phénomène au noumène.

Or, je ne crains pas d'affirmer que, quels que soient les efforts entrepris pour édifier de nouvelles investigations, quels que soient les noms dont on décore les découvertes, on rentrera forcément dans le domaine de l'antique Science occulte.

Que peut-il résulter de tout cela? Une réaction contre le matérialisme plus grande encore qu'on n'en a jamais vu et, comme il est difficile d'atteindre un juste milieu, une réaction vers le Mysticisme.

C'est pourquoi je voudrais montrer que la Vérité ne sortira pas plus d'un extrême que de l'autre et faire comprendre à tous l'idée élevée contenue dans la phrase de Louis Lucas qui sert d'épigraphe à ce traité :

« *Concilier la profondeur des vues théoriques anciennes*

---

[1]. En Angleterre, Crookes; en Allemagne, Zœlner; en France le Dr Gibier. (Voy. *l'Occult. contemp.*)

avec la rectitude et la puissance de l'expérimentation moderne. Tout est là.

Quand je pose ainsi les deux domaines dans lesquels doivent graviter la Médecine, l'Idéalisme et le Matérialisme, qu'on ne croie pas que ce sont là rêveries tirées de mon imagination. Tous les maîtres ont senti cette distinction, et ceux qui affirment que l'hypothèse n'a rien à voir en science méconnaissent cette belle remarque de Trousseau :

« Dès que vous avez un fait, un seul fait, appliquez-y tout ce que vous possédez d'intelligence, cherchez-y les côtés saillants, voyez ce qui est en lumière, laissez-vous aller aux hypothèses, courez au-devant s'il le faut[1]. »

Le professeur Trousseau avait bien compris l'inutilité des études médicales pour la plupart de ceux qui s'y livrent avec les méthodes contemporaines et ce sont des pages entières qu'il me faudrait citer, si je voulais montrer à quel point il s'en irrite :

« Comment se fait-il donc que l'intelligence devienne plus paresseuse à mesure que les notions scientifiques se multiplient, contente de recevoir et de jouir, peu soucieuse d'élaborer et d'enfanter[2] ? »

« Vous, autour de qui les moyens abondent, gâtés, énervés, rassasiés par ce qui vous est si abondamment offert, vous ne savez que recevoir et qu'engloutir et votre intelligence paresseuse étouffe d'obésité et meurt improductive.

« De grâce, un peu moins de science et un peu plus d'art, messieurs[3]. »

Voilà comment ce grand maître avait senti ces deux domaines dont je parlais tout à l'heure et il les avait dési-

---

1. *Introduction à la Clinique de l'Hôtel-Dieu*, p. 33.
2. *Loc. cit.*, p. 38.
3. *Loc. cit.*, p. 39.

gnés sous les noms d'Art de la Médecine, correspondant à l'Idéalisme, et de Science de la Médecine, correspondant au Réalisme.

Tous les penseurs, je le répète, ont compris cette distinction et la physiologie proclame encore l'unité de l'imagination et de la Science par la bouche de Claude Bernard quand il dit :

« La Science ne contredit pas les observations ni les données de l'Art, et je ne saurais admettre l'opinion de ceux qui prétendent que le positivisme scientifique doit tuer l'inspiration. Suivant moi, c'est le contraire qui arrivera nécessairement.

« J'ai la conviction que, quand la physiologie sera assez avancée, le poète, le philosophe et le physiologiste s'entendront tous[1]. »

De quelque manière qu'on juge Claude Bernard, il est impossible de ne pas lui reconnaître une merveilleuse sagacité dans la manière de conduire ses recherches. Il sentait admirablement la Vérité, et il est curieux de constater la justesse avec laquelle il a vu l'inutilité du matérialisme expérimentalement parlant :

« Si ce n'était m'écarter du but de ces recherches, je pourrais montrer facilement qu'en physiologie, le matérialisme ne conduit à rien et n'explique rien[2]. »

« Les propriétés matérielles des tissus constituent les moyens nécessaires à l'expression des phénomènes vitaux ; mais, nulle part, ces propriétés ne peuvent nous donner la raison première de l'arrangement fonctionnel des appareils. La fibre du muscle ne nous explique, par la propriété qu'elle possède de se raccourcir, que le phénomène de la contraction musculaire ; mais cette pro-

---

1. Claude Bernard (*Science expérimentale*, p. 366).
2. *Science expérimentale*, p. 361 (Physiologie du cœur).

priété de la contractilité, qui est toujours la même, ne nous apprend pas pourquoi il existe des appareils moteurs différents, construits les uns pour produire la voix, les autres pour effectuer la respiration, etc. ; et, dès lors, ne trouverait-on pas absurde de dire que les fibres musculaires de la langue et celles du larynx ont la propriété de parler ou de chanter, et celles du diaphragme la propriété de respirer? Il en est de même pour les fibres et cellules cérébrales; elles ont des propriétés générales d'innervation et de conductibilité, mais on ne saurait leur attribuer pour cela la propriété de sentir, de penser, ou de vouloir.

« Il faut donc bien se garder de confondre les propriétés de la matière avec les fonctions qu'elles accomplissent. » (Claude Bernard, *la Science expérimentale*, p. 429. Discours de réception à l'Académie française.)

J'ai voulu faire ces quelques citations pour montrer qu'on peut allier, sans être un halluciné, la matière à l'idée et la Science à l'Art; bien plus, que les Sciences générales qui sont du domaine de l'Occultisme doivent entrer pour beaucoup dans l'étude des Sciences spéciales dépendant du monde sensible.

La Science occulte a donc de ce fait une utilité pratique. Au reste, les applications qu'en a faites Louis Lucas suffiront, je pense, pour convaincre les plus incrédules.

Ce point admis, il nous reste à savoir quelles sont les difficultés que présente l'étude de la Science occulte et comment on peut parvenir à sa connaissance.

On remarquera que, dans les applications pratiques de la Science occulte, je n'ai parlé ni des pouvoirs extraordinaires qu'on pouvait acquérir par son usage, ni de la fabrication de l'or par la pierre philosophale, et cela parce que je ne considère actuellement l'Occultisme que comme une de nos sciences contemporaines et que je tiens à me baser sur des données sinon admises, du moins très admissibles par la majorité des contemporains. C'est pour cette raison que je ne veux parler des difficultés de l'étude de cette Science que dans l'acquisition de la Théorie.

Voyez les barrières qui se dressent à l'entrée de toutes nos modernes sciences, essayez d'apprendre la physique ou l'astronomie si vous ignorez les mathématiques ; essayez d'apprendre la médecine sans franchir les terribles obstacles de la nomenclature anatomique, partout vous trouverez le chemin d'autant plus fermé que ceux qui sont arrivés tiennent moins à avoir de concurrents futurs. Quand vous aurez sainement jugé ces difficultés, considérez la Science occulte et cherchez franchement s'il faut beaucoup d'études pour apprendre les grandes lois du Ternaire et de l'Unité universelle.

La vraie science doit être accessible à tous, la lumière du jour suffit pour apprendre la Vérité et les livres ne sont trop souvent utiles qu'à faire des vaniteux.

L'érudition est une belle chose, je suis le premier à le reconnaître ; mais elle ne suffit pas, l'étude sur la Nature bien dirigée conduit plus vite au but que l'étude sur les livres.

Mais comment diriger cette étude ? C'est ici qu'il faut parler des sociétés d'initiation.

Anciennement l'instructeur se bornait à lancer le récipiendaire dans la voie qu'il préférait après l'avoir muni des connaissances suffisantes pour éclairer sa route. Les petits mystères remplissaient ce but.

Aujourd'hui les méthodes d'instruction diffèrent. L'homme qui cherche à se développer seul est considéré comme un déclassé et mérite bientôt l'épithète, flatteuse pour qui sait l'apprécier, d'original.

L'éducation ancienne visait presque uniquement à « originaliser » les gens, l'éducation moderne tend, au contraire, à grouper les intelligences par grandes classes. Aussi malheur aux déclassés!

Ceci dit, quels sont les moyens qu'un curieux peut mettre en usage en la présente année pour apprendre la Science antique ou Science occulte?

Ces moyens sont de deux ordres différents :
1° Instruction personnelle ;
2° Instruction par les Sociétés.

L'instruction personnelle est la seule vraiment utile, et le travail des Sociétés doit se borner à guider le postulant. On acquiert cette instruction en étudiant soit dans la nature, soit dans les livres une fois en possession de certaines données.

Ces données forment le fond de toutes les initiations et ce traité n'a qu'un but, c'est de faciliter la tâche des récipiendaires et des initiateurs autant qu'il est en mon pouvoir. Je ne me fais aucune illusion sur les défauts inhérents à mon travail ; mais le lecteur m'excusera, je pense, vu la difficulté de l'entreprise.

De toute manière, le chercheur consciencieux hésite toujours à suivre les conseils des livres, et un guide vivant lui semble de beaucoup préférable à toutes les bibliothèques du monde.

C'est alors qu'il s'adresse aux sociétés d'initiation.

La première qui se présente à lui, c'est la Franc-Maçonnerie.

Loin de moi la pensée de considérer cette vaste association comme dénuée de tout intérêt au point de vue de la Science occulte, comme le font quelques auteurs modernes. La Franc-Maçonnerie, ainsi que je l'ai développé, possède des symboles et des secrets très élevés ; mais à l'insu de ses membres. Ceux-ci ont perdu la clef qui ouvre le sens de la PAROLE mystérieuse INRI, et les Rose-Croix francs-maçons peuvent continuer à pleurer cette perte. Quelques vastes intelligences, entre autres Ragon, ont fait de courageux efforts pour relever l'intellectualité de l'association au point de vue occulte ; mais comment apprendre la partie la plus élevée de la Science à des gens qui n'en possèdent pas les premières données ?

La lumière que la Franc-Maçonnerie promet à ses adeptes sous le sceau du serment le plus rigoureux, elle ne peut la donner qu'à ceux qui sont assez instruits pour l'acquérir seuls et qui, par suite, n'ont aucun besoin d'engager leur liberté.

Le curieux qui veut être vraiment initié chez les E.. de la V.. perd donc son temps, théoriquement parlant, quoique ce soit peut-être la seule société au monde qui lui fournisse d'aussi abondantes ressources pour la pratique journalière de la vie.

Ceci dit, nous devons toute notre reconnaissance à la Franc-Maçonnerie pour les services qu'elle a rendus à la pensée en agissant contre les sectarismes et les despotismes de toute époque.

Saura-t-elle continuer sa route sans devenir elle-même sectaire ?

Où faut-il donc s'adresser pour trouver des guides vivants dans les études en occultisme, à défaut de la Franc-Maçonnerie ?

Lors des premières éditions de notre *Traité*, nous avions été trompé par les promesses d'une Société qui semblait devoir tenir ses engagements : *la Société Théosophique*. Détrompé depuis, ainsi que tous les Français, nous n'avons pas tardé à voir que cette Société avait pour but de détruire tout ce qui n était pas humblement soumis à un ancien médium spirite voulant jouer au prophète inspiré, une certaine dame Blavatsky, Russe naturalisée Américaine, à qui les savants français, entre autres Richet, directeur de la *Revue Scientifique*, avaient dit son fait. Depuis cette époque tous les occultistes français, l'abbé Roca, les kabbalistes, les spirites et votre serviteur ont été pris à partie par cet apôtre de la « Fraternité Universelle ».

Comme il est absolument important de connaître les courants créés à l'heure actuelle sous l'influence de la *Tradition occidentale pure,* nous allons faire un historique rapide de l'OCCULTISME CONTEMPORAIN. On y trouvera la réponse à la question posée ci-dessus, au sujet des moyens d'acquérir l'Initiation.

§ 2. — L'OCCULTISME CONTEMPORAIN

Si nous nous reportons à l'histoire de la transmission de la tradition, nous verrons que nous avons arrêté notre récit à l'avènement de la Franc-Maçonnerie, venant synthétiser en elle les efforts réunis des Hermétistes, des Rose-Croix et des Templiers.

Il ne faudrait pas croire cependant que ce courant particulier avait cessé d'exister subitement de ce fait. Chacun d'eux continua d'une certaine façon son évolution, et nous allons les retrouver presque tous de nos jours.

Les principaux des courants rattachés à la Science occulte sont :

1° Les Templiers. — Réalisateurs pratiques poursuivant l'avènement philosophique de la Gnose.

2° Les Rose-Croix. — Mélange de pratique et de théorie.
3° Les Hermétistes. — Théoriciens et philosophes appliquant l'ésotérisme à la science.

Ces derniers possèdent la tradition presque *in extenso*.

DE 1750 A 1850

Commençons notre récit dans les années proches de 1750. Nous allons déterminer la marche de chacun de ces courants de 1750 à 1890 et la naissance des nouvelles voies de transmission.

En 1740, le courant réalisateur Templier, centralisé en Allemagne, envoyait le mystérieux personnage connu sous le nom de *Comte de Saint-Germain*, préparer la France à la grande victoire de la Gnose sur la Royauté et la Papauté.

En 1754, l'initié *Martinez Pasqualis*, descendant des *Hermétistes purs*, fondait une initiation destinée à conserver les principes de la Tradition occulte. Ce rite, rattaché de loin à la Franc-Maçonnerie, fut celui des Martinésistes d'où sortira :

Vers 1775, *Louis-Claude de Saint-Martin*, le philosophe inconnu, fondateur du Martinisme qui le rattache aussi au début à la Franc-Maçonnerie. Saint-Martin devint la tête du mouvement Hermétique tout entier. Il écrivit de 1775 à 1802.

En 1766, un élève des illuminés allemands, *Mesmer*, retrouvait une partie de la Magie ancienne sous le nom de Magnétisme animal, et fondait ainsi une puissante école se rattachant à ces idées. *Le Marquis de Puységur* trouvait le somnambulisme en 1787.

En même temps, en 1773 et 1775, deux savants profonds, guidés par les théories de l'ésotérisme, *Court de Gébelin*

(1773-1783) et *Bailly* (1775-1787), fondaient le courant de ces études synthétiques de l'antiquité qui devait devenir si puissant par la suite.

Tel est l'état de la Science occulte dans ses diverses branches dans cette première période de 1750 à 1780.

En 1780 *Cagliostro,* envoyé des Templiers, jette les dernières bases de la Révolution française.

On trouvera des détails très intéressants, au sujet de l'action des Sociétés secrètes dans la Révolution, dans l'étude faite par *Stanislas de Guaita* sur ce point[1].

Les événements de la Révolution (1789-1792) arrêtent la manifestation des courants de l'occultisme. Les initiés luttent d'influence à ce moment. *Cazotte*, représentant de l'école hermétique pure qui comptait aussi *Saint-Martin*, est exécuté par ses « frères » de l'autre école toute démagogique.

Le « Philosophe inconnu » échappe avec peine à la guillotine et flétrit les faux initiés dans son poème épicomagique du *Crocodile.*

1820. — La Science ésotérique renaît partout.

Hœne Wronski, sur lequel nous reviendrons tout à l'heure, publie ses travaux de 1810 à 1861 — se rattachant comme affiliation au courant Hermétique et à l'illuminisme allemand.

Fabre d'Olivet, disciple de Court de Gébelin, publie ses magistrales études sur le Sepher de Moïse et sur l'Histoire du Monde, continuant dignement l'école synthétique.

Dutens continue de son côté les travaux de Bailly au point de vue de l'histoire dans la même école.

1. *Initiation* (3e année).

LE GRAND MOUVEMENT DE 1850.

Là s'arrête cette seconde période, période de transition. Un mouvement extraordinaire prend naissance vers 1850. Ce mouvement est fractionné dans les écoles spéciales ; c'est pourquoi, malgré sa puissance étonnante, il échouera. En effet à ce moment toutes les écoles, tous les courants se trouvent représentés par des hommes de grande valeur.

Eliphas Levi (1852), disciple oral de Wronski, synthétise en ses œuvres toute la tradition de l'école Hermétique remontant à toutes les origines[1] et développant tous les enseignements.

Louis Lucas (1853), disciple de Wronski et des alchimistes, ébauche la première synthèse scientifique en alliant la Science occulte à nos Sciences expérimentales.

Voilà pour le courant des Hermétistes.

Ragon (1853) fait des efforts inouïs pour ramener la Franc-Maçonnerie à ses symboles primitifs. Ses livres deviennent classiques dans l'Ordre ; mais ses efforts restent vains.

Comme les deux représentants de l'école occulto-scientifique sont presque inconnus, nous allons analyser leur œuvre. Nous ferons suivre cette analyse de quelques mots sur Eliphas Levi.

LOUIS LUCAS
(1816-1863)

Étudier tous les philosophes anciens, chercher le point commun entre leurs doctrines si différentes au premier abord, puis réunir en

---

[1]. Stanislas de Guaita, dans son *Essai des Sciences maudites*, analyse magistralement l'œuvre d'Eliphas.

une seule synthèse philosophique l'œuvre des Alexandrins, des Alchimistes et des Scolastiques pour en tirer les principes premiers. D'autre part, étudier expérimentalement les sciences modernes, surtout la physique, la chimie, la physiologie et la médecine, et baser ces travaux pratiques sur les théories philosophiques précédentes, telle est l'œuvre entreprise et menée à bonne fin par Louis Lucas.

Mourir ignoré, étouffé peut-être par certaines personnalités jalouses et officielles, être indignement pillé par les théoriciens de toute école, n'être mentionné ni par eux ni par aucun dictionnaire ou aucune biographie soi-disant universelle, telle est la récompense de tous ces travaux.

Du reste, Louis Lucas ne s'était fait aucune illusion sur ce qu'il attendait puisqu'il écrivait :

« L'auteur voué aux principes généraux doit, en commençant son travail, être complètement désillusionné sur l'importance du fruit qu'il en retirera, quand il n'a pas à s'armer encore d'un nouveau courage pour combattre les dangers qui naîtront de ses écrits. Il faut surtout, comme les anciens, se trouver *parvi contentus* et marcher en avant avec cette gaîté du pauvre qui s'abrite derrière la médiocrité de ses désirs[1]. »

Si j'avais affaire à un de ces mille théoriciens qui croient chacun bouleverser l'univers parce qu'ils ont eu une idée souvent vieille comme le monde et neuve uniquement pour eux, je ne protesterais pas comme je le fais contre l'oubli du nom d'un homme.

Mais c'est un savant que j'ai découvert et que je suis peut-être le premier à remettre au jour, c'est un praticien autant qu'un théoricien qui joint une expérience personnelle à chacune des hypothèses qu'il avance, c'est un homme qui a fait plusieurs découvertes, entre autres le Biomètre, dont une seule servirait à faire entrer un ambitieux dans les sociétés savantes officielles, c'est un homme dont le nom est soigneusement caché et les idées soigneusement pillées par ceux qui connaissent ses œuvres.

Pourquoi ses ouvrages tirés à de nombreux exemplaires sont-ils introuvables?

J'ai mis deux ans à me procurer la *Chimie nouvelle*. Pourquoi ?

Quelques savants modernes profiteraient-ils de l'oubli qui s'est fait autour de lui pour le copier? Lisez avec conscience la *Chimie nouvelle*, puis parcourez les théories soi-disant nouvelles sur la

1. Louis Lucas, *Chimie nouvelle*, p. 18.

philosophie des sciences depuis la thermo-chimie jusqu'aux calculs récents sur l'éther, et vous pourrez vérifier la plupart des faits que je me permets d'avancer.

La critique scientifique qui fait de si belles choses devrait bien s'adresser aux œuvres de Louis Lucas. Elle verrait qu'il s'est trompé quelquefois, ce qui arrive à tout écrivain, *errare humanum est*, mais elle serait bien forcée d'avouer qu'il a eu raison le plus souvent.

Vous avez des laboratoires bien montés, vérifiez ses expériences chimiques et biologiques, montrez celles qui ne réussissent pas; mais montrez aussi celles qui sont vraies et tâchez de les expliquer autrement que lui.

D'ailleurs vous n'avez rien à craindre, Louis Lucas est mort en 1863 et il ne vous fera pas concurrence la première fois que vous vous présenterez à une place honorifique.

Du reste, si vous persistez à taire son nom et ses œuvres, l'étranger le fera, je l'espère. L'occultisme devient de plus en plus puissant, et Louis Lucas se vante avec orgueil d'être un disciple de ces alchimistes [1] à qui il a consacré une de ses plus belles œuvres [2].

Au point de vue des sciences occultes, Louis Lucas a retrouvé la force universelle désignée sous tant de noms (ignis, lumière astrale, magnès, azoth, etc., etc.).

Il a désigné cette force sous le nom de *mouvements*, et il étudie ses lois sous le nom de lois de la série dont la série trinitaire est la base. Une fois ses lois connues, il aborde l'expérience en les appliquant.

Après avoir fait ressortir les contradictions et les erreurs théoriques des savants modernes sur les questions générales, il applique ses découvertes dans les cas où la science balbutie et, quand il le faut, il appuie son dire d'une expérience inédite ou d'un appareil nouveau.

Il n'emploie aucun terme symbolique, ses ouvrages sont écrits dans la langue des savants de son époque.

Toutefois plusieurs choses rendent l'étude de ses œuvres désagréable à la critique. En premier lieu, le nombre énorme de faits cités dans ses livres et les connaissances qu'il possédait dans plusieurs branches très différentes du savoir humain (particulièrement en chimie et en musique) nécessitent une certaine instruction générale; enfin, les railleries et les critiques mordantes dont il accable

---

1. *Médecine nouvelle*, t. Ier, p. 15.
2. *Le Roman alchimique*.

certains savants le font traiter de dément par ceux à qui elles sont adressées.

Il avoue toutefois son admiration pour les vrais savants qu'il cite avec joie et ne réserve ses attaques que pour les pédantes médiocrités qui encombrent la science contemporaine.

Il a débuté en publiant, en 1849, une *Révolution dans la musique, essai d'application à la musique d'une théorie philosophique*, par Louis Lucas rédacteur en chef du journal le *Dix décembre*, précédée d'une préface par Théodore de Banville et suivie du traité d'Euclide et du dialogue de Plutarque sur la musique[1].

Cet ouvrage fut édité à Paris en 1849 chez Paulin et Lechevalier, rue Richelieu, 60.

C'est là que Lucas ébauche les théories qu'il développera plus tard dans ses autres volumes.

En 1854, paraissait son chef-d'œuvre, un véritable *De rerum natura* contemporain, qui contient une foule de faits et d'expériences encore inconnus en 1887. C'est *la Chimie nouvelle* appuyée sur des découvertes importantes qui modifient profondément l'étude de l'électricité, du magnétisme, de la lumière, de l'analyse et des affinités chimiques, avec une *Histoire dogmatique des Sciences physiques : Physique, Chimie, Physiologie, Médecine, Histoire naturelle*, par Louis Lucas, éditée par l'auteur.

Voici l'épigraphe de cet ouvrage :

« La plus grande difficulté que rencontre l'esprit humain dans l'étude des principes naturels est justement l'extrême simplicité de ces principes. Le savant ne veut pas y croire et il passe outre. »

Enfin voici son dernier ouvrage qui reste obscur si l'on n'a pas lu et travaillé *la Chimie nouvelle : La Médecine nouvelle* basée sur des principes de physique et de chimie transcendantales, et sur des expériences capitales qui font voir mécaniquement l'origine du principe de la vie, par Louis Lucas, auteur de la *Chimie de l'Acoustique nouvelle*, etc. Paris, 1862, Dentu et Savy, 2 vol. in-8°. C'est son ouvrage le moins rare.

Entre temps avait paru :

Le Roman alchimique, merveilleuse analyse occulte, sociale et philosophique sous forme de roman (1857).

Tous ces ouvrages se trouvent à la Bibliothèque nationale.

---

1. Ce livre se trouve à la Bibliothèque nationale, salle des Imprimés, lettre V.

HŒNE WRONSKI

Il est une partie de nos sciences modernes que Louis Lucas n'a pas cru devoir aborder autant que les autres[1] : je veux parler des mathématiques.
Ce travail a été entrepris par le Polonais Hœne Wronski. Celui-ci est moins inconnu que Louis Lucas. L'Encyclopédie universelle de Larousse lui consacre quelques lignes. Erdan, dans la *France Mystique*, daigne s'en « moquer » pendant un chapitre, et les savants ses contemporains se sont conduits envers lui d'une façon que je laisse aux lecteurs impartiaux le soin de qualifier.

Toutefois Wronski criait à chaque nouvelle injustice[2] et protestait chaque fois qu'un membre de l'Institut daignait s'attribuer une de ses découvertes.

Cette conduite scandaleuse vis-à-vis de la science porta les fruits qu'elle devait porter[3].

Après avoir vu en l'année 1822 ses ouvrages presque entièrement détruits, Hœne Wronski mourut de misère et presque de faim le 9 août 1853.

Lisez le récit de sa mort dans l'œuvre que lui consacre un témoin oculaire[4].

Quant à la preuve de destruction de ses ouvrages, la voici :
« Nous prions le lecteur de remarquer qu'en 1822, lorsque l'auteur publia à Londres le troisième de ses opuscules, il venait de recevoir de Paris la nouvelle que ses ouvrages mathématiques allaient être vendus au poids du papier et que cette triste nouvelle lui arrivait ainsi au moment où il venait d'éprouver de la part des savants anglais la spoliation dont il est question. »

(Wronski, *Prolégomènes de Messianisme*, p. 306, note.)

Maintenant, si vous voulez savoir *pourquoi* ses ouvrages furent

---

1. Il aborde toutefois la Géométrie et donne quelques idées générales sur elle dans la *Chimie nouvelle*, p. 85.
2. Voir les *Prolégomènes de Messianisme*.
3. Voyez le jugement de Gœthe sur la conduite des savants vis-à-vis des novateurs et vérifiez-le en l'appliquant à Louis Lucas et à Wronski.
4. Voyez Lazare Augé. *Notice sur Hœne Wronski*, Paris, 1865, gr. in-8, librairie philosophique de Lagrange, rue St-André-des-Arts, 44 (se trouve à la Bibliothèque nationale à l'indication suivante : L. 27 n. 20.957).

détruits, reportez-vous à la page 243 de ce même volume et vous lirez ce qui suit :

« Après le décès de Lagrange, aucun géomètre en France, sans doute par suite de préoccupations différentes, n'a pu trouver le temps pour étudier ni, par conséquent, approfondir ces vérités NOUVELLES ET GÉNÉRALES que l'Institut avait qualifiées ainsi[1] ; au point que le propriétaire des ouvrages mathématiques qui venaient d'être publiés sur la demande de ces géomètres, ne pouvant les céder aux libraires français *chez lesquels* ON *les avait décriés* comme ne contenant que des rêveries, fut forcé de les vendre au poids du papier à la halle de Paris. »

N'est-ce pas toujours l'application de ce procédé si bien décrit par Gœthe?

Du reste, un second rapport fut présenté à l'Institut par Arago et Legendre. Ce rapport était entièrement le contraire du précédent dont les rapporteurs ignoraient sans doute l'existence ; Wronski pour se venger publia les deux rapports côte à côte[2].

Wronski prétend avoir découvert une méthode grâce à laquelle on parvient facilement à la connaissance de l'absolu.

Cette méthode, il l'applique dans ses ouvrages qui sont très obscurs et il faut les étudier patiemment pour voir la vérité apparaître magnifique de place en place.

Il tire ces données de *la Kabbale*, comme l'a bien vu Eliphas Levi :

« Cet admirable résumé magique de Paracelse peut servir de clef aux ouvrages obscurs du cabaliste Wronski, savant remarquable, qui s'est laissé entraîner plus d'une fois hors de son absolue raison par le mysticisme de sa nation et des spéculations pécuniaires indignes d'un penseur aussi illustre[3]. »

En effet, dans sa vie privée, Wronski a été mêlé à plusieurs affaires d'argent. Du reste, je ne comprends guère les arguments de ces gens qui, pour combattre les doctrines d'un auteur, sortent toutes les sales histoires qu'ils peuvent trouver sur son compte. Qu'importe tout cela à la science et à la vérité ? De nos jours on emploie le même « truc » contre Saint-Yves d'Alveydre et Mme Blavatsky. Pour montrer la fausseté de leurs idées, on s'attaque à leurs personnes. Qu'est-ce que cela prouve ?

1. Voir le rapport élogieux de Lagrange sur Wronski à l'Institut en 1810. *Prolégomènes de Messianisme*, p. 241.
2. Voir *Réforme du Savoir humain*, p. IXI j 2° vol., et *Réfutation de la Théorie des fonctions analytiques* de Lagrange.
3. *Dogme de la Haute Magie* (VII). *Le Trident de Paracelse.*

D'après Landur[1], Wronski aurait puisé à trois sources principales : *Jacob Bœhme, Saint-Martin, la Kabbale.*

Dans ces derniers temps les *Décadents* ont publié dans leur revue *La Vogue* une étude sur Hœne Wronski et quelques-uns de ces écrits inédits.

Je conseille à ceux qui voudront étudier la philosophie de Wronski de lire d'abord l'ouvrage de Landur intitulé *Exposition abrégée de la Philosophie absolue d'Hœne Wronski*, paru en 1857.

Cet ouvrage se trouve à la Bibliothèque nationale aux indications : R 8886.

Voici une liste par année des ouvrages de Wronski ; je l'extrais de l'opuscule de Lazare Auger.

Les curieux trouveront un portrait de Wronski dans la *France Mystique* d'Erdan.

1800. *Le Bombardier polonais.*
1801. *Mémoires sur l'aberration des astres mobiles.*
1802. *Philosophie antique* découverte par Kant et fondée définitivement sur le principe absolu du savoir.
1810. *Premiers principes des méthodes algorithmiques comme base de la Technie des mathématiques* (Mémoire à l'Institut — Rapport favorable de Lagrange).
1811. *Philosophie des Mathématiques.*
1812. *Programme d'un cours de Philosophie transcendantale.*
1814. *Philosophie de l'Infini.*
1815-1817. *Philosophie algorithmique.*
1818. *Réponse au mémoire d'Arson.*
1819. *Critique de la théorie des fonctions génératrices de Laplace. Le Sphinx.*
1820. *Solution du problème des réfractions astronomiques.*
1821. *Introduction à un cours de mathématiques* (en anglais).
1827. *Canons de Logarithmes.*
1829. *Problème fondamental de la politique moderne. Machines à vapeur.*
1831. *Prodrome du Messianisme.*
1832. *Bulletins messianiques.*
1833. *Sort téléologique du hasard.*
1835. *Nouveaux systèmes de machines à vapeur. 10 opuscules sur la locomotion spontanée.*

---

[1]. Landur, *Recherche des Principes du Savoir et de l'Action*, Paris, 1865, in-8.

1839. *Question décisive sur Napoléon.*
1840. *La Métapolitique.*
1840. *Le faux napoléonisme.*
1842. *Le destin de la France, de l'Allemagne et de la Russie comme Prolégomènes du Messianisme*[1].
1848. *Réforme du savoir humain*[2]. *Adresse aux nations slaves sur les destinées du monde.*
Épître au prince Gzartoryski sur les destinées de la Pologne.
1849. *Dernières épîtres aux hommes supérieurs.*
1850. *Les cent pages décisives.*
1851. *Épître à l'empereur de Russie.*
Épître à Louis Napoléon..
Documents historiques sur les nations slaves.
1852. *Historiosophie.*
Secret politique de Napoléon.
1852-1853. *Opuscules sur les Marées.*
1855. *Propédeutique Messianique.*
1861. *Développement progressif et but final de l'humanité.*

Ces deux derniers ouvrages sont posthumes, ils ont été publiés par Mme veuve Wronski qui a aussi fait paraître sous son nom : *Petit traité de métaphysique élémentaire*, Paris, 1854, in-8°.
1877. *Apodictique Messianique* (posthume).

ÉLIPHAS LEVI

Cet auteur ouvre la série de ceux qui traitent principalement de l'occultisme en lui-même sans s'appliquer à l'alliance de la science contemporaine avec lui.

Dans ce genre d'études, il faut bien noter qu'un auteur est rarement complet par lui-même. C'est pourquoi, quoique les œuvres d'Éliphas Levi doivent être le *vade-mecum* de tout étudiant en occultisme, il est nécessaire de les compléter par celles de Lacuria, de Cyliani, de Wronski et de Louis Lucas.

Éliphas Levi a d'abord écrit des ouvrages socialistes dont l'un d'eux, *le Testament de la Liberté*, lui a valu quelques mois de prison (1848).

Disciple de Fourier et de Wronski[3], il a surtout travaillé la *Kabbale* et la *Genèse* d'Henoch.

---

1. *Op. cit.* ci-dessus.
2. Le plus important de ses ouvrages.
3. Voir Lazare Auger, *ouv. cit.*, p. 10.

Desbarolles [1] l'appelait une bibliothèque vivante et de fait c'est le plus savant de tous les occultistes contemporains.

Ces principaux ouvrages sont en occultisme :

1861. *Dogme et Rituel de la Haute Magie* (Théorie).
1860. *Histoire de la Magie* (Réalisation).
1861. *Clef des grands mystères* (Adaptation).
1862. *Fables et Symboles*.
1861. *Le Sorcier de Meudon*.
1860. *La Science des Esprits* [a].

Le Magnétisme prend à cette époque une grande importance.

A la suite des divulgations de Mesmer, divers centres de magnétiseurs s'étaient formés qui luttaient à coup d'expérience contre les académies. Celles-ci niaient dans leurs rapports tous les phénomènes produits par leurs adversaires en tant que dépendant d'un fluide spécial. Elles les mettaient sur le compte de la naïveté et de l'imagination des adeptes.

Deleuze [2], Du Potet [3], Puységur, Cahagnet [4], Ricard [5], Chardel [6], luttaient dans le camp des magnétiseurs.

Il faut avouer que ces auteurs donnaient prise aux critiques des savants en publiant comme Cahagnet des livres sur l'état de l'âme dans l'autre monde d'après les révélations de plusieurs somnambules extatiques. C'était brusquer un peu les révélations.

Quoi qu'il en soit, la lutte devenait d'autant plus vive que les gens du monde y avaient pris part et les salons étaient

1. *Mystères de la main* (dernière édition), préface.
2. *Instruction pratique sur le magnétisme animal* (1883, gr. in-8).
3. *Magie dévoilée* (Saint-Germain, 1875).
4. *Magie magnétique*.
5. *Almanach du Magnétiseur* (1846).
6. *Esquisse de la nature humaine* (recommandé spécialement aux occultistes).
a. Lucien Mauchel livrera bientôt à l'impression un volume contenant, outre une étude biographique pleine de révélations, plusieurs œuvres inédites d'Éliphas Lévi et quatre de ses portraits.

partagés en deux camps : les savants retranchés dans leur scepticisme et leur dédain, et les révolutionnaires de la science endormant à tort et à travers, guérissant les incurables, proclamant partout l'existence du fluide mesmérien et mettant sur la couverture de leurs livres des épigraphes dans le genre de celle-ci :

Si les soi-disant savants refusent encore d'avaler la vérité que je proclame avec tant de persévérance, je finirai par la leur ingurgiter[1].

Comme on le voit, l'accord n'était pas facile et les académiciens, piqués dans leur amour-propre, faisaient la sourde oreille. L'infatigable magnétiseur Ricard alla même jusqu'à en endormir quelques-uns [2], les autres prétendirent que c'étaient des compères ! !

Toutefois les savants, sous l'influence des écrits de leurs adversaires invoquant tous la haute antiquité de leurs phénomènes, s'étaient mis à étudier quelques branches de ces fameuses sciences occultes.

Louis Figuier publiait une belle étude : *l'Alchimie et les Alchimistes*[3] (1856), dans laquelle il nie l'existence de la pierre philosophale en fournissant lui-même à son insu la preuve irréfutable de trois transmutations[4].

A. Franck publiait un remarquable travail sur *la Kabbale*[5].

En même temps, on étudiait les mystiques d'où semblaient provenir les idées philosophiques des Adeptes. La critique s'exerçait sur Claude de Saint-Martin [1], « le philosophe inconnu », dont les idées avaient nourri deux

---

[1]. J. J. A. Ricard, *Almanach du magnétiseur pratique* pour 1846.
[2]. *Id.*
[3]. L. Figuier, *l'Alchimie et les Alchimistes*, Paris, 1856, in-8°.
[4]. Voir la *Pierre philosophale prouvée par des faits* (Papus) n° 3 du *Lotus* (juin 1887).
[5]. A. Franck, *La Kabbale*, Paris, 1863, in-8°.

des plus grands hommes de l'époque : Balzac et Sainte-Beuve.

Successivement parurent la *Réflexion sur les idées de Louis-Claude de Saint-Martin* de Moreau (1850), l'*Étude sur la philosophie mystique en France et sur Saint-Martin et Martinez Pasqualis*, de A. Franck, membre de l'Institut, 1866, etc., etc.

De toutes ces études et de l'existence de plus en plus évidente de la réalité des faits produits par les magnétiseurs, les savants entraient peu à peu dans la voie de la conviction : mais leurs paroles antérieures ne leur permettaient pas de s'avouer publiquement convaincus.

Le Spiritisme.

Dès 1840 un magnétiseur spiritualiste, *Cahagnet*, avait découvert tout un nouvel ordre de recherches se rapportant à l'action de l'âme sur la matière et aux existences successives de cette âme.

A la suite des phénomènes produits en Amérique de nombreux chercheurs s'occupaient de ces questions : *Eugène Nus* publiait en 1851 les premières études philosophiques sur cette question de la communication des vivants et des morts.

Un instituteur, Rivail, connu sous le pseudonyme d'*Allan Kardec*, donne un essor tout nouveau à la Nécromancie des anciens temples par la publication du « Livre des Esprits » en 1857. *Le Spiritisme* venait de naître.

Les théories philosophiques d'Allan Kardec sont celles d'Origène alliées aux données générales du Catholicisme.

Le courant créé par Allan Kardec a pris une importance considérable aujourd'hui ainsi que nous le verrons plus loin.

De 1857 à 1868 Allan Kardec ne cessa de répandre sa doctrine.

*
* *

On voit donc qu'à ce moment un mouvement d'une activité prodigieuse se manifeste en faveur de la Science Occulte. Toutes les écoles sont en activité ; mais elles ne songent pas à s'unir, chacune veut tirer de son côté : de là la perte totale des fruits possibles de cet effort.

Louis Lucas représente le courant Synthétique.
Eliphas Lévi — Hermétiste.
Ragon — Templier.
Ricard, Lafontaine — de Magnétisme.
Cahagnet
Eugène Nus
Allan Kardec — de Spiritisme.

Chacun de ces courants va évoluer séparément.

1850 à 1880

L'extension du Mouvement s'arrête presque partout après la mort de chacun des représentants.

Le Mouvement Templier cesse après Ragon et ce courant vient rejoindre le courant hermétiste général.

La Franc-Maçonnerie a perdu le sens des symboles qu'elle détruit. Les sociétés d'occultisme naissent à point pour continuer la transmission ésotérique que ne possèdent plus les Enfants de la Veuve.

Seules deux écoles, celles qui sont nées depuis quelques années seulement, suivent leur évolution ; l'école magnétique et l'école spirite.

Dans l'école de Mesmer *Du Potet* vers 1869 découvre plusieurs principes des plus importants au sujet de l'analogie entre le Magnétisme et la Magie.

En même temps un savant convaincu par Lafontaine,

l'Anglais *Braid*, cherchait à expliquer tous les phénomènes sans l'intervention d'aucun fluide et créait un nouveau courant d'études sous le nom d'HYPNOTISME.

En 1877 le médecin français *Charcot* reprendra ces théories et donnera un grand essor à l'hypnotisme en établissant scientifiquement l'existence *des phases* dites classiques : léthargie, catalepsie, somnambulisme.

L'école spirite présente deux courants très nets : le courant dogmatique représenté par *Paul Auguez* (1857), *Esquiros* (1862), Pezzani (1875), et le courant philosophique et littéraire avec Camille Flammarion (1863), Delaage (1864) et quelques autres.

École Synthétique.

En 1877 paraît la première œuvre d'un auteur qui a joué un grand rôle dans la réédification de l'Occultisme ; cette œuvre c'est *les Clefs de l'Orient* par Alexandre Saint-Yves.

Saint-Yves d'Alveydre avait repris, en la développant, la méthode de *Fabre d'Olivet* et de son école. Il étudia encore quelque temps avant de produire son œuvre capitale : *la Mission des Juifs* (1884).

Comme il est important de bien connaître cet auteur, nous allons résumer le plus rapidement possible ses principales idées.

Dès la première lecture, Saint-Yves apparaît comme un réalisateur d'une originalité très marquée. Rien de nébuleux dans son exposition, à la fois très affirmative et très élevée. L'histoire est là comme le champ expérimental dans lequel il manœuvre. Il énonce une loi, l'accompagne de définitions très nettes, et raconte une série de faits. A mesure qu'on avance dans cette exposition, la conclusion sort d'elle-même, éclatante, prouvant partout la justesse de la loi sociale énoncée.

Chacun de ses livres est un satellite dont la loi sociale qu'il appelle la Synarchie est le soleil, et tous ses livres gravitent autour de l'un d'eux, la *Mission des Juifs*, qui marque le point de départ et le point d'arrivée de tous ses travaux.

Que faut-il entendre par ce mot de Synarchie?

La Synarchie indique un type de gouvernement scientifiquement exact.

Il y a donc des gouvernements basés sur des principes scientifiquement déterminables et d'autres qui ne le sont pas?

C'est à la réponse à cette question que Saint-Yves a consacré toutes ses œuvres. Nous allons les passer rapidement en revue pour en déduire autant que possible les conséquences.

La Mission des Souverains,
La Mission des Ouvriers,
La Mission des Juifs,
La Mission des Français,

Voilà le bagage littéraire de notre auteur.

La *Mission des Souverains* parut en 1882.

Dans cet ouvrage l'auteur établit tout d'abord sur des définitions nettes et claires les différents types de gouvernement qui peuvent s'appliquer à une collectivité quelconque.

La République, la Monarchie, la Théocratie sont définies dans leur principe, leur fin, leur moyen, leur condition radicale et leur garantie.

Ces points bien expliqués, l'auteur fait quelques distinctions indispensables à connaître, par exemple la différence entre la *Religion* et les *Cultes* et surtout celle entre l'*Autorité* et le *Pouvoir*. A ce propos, il s'appuie avec justesse sur la famille en montrant qu'en elle :

Le père exerce le pouvoir sur ses fils, la mère et le grand-père l'autorité.

C'est de ces définitions que découle la loi sociale dont l'histoire de l'Europe va montrer la vérification. La loi sociale éclate tout d'abord dans l'organisation de l'Église primitive où *tous les membres de l'épiscopat étaient égaux, élus par les fidèles, institués par leurs collègues de la même province, confirmés par le métropolitain.*

Il montre bientôt la violation de cette loi de relation des gouvernés aux gouvernants, du clergé et des fidèles, par l'évêque de Rome, instrumentaire lui-même de l'impérialat païen, qui s'érige en Empereur du clergé. Dès que ce césarisme se répercute à travers la papauté dans ces conditions, la Synarchie Judéo-Chrétienne n'existe plus et la loi païenne va seule diriger les actes des souverains d'Europe, le pape en tête.

L'histoire de notre continent se dresse tout entière pour montrer l'application fatale de cette loi, dans le cours de la *Mission des Souverains*.

En résumé dans ce livre l'histoire de l'Europe, gravitant autour de celle de la papauté, montre, preuves en main, la nécessité d'une réforme sociale synthétique. Nous reviendrons sur ce sujet.

La *Mission des Ouvriers* est une courte notice parue en 1883 et développée depuis dans la *France Vraie*. Aussi ne ferons-nous que la mentionner.

L'ouvrage capital de Saint-Yves d'Alveydre c'est sans contredit la *Mission des Juifs*, véritable synarchie de l'humanité, parue en 1884.

Nous ne pouvons, vu le manque de place, analyser même superficiellement cet énorme volume de près de 950 pages in-4°. Notons-en cependant les points saillants.

La *Mission des Juifs* est divisée en vingt-deux chapitres. Les quatre premiers forment un tout spécial traitant des principes généraux de l'univers et de la connaissance qu'en avaient tous les peuples anciens; les dix-huit derniers retracent l'histoire de l'humanité à travers plus de 8.600 ans montrant partout que la loi sociale définie synarchie est bien l'instrument capable de diagnostiquer sûrement la résistance vitale d'une race, d'une nation et même d'une société. Saint-Yves montre, preuves en mains, que le principe de la loi sociale a été connu dès la plus haute antiquité, dès la race rouge, et qu'il a été transmis dans les sanctuaires d'âge en âge jusqu'aux Égyptiens. De là Moïse a choisi un peuple pour en transmettre la formule à travers les siècles, et Jésus une race pour la réaliser. De là le nom de *Loi Sociale Judéo-Chrétienne*.

Enfin en 1887 paraissait la *France Vraie* ou *Mission des Français* dans laquelle l'Histoire de France depuis le xiv° siècle montre l'évolution de la Synarchie française, seul moyen de sauver la Patrie de la perte à laquelle elle court fatalement. La *Mission des Juifs* ou Synarchie de l'humanité est le cercle dont la *Mission des Souverains* ou Synarchie de l'Europe est le rayon, et la *France Vraie* ou Synarchie de la France est le centre.

En 1890 M. de Saint-Yves publia, après une série de petits poèmes adressés aux souverains d'Europe, une magistrale épopée intitulée *Jeanne d'Arc Victorieuse*. Les lois de la Synarchie y sont exposées dans leur réalisation absolue et providentielle.

.˙.

, Voilà l'analyse, malheureusement trop écourtée, des œuvres de Saint-Yves d'Alveydre ; essayons maintenant d'en exposer la conclusion.

Ce qui frappe en premier lieu le chercheur dans ces ouvrages, c'est la généralité de ces principes qui sont ici appliqués uniquement au social. Nous pouvons affirmer sans crainte d'être contredit que Saint-Yves d'Alveydre a trouvé la physiologie de l'Humanité, bien plus qu'il a déterminé la loi de relation des divers groupes de l'humanité entre eux.

Quoi qu'il en dise, c'est la méthode de la Science Occulte, l'Analogie, qui a guidé partout les investigations de cet auteur, et pour le prouver nous allons exposer son idée de la Synarchie uniquement par la physiologie humaine. Ayant poussé particulièrement nos recherches vers ce point, il nous sera d'autant plus facile de l'exposer au lecteur.

Tout est analogue dans l'Univers, la loi qui dirige une cellule de l'homme doit scientifiquement diriger cet homme ; la loi qui dirige un homme doit scientifiquement diriger une collectivité humaine, une nation, une race.

Étudions donc rapidement la constitution physiologique d'un homme. Point n'est besoin pour cela d'entrer dans de grands détails et nos déductions seront d'autant plus vraies qu'elles s'appuieront sur des données plus généralement admises.

L'homme mange, l'homme vit, l'homme pense.

Il mange et se nourrit grâce à son estomac, il vit grâce à son cœur, il pense grâce à son cerveau [1].

Ses organes digestifs sont chargés de diriger l'ÉCONOMIE de la machine, de remplacer les pertes par de la nourriture et de mettre en réserve les excédents à l'occasion.

Ses organes circulatoires sont chargés de porter partout la force nécessaire à la marche de la machine, de même que les organes digestifs fournissent la matière. Ce qui a la force, c'est un POUVOIR, les organes circulatoires exercent donc le Pouvoir dans la machine humaine.

Enfin les organes nerveux de l'homme dirigent tout cela. Par l'intermédiaire du grand sympathique inconscient marchent les or-

---

[1]. Il est entendu que nous parlons *physiologiquement ;* aussi ne faut-il pas s'étonner outre mesure de la tournure positiviste de cet exposé.

ganes digestifs et circulatoires; par l'intermédiaire du système nerveux conscient, les organes locomoteurs. Les organes nerveux représentent l'AUTORITÉ.

Économie, Pouvoir, Autorité : voilà le résumé des trois grandes fonctions renfermées dans l'homme physiologique.

Quelle est la relation de ces trois principes entre eux ?

Tant que le ventre reçoit la nourriture nécessaire, l'économie fonctionne bien. Si le cerveau, de propos délibéré, veut restreindre la nourriture, l'estomac crie : « J'ai faim, ordonne aux membres de me donner la nourriture nécessaire. » Si le cerveau résiste, l'estomac cause la ruine de tout l'organisme et par lui-même celle du cerveau ; l'homme meurt de faim.

Tant que les poumons respirent à l'aise, un sang vivificateur, c'est-à-dire *puissant*, circule dans l'organisme. Si le cerveau refuse de faire marcher les poumons ou les conduit dans un milieu malsain, ceux-ci préviennent le cerveau de leur besoin par l'angoisse qui peut se traduire : Donne-nous de l'air pur, si tu veux que nous fassions marcher la machine. Si le cerveau n'a plus assez d'autorité pour le faire, les jambes ne lui obéissent plus, elles sont trop faibles, tout s'écroule et l'homme meurt d'asphyxie.

Nous pourrions pousser cette étude plus loin, mais nous pensons qu'elle suffit à montrer au lecteur le jeu des trois grandes puissances : Économie, Pouvoir, Autorité, dans l'organisme humain.

Retrouvons maintenant ces grandes divisions dans la société.

Réunissez en un groupe toute la richesse d'un pays avec tous ses moyens d'action, agriculture, commerce, industrie, vous aurez le ventre de ce pays, constituant la source de son ÉCONOMIE.

Réunissez en un groupe toute l'armée, tous les magistrats d'un pays, vous aurez la poitrine de ce pays, constituant la source de son POUVOIR.

Réunissez en un groupe tous les professeurs, tous les savants, tous les membres de tous les cultes, tous les littérateurs d'un pays, vous aurez le cerveau de ce pays, constituant la source de son AUTORITÉ.

Voulez-vous maintenant découvrir le rapport scientifique de ces groupes entre eux, dites :

VENTRE	= ÉCONOMIE =	ÉCONOMIQUE
POITRINE	= POUVOIR =	JURIDIQUE
TÊTE	= AUTORITÉ =	ENSEIGNANT

et établissez les rapports physiologiques.

Qu'arrivera-t-il si dans un État l'Autorité refuse de donner satisfaction aux justes réclamations des gouvernés?

Établissez cela analogiquement et dites :

Qu'arrivera-t-il si dans un organisme le cerveau refuse de donner satisfaction aux justes réclamations de l'estomac?

La réponse est facile à prévoir. L'estomac fera souffrir le cerveau et finalement l'homme mourra.

Les gouvernés feront souffrir les gouvernants et finalement la nation périra.

La loi est fatale.

Ainsi dans la physiologie du social comme dans celle de l'homme individuel, il existe un double courant :

1° Courant des gouvernants aux gouvernés, analogue au courant du système nerveux ganglionnaire aux organes viscéraux;

2° Courant réactionnel des gouvernés aux gouvernants, analogue au courant des fonctions viscérales aux fonctions nerveuses.

Les pouvoirs *Enseignant, Juridique, Économique*, constituent le second courant.

Le premier est formé par les pouvoirs *Législatif, Judiciaire, Exécutif*.

Tels sont les deux pôles, les deux plateaux de la balance synarchique.

Nous avons choisi cette façon d'exposer le système de M. Saint-Yves d'Alveydre afin de mieux faire sentir à tous son caractère dominant : une analogie toujours strictement observée avec les manifestations de la vie dans la nature.

Tel est et sera toujours le cachet d'une création se rattachant au véritable ésotérisme; tout système social ne suivant pas analogiquement les évolutions naturelles est un rêve et rien de plus.

On voit que, somme toute, la découverte mise à jour dans les *Missions* est celle de la loi des gouvernés *Enseignant, Juridique, Économique;* car la loi des gouvernants *Législatif, Judiciaire, Exécutif* est connue depuis bien longtemps, transmise par le monde païen.

Déterminer scientifiquement l'existence et la loi de la vie organique d'un peuple; déterminer de même la vie de relation de peuple et de race à race : tels sont les problèmes étudiés dans les ouvrages de Saint-Yves d'Alveydre. Partout la vie doit suivre des lois analogues; aussi, pour ne parler qu'en passant de la vie de relation des peuples européens entre eux, il ne faut pas être grand clerc pour voir son organisation antinaturelle. Représentez-vous, en effet, des individus agissant entre eux comme le font les grandes puissances. Combien de temps resteraient-ils sans aller à Mazas? La loi qui règle aujourd'hui les relations de peuple à peuple c'est celle des brigands, toujours armés, toujours prêts à s'allier pour tomber sur le plus faible et se partager sa fortune. Quel exemple pour les citoyens !

C'est pourquoi l'ésotérisme peut scientifiquement parler à tous les peuples et leur dire :

« Changez vos rois, changez vos gouvernements, vous ne ferez rien qu'aggraver vos maux. Ceux-ci viennent non pas de la forme gouvernementale, mais bien de la Loi qui la constitue. Appliquez la loi de la nature et l'avenir s'ouvrira radieux pour vous et vos enfants ! »

* *

Je viens d'exposer le mieux qu'il m'a été possible le système social défendu par M. Saint-Yves d'Alveydre. Par quel moyen cet auteur a-t-il eu connaissance de cette loi sociale?

C'est ce que nous allons essayer de découvrir.

L'étude approfondie qu'il avait faite de Fabre d'Olivet [1], les efforts qu'il consacra à vérifier toutes les sources de cet auteur *dans les originaux* l'amenèrent fatalement à cette conclusion : il a existé, à une époque très éloignée de la nôtre, un Empire Universel sur la Terre.

Poursuivant l'étude de cet empire universel, il rechercha quelle en était la constitution et le fonctionnement. C'est là qu'il découvrit l'existence de la Loi Sociale Trinitaire.

En cherchant quelle fut l'époque et la cause de sa chute, il fut amené à constater la loi exclusivement politique qu'il appela *Loi de Nemrod*, opposée du tout au tout à la précédente.

Enfin en suivant à la piste la transmission de la Loi Sociale trinitaire de sanctuaire en sanctuaire depuis l'Inde, il y a 86 siècles, jusqu'à Jésus, il fut amené à constater l'existence d'une chaine ininterrompue qu'il trouva du reste mentionnée *dans le* XIe *chapitre* de la Cosmogonie de Moïse, traduite ésotériquement.

Cette chaîne passait des sanctuaires indous aux Égyptiens avec Abraham comme chaînon, et des Égyptiens au peuple juif avec Moïse. Jésus marque le passage du mouvement des transmissions aux peuples chrétiens; de là le nom de *Loi Sociale Judéo-Chré-*

---

1. Comme il le déclare franchement dans la *Mission des Juifs* et dans la *France vraie*.

tienne donné par Saint-Yves à la loi trinitaire de l'Empire Universel.

Comme on peut le voir, c'est en alliant harmonieusement le Paganisme au Judaïsme et celui-ci au Christianisme qu'il a fait surgir du contact des deux pôles opposés la synthèse sociale.

Il nous reste à revenir sur quelques-unes de nos affirmations pour les prouver.

Nous avons dit que Saint-Yves avait vérifié les sources de Fabre d'Olivet dans les originaux. Nous ajouterons qu'il suffit de parcourir le chapitre IV de la *Mission des Juifs* ainsi que beaucoup de points divers de cet ouvrage pour avoir la certitude de la vérité de cette assertion. Il est inutile de montrer longuement l'avantage que retire un auteur de l'étude des maîtres dans leurs œuvres et non dans celles de leurs disciples. L'histoire de la philosophie tout entière est là pour le dire. C'est donc grâce à ce travail sur les originaux que Saint-Yves a pu découvrir l'alliance des deux contraires que Fabre d'Olivet n'a pas essayé de traiter.

Nous avons dit de plus que c'est en traduisant le XI⁰ chapitre de la Cosmogonie de Moïse que Saint-Yves avait trouvé la relation de cette transmission séculaire de la loi sociale.

Cette traduction d'un chapitre que Fabre d'Olivet n'a pas abordé montre encore les connaissances personnelles en linguistique de l'auteur de la *Mission des Juifs*. Certains procédés qu'il emploie, entre autres celui de la lecture des mots hébreux de gauche à droite, lui sont également personnels.

Enfin quand nous aurons cité l'application de la Loi Sociale à l'histoire de la France, nous aurons terminé les principaux points par lesquels notre auteur affirme son indépendance vis-à-vis de Fabre d'Olivet.

Comment résumerons-nous maintenant l'œuvre de Saint-Yves d'après ses ouvrages parus jusqu'à ce jour?

A notre avis Saint-Yves d'Alveydre a fait pour le *Social* ce que Louis Lucas a fait pour la *Chimie* et la *Physique*, Wronski pour les *Mathématiques*, Fabre d'Olivet pour la *Linguistique* et la *Cosmogonie*.

1880 à 1889

Vers 1880 une résurrection de la Science Occulte dans toutes ses branches se manifeste de nouveau et, cette fois, l'Union de toutes les écoles importantes semble assurer le succès définitif.

Le *docteur Adrien Péladan* initie son frère, le littérateur *Joséphin Péladan,* à la connaissance de l'Hermétisme.

Le *Vice suprême* paraît en 1882 montrant l'application totale des enseignements d'*Eliphas Levi.*

Stanislas de Guaita [1] (1886), *Alber Jhouney* [2] (1887), *l'abbé Roca* (1887), *George Montière* [3] (1887) se révèlent comme les représentants de cette école hermétique. La Rose-Croix Kabbalistique est rénovée par de Guaita.

Initié par le Martinisme et disciple direct de Louis Lucas, nous commençons à cette époque (1887) à nous occuper activement de l'Occultisme. Peu après nous sommes amené à faire la connaissance du plus instruit et du plus modeste des occultistes français, *F. Ch. Barlet.*

Retiré en province, consacrant tout son temps à l'étude, Barlet est le plus savant de tous les auteurs contemporains en ces [questions. Ses connaissances étendues en mathématiques, en physique et en chimie, aidées par une prodigieuse érudition et un travail incessant, lui ont permis d'être l'un des facteurs les plus puissants du mouvement de régénération de l'ésotérisme.

C'est à cette époque (1885) qu'une société représentant, disait-elle, l'ésotérisme bouddhique faisait son apparition en France.

Combattant toutes les écoles et jetant la division partout, cette société à laquelle nous avions adhéré tout d'abord a subi échec sur échec en voulant s'imposer malgré tout en France et aujourd'hui son action est entièrement détruite.

La Société Théosophique d'Adyar (Inde) a fondé une

1. *Essai des Sciences Maudites.* — *Au seuil des Mystères.*
2. Albert Jhouney, *Le Royaume de Dieu.*
3. G. Montière (études diverses sur l'ésotérisme).

source de branches qui toutes se sont effondrées l'une après l'autre.

Mᵐᵉ H. P. Blavatsky, un ancien médium spirite qui voulait détruire en son nom toutes les écoles possédant la tradition occidentale, a vu ses procédés mis à jour et déjoués un à un.

Un essai d'accaparement par « ordre supérieur » des occultistes français lui valut une jolie série de déboires, couronnés par la disparition de la dernière branche sur laquelle elle comptait pour relever son crédit, l'*Hermès* (1890).

Attaqué violemment par cette école que nous avons crue sérieuse et loyale jadis, nous avons donné, pour toute réponse, son histoire trop peu connue[1].

En France les œuvres de madame la duchesse de Pomar ont contribué à répandre le bouddhisme ésotérique (1887-1890).

Madame la comtesse d'Adhémar (1888-1889) défendit aussi ces idées pendant l'existence de sa revue.

Les autres écoles continuent leur évolution pendant ce temps.

Le Spiritisme se développe d'une façon remarquable sans toutefois rien produire de bien original ; on piétine toujours sur place. *Pezzani* en 1875, *Gabriel Delanne, Camille Chaigneau, Léon Denis, Lucie Grange* poursuivent ces études (1880-1889) plus ou moins heureusement.

Marius Georges fait en vain des efforts pour atténuer les divagations de certains adeptes (1887-1888). Sa revue, *la Vie Posthume*, ne tarde pas à succomber.

Cependant les expériences de *Crookes* sur la force psychique, contrôlées dans divers autres pays par des savants éminents et en France par le docteur *Paul Gibier*[2],

---

1. *L'Histoire de la S. T.*, par Papus (*Voile d'Isis*, année 1891).
2. Paul Gibier, *le Spiritisme ou Fakirisme occidental*, 1887, in-18.

viennent prouver irréfutablement la réalité des phénomènes quelle qu'en soit d'ailleurs l'explication.

Aussi le *Congrès Spirite et Spiritualiste international de 1889*, qui réunit les adhésions de toutes les écoles d'occultisme fraternellement unies aux groupes spirites, comptat-il plus de 40.000 adhérents et environ 200 délégués spéciaux [1].

Le spiritisme rencontra de nombreux détracteurs niant, sans vouloir les constater, tous les phénomènes. Mais bientôt les savants américains se déclarèrent convaincus, puis quelques savants anglais, entre autres Crookes, et enfin, malgré le traitement prescrit par la médecine pour les spirites qui sont considérés comme des hallucinés [2], un ancien interne des hôpitaux de Paris, préparateur au Muséum, le docteur Paul Gibier, vient de publier un livre dans lequel il se déclare convaincu. Il révèle en même temps l'existence très ancienne de tous ces phénomènes dans l'Inde [3].

Il faut voir l'article de critique consacré à Paul Gibier et à son livre dans la *Revue scientifique* pour comprendre la rage sourde des corps savants devant ces phénomènes.

Ne pouvant mettre en doute la sincérité des expériences irréfutables du savant anglais Crookes, la critique s'attaque à celles de Gibier. Elle le blâme de vouloir former une société pour l'étude des phénomènes et avoue que des savants s'en occupent en secret.

« M. Gibier appelle de ses vœux la formation d'une société pour étudier cette nouvelle branche de la physiologie psychologique, et paraît croire qu'il est chez nous

---

[1]. Compte rendu du Congrès Spirite et Spiritualiste international de 1889. Un grand vol. in-8° de 500 pages, prix 5 fr.

[2]. Article spiritisme de *l'Encyclopédie des Sciences médicales* de Dechambre.

[3]. *Le Spiritisme*, par le docteur Paul Gibier, Paris, in-18.

le seul, sinon le premier, parmi les savants compétents, à s'intéresser à cette question. Que M. Gibier se rassure et soit satisfait. Un certain nombre de chercheurs très compétents, ceux mêmes qui ont commencé par le commencement et ont déjà mis un certain ordre dans le fouillis du surnaturel, s'occupent de cette question et continuent leur œuvre... SANS EN ENTRETENIR LE PUBLIC. »

(*Revue scientifique*, 13 nov. 1886, n° 20, pp. 631 et 632.).

Si jamais cette assertion était confirmée, cela jetterait un singulier jour sur les procédés de ceux qui pratiquent ces études expérimentales. Il me semblait pourtant que la divulgation était à l'ordre du jour?

Parmi les Magnétiseurs d'ardents champions soutenaient toujours la lutte. *Robert, Donato, L. Moutin*[1] publiaient des œuvres ou produisaient des phénomènes publics. *Reybaud* parlait magnétisme à la salle des Capucines (1888). *Durville* retrouvait les lois de la polarité humaine, un peu après le *docteur Chazarain* cependant, enfin parlait et luttait activement.

Mais l'*Hypnotisme* faisait aussi de sérieux progrès. Les travaux de l'école de la Salpêtrière sur les Phases, ceux de l'école de Nancy (*Liébault et Bernheim*) sur la Suggestion, ceux du *docteur Luys*[2] sur les miroirs et les transferts des maladies, rapprochaient de plus en plus l'hypnotisme de l'aïeul tant dédaigné : le Magnétisme.

*
* *

On voit que cette époque est bien marquée par un réveil de ces études. Nous allons voir les positions respectives des diverses écoles en 1890.

1. L. Moutin, *Manuel d'hypnotisme*.
2. Luys.

1889-1890

Pour bien montrer la vitalité du mouvement, nous allons énumérer les forces en présence en cette année 1890, pour la France seulement.

1° INDIVIDUALITÉS ET ÉCOLES

Stanislas de Guaita est le représentant de l'école hermétiste et le successeur direct d'Eliphas Levi. *Albert Jhouney, l'abbé Roca, René Caillié, George Montière* se rattachent de près ou de loin à ce même courant.

Joséphin Péladan a pris dans la littérature une place importante *unguibus et rostro;* catholique ultramontain, il défend la Magie, la plus transcendantale dans ses œuvres, au risque d'aveugler le cléricalisme par excès de lumière.

Le marquis de Saint-Yves d'Alveydre réalise la Synarchie dans le plan social éloigné de toute lutte active et travaillant en dehors de tous les partis. Il se rattache par ses œuvres au courant synthétique, illustré par Bailly, Dutens, Court de Gébelin et Fabre d'Olivet. *F.-Ch. Barlet* représente de nos jours ce courant.

La duchesse de Pomar et la comtesse d'Adhémar représentent la Théosophie bouddhiste, mais la première s'est rattachée au christianisme dont elle étudie l'ésotérisme.

Le courant Templier est représenté par un ardent défenseur de la Gnose, *Jules Stany Doinel.*

Enfin, le courant scientifique, dérivé du Martinisme et de l'Hermétisme par Wronski et Louis Lucas, compte parmi ses principaux représentants *Papus, Julien Lejay,* et des littérateurs occultistes comme *Jules Lermina,* des orientalistes sérieux et non membres de la Société théosophique comme *Augustin Chaboseau*.

Tels sont les représentants de l'antique Science occulte dans toutes ses branches. — Voyons rapidement ceux des courants nouveaux.

Le Magnétisme n'a guère fait de progrès sérieux depuis du Potet.

A peine peut-on citer la découverte de la polarité humaine faite presque en même temps par *M. Durville* et le docteur *Chazarain*, et les travaux du colonel *de Rochas*, qui du reste représente plus spécialement le courant des savants indépendants s'occupant de toutes ces questions [1].

Le Congrès Magnétique international de 1889 a montré les partisans du Magnétisme animal et de ses effets curatifs réunis en assises plénières. — *L'abbé de Meissas, le colonel de Rochas, le comte de Constantin, le docteur Chazarain, Rouxel*, représentent le côté théorique; *Donato, Moutin, Durville, Reybaud, Auffinger*, représentent le côté expérimental.

L'Hypnotisme continue, au contraire, ses découvertes.

Le docteur Luys tient aujourd'hui la tête par l'application du transfert des maladies au traitement d'individus jusqu'ici incurables. Là où le magnétisme est obligé d'agir pendant deux heures consécutives par les passes, là où les médicaments échouent piteusement, le transfert, qui demande trois minutes à peine, arrive à des résultats stupéfiants. L'avenir est dans cette école.

L'*Ecole de la Salpêtrière* et l'*École de Nancy* poursuivent

---

1. M. de Rochas vient de démontrer, en publiant les œuvres de *Reichenbach*, que ce savant avait découvert et expérimenté les lois de la polarité dès 1853. Batbitt l'avait donné vers 1884 d'après Reichenbach aussi.

quelques travaux analytiques, mais sans résultats thérapeutiques sérieux.

Enfin, notre énumération serait incomplète si nous ne citions pas le *zouave Jacob*, qui opère des cures incontestables par l'exercice de la théurgie. — Il nomme ainsi un mélange de magnétisme et de spiritisme.

Le Spiritisme piétine sur place depuis quarante ans. — Aucune découverte sérieuse n'a été faite par les successeurs d'Allan Kardec au point de vue expérimental. — Les seuls travaux poursuivis ont rapport à l'application aux théories spirites des découvertes faites dans d'autres domaines par les savants, surtout en Hypnotisme et en Physiologie psychologique.

M. Leymarie dirige la librairie et la *Revue* spirites; *Gabriel Delanne* travaille à l'application de nos sciences aux théories du Spiritisme; c'est un des rares écrivains scientifiques rattachés à ce mouvement. *Camille Chaigneau, Léon Denis, Marius Georges*, Mme *Lucie Grange* défendent ces doctrines à des points de vue divers.

Si le Spiritisme lui-même n'a guère progressé depuis Allan Kardec, il n'en est pas de même du courant des recherches scientifiques auquel il a donné naissance.

Le chimiste anglais *Crookes* a ouvert la voie par une série magnifique d'expériences; le *docteur Gibier* a poursuivi ces travaux en France, et maintenant c'est le *colonel A. de Rochas* qui reprend ces études au point de vue strictement scientifique. — Tous ces auteurs travaillent sans aucune idée préconçue, et aucun d'eux n'a formulé encore de conclusion détaillée.

Telle est en résumé la marche actuelle du mouvement considéré par écoles et par personnalités. — Mais le caractère spécial de notre époque c'est le *groupement* réalisé entre tous ces éléments qui, séparés, n'auraient pas plus abouti à un résultat que le mouvement de 1853.

2° Groupements.

Chacune des écoles comprend un ou plusieurs groupes possédant généralement chacun son organe spécial.
A Paris, le Spiritisme a trois revues principales :
La Revue spirite avec M. Leymarie ;
Le Spiritisme de Gabriel Delanne ;
La Lumière de M™° Lucie Grange.
Le Magnétisme, de son côté, publie :
Le Journal du Magnétisme de M. Durville ;
La Chaîne magnétique de M. Auffinger.
L'Hypnotisme compte :
La Revue d'Hypnologie du D' Luys.
La Revue d'Hypnotisme de M. Bérillon.
Les divers courants de la Science occulte sont représentés :
Le courant socialiste chrétien kabbalistique par *l'Étoile* (René Caillié — Jhouney — abbé Roca).
Le courant théosophique chrétien ésotérique par *l'Aurore* (abbé Kalixt Mélinge — duchesse de Pomar).
Feu le courant indien néo-bouddhiste par le *Lotus bleu*, petite publication sans rédacteurs sérieux et vivotant de traductions faites Dieu sait comme.
Tous ces courants étaient destinés à se nuire mutuellement, comme en 1853, si un groupement général n'était essayé. — C'est à ce but que nous avons consacré tous nos efforts.
En 1888, nous fondâmes *l'Initiation*, revue synthétique qui comprenait des représentants de toutes les écoles. — Il suffit de parcourir la liste suivante des rédacteurs pour y

reconnaître les noms des principaux chefs de chaque courant. — La fondation de la *partie initiatique*, dans la revue, empêchait de tomber dans les erreurs de l'éclectisme, le seul danger possible.

PRINCIPAUX RÉDACTEURS ET COLLABORATEURS DE *L'INITIATION*.

Directeur : Papus; directeur-adjoint : Lucien Mauchel; rédacteur en chef : George Montière; secrétaires de la rédaction : Ch. Barlet, J. Lejay.

1° Partie initiatique

F. Ch. Barlet. ℵ — (S∴ I∴) Memb. de L'H. B of. L. Stanislas de Guaita. S∴ I∴ ℵ). — George Montière, S∴ I∴ ℵ — Papus, S∴ I∴ ℵ

2° Partie philosophique et scientifique.

Aleph. — Le F∴ Bertrand. Vén∴ — Bouvery. — René Caillié. — Augustin Chaboseau. — G. Delanne. — Delézinier. — Jules Doinel. — A. Dorado. — Ely Star. — Fabre des Essarts. — Jules Giraud. — E. Gary de Lacroze. — J. Lejay. — Donald Mac-Nab. — Marcus de Vèze. — Napoléon Ney. — Eugène Nus. — Horace Pelletier. — G. Poirel. — Jules Priou. — Le magnétiseur Raymond. — Le magnétiseur A. Robert. — Rouxel. — H. Sausse. — L. Stevenard — G. Vitoux. — F. Vurgey. — Henri Welsch. — Oswald Wirth.

3° PARTIE LITTÉRAIRE.

Maurice Beaubourg. — E. Goudeau. — Manoël de Grandford. — Jules Lermina. — L. Hennique. — R. de Maricourt. — Lucien Mauchel. — Catulle Mendès. — Émile Michelet. — George Montière. — Ch. de Sivry. — Ch. Torquet.

4° POÉSIE.

Ed. Bazire. — Ch. Dubourg. — Rodolphe Darzens. — P. Giraldon. — R. de Maricourt. — Paul Marrot. — Marnès. — A. Morin. — Robert de la Villehervé.

Le succès de *l'Initiation* s'affirmant de plus en plus, une tentative plus considérable encore fut essayée.

Il s'agissait de réunir en une vaste association tous les mouvements épars, de centraliser dans Paris même le foyer de la Science occulte rénovée, et cela sans nuire en quoi que ce soit à l'évolution personnelle de chaque individualité et de chaque mouvement.

En 1889 fut fondé le GROUPE INDÉPENDANT D'ÉTUDES ÉSOTÉRIQUES sous la direction de la revue *l'Initiation*. — La Fraternité de la Rose-Croix Kabbalistique, tous les groupes Martinistes, la Grande Fraternité occulte d'Occident, cachée sous les initiales d'H. B. of L., adhérèrent immédiatement à ce groupement qui, de ce fait, se trouvait devenir le possesseur de la tradition ésotérique dans toutes ses branches. — Voilà pour le côté occulte.

Des sociétés magnétiques, spirites, spiritualistes et théistes firent aussi leur adhésion, si bien que des *groupes d'expérimentation* hypnotiques, spirites, magiques purent être organisés très vite en même temps que des cours et des conférences nombreux, de telle sorte qu'en moins d'un an, le mouvement synthétique nouvellement créé possédait :

1° Un quartier général avec librairie, salle de cours, salle de conférences et bibliothèque (29, rue de Trévise, Paris);

2° Des locaux particuliers pour les études expérimentales ;

3° Des branches dans toute la France, dans les grandes villes de l'Europe, de l'Amérique du Nord et du Sud ;

4° Quatre cents membres adhérents, des correspondants partout et des relations ésotériques avec toutes les fraternités occidentales.

Voilà ce qui a été fait presque sans argent, rien que par le groupement des forces jusque-là disséminées.— Il reste encore beaucoup à faire ; mais tous les officiers du groupe sont prêts à tout pour la réussite de la Science occulte et l'avènement de ses doctrines.

Ce qui précède répond donc mieux que toutes les théories à la question posée au début de ce chapitre : Quelles sont les sociétés où l'on peut réunir les données de l'Initiation ?

Le tableau suivant résume tout ce que nous avons dit sur l'historique de la Science occulte depuis 1750 jusqu'à 1890.

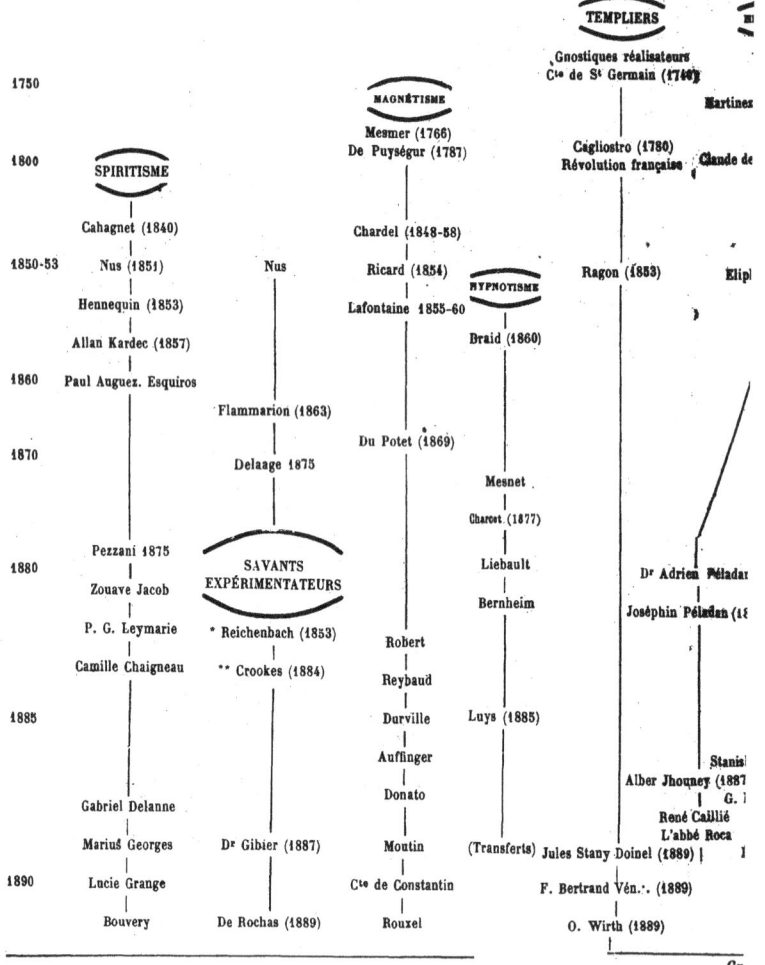

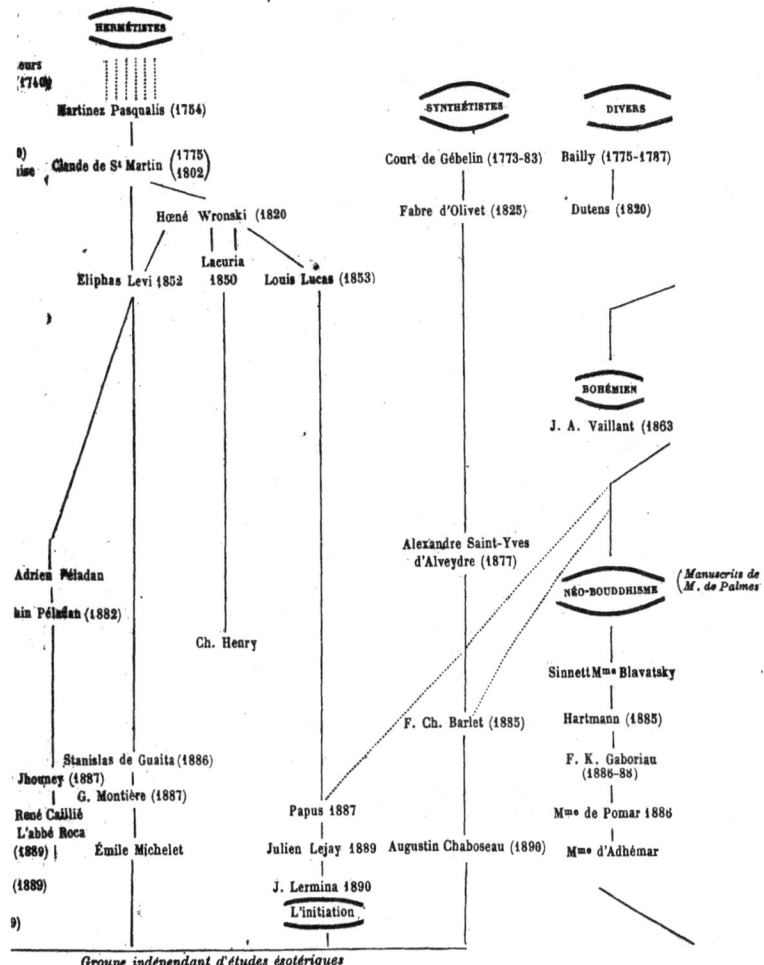

Voici l'état actuel du *Groupe indépendant d'Etudes ésotériques* (février 1891) :

QUARTIER GÉNÉRAL. — Salle de cours. — Salle de conférences. — Bibliothèque et Librairie.

29, rue de Trévise, Paris.

CHARTES DÉLIVRÉES (branches et groupes d'études) : quarante-cinq.

Paris. — Lille. — Tours. — Lyon. — Bordeaux. — Marseille. — Nancy. — Sens. — Clermont-Ferrand. — Reims. — Alger.

Londres. — Bruxelles. — Liège. — Berlin. — Munich. — Amsterdam. — Varsovie. — Saint-Pétersbourg. — Vienne. — Genève. — Rome. — Barcelone. — New-York. — Québec. — La Plata. — Port-Saïd. — Panama. — Cuba.

JOURNAUX. — Le journal hebdomadaire *Le Voile d'Isis*, paraissant le mercredi, est l'organe officiel du quartier général, ainsi que la revue l'*Initiation*.

Pour être membre du groupe, il n'y a aucune cotisation à payer, il suffit d'être abonné à l'*Initiation* ou au *Voile d'Isis* et de faire une demande.

OFFICIERS DU GROUPE POUR 1890-91.

Président-fondateur :

Papus.

Directeurs des Commissions :

Enseignement : Stanislas de Guaita. — Propagande : Julien Lejay. — Finances : L. Mauchel.

Directeurs des groupes d'études :

Lemerle. — Julien Lejay. — Augustin Chaboseau. — Jules Lermina. — Emile Michelet. — A. de Wolska. —

G. Vitoux. — L. Mauchel. — Gary de Lacroze. — G. Caminade. — Martin. — L. Stevenard. — Ch. Torquet. — A. François. — Papus.

Tel est l'état actuel du mouvement. — Qu'il me soit permis, avant de terminer, de témoigner toute ma reconnaissance à ceux qui ont aidé nos débuts, à ceux qui nous ont permis de mettre au jour nos premiers volumes ou les premiers numéros de nos revues.

Le *Traité élémentaire de Science occulte*, qui eut par la suite quatre éditions et est actuellement épuisé, fut publié grâce au concours dévoué du D^r G***, un défenseur ardent et éminent des réformes humanitaires, végétarisme pour le corps et rénovation scientifique de la morale pour l'âme.

L'*Initiation*, la revue qui a pris une grande extension aujourd'hui, nous la devons à notre ami du premier moment, Julien Lejay (qui montrera sous peu à quelle hauteur de conception peut atteindre l'occultisme dans son *Essai de sociologie analogique*); nous devons son succès à nos collaborateurs F.-Ch. Barlet, Stanislas de Guaita, Joséphin Péladan, George Montière, etc., etc.

Le *Quartier général du groupe* fut fondé par la fusion de notre Société avec la Bibliothèque internationale des œuvres des Femmes, dirigée par Mlle A. de Wolska. Il doit sa bonne administration au dévouement incessant de notre ami Lucien Mauchel, qui s'est consacré tout entier au succès de notre œuvre. Qu'ils reçoivent nos plus sincères remerciements !

Enfin il est un facteur de succès plus puissant que tous les dévouements, sans lequel tous les efforts restent vains, c'est le public intellectuel. C'est lui qui toujours assura la réussite de nos entreprises, c'est lui qui, par son assiduité à nous suivre dans nos efforts, nous a toujours vengés des accusations et des inimitiés qu'attire nécessairement toute œuvre qui vient détruire l'indolence et les préjugés d'une époque sans croyances et corrompue. Nous serions injuste en ne témoignant pas toute notre gratitude à ce public aussi élevé par les sentiments que par la naissance.

RÉSUMÉ GÉNÉRAL

Le siècle des siècles est près de finir. Le progrès est près d'atteindre son apogée, si l'on en croit du moins ses partisans, et cependant il se trouve des hommes pour parler de grandes lois inconnues et de grands principes vivants étouffés.

L'Europe en armes attend le signal de l'égorgement. Les trains circulent rapides à travers le centre de toutes les civilisations, mais ces trains ne porteront-ils pas demain des soldats et des munitions de guerre ? Les fils télégraphiques s'entre-croisent dans les airs annonçant les mille nouvelles courantes aux peuples affairés ; mais le penseur qui les contemple sait-il si les ordres de mobilisation ne passent pas en ce moment invisibles devant lui ? Chemins de fer, télégraphes, belles conquêtes, en vérité, du xix° siècle, qui sait si les mères et les épouses de l'an 1900 ne vous maudiront pas à jamais ?

Toute conquête du cerveau humain tourne à la destruction rapide de l'espèce, et dans l'éclosion magnifique de notre renaissance intellectuelle la haine internationale est notre seule directrice. La *Vapeur* c'est le transport rapide de la destruction en masse dans une contrée ; l'*Electricité* c'est le moyen de faire sauter à distance les villes entières; la *Chimie* c'est la dynamite, la roburite, les obus asphyxiants et la poudre sans fumée ; la *Physique* c'est le massacre mécanique de corps d'armée remplaçant le massacre individuel d'autrefois. Le Progrès, le Progrès partout ! Le Téléphone transmet les ordres du chef, le Phonographe perfectionné conserve le bruit d'une bataille dans tous ses détails ; on entend tous les instruments du concert majestueux : mugissements des canons, crépitement rapide de la fusillade, sifflement des balles, rien ne manque, pas même les cris rauques des blessés, et le progrès va si vite que grâce au *Téléphote* une mère pourra désormais voir de loin son fils éventré par une baïonnette et l'entendre prononcer son nom pour la dernière fois.

C'est la civilisation !

Que viennent donc faire tous ces rêveurs, tous ces philosophes, tous ces utopistes parlant d'altruisme dans une telle époque et s'autorisant de la Science occulte pour rappeler l'existence d'un vieux mot dès longtemps oublié, la Charité ?

La Science occulte ! est-elle donc autre chose qu'une source de rêveries pour cerveaux faibles ou de consolations pour âmes brisées ? C'est ce qu'il nous faut voir.

*
* *

Si nous jetons un coup d'œil d'ensemble sur cette Science occulte telle que nous l'avons exposée, que verrons-nous ?

Les prolégomènes de notre ouvrage nous montrent *l'existence effective* d'un corps de doctrine scientifique dans l'antiquité, et nous pouvons rendre justice à ces anciens si calomniés encore.

Dans la première partie la *doctrine ésotérique* nous apparaît avec son cortège d'hypothèses hardies qui peuvent trouver dans nos Sciences expérimentales un précieux secours, loin d'être en opposition avec les données de ces sciences.

Nous suivons la *transmission de ce corps de doctrine* dans la seconde partie ; partant de l'Egypte avec Moïse nous voyons la Kabbale passer intacte à travers les peuples et les révolutions, nous retrouvons l'enseignement hermétique chez les Gnostiques, à l'école d'Alexandrie, chez les alchimistes, dans l'ordre du Temple, dans la Rose-Croix et enfin, combien déformé ! dans la franc-maçonnerie actuelle. Des sociétés vraiment occultes existent pourtant qui possèdent encore la tradition intégrale, j'en appelle à l'un des plus savants parmi les adeptes occidentaux, à mon maître en pratique, Peter Davidson.

Le but de cette Science occulte c'est l'alliance de la Science et de la Foi vers une aspiration unique : la Vérité synthétique. La troisième partie aborde le domaine de l'*Invisible*, où les données scientifiques viennent appuyer les affirmations étranges de la Magie sur l'évocation des morts, sur les mystères de la naissance, sur les causes des inégalités sociales que la volonté humaine peut toujours détruire. — Enfin une série de faits et de chiffres vient montrer combien l'esprit humain s'intéresse de nos jours à cette Science occulte et aux Sociétés qui en poursuivent l'étude et l'application.

On nous a accusé de désocculter l'occulte. L'expérience nous a montré que ceux qui ne doivent pas comprendre ne comprennent pas. — En 1853, la désoccultation de l'occulte fut entreprise bien mieux que nous ne pouvons le faire aujourd'hui ; l'entreprise échoua parce que les esprits n'étaient pas prêts à la comprendre. Aujourd'hui les temps sont changés et nous ne sommes encore que les libres instruments d'une force invisible et puissante autant que bienfaisante qui pousse toutes les écoles à révéler les principes de leur savoir et à lutter d'émulation pour l'avènement du règne de Dieu sur la terre comme au ciel.

*
* *

Des courants d'idées nombreux, opposés en apparence, poursuivent parallèlement un but identique. Ces oppositions même sont un gage de succès, une garantie contre la somnolence. Aucune école restant enfermée dans son sectarisme ne peut aider efficacement le mouvement général. Le groupement partiel s'impose, cet effort a été tenté.

Quel que soit l'avenir de notre œuvre, nous avons la conscience d'avoir fait notre devoir jusqu'au bout. La Science infusée partout saura faire justice de tous les sectarismes, et la Morale, assise enfin sur des bases positives, conduira peut-être les peuples à d'autres buts que l'extermination raffinée des pauvres par les riches, des intellectuels par les armées et des armées par les engins perfectionnés.

Groupons nos efforts, cherchons hardiment d'autres méthodes que celles qui conduisent à faire des perroquets diplômés inutiles ou nuisibles à la collectivité, et sans doute nous pourrons un jour inscrire au fronton du nouvel édifice :

A CEUX QUI, FATIGUÉS D'APPRENDRE,
DÉSIRENT ENFIN SAVOIR.

FIN

GLOSSAIRE

DES PRINCIPAUX TERMES DE LA SCIENCE OCCULTE

PAR

PAPUS | **Augustin CHABOSEAU**
(*Pour la tradition occidentale*) | (*Pour la tradition orientale*)

A

Abhiñâna. Mot sk., signifie « discernement », désigne dans l'Ésotérisme Buddhique un des cinq attributs psychiques de l'Arhat accompli : acuité extrême des six sens, entendement suprême, pouvoir de réaliser toutes volitions, discernement des pensées d'autrui, et connaissance de toutes les existences antérieures. V. p. 200 de l'*Essai sur la Philosophie Buddhique*.

Abraxas. Mot persan signifiant Dieu.
Désigne les pierres précieuses sur lesquelles étaient gravés des mots magiques, puis, par extension, ces mots magiques eux-mêmes.
Esotériquement Abraxas réduit en nombres et additionné donne 365, le nombre de jours de l'année (Voy. Kircher, *Études sur la Gnose*.)

Adamah. La Terre, le monde des effigies (Voy. p. 265).

Adepte (*Adeptus*, qui a acquis, de *adipisci* atteindre. — Littré). Celui qui a acquis les connaissances les plus élevées dans l'une des parties de la science ésotérique. — Adepte en alchimie, en kabbale, en astrologie, etc., etc.
Grade qui forme le couronnement de la carrière d'un *initié* (Voy. ce mot).

Adi-Buddha. Mot sk., désigne exotériquement, dans le Buddhisme-Religion, le Vide en le feignant conscient.

Adjiva. Mot sk., signifie « état de non-moi », désigne dans l'Ésotérisme Buddhique l'état d'inconscience, la conception de l'Absolu considéré comme *être* ou non existence. V. p. 115 de *l'Essai sur la Philosophie Buddhique*.

Ages. Le quaternaire ésotérique appliqué à l'évolution des êtres pendant une de leurs vies a donné naissance à quatre périodes appelées *âges*.
Les âges de l'homme sont l'enfance (iod), la jeunesse (hé), l'âge mûr (vạo) et la vieillesse (hé).
Non seulement l'homme, mais les astres, les soleils et les univers ont été considérés aussi comme accomplissant une évolution vitale. De

là les *périodes* de l'ésotérisme conçues par les théologiens comme des *jours*. Les Indous ont conservé intactes ces divisions (V. Yuga). Les âges sont calculés : 1° par respiration, 2° par jour et par nuit.

La Terre fait une aspiration (jour) et une expiration (nuit) en 24 heures (révolution sur elle-même).

Le Soleil met 25 jours à accomplir la même opération.

Le jour d'une planète est le temps qu'elle met pour aller d'une nuit (hiver) à une nuit (hiver). — Un jour de la Terre représente donc *une année* de l'homme. Ces exemples serviront à faire comprendre la question.

Aïsha. Faculté volitive de l'homme. Universel : Adam. — Aïscha matérialisée d'un degré devient *Heva* (Eve), l'existence élémentaire.

Akasa. Mot sk., désigne dans l'Ésotérisme Buddhique l'électricité organique des astres et des êtres qui évoluent à leur surface.

Alchimie. Branche de la Science occulte qui s'occupe particulièrement de l'application de la Magie aux êtres inférieurs de la Nature (minéraux et végétaux).

Pendant tout le moyen âge les adeptes de la philosophie hermétique possédaient la Tradition dans toutes ses branches. — On commence aujourd'hui, sous l'influence des travaux de M. Berthelot, à rendre justice aux alchimistes.

On trouvera un bon glossaire des *symboles alchimiques* dans *Théories et symboles des alchimistes* d'Albert Poisson (voy. aussi *Couleurs*).

Ame. Principe supérieur de l'être humain, agissant sur le corps physique au moyen de la vie ou corps astral.

D'après la doctrine des trois principes, un seul d'entre eux représente l'âme. Mais si l'on analyse ces principes pour former le septénaire, l'âme se subdivise en plusieurs autres éléments.

Amulette. Objet chargé d'influences magiques et qu'on croit capable de transmettre ces influences à la personne qui le porte sur elle.

Analogie. Méthode principale de la Science occulte permettant de déterminer l'invisible d'après l'examen du visible, l'occulte d'après le patent, l'idée d'après la forme.

Antiquité. — *La Science*. La science expérimentale et appliquée existait dans l'antiquité; mais le mode d'enseignement différait. La science n'était communiquée qu'après certaines épreuves physiques, morales et psychiques; de là son nom de *Science cachée* ou Science occulte.

Aour. Nom hébreu de la lumière astrale équilibrée. — Les deux polarisations positive et négative prennent le nom d'OD et d'OB.

Apavarga. Mot sk., désigne dans le Buddhisme « la délivrance » de Punarbhava (V. ce mot).

Apports. Terme de spiritisme. Apports d'objets qui ne se trouvaient pas dans le local où a lieu l'expérience.

Des fleurs, des fruits, des objets de toutes sortes peuvent être apportés dans ces conditions.

Pour ces phénomènes, voir les expériences de *Donald Mac Nab* relatées dans le *Lotus rouge* (chez Carré éditeur); voir les procès-verbaux des expériences médianimiques de H. P. Blavatsky dans *Le Monde occulte* de Sinnett (Carré éditeur).

Apprenti. 1er degré de la Franc-Maçonnerie écossaise et française.

Arcane. (De *arca*, coffre) Terme symbolique cachant aux yeux des profanes un secret de l'ésotérisme.

Aréopage. Terme de Franc-Maçonnerie. Les aréopages, constituant la partie pratique et exécutive de la Franc-Maçonnerie, renferment les membres pourvus des grades de 18e à 30e exclusivement dans le rite écossais ancien et accepté (V. p. 705).

Arhat. Mot sk., désigne un « saint ». Spécialement, désigne dans le Buddhisme l'être qui n'est plus susceptible que de moins de sept renaissances avant de devenir Bodhisattva (V. ce mot), V. p. 198 de l'*Essai sur la Philosophie Buddhique*.

Asiah (*Kab*). Un des trois mondes de l'Univers. C'est la partie inférieure du monde astral et l'ensemble du monde matériel. C'est pour l'univers ce que *Nephesch* (V. ce mot) est pour l'homme.

Astral. L'astral est essentiellement le plan de formation de tout ce qui est matériel. — Chaque être ou chaque objet matériel a donc un correspondant en astral, il y a un corps astral, un plan astral, une lumière astrale, un monde astral, etc., etc. (V. ces mots à la table alphabétique).

L'idée que les astres président à la formation de tout dans l'univers a donné naissance à ces divers termes. (V. Médiateur plastique, Ruach.)

Astrologie. Branche de la Science occulte s'occupant de l'étude physique, physiologique et psychique des astres considérés comme des êtres complets. — L'astrologie est une des anciennes sciences de divination dont les données sont aujourd'hui totalement perdues. Le dernier astrologue véritable fut un adepte de la science hermétique, *Nostradamus*, qui avait annoncé la date exacte de la Révolution française dans ses discours à Henry Second. Voy. *Prophéties de Nostradamus*, Lyon, 1698, p. 112.

Atlantide. Continent habité par la Race Rouge et qui s'étendait à la place occupée aujourd'hui par l'océan Atlantique. Ce continent avait succédé géologiquement à la Lémurie et précédait l'Europe actuelle.

Atma. Mot sk., signifie « souffle, esprit ». Spécialement, désigne dans l'Esotérisme Buddhique le dernier des sept principes constitutifs de la personnalité humaine, soit l'universalisation de l'individualité, la transmutation de l'existence en être, soit la notion synthétique abstraite de l'individualité l'entité. V. p. 160 de l'*Essai sur la Philosophie Buddhique*.

Aum. Mot sk., sacré pour les Buddhistes, et dont l'émission inaudible, réitérée sans limite, facilite les œuvres psychiques et hâte la maturation du sixième sens. V. p. 218 de l'*Essai sur la Philosophie Buddhique*.

Avasarpani. Mot sk., désigne dans la métaphysique indoue la période du Kalpa où Brahma (V. ce mot) passe du réveil parfait au sommeil parfait, l'Évolution.

Aziluth (Kabb). L'univers (V. p. 566).

B

Bakir. Livre Kabbalistique.

Baris. Vase d'or en forme de vaisseau que tenait un des prêtres aux mystères égyptiens.

Bar Isis — Par-is. *Vaisseau d'Isis*.

Bereschit (hébr.). En principe, en puissance d'être. — *Sepher Bereschit, Livre des Principes* (la Genèse) (V. Mercavah).

Bhuta. Mot sk., signifie « coquille », désigne dans l'Ésotérisme Buddhique l'union du Linga-Sharira et du Kama-Rupa (V. ces mots) en Elémentaire, Inconscient ou Monade astrale. V. p. 158 de l'*Essai sur la Philosophie Buddhique*.

Bodhi. Mot sk., signifie « connaissance ». Spécialement, désigne dans l'Ésotérisme Buddhique le sixième des sept principes constitutifs de la personnalité humaine, l'homme à l'état radiant : spiritualité, personnalité inconsciente ou individualité, âme divine, existence transcendante. V. p. 159 et 193 de l'*Essai sur la Philosophie Buddhique*.

Bodhisattva. Mot sk., désigne dans le Buddhisme l'être qui vit sa dernière existence avant de devenir Buddha (V. ce mot).

Bohémiens. Les Rômes ou Bohémiens sont des Indous de caste moyenne (artisans) qui ont émigré en masse en Europe. — Ils possèdent une grande partie de la tradition ésotérique (V. p. 769).

Boussole astrologique. Les Chinois possèdent depuis fort longtemps une boussole astrologique très curieuse.

Brahma. Mot sk., désigne dans l'Ésotérisme Buddhique l'état relatif, dualiste, fini, conditionné, déterminé où tout existe, parce que toutes virtualités sont entrées en effectuation. V. p. 115 de l'*Essai sur la Philosophie Buddhique*.

Briah (hébr., kabb.). Partie psychique de l'Univers.

Brominos. 5ᵉ grade des mystères de Mithras.

Buddha. Mot sk., signifie « illuminé », désigne l'être qui en s'élevant à la Bodhi V. ce mot) a conquis le Nirvâna (V. ce mot). Pour le Buddha parfait le Nirvâna est un Néant relatif, car, après la réintégration du Vide, la volonté, étendue à la salvation universelle, continue à agir. (V. p. 206 de l'*Essai sur la Philosophie Buddhique*.)

C

Canon (*Coup de*). Terme de franc-maçonnerie pour désigner une des cinq actions d'éclat qui constituent les buts secrets de l'ordre.

Chaîne planétaire. Ensemble des planètes d'un système sur lesquelles évolue, d'après des lois précises, la vague de vie. (V. p. 147 et 255.)

Chance. La chance d'un individu dépend de son *Karma* (V. ce mot).

Chapitre. Terme de franc-maçonnerie désignant l'assemblée formée généralement par les 18° (Rose-Croix).

Chiromancie. Divination par les signatures astrales de la main.

Continent. Masse terrestre émergeant périodiquement de l'Océan. Les continents se sont succédé sur la Terre dans l'ordre suivant :
1. La Lémurie (Océan Pacifique actuel, Océanie).
2. L'Atlantide (Océan Atlantique).
3. Continents actuellement existants.

Cosmogonie. Histoire de la formation du Monde.

Couleurs alchimiques. Les alchimistes racontent que pendant la préparation de la Pierre Philosophale la matière de l'œuvre passe par diverses couleurs qui semblent suivre un ordre analogue à celui du spectre solaire.

La Matière est d'abord noire (*tête de corbeau*), puis elle devient blanche, puis elle passe par une série de couleurs spéciales (bleu-vert-jaune-orangé) *queue de paon* et enfin elle devient d'un beau rouge.

D

Déluge. Cataclysme cosmique survenant chaque fois qu'un des continents terrestres s'effondre et qu'un autre, jusque-là englouti sous les eaux, émerge de l'Océan.

Le cataclysme périodique revient tous les 12.924 ans sur la Terre. V. *Essai sur la Philosophie Buddhique*, p. 143 pour les preuves astronomiques.

Démiurge. D'après la Gnose, Dieu n'aurait pas lui-même pris la direction du monde. Cette direction est confiée à un ouvrier divin ou Démiurge. L'École d'Alexandrie a eu aussi des idées très curieuses à ce sujet.

Deva-Loka. Mot sk., signifie « lieu de divinité », désigne dans l'Esotérisme Buddhique l'état qui suit immédiatement le Kama-Loka (V. ce mot); c'est alors que s'accomplit la dissolution des parties supérieures du Kama-Rupa (V. ce mot) et des parties inférieures du Manas (V. ce mot. V. p. 171 de l'*Essai sur la Philosophie Buddhique*.

Dhyani-Buddha. Mot sk., désigne dans l'Esotérisme Buddhique le Buddha (V. ce mot) *de contemplation*, immuable : symbole d'une modalité de la polarisation du Vide.

Diksha. Mot sk., signifie « initiation »; désigne dans l'Esotérisme Buddhique le premier stade de la Voie de Bodhi (V. ce mot), lequel consiste simplement en un petit nombre d'instructions concises et précises, et toutes orales. V. p. 195 de l'*Essai sur la Philosophie Buddhique*.

Divination. On croit vulgairement que la Science occulte se réduit à l'étude des lignes de la main ou à la lecture de l'Avenir dans les cartes ou le marc de café.

La Divination et ses divers procédés constituaient en effet une partie très sérieuse de la Science dans l'antiquité; mais les livres modernes sur la question ne contiennent, pour la plupart, que des erreurs grossières ou des enseignements capables de mettre les premiers venus à même d'escroquer facilement les naïfs. On ne saurait trop se méfier par suite de toute cette littérature soi-disant magique.

Plusieurs auteurs font des efforts pour retrouver dans son intégrité cette partie si curieuse et si peu connue de la Science occulte.

Djiva. Mot sk., signifie « état de moi », désigne dans l'Ésotérisme Buddhique l'état de conscience, l'Absolu transmuté en Relatif, l'*être* en *existence*. V. p. 115 de l'*Essai sur la Philosophie Buddhique*.

Djivatma. Mot sk., signifie « Esprit individuel », désigne dans l'Ésotérisme Buddhique la vie manifestée hors de l'Absolu dans le Relatif. V. p. 115 de l'*Essai sur la Philosophie Buddhique*.

Doigt. En chiromancie les doigts ont chacun le nom d'une planète.
    L'auriculaire c'est MERCURE.
    L'annulaire — APOLLON.
    Le médius — SATURNE.
    L'Index — JUPITER.
De plus le Pouce se rapporte à l'Homme et à Vénus.

Doubles. (Lettres) Les sept lettres hébraïques correspondant aux 7 planètes.

Dvapara-Yuga. Mot sk., désigne dans la métaphysique hindoue le troisième des quatre Yugas du Marvantara (V. ces mots) ou le deuxième des quatre Yugas du Pralaya (V. ce mot). Sa durée est double de celle du Kali-Yuga (V. ce mot).

E

Elémentaire. Etre spirituel, conscient et personnel formé de tous les éléments qui constituent le MOI humain.
Le MOI évolue dans le Plan Astral.
L'Inconscient supérieur le SOI évolue dans le Plan Psychique.
L'Elémentaire correspond à ce qu'on appelle « un esprit » dans la doctrine spirite.
(Voy. ce mot au Dictionnaire Alphabétique).

Elémentals. Etres instinctifs et mortels intermédiaires entre le monde psychique et le monde matériel.
Chez l'homme le monde psychique est constitué par l'âme dont l'essence est la conscience. Le monde matériel est constitué par le corps physique.
Les élémentals de l'homme sont donc ces êtres instinctifs désignés

sous le nom de globules, globules rouges ou *hématies* et globules blancs ou *leucocytes*.

L'embryologie nous montre que les cellules embryonnaires, véritables leucocytes, président à la construction du corps de l'homme.

D'après l'occultisme il y a dans l'Univers des êtres analogues à ceux qui existent chez l'homme. Ces êtres purement instinctifs qui président indifféremment à la construction ou à la destruction sont les « esprits des éléments » ou élémentals qu'il ne faut pas confondre avec les « esprits des hommes » ou élémentaires.

Elios. 6° grade des mystères de Mithras.

Eon. Ce nom, qui signifiait en égyptien un principe de volonté se développant par une faculté plastique, inhérente, s'est appliqué en grec à une durée infinie.

Le mot *Eon*, en grec Αίων, dérive de l'égyptien et du phénicien אי (Aï) un principe de volonté, un point central de développement et יון (iôn) la faculté générative. Ce dernier mot a signifié, dans un sens restreint, une colombe et a été le symbole de Vénus. C'est le fameux *Yoni* des Indiens, et même le *Yn* des Chinois, c'est-à-dire la nature plastique de l'Univers. De là le nom *d'Ionie* donné à la Grèce.

(Fabre d'Olivet.)

Ésotérisme. (Σωτερικος, intérieur, de Εσω, en dedans.)

Ainsi que l'étymologie le montre, l'ésotérisme étudie le dedans, l'invisible caché sous l'apparence, sous le visible.

Dans l'initiation le maître divisait sa doctrine en deux parties, l'une symbolique et imagée (paraboles) à l'usage de la foule (*exotérisme*), l'autre philosophique et abstraite à l'usage de ses disciples (*ésotérisme*).

La doctrine ésotérique est donc la doctrine cachée, celle qui était communiquée oralement. On a donné le nom d'*Esotérisme* à la tradition occulte, quelle qu'en soit la source.

Esprits. Dans la doctrine spirite ce mot désigne les âmes des morts qui peuvent se communiquer aux vivants dans certaines conditions. Au singulier il désigne le principe le plus élevé incarné dans l'homme de chair.

D'après la Science occulte on désigne sous ce nom les êtres qui animent les différentes portions de l'Univers. Il y a donc une véritable hiérarchie dans les « Esprits », hiérarchie qu'on trouve indiquée dans les ouvrages de l'École d'Alexandrie et, plus récemment, dans les œuvres d'Albert le Grand, de H. C. Agrippa et de Paracelse.

La première division établie est celle des esprits doués de conscience et immortels (élémentaires) et des esprits inconscients et mortels (élémentals). Ces deux divisions ont été connues de tous les occultistes, mais les mots employés pour les désigner ont souvent varié. Ainsi Paracelse se sert indifféremment du mot élémentaire ou démon pour désigner les êtres inconscients, esprits des éléments, employant le mot « Esprits » ou Ames pour désigner les êtres conscients. La faute de cette distinction a fait commettre bien des erreurs à certains écrivains spirites au sujet de l'occultisme.

Évocation. Terme de Magie. Action de la volonté humaine, spiritualisée par les rites, sur les êtres qui peuplent l'invisible.

L'évocation par les procédés de la Magie demande une préparation assez longue et des précautions minutieuses pour éviter les mauvaises influences.

L'évocation par le procédé spirite est beaucoup plus simple. Toute la pratique du spiritisme roule sur ce fait de l'évocation mentale, suivie de la communication de « l'esprit évoqué ». Mais dans ce cas les garanties manquent le plus souvent.

Évolution. Montée progressive de l'inconscient vers le conscient, de la matière vers l'esprit, de la multiplicité vers l'unité originelle. La réciproque de cet acte constitue l'*Involution*.

Symboliquement l'évolution a été figurée dans le catholicisme par le mystère de la Rédemption.

Exorcisme. (E hors et $o\rho$ $\kappa o\varsigma$ serment), action de chasser par des serments, par des prières magiques ou conjurations.

On exorcise les divers instruments qui servent aux opérations magiques.

Exotérisme (Voy. ésotérisme).

F

Fatalité. Une des trois grandes forces en action dans l'Univers.

La fatalité est égale à la Volonté humaine et à la Providence; mais elle ne surpasse aucune de ces deux forces.

Fabre d'Olivet est celui qui a le mieux étudié cette force et ses lois.

Feu de Bharawa. Feu grégeois. Mélange de soufre, de salpêtre et de pétrole.

Fils de Dieu. Grade d'initiation dans l'antiquité. Initié à tous les enseignements des grands mystères.

Alexandre était *fils de Dieu*, ce qui lui donna le droit d'aller sacrifier dans tous les temples, y compris à Jérusalem. Il fut conduit dans le « Saint des Saints » par le Grand Prêtre lui-même.

Fils des Dieux. Grade d'initiation dans l'antiquité. Initié aux premiers enseignements des grands mystères.

Folie. Dérangement de l'esprit.

L'ésotérisme prétend que certains cas de folie sont produits par l'incarnation permanente d'élémentaires dans le corps de l'être atteint de cette triste affection.

Franc-Maçonnerie. La Franc-Maçonnerie renferme, cachés sous les symboles de ses rites initiatiques, une grande partie des traditions anciennes. Ces symboles sont incompris de ses membres eux-mêmes. Les initiations primitives, l'ordre du Temple, la Rose-Croix dans toutes leurs branches, se sont fondues dans ce qui constitue aujourd'hui la Franc-Maçonnerie. surtout dans les 33 degrés du Rite écossais ancien et accepté. Dans ces dernières années les Catholiques et surtout les Jésuites se sont beaucoup occupés de cet ordre, et leurs livres fournissent aux chercheurs de bonnes indications à côté d'erreurs monstrueuses, mais du reste profondément ridicules.

G

Gématrie. Terme de Kabbale. Étude des transpositions.

Guru. Mot sk., désigne le Maître, l'Initiateur.

Hermès trismégiste. Nom ésotérique de l'Université d'Égypte. De là le nombre considérable d'ouvrages attribués à cet auteur collectif. Les œuvres d'*Hermès*, c'est comme si nous disions *les œuvres de l'Institut*.

H

Higher-Self. Terme par lequel on désigne l'inconscient supérieur de l'être humain (6° et 7° principes), ce qui constitue l'idéal de cet être, ce que la religion appelle l'ange gardien, ce que l'ésotérisme appelle le SOI. (Voy. élémentaire.)

Histoire. Plusieurs critiques se sont occupés de la Science occulte et en ont écrit des histoires partielles.

D'autre part la connaissance des auteurs principaux d'occultisme est indispensable aux chercheurs.

Homme. L'homme est un être intelligent et corporel fait à l'image de Dieu et du Monde, un en essence, triple en substance, immortel et mortel (E. Levi). Il y a en lui trois principes : l'âme ou esprit, la vie ou médiateur plastique, le corps.

Horoscope ($\omega\rho\alpha$ heure, $\sigma\kappa\omega\pi\epsilon\iota\nu$, examiner). État du ciel au moment de la naissance.

Humanité. Cerveau de la Terre.

Hypnotisme. L'hypnotisme étudie les phénomènes produits chez certaines personnes par les actions physiques ou psychiques susceptibles de fatiguer et de surprendre l'un des sens.

Les hypnotiseurs diffèrent des magnétiseurs en ce qu'ils nient l'existence d'un *fluide* quelconque.

I

Iddividhanâna. Mot sk., désigne dans l'Ésotérisme Buddhique le second stade de la Voie de Bodhi (V. ce mot), l'initiation à la théorie et à la pratique des œuvres hyperphysiques. V. p. 196 de l'*Essai sur la Philosophie Buddhique*.

Incarnation. Terme de spiritisme, changement de la Personnalité du Médium sous l'influence d'un esprit qui s'incarne en lui et qui se sert de ses organes pour parler ou pour agir.

Inconscient. Principe dirigeant les organes ou les êtres en dehors de la Conscience.

L'homme, d'après l'ésotérisme, a deux inconscients, un organique ou inconscient inférieur qui préside à la marche des organes et un psychique, l'inconscient supérieur (6° et 7° principes). V. Higher Self.

Incube-Succube. (Voy. *élémentaire*).

Initié (de *initium*, commencement, Littré). Qui a été admis aux mystères. L'*initié* connaît les rudiments de la doctrine ésotérique. Il a généralement subi certaines épreuves. Les francs-maçons actuels peuvent se donner le titre d'*initiés aux mystères de la Franc-Maçonnerie*.

L'initié est le grade conféré avant celui d'adepte (V. ce mot).

Intuition. Sixième sens, en voie de développement dans l'humanité actuelle.

L'alliance de l'intuition et de la raison forme le fond des enseignements de la Théosophie (Fludd, Paracelse, Bœhm, etc.)

Involution. Descente de la Force dans la Matière, multiplication de l'unité originelle. Symboliquement l'involution a été figurée par l'*histoire de la chute d'Adam*.

Les deux courants de l'évolution et de l'involution existent concurremment dans l'Univers. La Mort prépare son futur champ d'action grâce à l'Amour.

De cette idée découle la philosophie pessimiste allemande.

J

Jours de la Création. V. Ages.

K

Kabbale. Le mot *Kabbale* signifie *tradition*.

D'après certains auteurs, la Bible est incompréhensible sans une explication secrète. Cette explication aurait été donnée oralement par Moïse à certains hommes choisis et transmise ainsi de génération en génération. Cependant à une certaine époque la peur de perdre la tradition aurait déterminé ses possesseurs à l'écrire, le plus symboliquement possible, du reste. De là l'origine des deux livres fondamentaux de la Kabbale : le Sepher Jesirah et le Zohar.

Kala. Mot sk., signifie « temps ». Spécialement, désigne dans la métaphysique hindoue la conception de l'Absolu considéré comme absence de durée. V. p. 115 de l'*Essai sur la Philosophie Buddhique*.

Kali-Yuga. Mot sk., désigne dans la métaphysique hindoue le dernier des quatre Yugas du Manvantara (V. ces mots) ou le premier des quatre Yugas du Pralaya (V. ce mot).

Kalpa. Mot sk., désigne dans la métaphysique hindoue une division du temps, somme de deux phases cosmiques : le Pralaya et le Manvantara (V. ces mots) ou, selon un autre point de vue, l'Utsarpini et l'Avasarpini (V. ces mots).

Kama-Loka. Mot sk., signifie « lieu d'avidité », désigne dans l'Ésotérisme Buddhique l'état qui suit immédiatement la mort; c'est alors que s'accomplit la dissolution des parties supérieures du Linga Sharira (V. ce mot). V. p. 165 de l'*Essai sur la Philosophie Buddhique*.

Kama-Rupa. Mot sk., signifie « véhicule de l'avidité ». Désigne dans l'Ésotérisme Buddhique le quatrième des sept principes constitutifs de la personnalité humaine, tout ce qui dans l'homme participe du gazeux autant que du solide et du liquide (localisation physiologique: grand sympathique, surtout plexus solaire), cervelet, moelle allongée, systèmes sensoriels : personnalité passive ou instinctive, âme animale. V. p. 158 de l'*Essai sur la Philosophie Buddhique*.

Karma. Mot sk., désigne dans l'Ésotérisme Buddhique la mesure selon laquelle l'être, au cours de ses existences antérieures, a réalisé ses virtualités, le rapport dans lequel se sont combinées en cet être l'activité et la passivité intellectuelles, l'expansion et la contraction morales, l'acquit mental, éthique et même physique, la Destinée de cet être. V. p. 179 de l'*Essai sur la Philosophie Buddhique*.

King. Livres sacrés des Chinois.

Kosa. Mot sk., signifie « enveloppe », désigne dans la métaphysique hindoue un des cinq véhicules concentriques de l'individualité : corps, vitalité, mentalité, spiritualité, entité. V. p. 155 de l'*Essai sur la Philosophie Buddhique*.

Krita-Yuga. Mot sk., désigne dans la métaphysique hindoue le premier des quatre Yugas du Manvantara (V. ces mots) ou le dernier des quatre Yugas du Pralaya (V. ce mot). Sa durée est double de celle du Dvapara-Yuga (V. ce mot).

Kshattriyas. Membres de la caste des guerriers, dans l'Inde.

L

Lankika. Mot sk., désigne l'une des deux branches de l'Iddhividhanana (V. ce mot), celle où sont employées les drogues soporifiques et hallucinatoires, les talismans, les signes comminatoires, les formules sacramentelles : la sorcellerie, goëtie ou magie noire. V. p. 197 de l'*Essai sur la Philosophie Buddhique*.

Lémurie (V. continent).

Linga-Sharira. Mot sk., signifie « essence active ». Désigne dans l'Esotérisme Buddhique le troisième des sept principes constitutifs de la personnalité humaine, tout ce qui dans l'homme est à l'état liquide (localisation physiologique; globules sanguins et ganglions lymphatiques). V. p. 158 de l'*Essai sur la Philosophie Buddhique*.

Lion (2ᵉ grade des mystères de Mithras).

Loge. Terme de franc-maçonnerie. Réunion des membres appartenant à tous les grades.

Les loges sont principalement les réunions dans lesquelles figurent les membres des trois premiers degrés (apprenti, compagnon, maître).

Lokottara. Mot sk., désigne l'une des deux branches de l'Iddhividhanana (V. ce mot), celle où est prohibé tout adjuvant extérieur et où il est procédé exclusivement par entraînement méthodique des facultés en croissance ou en germe. V. page 198 de l'*Essai sur la Philosophie Buddhique*.

M

Macrocosme. L'univers conçu comme un tout animé pourvu d'esprit, de vie et de corps.

Mage. 7ᵉ grade des mystères de Mithras. Adepte de Magie (V. ces mots).

Magie. La magie étudie la mise en pratique des forces occultes de la Nature et de l'Homme. Si ces forces sont actionnées en vue du mal ou dans un intérêt égoïste, on donne naissance à la *Magie noire* ; si, au contraire, elles sont mises en action pour le bien et dans l'intérêt de tous, c'est la *Magie blanche* qui se révèle.

A la suite de phénomènes produits par les vrais thaumaturges, certains charlatans essayèrent de reproduire une partie de ces faits au moyen d'appareils divers ou de mouvements illusionnant les spectateurs ; de là la *prestidigitation* qui est élevée dans l'Inde à la hauteur d'une véritable science.

Magnétisme. Le magnétisme étudie les relations existant entre tous les êtres et entre tous les corps de la Nature. Ces relations sont dues à une force particulière, invisible, impondérable, redécouverte au xviiᵉ siècle par Mesmer et connue depuis longtemps des Egyptiens et des Orientaux ; cette force a été nommée par Mesmer *Fluide Magnétique*.

Mahatma. M. de Saint-Yves montre dans « Jeanne d'Arc victorieuse » que l'Église Bramanique compte trois grades supérieurs : le Brahatma, l'Aatma, le Mahatma.

Wronski affirme d'autre part dès 1820 l'existence des *Frères initiés de l'Asie*.

Une secte aujourd'hui tombée moralement au plus bas, la Société théosophique, a été attribuée aux Mahatmas.

Maison cosmique. En astrologie, les signes du zodiaque qui s'appliquent aux mois sont ce qu'on appelle des *Maisons de Planètes* (V. p. 401).

Maître. Terme de Franc-Maçonnerie. — 3ᵉ grade du Rite écossais ancien et accepté, ainsi que du Rite français.

Manas. Mot sk., signifie « intellectualité ». Spécialement, désigne dans l'Esotérisme Buddhique le cinquième des sept principes constitutifs de la personnalité humaine, tout ce qui dans l'homme participe de l'état radiant autant que de l'état gazeux (localisation physiologique : hémisphères cérébraux) : personnalité active ou consciente, âme humaine. V. p. 159 de l'*Essai sur la Philosophie Buddhique*.

Mandragore. Ce mot vient de l'arménien *manragor* ; de *manr* petit et de *or* ou *gor* comme ; comme un petit homme.

Lorsque Rachel, longtemps stérile, parvint à devenir féconde, ce fut après avoir mangé des pommes de mandragore que Lia, sa sœur, lui donna. Or, la mandragore est antiaphrodisiaque; mais la racine de la mandragore figure grossièrement un corps humain; et c'est la raison de l'efficacité de la pomme : car une partie de la plante allait pour l'autre.

(De Brière p. 945.)

Manushi-Buddha. Mot sk., désigne dans l'Esotérisme Buddhique, le Buddha (V. ce mot) *humain*, muable, puisqu'il a existé.

Manvantara. Mot sk., désigne dans la métaphysique hindoue l'une des deux phases du Kalpa (V. ce mot), la période où l'Absolu étant polarisé en Relatif, Brahma (V. ce mot) veille et conçoit Maya (V. ce mot).

Mao. Nom de l'Est en chinois.

Martinisme. Ordre initiatique fondé par Louis-Claude de Saint-Martin. Il comprenait à l'origine (1780) sept grades :
1° Apprenti. 2° Compagnon. 3° Maître. 4° Maître parfait. 5° Elu. 6° Ecossais. 7° Sage.

Après la mort de Saint-Martin, ce rite fut réduit à trois grades : 1° Associé. 2° Initié. 3° Adepte.

Les adeptes ou initiateurs prirent le titre de S∴ I∴ (Supérieur Inconnu).

Matérialisation. Terme de spiritisme. Désigne le phénomène qui se produit lorsque l'Esprit apparaît revêtu de matière comme un être vivant.

Pour la réalité de ces expériences, voir les expériences de *William Crookes*, de la Société Royale de **Londres**.

Pour les procédés de tromperie, voir le livre de Philip Davis, *la Fin du monde des Esprits*, et le procès du photographe Bugué.

Maya. Mot sk., signifie « illusion ». Spécialement, désigne dans la métaphysique hindoue la Nature, ce qui paraît, le fruit de la fécondation de Prakriti par Purusha (V. ces mots) V. p. 123 de l'*Essai sur la Philosophie Buddhique*.

Médiateur plastique. Terme employé par l'école de Paracelse pour désigner le corps astral; c'est le terme correspondant à ce qu'on nomme aujourd'hui *la Vie organique*.

Medium. Être capable d'établir des rapports entre le monde visible et le monde invisible. (Terme de spiritisme.)

Medrashim. Recueils kabbalistiques.

Mercavah (kab). Une des deux divisions de la Kabbale.

La Kabbale *Mercava* faisait pénétrer le Juif illuminé dans les mystères les plus profonds de l'essence et des qualités de Dieu et des anges. (**Zohar**).

La Kabbale *Bereschit* lui montrait dans le choix, l'arrangement et le rapport numérique des lettres exprimant les mots de sa langue, les grands desseins de Dieu et le haut enseignement religieux que Dieu y avait placé (**Sepher Jesirah**).

Mercure. Terme d'alchimie. Désignant tantôt le mercure vulgaire (Hg), tantôt la lumière astrale.

Mères (Lettres). L'alphabet hébraïque est formé de 22 lettres: 3 mères. — 7 doubles. — 12 simples.
Les trois mères sont :

    L'Aleph   א   1
    Le Mem   מ   13
    Le Schin   ש   21

Leur réunion forme le mot EMES, analogue du mot indou AUM (V. ce mot).

Métaux. Chaque métal a un nom astrologique en ésotérisme et correspond à une planète.

    L'Or.   Soleil.
    L'Argent.   Lune.
    Le Fer.   Mars.
    L'Étain.   Jupiter.
    Le Plomb.   Saturne.
    Le Cuivre.   Vénus.
    Le Mercure.   Mercure.

Microcosme. L'homme conçu comme renfermant en lui analogiquement les lois de l'Univers.

Miroirs magiques. Instruments destinés à fixer la pensée humaine objectivée.
Les miroirs magiques sont en général formés de substances mauvaises conductrices de l'électricité (charbon, verre, etc.) Ils sont construits sous un aspect planétaire favorable, et sont ornés de mots kabbalistiques.

Mondes. On désigne sous ce nom les divers plans sous lesquels on considère l'Univers.
L'ésotérisme admet trois mondes :

    Le Monde Matériel.   Visible.
    Le Monde Astral.   } Invisibles.
    Le Monde Divin.

On peut encore les appeler :
Le Monde des faits.
Le Monde des lois ou causes secondes.
Le Monde des principes ou causes premières.
Chaque être contient en lui *les trois mondes*.

Mot sacré. Le mot sacré qui, d'après le *Sepher Toldos Jeschu*, permet à celui qui en connaît la prononciation véritable de faire des miracles est le 3⁰ nom divin (IEVÉ) le tétragramme. Connaître la signification du mot sacré, c'est connaître la loi de l'absolu; aussi les adeptes ne parviennent-ils à cette connaissance que quand ils comprennent toute la portée de la parole chrétienne : *Que ton nom soit sanctifié.*

Muni. Mot sk., signifie « Sage »; Sakya-Muni, le Sage des Sakyas.

Mystères. Centres d'instruction et d'éducation dans l'antiquité. *Les Petits Mystères* (instruction primaire, secondaire et professionnelle) étaient pratiqués dans les Temples régionaux. *Les Grands Mystères* (instruction supérieure, école normale de théologie, de philosophie et de sociologie), étaient pratiqués en Égypte.

Mythe solaire. Théorie attribuant les récits religieux des divers peuples à la description de la marche du Soleil. Cette théorie n'est que partiellement vraie. L'alchimiste *Jean Dée* est le premier qui ait écrit que la vie de Jésus était un mythe solaire appliqué à une série de faits véritables.

N

Nahash (kab.). L'attract originel. — Principe des passions.

Nature naturante. Terme employé par Spinoza pour désigner le *monde des causes*, ce qu'on appelle en Kabbale le monde astral et le monde divin.

Nature naturée. Terme employé par Spinoza pour désigner le *monde des effets*, ce qu'on appelle en Kabbale le monde matériel.

Né (deux fois). Terme d'initiation désignant l'adepte qui a réalisé la sortie du corps astral, qui a pris connaissance du monde invisible et est revenu à la vie. Il correspond au terme *Fils de Dieu* (V. ce mot).

Nephesch (kab.). Principe de la vie ou forme d'existence concrète, constitue la partie externe de l'homme vivant; ce qui y domine principalement c'est la sensibilité passive pour le monde extérieur; par contre l'activité idéale s'y trouve le moins.

(Carl de Leiningen.)

Neschamah (Kab.). L'esprit, le principe supérieur de l'être humain.

Nezah. Sephiroth kabbalistique, signifie Victoire.

Nidana. Mot sk., signifie « connexion ». Spécialement, désigne dans l'Ésotérisme Buddhique un des douze stades de la causalité. V. p. 191 de l'*Essai sur la Philosophie Buddhique*.

Nirvana. Mot sk., désigne dans l'Ésotérisme Buddhique l'état où Bodhi (V. ce mot) achevant de se subjectiver, l'individualité s'abîme dans le néant (V. les mots Pratyeka-Buddha et Buddha). V. p. 205 de l'*Essai sur la Philosophie Buddhique*.

Notaria. (Terme de Kabbale). Étude de l'art des signes.

O

Occultisme. La Science occulte, pour ses adeptes, est une science complète, quoique non distincte par essence à la Science ordinaire, appliquant à toutes les connaissances des méthodes peu connues jusqu'ici, principalement l'analogie.

L'étude de la Science occulte permet de ramener à un même principe toutes les sciences, toutes les philosophies et toutes les religions, et permet de plus de trouver le lien qui réunit la Science à la Foi, la Métaphysique à la Physique.

Au point de vue pratique, la Science occulte étudie une série de

forces encore peu connues en partant de ces deux principes fondamentaux : *le hasard n'existe pas, le surnaturel n'existe pas.*
Dans ces dernières années, l'Occultisme a conquis en Europe une place des plus importantes.

Ou. Nom du Sud en chinois.

P

Pan ou Phanès. Nom de l'Univers conçu comme un tout animé, par les Pythagoriciens.

Pandit. Mot sk., désigne le Brahmane que son érudition en matière de théologie, de jurisprudence et de philologie, met hors de pair.

Pantacle. Tracé synthétique résumant schématiquement les principaux enseignements de l'ésotérisme.

Parabrahm. Mot sk., désigne dans l'Ésotérisme Buddhique l'état absolu, un, infini, inconditionné, indéterminé, où tout a cessé d'exister et où rien n'existe encore, mais qui contient en soi toutes virtualités. V. p. 115 de l'*Essai sur la Philosophie Buddhique.*

Paramatma. Mot sk., signifie « Esprit total », désigne dans l'Ésotérisme Buddhique l'état latent de la vie dans l'Absolu. V. p. 115 de l'*Essai sur la Philosophie Buddhique.*

Pentagramme. Représentation magique de l'homme conçu comme *microcosme* (voy. ce mot). C'est une étoile à cinq branches qui indique, pour qui sait la construire, les lois les plus occultes de la polarité humaine. C'est de plus un instrument puissant d'action magique.

Périsprit. Terme de spiritisme. Intermédiaire entre le Corps et l'Esprit, analogues du *médiateur plastique.* (Voy. Roach.)

Philosophie. Plusieurs philosophes ont utilisé les doctrines de l'occultisme, soit qu'ils aient été initiés aux sociétés occultes (comme Leibniz), soit qu'ils aient directement puisé dans la Kabbale (comme Spinoza). De toutes façons il est intéressant de les comparer à ce point de vue.

Pierre philosophale. Réalisation magique de l'absolu appliqué au monde minéral. — Résultat de l'action de la vie humaine sur le transformisme minéral.

Plérôme. L'Univers animé conçu par la Gnose.

Porisme. Terme employé par Wronski pour désigner les dogmes. En mathématiques, ce mot indique les *problèmes à démontrer.*

Portes (*Kabbalistiques*). Voies mystiques pour parvenir à la connaissance intuitive des diverses parties de la Science.

Prakriti. Mot sk., signifie « femelle », désigne dans la métaphysique hindoue le pôle passif, négatif, féminin, de Brahma (voy. ce mot), l'Étendue, la Répulsion, la Force centrifuge, la Substance. V. p. 116 de l'*Essai sur la Philosophie Buddhique.*

Pralaya. Mot sk., désigne dans la métaphysique hindoue l'une des deux phases du Kalpa (V. ce mot), la période où, l'Absolu se possédant, Brahma (V. ce mot) dort en son sein.

GLOSSAIRE

Praña. Mot sk., signifie « vitalité ». Spécialement, désigne dans l'Ésotérisme Buddhique le second des sept principes constitutifs de la personnalité humaine, tout ce qui dans l'homme participe du liquide autant que du solide (vie propre des cellules organiques). V. p. 155 de l'*Essai sur la Philosophie Buddhique*.

Pratyeka-Buddha. Mot sk., désigne dans l'Ésotérisme Buddhique le Buddha qui, en recherchant l'Apavarga (V. ce mot), n'a aspiré à délivrer que soi-même; le Nirvâna (V. ce mot) pour lui est le Néant absolu, car, après la réintégration du Vide, la volonté, limitée à la salvation individuelle, cesse d'agir. V. p. 206 de l'*Essai sur la Philosophie Buddhique*.

Prêtre. 3e grade des mystères de Mithras.

Prière. Fusion momentanée du Moi et de l'Inconscient supérieur, le Soi, par l'action du Sentiment idéalisé sur la Volonté magiquement développée. Les paroles prononcées importent fort peu pour cette action, qu'on parvient très difficilement à réaliser dans sa complète expansion. (Voy. la table alphabétique à ce mot.)

Principes (Sept). La théorie de la constitution de l'homme par sept principes analyse ainsi le Corps, la Vie et l'Ame :

Ame...............	Atma..............	7
	Buddhi............	6
Vie...............	Manas.............	5
	Kama-Rupa........	4
	Linga Sharira.....	3
Corps.............	Jiva...............	2
	Rupa..............	1

Voy. ces mots.

Principiation. État d'un être ou d'une chose qui est en germe sans être encore développé. Le chêne est en *principiation* (en puissance d'être) dans le gland. D'après la traduction correcte de la Genèse, Élohim créa les êtres en *principiation* et non en existence effective. Ce sont les autres forces de la Nature créées aussi par Dieu, la Volonté humaine et le Destin qui se chargèrent de développer ces germes ou de détruire les êtres arrivés au période d'ultime développement. (Voy. *Volonté, Fatalité, Bereschit*.)

Progrès. La loi du Progrès se manifeste sous la forme d'une évolution *cyclique* avec périodes d'ascension et périodes de descente et non sous la forme d'une évolution ascendante en ligne droite. La spirale est l'exacte représentation de la loi du Progrès.

Providence. Une des trois forces en action dans l'Univers.

Psychique (Corps). Terme désignant par analogie avec le corps physique et le corps astral, les principes supérieurs de l'être humain (5e, 6e, 7e principes).

Psychurgie. Science des principes ésotériques qui président à la naissance et à la mort, c'est-à-dire aux diverses transformations de l'âme.

Punarbhava. Mot sk., désigne dans le Buddhisme la « renaissance », la repersonnalisation de l'individualité.

Purusha. Mot ,- signifie « mâle », désigne dans la métaphysique hindoue le pôle actif, positif, masculin, de Brahma (V. ce mot), la Durée. l'Impulsion, la Force centripète, l'Énergie. Voy. p. 116 de l'*Essai sur la Philosophie Buddhique*.

Pythagore. Surnom d'un grand initié de l'Antiquité (environ 500 ans avant Jésus-Christ). Pythagore a révélé à l'Occident la Science ésotérique dans toutes ses parties. Il avait parcouru tous les degrés de l'initiation pendant les 14 ans qu'il étudia en Égypte.

R

Réincarnation. Retour de l'âme dans un corps humain, soit sur cette planète soit sur une autre. (Ne pas confondre avec Métempsycose.)

Religions. Toutes les religions représentent également l'ésotérisme primitif. Leur étude pour être fructueuse doit donc être absolument impartiale.

Ronde. Passage sur une planète de la « Vague de Vie » qui a déjà passé sur les planètes du système dans un âge précédent et qui revient, produisant des êtres supérieurs à ceux qu'elle produisait lors de son dernier passage.

Nous sommes à la 4ᵉ ronde de la 5ᵉ race humaine.

Un officier qui revient au bout de quelques années dans une ville qu'il a quittée simple soldat n'a plus le même milieu social tout en étant *dans la même ville*.

Ainsi à chaque « ronde » la vague de vie produit de nouveaux résultats plus élevés quoiqu'ils soient générés dans le même lieu.

Rose-Croix. Ordre mystique et Kabbalistique fondé par Chrétien Rosenkreutz, quelque temps après la disparition apparente de l'ordre du Temple. Terme de franc-maçonnerie. 18ᵉ degré du rite écossais.

Ruach (Kab.). Le médiateur plastique, le second élément de l'être humain, n'est pas aussi sensible que Nephesch (voy. ce mot) aux influences du monde extérieur; la passivité et l'activité s'y trouvent en proportions égales; il consiste plutôt en un être interne, idéal, dans lequel tout ce que la vie corporelle concrète manifeste extérieurement comme quantitatif et matériel, se retrouve intérieurement à l'état virtuel (Carl de Leiningen).

Rupa. Mot sk., signifie : « forme ». Spécialement, désigne dans l'Ésotérisme Buddhique le premier des sept principes constitutifs de la personnalité humaine, l'ensemble de tout ce qui dans l'homme est à l'état solide (os. muscles, etc.). V. p. 155 de l'*Essai sur la Philosophie Buddhique*.

S

Samâdhi. Mot sk., désigne dans la métaphysique hindoue le recueillement, la méditation, la contemplation des causes abstraites, l'extase subjective.

Samsâra. Mot sk., désigne dans le Buddhisme le « tourbillon », la succession des existences de l'être, des personnalisations de l'individualité.

Sceau de Salomon. Étoile à six pointes formée de deux triangles à sommets opposés et symbolisant la marche de l'Univers (Involution et Évolution).

Sepher Jesirah. L'un des deux livres classiques de la Kabale. Se rapporte à la division *Bereschit* (voy. ce mot).

Sephiroth. Numérations mystiques de la Kabbale. Elles sont au nombre de dix, savoir :

KETHER	*Couronne*	TIPHERETH	*Beauté*
CHOCMAH	*Sagesse*	NETSAH	*Victoire*
BINAH	*Intelligence*	HOD	*Louanges*
HESED	*Libéralité*	JESOD	*Établissement*
GEBURAH	*Force*	MALCHUT	*Royaume*

Sharira. Mot sk., signifie « essence », désigne dans la métaphysique hindoue une des trois potentialités de l'individualité : physique, hyperphysique, métaphysique. V. p. 160 de l'*Essai sur la Philosophie Buddhique*.

Signature. Marque astrale imprimée par les influences occultes sur les êtres ou sur les choses et lisible pour l'initié aux diverses sciences de Divination.

Simples (Lettres) (Kab.). Les 12 lettres de l'alphabet hébreu qui se rapportent aux 12 signes du zodiaque, d'après le Sepher Jesirah.

Skandha. Mot sk., signifie « agrégat », désigne dans l'Ésotérisme Buddhique une division abstraite des modes de relation qui constituent la personnalité humaine. V. p. 175 de l'*Essai sur la Philosophie Buddhique*.

Soi. Inconscient supérieur. Voy. *Higher-Self*.

Sophia. Terme gnostique. Voy. p. 631 du volume.

Sorcellerie. Mise en œuvre des forces invisibles de la Nature en vue d'un principe égoïste et, par suite, du triomphe du Mal. Stanislas de Guaita dévoile dans son admirable ouvrage *le Serpent de la Genèse*, l'existence et les moyens d'action des adeptes contemporains de la Sorcellerie, entre autres le fameux docteur Johannès qui faillit payer de sa vie un attentat criminel sur les frères de la Rose-Croix.

Soldat de Mithras. Grade initiatique.

Sphères (*Harmonie des*). Théorie faite par Pythagore, d'après laquelle les astres ayant entre eux des intervalles strictement identiques à ceux de la gamme forment une sorte d'harmonie céleste.

Spiritisme. Le spiritisme est l'ensemble des doctrines et des pratiques dérivées de la communication entre les vivants et les morts. D'après la doctrine spirite la partie immortelle : l'*esprit* de l'homme persiste après la mort et peut se communiquer aux vivants par différents moyens. Les livres traitant de spiritisme sont fort nombreux.

Sudras. Membres de la classe des artisans et des agriculteurs dans l'Inde.

Sujet. Terme de magnétisme. La personne qui subit l'influence magnétique. Moutin dans son *Nouvel Hypnotisme* donne le moyen de reconnaître les sujets.

Suggestion. Ordre donné à un sujet hypnotique pendant l'état de passivité. Le sujet à son réveil est obligé d'exécuter l'ordre. Mais souvent il y a lutte entre le libre arbitre du sujet et la suggestion (véritable incarnation vampirique) imposée et le sujet tombe en « crise » plutôt que d'exécuter un ordre qui lui répugne.

Svabhavat. Mot sk., signifie « substance ». Spécialement, désigne dans la métaphysique hindoue l'Espace plein, la conception matérialiste de l'Absolu considéré comme absence d'étendue. V. p. 115 de l'*Essai sur la Philosophie Buddhique*.

Svastika. Mot sk., désigne la croix gammée, symbole Buddhique du Soleil, de la Lumière, de l'Akasa (V. ce mot), de la Vie, de l'Ame : primitivement, schéma des deux bâtons du frottement desquels l'Arya obtenait le feu.

Sunyata. Mot sk., signifie « vide ». Spécialement, désigne dans l'Ésotérisme Buddhique l'Espace vide, la conception nihiliste de l'Absolu considéré comme absence d'étendue. V. p. 115 de l'*Essai sur la Philosophie Buddhique*.

Sympneumata. Terme mystique désignant la réintégration des âmes dans l'unité originelle par la fusion progressive des couples psychiques les uns dans les autres.

Synarchie. Type scientifique du gouvernement proposé et défini dans les *Missions* du marquis de Saint-Yves.

Synthèse. Alliance de la Physique et de la Métaphysique par la découverte du Principe qui les unit définitivement. — *Thèse*, *Antithèse*, *Synthèse* indiquent ces divers aspects de la Vérité.

T

Table d'émeraude. On rapporte que la synthèse de la Sagesse égyptienne fut gravée en quelques propositions par Hermès Trismégiste (voy. ce mot) sur *une table d'émeraude*.

Depuis on a donné, par extension, le nom de Table d'émeraude aux propositions elles-mêmes, propositions qu'on trouvera en tête de tous les traités d'alchimie.

La Table d'émeraude débute par le fameux axiome ésotérique : Ce qui est en haut est comme ce qui est en bas, pour accomplir les miracles d'une seule chose.

Talmud (hébr. *talmud*, du verbe *lamad*, apprendre). Recueil de textes kabbalistiques.

Tanha. Mot sk., désigne dans l'Ésotérisme Buddhique la « soif » d'existence qui assure par les renaissances successives la pleine effectuation du Karma (V. ce mot). V. p. 180 de l'*Essai sur la Philosophie Buddhique*.

Targums. Rédaction des diverses périphrases faites sur le texte de la Genèse de Moïse dans les Synagogues (p. 436).

Tarot. Livre hiéroglyphique et numéral construit sur les clefs de la Kabbale et que possèdent encore aujourd'hui les Bohémiens nomades. Le Tarot est le père de tous nos jeux de cartes.

Télégraphie psychique ou **télépsychie** des Orientaux et des initiés. Communication à distance au moyen d'un sujet, récepteur, et d'un opérateur exerçant sa volonté.

Télesme. Terme employé par Hermès Trismégiste pour désigner la Force Universelle (V. p. 146).

Ternaire. Terme sous lequel on désigne la loi qui régit les oppositions et les concilie (Loi de Ternaire). Thèse, Antithèse, Synthèse.

Thébah. Une arche. De là est venu Thèbes.

Thémurie. Terme de Kabbale. Étude des commutations et des combinaisons.

Théosophie. La théosophie est essentiellement un ensemble de connaissances particulières acquises par des voies toutes différentes des voies scientifiques connues. La théosophie est à l'origine de toute science comme de toute révélation; elle est aussi ancienne que le monde. Les théosophes modernes les plus connus ont été Paracelse, Van Helmont, Swedenborg, Louis-Claude de Saint-Martin, etc.

Dans ces dernières années (1875) une société s'est fondée sous le nom de *Société Théosophique* et a publié plusieurs livres surtout en anglais. L'abus des procédés de polémique violente, des séparations nombreuses des membres éminents d'avec les fondateurs caractérisent malheureusement trop ce mouvement. Il est important de ne pas confondre par suite le mot de *Théosophie* avec celui de *Société Théosophique*.

Théosophiques (Opérations). Procédé particulier de calcul appliqué par les Kabbalistes. Ce nom a été donné à ce genre de calculs par Saint-Martin (*Les Nombres*).

Treta-Yuga. Mot sk., désigne dans la métaphysique hindoue le second des quatre Yugas du Manvantara (V. ces mots) ou le troisième des quatre Yugas du Pralaya (V. ce mot). Sa durée est triple de celle du Kali-Yuga (V. ce mot).

Tshandalas. Membres de la caste la plus inférieure dans l'Inde.

Tshela. Mot sk., désigne le Disciple, l'Initié.

Tsu. Nom en chinois du Nord.

Tushita. Mot sk., désigne dans l'Ésotérisme Buddhique l'état qui précède immédiatement le Nirvâna (V. ce mot); c'est alors que s'accomplit la dissolution des parties supérieures de Mañas (V. ce mot,) et des parties inférieures de Bodhi (V. ce mot). V. p. 202 de l'*Essai sur la Philosophie Buddhique*.

Typtologie. Terme de spiritisme. Procédé d'évocation et de communication par la table. C'est le procédé le plus généralement connu quoique souvent le moins scientifique.

U

Upadhi. Mot sk., signifie « base », désigne dans la métaphysique hindoue une des trois sources où vibrent les potentialités des Shariras (V. ce mot). V. p. 160 de l'*Essai sur la Philosophie Buddhique*.

Utsarpini. Mot sk., désigne dans la métaphysique hindoue la période du Kalpa où Brahma (V. ce mot) passe du sommeil parfait au réveil parfait, l'Involution.

V

Vaïsyas. Membres de la caste des marchands dans l'Inde.

Verbe. Matérialisation de l'Idée.

Vie. Principe intermédiaire entre le corps physique et la volonté (V. *Ruach*).

Voies de la Sagesse (Kab.). Traité kabbalistique des influences psychiques sur lesquelles peut agir la volonté humaine, et du rôle de chacune de ces influences.

Vague de vie. Somme de force astrale destinée à évoluer soit les minéraux, soit les végétaux, soit les animaux, soit les hommes ou les civilisations et arrivant périodiquement saturer les nations, les continents, les planètes ou les univers (V. *Ronde*).

Vers dorés. Code de morale des Pythagoriciens. C'était le *Pater* de tous les philosophes anciens, qu'ils disaient deux fois par jour. Voici la traduction de Fabre d'Olivet. On trouvera tous les commentaires auxquels renvoient les chiffres dans le journal *le Voile d'Isis* (29, rue de Trévise, Paris).

LES VERS DORÉS DE PYTHAGORE
par Fabre d'Olivet.

PRÉPARATION

Rends aux Dieux immortels le culte consacré;
Garde ensuite ta foi (2): révère la mémoire
Des Héros bienfaiteurs, des Esprits demi-Dieux (3).

PURIFICATION

Sois bon fils, frère juste, époux tendre et bon père (4).
Choisis pour ton ami l'ami de la vertu;
Cède à ses doux conseils, instruis-toi par sa vie,
Et pour un tort léger ne le quitte jamais (5),
Si tu le peux du moins : car une loi sévère
Attache la Puissance à la Nécessité (6).
Il t'est donné pourtant de combattre et de vaincre
Tes folles passions : apprends à les dompter (7).
Sois sobre, actif et chaste; évite la colère.
En public, en secret, ne te permets jamais

Rien de mal; et surtout respecte-toi toi-même (8).
Ne parle et n'agis point sans avoir réfléchi.
Soit juste (9). Souviens-toi qu'un pouvoir invincible
Ordonne de mourir (10); que les biens, les honneurs
Facilement acquis, sont faciles à perdre (11).
Et quant aux maux qu'entraîne avec soi le Destin,
Juge-les ce qu'ils sont : supporte-les, et tâche,
Autant que tu pourras, d'en adoucir les traits :
Les Dieux, aux plus cruels, n'ont pas livré les sages (12).
Comme la Vérité, l'Erreur a ses amants :
Le philosophe approuve, ou blâme avec prudence;
Et, si l'Erreur triomphe, il s'éloigne; il attend (13).
Écoute, et grave bien en ton cœur mes paroles :
Ferme l'œil et l'oreille à la prévention;
Crains l'exemple d'autrui; pense d'après toi-même (14):
Consulte, délibère, et choisis librement (15).
Laisse les fous agir et sans but et sans cause
Tu dois, dans le présent, contempler l'avenir (16).
Ce que tu ne sais pas, ne prétends point le faire.
Instruis-toi : tout s'accorde à la constance, au temps (17).
Veille sur ta santé (18): dispense avec mesure
Au corps les aliments, à l'esprit le repos (19).
Trop ou trop peu de soins sont à fuir; car l'envie
A l'un et l'autre excès s'attache également (20).
Le luxe et l'avarice ont des suites semblables.
Il faut choisir, en tout, un milieu juste et bon (21).

PERFECTION

Que jamais le soleil ne ferme ta paupière,
Sans t'être demandé : Qu'ai-je omis? qu'ai-je fait (22)?
Si c'est mal, abstiens-toi : si c'est bien, persévère (23).
Médite mes conseils; aime-les; suis-les tous :
Aux divines vertus ils sauront te conduire (24).
J'en jure par celui qui grava dans nos cœurs
La Tétrade sacrée, immense et pur symbole,
Source de la Nature, et modèle des Dieux (25).
Mais qu'avant tout ton âme, à son devoir fidèle,
Invoque avec ferveur ces Dieux dont les secours
Peuvent seuls achever tes œuvres commencées (26).
Instruit par eux, alors rien ne t'abusera :
Des êtres différents tu sonderas l'essence;
Tu connaîtras de Tout le principe et la fin (27).
Tu sauras, si le Ciel le veut, que la Nature,
Semblable en toute chose, est la même en tout lieu (28):
En sorte qu'éclairé sur tes droits véritables,
Ton cœur de vains désirs ne se repaîtra plus (29).
Tu verras que les maux qui dévorent les hommes
Sont le fruit de leur choix (30); et que ces malheureux
Cherchent loin d'eux les biens dont ils portent la source (31).
Peu savent être heureux : jouets des passions,
Tour à tour ballottés par des vagues contraires,
Sur une mer sans rive, ils roulent aveuglés,
Sans pouvoir résister ni céder à l'orage (32).
Dieu! vous les sauveriez en dessillant leurs yeux... (33).
Mais non : c'est aux humains, dont la race est divine,
A discerner l'Erreur, à voir la Vérité (34).

La nature les sert (35). Toi qui l'as pénétrée,
Homme sage, homme heureux, respire dans le port.
Mais observe mes lois, en t'abstenant des choses
Que ton âme doit craindre, en les distinguant bien;
En laissant sur le corps régner l'intelligence (36):
Afin que, t'élevant dans l'Éther radieux,
Au sein des Immortels tu sois un Dieu toi-même (37).

Volonté. L'un des trois Principes en action dans l'Univers (V. *Fatalité*).

Voyants. Êtres chez lesquels le sixième sens est développé pendant certains états psychiques (V. *Intuition*).

Yeou. Nom en chinois de l'Ouest.

Yuga. Mot sk., désigne dans la métaphysique hindoue une division du Pralaya ou du Manvantara (V. ces mots).
Il y a quatre Yugas.
     Le Krita   Yuga = 1.728.000 ans
     Le Tetra   Yuga = 1.296.000 ans.
     Le Dvâpara Yuga =   864.000 ans.
     Le Kali   Yuga =   432.000 ans.

    Le Manvantara donc = 4.320.000 ans.
V. ces mots.

Zohar. Un des deux livres fondamentaux de la Kabbale.
Le livre de lumière correspondant à la *Mercavah* ou char céleste (V. ce mot).

TABLE MÉTHODIQUE

DES

MATIÈRES

I

Lettre-préface de M. Ad. Franck.

II

INTRODUCTION A L'ETUDE DE L'OCCULTISME

Prolégomènes

LA SCIENCE OCCULTE. — SON EXISTENCE. — SES FONDEMENTS. — SA MÉTHODE

Chapitre premier. — *La Science et l'Instruction dans l'antiquité.* — *Définition de la Science occulte.*
- § 1. — La Science de l'antiquité 1
- § 2. — Les découvertes des modernes connues des anciens. — Science des Chinois 10
- § 3. — L'Instruction dans l'antiquité. — Initiation aux mystères sacrés 43

Chapitre II. — *La Méthode de la Science occulte et ses applications.*
- § 1. — L'Analogie 69
- § 2. — Le Ternaire. — Opérations inconnues sur les nombres. — Sens mystique des nombres. — Travaux de Wronski et de Charles Henry 79
- § 3. — Résumé 116

Première partie

LA DOCTRINE

Chapitre III. — *La Vie universelle* (Cosmogonie).
- § 1. — La Vie universelle 121
- § 2. — Marche de la vie. — L'Involution et l'Évolution 134

§ 3. — Le Transformisme. — La Chaîne planétaire. — La
« Vague de vie » dans un monde.................................... 147
§ 4. — La « Vague de vie » dans une planète. — Quelques
mots de l'histoire de la terre. — Les Races humaines.... 160
§ 5. — La « Vague de vie » dans une race. — Quelques
mots de l'histoire de la race blanche............................ 165
§ 6. — La « Vague de vie » dans l'homme. — La Sainteté.
— Le Nirvâna... 170
§ 7. — Résumé.. 174
Chapitre IV. — L'Homme (Androgonie).
§ 1. — Constitution de l'homme. — Les trois principes.... 179
§ 2. — Constitution de l'homme. — Les sept principes.... 205
Chapitre V. — La Naissance (Psychurgie), 1re partie.
§ 1. — La Naissance. — Développement d'un végétal..... 263
§ 2. — Embryon végétal et embryon humain............... 270
§ 3. — Développement de l'embryon humain............... 273
§ 4. — Incarnation de l'âme dans le corps. — Époque de
cette incarnation... 285
Chapitre VI. — La Mort (Psychurgie), 2e partie............ 299
L'AME APRÈS LA MORT. — SON ÉTAT. — SES TRANSFORMATIONS
Chapitre VII. — Communication avec les morts. — Le Spiritisme
et ses théories... 323

Deuxième partie

LA TRADITION

A. — *Des Origines du Christianisme.*

Chapitre VIII. — *La Science des Égyptiens et la Genèse de Moïse.*
§ 1. — La Tradition. — Moïse et la Science de l'Égypte. —
Le Système de Champollion et l'Occultisme............ 379
§ 2. — L'Origine du langage et les trois langues mères. —
L'hébreu est la langue des mystères égyptiens......... 385
Chapitre IX. — *Histoire du Sepher de Moïse (la Genèse) depuis sa
rédaction jusqu'à nos jours*... 425
Chapitre X. — *La Genèse. — Les trois Sens dévoilés* (Traduction
in extenso *des dix premiers chapitres*, par Fabre d'Olivet).... 443
Chapitre XI. — *Résumé méthodique de la Kabbale.*
A. *Partie systématique.* § 1. — Exposé préliminaire. — Division du sujet.. 479
§ 2. — L'Alphabet hébraïque. — Les vingt-deux lettres et
leur signification... 483
§ 3. — Les noms divins... 493
§ 4. — Les Séphiroth (par Stanislas de Guaita). — Les tableaux de correspondance..................................... 510
B. *Partie philosophique.* § 5. — La philosophie de la Kabbale. — L'Ame d'après la Kabbale............................ 533
§ 6. — Les Textes. — Le Sepher Jesirah, les trente-deux
voies de la sagesse. — Les cinquante portes de l'intelligence... 569

TABLE MÉTHODIQUE DES MATIÈRES 1067

LA TRADITION

B. — *Du Christianisme aux temps modernes.*

CHAPITRE XII. — *Les Origines du Christianisme (le Polythéisme et la Gnose). — La Méthode de transmission de la tradition.*
§ 1. — L'Esotérisme. — L'Exotérisme. — Le Culte........ 593
§ 2. — La Tradition exotérique de Moïse au Christianisme. — Les Mythologies................................ 606
§ 3. — Les Origines du Christianisme 614
§ 4. — La Gnose...................................... 623

CHAPITRE XIII. — *La Tradition au moyen âge. — L'Alchimie* (Traité méthodique et complet d'alchimie)................ 643

CHAPITRE XIV. — *La Tradition aux temps modernes. — La Franc-Maçonnerie.*
§ 1. — Le courant alchimique. — La Rose-Croix......... 683
§ 2. — Origin de la Franc-Maçonnerie................. 690
§ 3. — Les trente-trois degrés de l'écossisme et leurs secrets... 704
§ 4. — Perte de la tradition........................... 723
§ 5. — Les Textes. — La Légende d'Hiram et son ésotérisme... 731

CHAPITRE XV. — *La Tradition orientale. — Résumé*........... 749

CHAPITRE XVI. — *Importation de la tradition ésotérique d'Orient en Europe. — Les Bohémiens*............................ 769

CHAPITRE XVII. — *Histoire résumée du mysticisme par Wronski*.. 787

Troisième partie

LE MONDE DES INVISIBLES ET LA DIVINATION

CHAPITRE XVIII. — *Le Visible et l'Invisible en l'homme* 791

CHAPITRE XIX. — *Exemple d'une science de divination. — La chiromancie* (Traité méthodique et complet).................. 815

CHAPITRE XX. — *Le Visible et l'Invisible dans la Nature. — La Magie.*
§ 1. — L'Idée. — La Vie et la Matière. — Le Magnétisme et le Spiritisme.................................... 841
§ 2. — La Magie et le Corps astral..................... 861
§ 3. — Microcosme et Macrocosme..................... 890
§ 4. — L'Astral. — L'Élémental et l'Élémentaire. — Rôle occulte des satellites............................... 890

CHAPITRE XXI. — *Les tableaux analogiques et les figures magiques. — Procédés de construction et d'explication*............. 941

Conclusion

CHAPITRE XXII. — *La Science expérimentale et l'Occultisme contemporain.* — *L'Initiation et le Groupe indépendant d'études ésotériques*... 987
Histoire de la Tradition de 1750 à 1890 dans toutes ses branches. — Tableau résumé... 1032

Appendice

Glossaire de la Science Occulte, par Papus et A. Chaboseau.... 1041
Table alphabétique des matières............................ 1069
Table alphabétique des auteurs cités....................... 1081

TABLE ALPHABÉTIQUE

DES

MATIÈRES

Abel	448	Ame (après la mort). 318, 327, 350, 405 (note) et	583
Abraxas	626	Ame animale	215
Acides	24	Ame divine	217
Actif. Passif. Neutre	91	Ame humaine... 215, 246,	556
Adam 466, 454,	773	Ame d'une idée	623
Adamah	265	Amenthès	405
Adam-Ève	373	Amérique	168
Adepte 735,	758	Amérique (son indépendance)	704
Adonai Melech	510	Amour 196, 246,	312
Ænosh	463	Amour (Mariage d')	834
Ages (d'après la Chiromancie)	829	Amour sensuel	833
Age mûr 171,	173	Amulette (note)	404
Agneau pascal	609	Atma	217
Air	125	Aum	531
Aisha	457	Ammon-re	405
Aladin et la lampe merveilleuse (note)	603	Analogie 69,	70
Alchimie	643	Analogie (Tableaux d')	952
Alchimistes (formules)	86	Ancus Martius	784
Aleph	486	Anges	160
Alexandrie (École d')	623	Animaux de sainteté. 486,	498
Alkali	24	Anubis	413
Alphabet	772	Aour 546,	677
Alphabet hébraïque	483	Aphasie	799
Alphabet primitif	422	Apollon	613
Alun calciné	25	Appareil	122
Ame (son incarnation dans le corps)	245	Apprentis	694

TABLE ALPHABÉTIQUE DES MATIÈRES

Arc-en-ciel	473	Brominos (Mithras)	60
Arcanes majeurs (tableau)	495	Briah	566
Arche de Noé (Thebah)	467	Buddhi	216, 306
Arche de Noé	775, 776	Caïn	448, 460, 632
Aréopages F.·. M.·.	704	Camael	509
Aristocraties	915	Canaux séphirothiques	527
Art (Chiromancie)	836	Cancer	416
Asiah	565	Canons	29
Assentiment	196, 200	Canon (Coups de)	708
Assistants (séances spirites)	854	Caph	488
Association des peuples	462	Capricorne	405
L'Astral (Étude détaillée)	898	Caire	966
Astral (Corps). 187, 191, 209, 212, 370	794	Cartes	970
		Causes premières et secondes	80
Astral (Corps). Sortie. 319	932	Cellules	122
Astrale (Forme)	245	Cellules embryonnaires	795
Astrale (Lumière). 147, 319, 353	659	Cerbère	51
		Cérès	414
Astral (Plan)	82	Cerirel	509
Astrologie (note)	404	Cerveau 564 (note)	799
Astrologie	918	Cerveau (Productions occultes)	755
Astronomie des anciens	10		
Athyri	401	Cerveau de la Terre	127
Atlantide	162, 536	Cerveau mâle	230
Atma	216, 306, 370	Césars	449
Audace et réussite (Chiromancie)	835	Chaijah	561
		Chaîne planétaire... 147,	255
Avare (Punition)	311	Chaîne (Spirite)	856
Avenir	200, 920	Chaleur	760
Avitchi	242	Chaleur, 140,	145
Azote	146	Cham	450
Azoth	147	Chanaan 450,	474
Bacchus	414	Chance	830
Bachour	486	Chance (Son origine)	357
Bahir	481	Chapitres F.·. M.·.	704
Ballon (Analogie) 303,	305	Chérubins	460
Bedolla	456	Chiffre de la Bête	622
Bereschit	429, 482	Chimie des Anciens.. 23 à	28
Beth	486	Chinois	423
Bible (La) 427, 430	439	Chinois (Science des)	31
Bien	106	Chinois, sanscrit, hébreu	971
Bile	124	Chiromancie	815
Bohémiens 537,	769	Choush	456
Bois (Analogie)	139	Chrétiens (leur paganisme)	609
Boussoles astrologiques et astronomiques... 31,	33	Christianisme 439,	614
		Christianisme (Origines) 595,	614

TABLE ALPHABÉTIQUE DES MATIÈRES

Chronologies	62	Couleurs alchimiques	648
Chute adamique	542	Coups de canon	708
Chute(Histoire ésotérique)	917	Couveuses artificielles	26
Chylifères	221	Cristal taillé	26
Ciel	299	Croix (La)	965
Cinq	109, 599	Croix (Signe de la)	228
Circonvolutions cérébrales	216	Culte	593, 605
Cocher, voiture, cheval (Analogie)	187	Cybèle	414
Cœur (note)	564	Cycle dans les Nombres	93
Cœur (Ligne du)	821	Daleth	487
Colorisation	103	Dame de Paris (Notre-), (Description)	802
Commencement (Au), Genèse	451	Dame de Paris (Notre-), (Hiéroglyphe hermétique)	985
Commerce (Chiromancie)	838	Découvertes scientifiques de l'antiquité	9
Communications spirites	331, 333	Degrés maçonniques	716
Compagnons	694	Déluge	162, 165, 470
Compréhension facultative	463	Démiurge	632
Conclusion du volume	987	Démotique (Écriture)	393
Cône de lumière	319	Denaire kabbalistique	529
Congrès de 1889(Occultisme)	369	Deux	107, 598
Cône d'ombre	319	Devachan	237
Consommation des choses	468	Diane	414
Constantin (Croix de)	947	Dieu	374
Construction de tableaux analogiques	952	Dionysos	613
Construction d'un édifice (Analogie)	121, 150	Distillation	26
		Distinction (La)	455
Contemporains (Occultistes)	998	Dix	110, 600
Continent (Son évolution)	164, 536	Dogmes	106, 536
		Doigts (Noms astrologiques)	817
Contraste (Fonction de)	112	Doubles (Lettres)	484, 575
Conx, Om, Pax (mots sacrés)	392	Douleur	196
Coph	490	Éclipses. La période de 6.585 jours 1/3 était connue des Égyptiens	14
Cordon astral atmosphérique	290, 309		
Cordon céphalique	310	Écliptique chinois	37
Cordon ombilical	289	Économie sociale	450
Corps astral (Voy. *Astral*)		Écossisme	704
Corps astral (Sortie)	862	Écritures égyptiennes	393
Corps (Correspondance)	803	Écritures hiéroglyphiques	410
Corps humain renouvelé	794	Écriture sacrée (note)	383
Corps (Physique)	207	Éden	447
Cosmogonie de Moïse	431	Egypte	168
Cotylédons	268	Egyptiens (Écriture). (note)	85
Coucou (Analogie)	76	Éhieh	496

Eheieh	486	Esthétique rapporteur	115
El	487	Éthiopiens	428
El (4e nom)	508	Étienne (Martyr gnostique)	638
Électricité. 20, 140, 141, 145,	475	Euménides	56
Élémentaire. 346, 351, 373,	909	Euridice	611
Élémentals. 318, 373, 787, 909,	935	Ève	460
		Évocation	343
Éléments (Tableau de correspondance)	897	Évolution 134, 139,	320
		Exorcisme	867
Éléments chinois	36	Exotérisme 595,	605
Éléments des lettres	408	Exotérique (Enseignement).	480
Élios	60	Extraction (L')	458
Élohim	452	Face humaine (Correspondance)	810
Élohim Gibor (5e nom)	509		
Élohim Sabaoth (8e nom)	509	Faits, Lois, Principes . 80,	87
Éloha (6e nom)	509	Fang	924
Élysée	57	Fakirs	370
Emblème	943	Famille 95,	132
Embryon humain (Développement)	273	Fatalité (Ligne de)	818
		Fatalité et volonté	827
Embryon végétal et Embryon humain	270	Feliel	509
		Feuilles	266
Énergie cosmique (Sa qualité)	755	Feuillets blastodermiques . 272,	283
Enfance	172		
Enfer	299	Figures emblématiques	382
Enfers	53	Flagellation	56
Enfer (des Égyptiens) (note)	405	Fleuves du Paradis	467
Éons	628	Foie (note)	564
Épistolographiques (Caractères)	397	Folie	867
		Fonction	123
Épreuves de l'Initiation	49	Force centrifuge et centripète	448
Équivalents vitaux	758		
Entassement des espèces	470	Fortune (Chiromancie)	837
Érèbe	471	Francs-Maçons	480
Ésotérisme 593,	605	Franc-Maçonnerie	690
Ésotérique (Enseignement). 480,	538	Fraternité des initiés	761
		Gei-Hinam	569
Esdras	433	Gemmule	268
Espace éthéré	450	Genèse 445,	452
Espace sidéral	449	Géométrie qualitative	597
Esprits (Constitution)	349	Gabriel	510
Esprits (Leur influence)	370	Geburah	509
Esprit (Hiérarchie)	937	Gemares (Les deux)	481
Esprits des éléments (Action sur les)	904	Gématrie	483
		Germe	268
Esséniens . . 437, 438, 616,	788	Ghiboréens	466

TABLE ALPHABÉTIQUE DES MATIÈRES

Ghimel	486
Ghôlim	447
Gihon	456
Globules	209
Gloire (Chiromancie)	838
Glycogène (Matière)	124
Gnose (La) 623,	625
Gnostiques	480
Gobelins	793
Grain de blé	504
Graine	269
Grèce	168
Grégeois (Feu)	29
Groupe indépendant d'étude ésotériques	317 bis
Habal de Garmin (Corps astral lumineux)	565
Habel	461
Hadom	487
Haïn	489
Hamlet	986
Haniel	569
Harjman	446
Hasmalim	508
Hé 487,	501
Hé	224
2e hé	224
Hébraïque (Alphabet)	483
Hébraïque (Langue) 385, 421	425
Hélène	612
Henoch	464
Hercule 414,	613
Hérésies	624
Hermès dévoilé	664
Hermès trismégiste	616
Hermétiques (Textes)	658
Hermétistes	998
Heth	487
Hiddekel (Genèse)	456
Hiératique (Écriture)	393
Hiéroglyphique (Écriture)	393
Hiéroglyphes. 380, 382, 397.	409
Higher-Self	371
Hiram (Légende d')	731
Histoire (Méthode ancienne)	66

L'homme (Constitution, définition) 179, 180, 197, 252,	370
Horoscope (Théorie de l')	296
Horus 146,	402
Houris	369
Huit 110,	600
Humanité	372
Hydrogène	146
Hypnotisme et spiritisme (Rapport) 867,	885
Hypnotiques (Phases)	871
Iah	498
Iao	413
Idéal (Ligne de l')	820
Idée	799
Idées antiques 384,	586
Idée bonne ou mauvaise 158,	352
Ieve 498,	579
Imagination (Ligne d')	824
Imitation (Méthode d')	942
Imprimerie	40
Inconscient 795,	798
Inconscient (Domaine de l')	842
Inde (Sa décadence)	751
Index	439
Inflammation	797
Inquisiteurs	380
Inquisition	771
Insectes	213
Inspiration	196
Instruction dans l'antiquité	43
— primaire	45
— professionnelle	46
— secondaire	46
— supérieure 47,	48
Intuition	879
Intuition (Ligne de l')	819
Invisible (Monde). Composition	910
Invisible (Nature)	841
Involution 134, 139,	320
Iod 224, 488,	500
Iôna	471
Ired	464
Isis 146, 402,	413

TABLE ALPHABÉTIQUE DES MATIÈRES

Isochronisme des vibrations du pendule	17	Linga sharira (Corps astral). 209, 306,	370
Israël	376	Lion (Mithra)	59
Iswara	376	Litharge d'argent	24
Jabal	462	Livre de génération d'Adam.	427
Japheth	450	Loges Franç-Maçonniques	704
Jason (Navigation de)	603	Loi générale	75
Jechidad	561	Louis Lucas (Découvertes)	1001
Jehova	413	Lumière 140, 141,	145
Jesod	509	Lumière, ombre, pénombre.	89
Jesirah	566	Lumière solaire	128
Jésus	480, 616	Lune... 39, 489, 510, 601,	902
Jésus et Marie	773	Macrocosme 81,	83
Jeunesse	172	Mage	60
Jiva 208,	306	Magie	841
Jophiel	508	Magie blanche	913
Jour	452	Magie (Définition)	931
Jour (Son évolution)... 73,	87	Magie (par Wronski)	927
Jubal	462	Magie et Corps astral	861
Junon	414	Magique (Action)	907
Jupiter (Planète). 414, 489,	601	Magiques (Correspondances)	801
Jupiter (Le dieu)	610	Magnétisme 147, 841,	843
Jupiter Elicius	21	Magnétisme (Analogie)	190
Kabbale... 415, 432, *479,	788	Magnétique (Vision)	845
Kabbale (Sa philosophie)...	533	Mahatma 236,	749
Kabbale pratique.... 507,	545	Main (Ensemble)	825
Kaïnan	464	Maison cosmique	401
Kama Rupa 213,	306	Maison qui brûle (Analogie)	912
Karaïtes	437	Maîtres	694
Karma (Loi du).. 238, 758,	919	Makifim	568 ?
Kristhna	770	Manou 214,	306
Ku	924	Mandragore (note)	945
Lakai	487	Monde	779
Laméd	488	Manuscrits indous	764
Lamech	462	Marées	39
Langues mères	421	Mars 414, 489,	601
Langue sacrée (Preuve de son existence). 388, 402, 415,	425	Martinisme (Pantacle)	963
		Martinistes	480
		Matérialisation	881
Larynx	799	Matérialiste (École) 180, 244, 376 (10°),	374
Lévi (Tribu de)	480		
Lémurie	162	Médiateur plastique. Voy.	
Léthé	55	Astral (Corps)	373
Lettre d'un initié oriental..	750	Médium	872
Lettres hébraïques	574	Médiums	371
Libre arbitre	913	Médiums (Formation des)..	886

Médiums (Tricherie)	882	Mouvement	183
Medrashim	481	Multiplication divisionnelle	460
Mehoryâel	462	Multiplication division-	
Melchisedech	80	nelle (La)	458
Mem	489	Multiplication hermétique	674
Membres de l'homme (Correspondances)	805	Mystères de Mithra	59
		Mystères 45, 49, 62,	616
Ménélas	612	Mysticisme (Histoire)	787
Ménès	779	Mythe	606
Mercavah 482,	564	Mythe solaire	607
Mercure 414,	489	Mythologie	606
Mercure des philosophes	663	Nahash 458,	905
Mercure	497	Naissance.. 262, 289, 292,	374
Mercure (Messager). (note)	946	Naissance	779
Mères (Lettres) 483,	575	Nature naturante	376
Mesure	112	Nature naturée	376
Mesure proportionnelle (La)	466	Nawhoma	462
Métaphysique	79	Né (deux fois)	320
Metalhin	510	Nègres 163,	430
Métaux (Noms planétaires)	243	Nephesch 370, 541,	*557
Méthodes de transmission	595	Néphiléens	466
Methoushaël		Nerfs	183
Michael	509	Neschamah. 370, 541, 537,	*560
Microcosme 81,	83	Neuf 110,	600
Microcosme et Macrocosme	890	Newton étaient connues des	
Microscopes	16	anciens (Les lois de)	13
Minerve 414,	783	Nezah	509
Minos, Eaque, Rhadamante	54	Nirvâna... 172, 174, 237,	344
Minotor et Numitor	785	Noé	465
Miroirs magiques	901	Nom du Seigneur (Invoquer	
Missions (de Saint-Yves)	1013	le nom)	948
Mithra	59	Nom propre	604
Moi (Chiromancie)	832	Nom de 72 lettres	506
Mois (Son évolution)	73	Noms divins 493,	530
Moïse 383, 427, 602,	615	Nombres 86, 93,	206
Moïse (Symbolisme)	947	Nombres (Signification)	107
Molay (Jacques)	685	Notaria	483
Monde angélique 485,	490	Notre-Dame-de-Paris	679
Monde visible	485	Noun	489
Mondes 81, 82,	117	Nuit	452
Monde des Orbes	492	Numa 779,	784
Morales (Lois)	106	Occultisme	370
Mort... 193, 297, 310, 313,	374	Occultisme contemporain	998
Morts (Communication avec les)	327	Océaniens	162
		Œuf humain	274
Mot sacré	412	Oiseaux (Écriture des)	394

Ophanim	486	Pigeon (Adoré par les chrétiens)	609
Opium	25	Plaisir	196
Opposition (La loi)	88	Planètes 157,	373
Organes	122	Plérôme	630
Organisme (Figure synthétique)	220	Pluralité des mondes connus des anciens	11
Organisme (Défense)	794	Poésie	613
Orientale (Philosophie)	750	Poids	497
Origine des Bohémiens	770	Poitrine	185
Origine du Christianisme	774	Polythéisme grec	616
Orphée	613	Porismes	536
Osiris 146, 413,	608	Portes kabbalistiques. 574,	*583
Oxygène	146	Poudre (La)	30
Pantacles	792	Prakriti 227,	376
Pantacles (Explication). 960,	965	Pralaya 157,	158
Panthéisme	374	Présage	951
Papauté	168	Présent	200
Paraboles	621	Prière	861
Parabrahm	175	Principiation	452
Paradis égyptien. (note)	405	Priape	414
Paris	612	Prière d'Isis 53,	54
Paris (Origine du nom)	777	Principe (Définition)	447
Parole (Origine)	416	Principes de l'homme (Trois) 181,	344
Passé	200	Principes (Constitution en 7) 206 et suiv.	219
Passions	188	Prisme (Analogie)	135
Patroclès et Cléopâtre	772	Prêtre (Mithra)	60
Peaux-Rouges	162	Progrès (La loi)	1
Peinture des Égyptiens	28	Providence-Destin-Volonté	911
Pensée (Action occulte)	758	Providence vivante	929
Pensées (Mauvaises ou bonnes)	309	Psyché	625
Pentagramme	600	Psychique (Corps) 215,	218
Pentagramme (Le)	979	Psychurgie	262
Périsprit 349,	371	Puissance aggrégative et formatrice	475
Périsprit (Son rôle)	848	Purgatoire 237, 307,	320
Personnalité (Sa conservation après la mort)	357	Pyramides	49
Pesanteur universelle	12	Pyramides	977
Phalange	182	Pythagore	384
Phaleg	476	Quatre 108,	599
Pharisiens	436	Raphaël	509
Philologie	387	Radicelle	268
Phrath (Genèse)	456	Race blanche (Son histoire). 165,	252
Phlogistique	3		
Phé	489		
Photographie	22		
Pierre philosophale	646		

TABLE ALPHABÉTIQUE DES MATIÈRES

Race Jaune	163	Sainteté 172,	173
Races humaines	160	Saint-Yves d'Alveydre (Analyse)	1013
Racine	266		
Rapports du tronc avec les membres	808	Saisons	72
		Salive	124
Réalité (Sa création)	105	Salomon	509
Rébus	404	Samaritaine (Version)	436
Rédemption	633	Sang (Circulation du). 76, 124,	221
Réforme (La)	688		
Réfraction	17	Samech	489
Règne animal	127	Sanscrit	424
Règne minéral	127	Satan	774
Règne végétal	127	Satellites (Actions occultes)	902
Réincarnation (Sa cause)	919	Saturne (Sphère de). 488,	601
Réincarnations. 167, 265, 297,	371	Scarabée	400
		Scarabée mystique	990
Religion 381,	415	Sceau de Salomon	967
Religion (Étymologie) (note)	944	Scènes (Hiéroglyphiques)	409
Religieuses (Écoles)	179	Schenroth	
Resch	490	Schin	490
Restauration cimentée	472	Science (Divisions)	376
Rêves	866	Science (Chiromancie)	837
Révolutions civiles	476	Science expérimentale	759
Rites maçonniques	724	Science expérimentale (Sa méthode)	65
Rois de Rome	784		
Rome	168	Science occulte (Méthode)	69
Romulus	449	Science occulte (Définition)	68
Ronde	252	Science et les sciences (La)	3
Rose-Croix (note)	955	Sciences opposées	754
Rose-Croix	998	Sciences sacerdotales	381
Rose-Croix	480	Science occulte et science contemporaine	987
Rose-Croix (Fraternité de la)	686		
Rose-Croix de Khunrath	514	Séance obscure	835
Rosette (Inscription de)	390	Sem	450
Rota (de Guillaume Postel)	91	Sem-Cham-Japhet	778
Rouille de fer (usages thérapeutiques)	25	Sens	170
		Sens de la Bible (Trois)	447
Ruah 542, 557,	*558	Sensation	200
Ruah	370	Sentiment	200
Rubis	26	Sentimentale (Vie)	835
Rupa 210, 306,	370	Sepher Jesirah.. 482, 538,	*572
Rythme	112	Sepher (Le) de Moïse	427
Sacerdoce ancien	414	Sephiroth. 483, 510, *521, 547, 548, 573,	579
Sadai (9ᵉ nom)	509		
Sadducéens	436	Sephiroth indous	531
Sainte-Chapelle	679	Sept 110,	599

Septante (Version des). 439.	443	Tarot	771
Serpent d'Airain	945	Tarot (Le) (Figures)	981
Serpent de Mercure. (2e note)	945	Tarquin l'Ancien	784
Servus Tullus	786	Tarquin le Superbe	785
Seth	448	Tchen-Pey (Le livre chinois).	923
Shandba	758	Tchor	487
Sheth	461	Télégraphe	800
Shoâm	456	Télégraphie psychique	21
Signature	945	Télescopes	15
Similitude	77	Telesma	146
Simples (Lettres).... 484,	576	Templiers	480
Simples (Corps)	893	Templiers	684
Six............... 109,	599	Templiers	998
Sociétés d'Initiation	996	Ténèbres et Britannia	772
Sociétés secrètes	928	Ternaire (Le). La réduction à	
Soleil. Voy. Voie lactée, Terre, etc	489	l'unité (93)......... 79.	90
Soleil............ 141,	601	Ternaire (Échelle du)	959
Soleil (Sa marche, mythe solaire)	71	Terrassiers (Analogie)	150
		Terre	11
Somnambulisme lucide....	340	Terre............... 160,	265
Sophia	631	Tête	185
Sorcellerie.......... 909,	913	Tête (Ligne de)	823
Spermatozoïde	276	Teth	487
Sphinx (Le)	973	Tetragrammaton sabaoth (7e nom)	509
Spiritisme. 297, 323, 370, 841, 846,	867	Tetragrammaton elohim (3e nom)	508
Spiritisme (Histoire résumée)	1011	Textes alchimiques (Explication)	648
Stromates de saint Clément	397	Thau	490
Sucre	27	Thebah	777
Sujet hypnotique	869	Thémurie	483
Suggestion	844	Thebah	467
Suggestion à distance	991	Théisme	374
Suprême conseil	712	Théodore et Dorothée	772
Sympneumata	236	Théosophie......... 750,	788
Symbole oriental	943	Théosophiques (Opérations). 93.	96
Symbolisme........ 779,	941		
Symbolique (Écriture)	393	Théosophique (Société). 997,	1021
Synarchie	1017	Théosophique (Pantacle)...	962
Synthèse des connaissances actuelles	4	Thésée (Mythe de)	780
		Thibet	777
Table d'Émeraude d'Hermès.	638	Thubal-Kaïn	462
Talmud	481	Tige	266
Targums	436	Titans	611
Tarot	485	Tohu-Boüt	774

Tonnerre	475	Végétal (Développement)	266
Toujours	497	Ventre	185
Tour Saint-Jacques	678	Vénus 414, 489,	601
Tphé (note),	405	Verbe	293
Tradition	379	Verre flexible	28
Tradition (Application de l'Ésotérisme	773	Verres grossissants	
		Vezio	487
Tradition au temps moderne.	683	Vices	84
Transformisme	147	Vie. 81, 121, 124, 144, 183,	370
Triangle 966,	967	Vie (Sa marche)	134
Triangle rectangle	922	Vie (Ligne de) 822,	831
Troie (Guerre de)	166	Vie posthume (Extrait de la Revue)	333
Trois 107,	598		
Tribu	132	Vieillesse 171,	173
Trônes	508	Visible et Invisible 67,	791
Tsade	490	Vitalité	208
Tullus Hostilius	784	Voie lactée connue des anciens dans sa constitution réelle	11
Typtologie	879		
Tzilla	462		
Un	107	Voies de la sagesse	585
Unité	132	Volonté (Chiromancie)	835
Univers 358, 372,	546	Volonté 81, 200, 418,	*905
Upadana	919	Voyants	407
Uranu	610	Vrai (Le)	106
Vaches grasses et vaches maigres	950	Vulgate de saint Jérôme. 439,	443
		Whada	462
Vague de vie de l'homme.	170	Whirad	462
Vague de vie dans un Monde	154	Wronski (Biographie)	1005
		Xisuthrus	777
Van mystique	53	Zaphohiel	508
Vapeur (La)	19	Zadkiel	508
Vau 487,	500	Zaïn	487
Vau	224	Zelem	568
Veau d'Or dissous par Moïse	23	Zodiaque 413,	488
		Zohar 481,	482

TABLE ALPHABÉTIQUE

DES

AUTEURS CITÉS

AVEC RENVOI AUX PAGES OU CHACUN DES AUTEURS EST CITÉ

ABENDANA. — Cuyari................................... 572,	588
ABÉNÉFI. — Œuvres citées par Kircher.......................	394
ACTES DES APOTRES............................ 49, 245,	412
ADAM (Paul)...	XXII
ADHÉMAR (Comtesse d').................................	1025
ÆLIEN................................. (note),	400
AGATHIAS. — De Rebus Justinis, an 1660, in-fol.............	19
AGRIPPA (H.-C.). — La Philosophie occulte....... 109, 497, 683,	788
AKSAKOFF.. 874,	891
ALBERT LE GRAND.......................................	683
ALIS (Harry)..	XXV
ALLAN KARDEC................................ 324, 338,	1011
ALLIANCE SCIENTIFIQUE..................................	437
AMARAVELLA. — La Constitution du Microcosme.............	205
AMMIEN (Marcellin).....................................	440
AMMONIUS SACCAS.......................................	625
ANPHERA (Dominico). — Rituale del trentadue..............	707
APOLLONIUS DE THYANE............................ 412,	788
APULÉE. — L'Ane d'or..................... 63, 410, 617,	625
ARISTARQUE...	11
ARISTOPHANE. — Les Nuées..............................	17
ARISTOTE. — Œuvres. — Édition Duval, Paris, 1629, 2 vol. in-fol................................. 11, 15, 24,	391
ARNOLD (Sir Edwin). — Light of Asia.....................	225
ARPELLES..	440
ASMHOLE..	732
AUFFINGER. — La Chaîne magnétique.....................	1026

Augé (Lazare). — *Notice sur Hœne Wronski*.................... 1005
Auguez (Paul) 869, 1013
Aulu Gelle. — *Noct. Attic*...................... 16, (note), 413
Bacon. — *De Dign. et Increm. Scienc*......................... 989
Bacon (Roger). — *Opus Majus*, édition de Venise, 1750 17
Baillon, botaniste professeur à la Faculté de médecine de Paris... 157
Bailly.. 1000
Balzac (Honoré de). — *Louis Lambert*............. xi, 86, 108, 1010
Bardesane (d'Édesse) 440, 626
Barlet (F.-Ch.). — *Études philosophiques diverses*. xxiii, 543, 546, 554, 569, 85, 1021
Barrès (Maurice).. xxv
Barrois. — *Principes de Dactylologie*. — *Éléments carlovingiens*. — *Lecture littérale des hiéroglyphes et des cunéiformes*...... 392, 409
Barthelemy (Abbé). — *Voyage d'Anacharsis en Grèce*........ 91, 109
Barthrovhari (Brahme) .... (note), 967
Basile Valentin... 681
Basilide... 440, 626
Beausobre. — *Histoire des Manichéens*...................... 429
Bédarride (Marc). — *Rite de Misraïm*......................... 725
Bérigard de Pise.. 656
Bernheim.. 1024
Berthelot. — *Les Origines de l'Alchimie*, Paris, 1886, in-8°... xv 23, 647, 651
Bertrand. — *Anatomie Philosophique*......................... 77
Blavatsky (H.-P.)...................... 749, 860, 930, 1021
Bodenstein... 788
Boehm (Jacob). — *Œuvres*........... 233, 313, 788, 892, 905, 907
Bosc (*Marcus de Vèze*). — *L'Égyptologie sacrée*................. 369
Bouchet... 896
Bouillet. — *Dictionnaire d'histoire et de géographie*........... 441
Bovet (Mlle de).. xxv
Braid... 1013
Brière (De). — *Essai sur le symbolisme antique d'Orient*... xviii, 379, 385, 395, 414, 482, 594, 941
Bure (G.-F. de)....................................... 513
Burnet.. 788

Cagliostro... 1000
Cahagnet. — *Magie magnétique*................. 869, 1009, 1011
Caillié (René). — *L'Anti-Matérialiste*. — *La Revue des hautes études*. — *L'Étoile* 1025
Callot... 513
Cambriel.. 650, 983
Cardan (Jérôme). — *De la subtilité*........................... 788
Carpenter (Dr B.)... 931

CASSIODORE... 391,   788
CAZOTTE...   1000
CENSORINUS. — *De Die Natali.*   13
CERDON..   627
CERINTHE..   626
CHABOSEAU (Augustin). — *Essai sur la Philosophie bouddhique.* XXIV,
   14, 359, 1026
CHAIGNEAU (Camille). — *Les Chrysanthèmes de Marie*............ 1022
CHAMPOLLION. — *Œuvres*.................. 379, 392, 394,   402
CHARCOT...   1013
CHARDEL. — *Esquisse de la nature humaine*..................... 1009
CHAZARAIN (D^r).................................. 369, 1024, 1026
CHERPIN. — *Histoire de la F.·.-M.·.* 724
CHRISTIAN. — *L'Homme rouge des Tuileries.* — *Histoire de la
   Magie*................................ 63, 91, 174, 663,   978
CICÉRON...   771
CLAUDE-BERNARD. — *Science expérimentale*... 138, 148, 195, 796,   993
CLAVEL (J.-B.-T.). — *Histoire pittoresque de la Franc-Maçonnerie.* 707
COMÈNE..   788
CONGRÈS SPIRITE DE 1889. — Vol. in-8°.......................   345
CORNIL ET RANVIER. — *Manuel d'histologie pathologique*......... 790
COURT DE GÉBELIN............................... 416, 421,   999
Cox (John-Edmond). — *The old constitutions of Free Masons*..... 703
CROOKES.. 874,   991
CROSSET DE LA HAUMERIE. — *Secrets les plus cachés de la philosophie
   des anciens*.. 677
CTESIAS...   29
CYLIANI. — *Hermès dévoilé*........................ 650,   664

DAVIDSON (Peter)......................................   1039
DANIEL... 391,   366
DANTE (Le)..   XI
DARIEX (D^r)..   369
DARWIN. — *Œuvres*....................................   157
DEBIERRE (A.). — *Manuel d'Embryologie*.......................   283
DÉDALE..   412
DÉE (Jean)....................................... 504, 684,   732
DELAAGE. — *La Science du Vrai*, Paris, 1884, in-8°....... 48,   63
DELANNE (Gabriel). — *Le Spiritisme devant la Science.* 369, 855, 1022, 1027
DELEUZE. — *Instruction pratique sur le Magnétisme animal (1883).* 1009
DELÉZINIER (D^r)....................................   XXIV
DÉMOCRITE...   412
DENIS (Léon)..................................... 1022,   1027
DESBAROLLES. — CHIROMANCIE (Préface)............... 108,   1009
DIODORE DE SICILE. — *Œuvres.* Hannovix, 2 vol. in-fol., 1604,
   édit. Wechel................................. 25, 26, 62,   389

DIOSCORIDES... 25
DOINEL (Jules Stany). — *Études gnostiques*.......... XXIV, 627, 1025
DONATO.. 1024
DOSITHÉE.. 626
DRABITZ... 788
DRAMARD (Louis). — *La Science occulte*.................. 149
DUBOURG... XXII
DUC (R. Le)... XXV
DURVILLE.. 1024, 1026
DUTENS. 1730-1812. Auteur de savantes recherches sur la science de l'antiquité. — *Origines des découvertes attribuées aux modernes* (Londres, 1796. in-4°)......... 5 et tout le I⁽ᵉʳ⁾ chapitre 1000
ECKARTSHAUSEN... 788
ELIPHAS LEVI. — *Dogme et rituel de haute magie.* — *La clef des grands mystères.* — *Histoire de la magie.* — *La Science des esprits.* — *Le Sorcier de Meudon.* — *Fables et symboles.* XXI, 85, 181, 190, 192, 295, 342, 502, 579, 588, 661, 662, 677, 975, 1001, 1008
ENCAUSSE (Gérard). — *Essai de Physiologie synthétique.* XXIII, 76, 207, 302
ESDRAS.. 433
ESQUIROS.. 1013
ETTER (H.).. 680
EUSÈBE.. (note), 400
EUSTATHE.. 392
FABRE D'OLIVET. — *La Langue hébraïque restituée*, 2 vol. in-4°, 1815-1816. — *Histoire philosophique du genre humain* (1822). — *Les Vers dorés de Pythagore*, 1813, in-8°. — *Cain*, 1823, in-8°. XXI, 7, 47, 66, 83, 85, 86, 91, 98, 161, 195, 199, 416, 431, 437, 440, 442, 445, 499, 535, 542, 578, 613, 661, 677, 906, 913, 921, 937, 955, 971, 1000
FARADAY... 756
FAUCHEUX (Albert)... XXIII
FESSIER (Georges). — *F∴-M*............................... 725
FIGUIER (Louis). — *Les Origines de l'Alchimie*..... 301, 649, 686, 1010
FINDEL (Georges-Frédéric). — *Geschichte der Freimaurerei*......... 702
FLAMMARION (Camille)................................. 301, 1013
FLOURENS.. 148, 793
FLUDD (Robert).. 683, 892
FOLGER (Robert). — *F∴-M∴*................................ 725
FOLTZ. — *Anatomie homologique*....................... 77, 207
FRANCE (Anatole).. XXIII
FRANCK (Adolphe). — *La Kabbale.* — *Études diverses.* — *La philosophie mystique en France, Saint Martin et Martinez Pasqualis.* XVII, 91, 313, 437, 480, 481, 533, 538, 555, 580, 588, 606, 1010, 1011

GABORIAU (F.-K.). — Fondateur du *Lotus*. Traducteur du livre de Sinnet (Voy. ce nom)............................. 1033

GARAT.	891
GARY DE LACROZE (C.) ... xxiv,	681
GAUTIER (Emile).	xxv
GEBER.	
GEOFFROY (l'aîné). — Rapport à l'Académie sur l'Alchimie, (1722).	652
GIBIER (Dr). — Le Spiritisme. — Analyse des choses... xxv, 858,	1022
GINISTY (Paul).	xxv
GIORGIUS.	788
GOETHE. xi,	207
GOUDEAU (E.).	xxii
GOULD (Georges). — History of Freemasonry.	699
GRANGE (Lucie). 1022,	1027
GRÉGOIRE LE GRAND.	771
GREGORIUS. — Astronomiæ elementa.	13
GROUPE D'ÉTUDES ÉSOTÉRIQUES.	1030
GUAITA (Stanislas de). — Au seuil du mystère. — Le Serpent de la Genèse. xxiv, 510, 552, 554, 588, 1000, 1021,	1025
GUTMAN.	788
HAHN (L.) et THOMAS (L.). Article Spiritisme du dictionnaire Dechambre.	330
HANNECART (Me).	857
HAYDEN.	759
HÉLIODORE.	388
HELMHOLTZ (H. de).	113
HELVETIUS.	653
HENNIQUE (Léon). — Amour. xxii,	913
HENRY (Charles). — Travaux divers. xxiii,	111
HERMÈS.	401
HÉRODOTE.	62
HÉSIODE.	400
HIÉROCLÈS.	905
HOLMÈS (Augusta).	xxiii
HOMÈRE. — Odyssée. 25, 392, 400,	418
HORAPOLLON. 400 (note), 402,	410
HOUX (Des).	xxv
HUGO (Victor). — William Shakespeare.	
HURET (Jules).	xxv
HUYSMANS.	xxiii
HYGIN.	391
HYPATHIE.	788
ISAÏE. 391, 412,	566
JACOB (Zouave).	1027
JAMBLIQUE. — De Vita Pythagori. — De Mysteriis Ægyptiorum, 1652, in-12 (édition de Lyon). 16, 48, 63, 384, 389, 397, 406, 625,	788

JAYBERT (Léon). — *Rite de Memphis*.................................... 726
JÉCHIEL.. 683
JETHRO.. 427
JHOUNEY (Alber)........................... XXII, 554, 588, 1021, 1025
JONATHAS.. 391
JONQUIÈRE (Vicomte de la)... 710
JOSÈPHE... 391, 438
JOURNAL DES SAVANTS... 14

KABBALA DENUDATA.. 500
KAUFFMANN. — *Histoire de la F.·.M.*.................................. 724
KEPLER... XII, 603
KHUNRATH. — *Amphitheatrum sapientiæ æternæ*.................... 512, 788
KINGSFORD (Dr A.)... 244
KIRCHER (R.-P.).— *Œdipus Ægytiacus*, 3 vol. in-fol., 1623, Rome,
394, 483, 489, 501, 529, 532, 580, 585
KLAPROTH (J.). — *Lettre à M. de Humboldt sur l'invention de la boussole*, Paris, 1834, in-8°... 31
KNORR DE ROSENROTH... 788
KONG-TZÉE.. 905
KRAUSE (J.B.).. 725
KUHLMAN... 788

LACOUR. — *Les Æloim ou dieux de Moise*...................... 409, 496
LACROIX (Henry). — *Mes expériences avec les esprits*................ 341
LACURIA. — *Harmonies de l'être exprimées par les nombres*. 110, 174, 501
LANDUR. — *Recherches des principes du Savoir et de l'Action*........ 1007
LANGLET DU FRESNOY. — *Histoire de la Philosophie hermétique*..... 681
LARMANDIE (Léonce de).. XXII
LEFORT (Horace).. XXIII
LEIBNITZ. — *Monadologie*.. 480, 553
LEININGEN (Carl de).. 533, *556
LEJAY (Julien). — *La Science occulte appliquée à l'économie politique. — Sociologie analogique*.................... XXIII, 1025
LEMERLE.. XXV, 369
LENAIN. — *La Science cabalistique*, Amiens, 1823, in-8°. 483, 501, 532
LENOIR. — *Franc-Maçonnerie*................................. 63, 741
LERMINA (Jules). — *A brûler.— L'élixir de vie*. XXII, 369, 861, 909, 1025
LESSEPS (Ferdinand de)... 21
LETRONNE. — *Œuvres sur l'Égyptologie*............................... 394
LEYMARIE (G.-P.).. 848, 861, 1027
LIÉBAULT... 1024
LINUS.. 400
LUCAIN... 410
LUCAS (Louis). — *Médecine nouvelle.— Roman alchimique*. 76, 77,
79, 89, 98, 145, 174, 198, 294, 502, 552, 603, 662, 677, 991, 1001
LUCIEN.. 390, 410

TABLE ALPHABÉTIQUE DES AUTEURS CITÉS 1087

Luther.. 680
Luys (D'r)... 210, 1024, 1026
Lydus (J.).. 392
Lytton (Bulwer). — *Zanoni*... 329

Macé (J.) — *Histoire de la Bouchée de Pain*............................. 209
Mac Clenachan (Ch.-Thomas). — *The book of the ancient and accepted Scottish Rite*... 707
Mackey (Alb.-Georges). — *Lexicon of Freemasonry*........................ 697
Mac-Nab (Donald). — *Étude sur la Force psychique*............. 369, 881
Macrobe. — *De Somnio Scipionis*... 13
Mahomet.. 392
Maimonidès... 481
Maldan. — *Matière et Force*, 1885, in-8°................... 148, 704
Malfatti de Montereggio (Jean). — *La Mathése traduit par Ostrowski*... 502
Manès.. 440
Manéthon.. 62, 389
Marcion... 440, 627
Marcus Græcus. — *Liber ignium* (Bibliothèque Nationale V. 11,036)... 30
Marcus de Vèze... xxiv
Maricourt (R. de). — *L'Œil du Dragon. — Batracien Mélomane*........ xxiii
Marius (Georges).. 1022, 1027
Marrot (Paul)... xxii
Martelin (A.). — Article de spiritisme................................ 339
Marcen Capello.. 788
Martinez Pasqualis.. 999
Matter. — *Étude sur le Gnosticisme*................................... 626
Mathers. — *Kabbala Denudata*.................................. 556, 569
Mauchel (L.)... xxii, 1009, 1035
Maupassant (Guy de).. xxiii
Meissas (Abbé de).. 1026
Mélampe
Ménandre.. 626
Ménard (Louis). — *Hermès Trismégiste. — Le Polythéisme hellénique*... 645
Meng-Tzée... 905
Mesmer.. 999
Meurs (J. de)... 392
Meurville (L. de).. xxv
Michelet (Émile). — *De l'Ésotérisme dans l'art*............ xxii, xxv
Mirandole (Pic de la)... 480, 483, 683, 788
Moïse.. 383, 427, 602
Moïse de Léon.. 481
Montière (George). — *Le D'r Sélectin. — Études diverses dans l'Initiation*.. xxii, 913, 1021
Montorgueil (Georges)... xxv

Moreau. — *Réflexion sur les idées de Louis-Claude de Saint-Martin.* 1011
Moreau de Dammartin. — *Traité sur l'origine des caractères alphabétiques*............ 971
Morres (Robert). — *Lights and Shadows of Freemasonry*......... 700
Morus (Henri).. 480, 683
Martin.. 1024
Musée.. 412
Murray Lyon (David). — *The History of the Lodge of Edinburgh.* 697

Narad le Bohémien.. 778
Naudé (G.). — *Instructions à la France sur la vérité des frères de la Rose-Croix*.. 687
Ney (Napoléon).— *Les Sociétés secrètes musulmanes*, 1890, in-18. xxiv, 22
Newton.. xii
Nicomachus.. 788
Nus (Eugène). — *Nos Bêtises*, satire philosophique. 218, 361, 854, 1011

Oken.. 892
Olivier (Georges). — *Historical Landmarks of Freemasonery*..... 697
Oporin.. 788
Origène.. 225, 788
Origènes.. 390
Orphée... 400, 604
Otto-Henne-Am-Rhyn. — *Allgemeine Kulturgeschichte vonder Urzeit bis anf der gegenwart* (1877-1882)........................ 690

Palmes (De). Auteur véritable des documents publiés par la Société Théosophique................................... 261
Panselenus. — Manuscrit sur la photographie................. 22
Papus. — *Le Tarot des Bohémiens*....... 91, 421, 538, 678, 792, 1025
Paracelse............ 373, 681, 684, 813, 860, 861, 895, 904
Parisien (Le).. xxv
Paton (Georges). — *Great doctrines of Freemasonry*............ 698
Pausanias. — *Arcad*.................................... 27
Payens (Hugues de)....................................... 684
Péladan (Dr Adrien). — *Anatomie homologique*....... 77, 207, 1021
Péladan (Joséphin)............................ xxii, 534, 588, 1021
Pelletier (H.).................................... 853, 880
Pétrone.. 28
Pezzani... 1022
Pfister. — *Études sur le règne de Robert le Pieux*............ 634
Pfoundes (Capitaine)..................................... 225
Philolaus.. 11
Philon de Biblos.. 391
Philon le juif................................ 391, 438, 553
Philostrate. — *Vie d'Apollonius*........................... 63

TABLE ALPHABÉTIQUE DES AUTEURS CITÉS

Pierson (A.-T.-C.). — *The tradition of Freemasonry* 697
Pindare 396
Pistorius. — *Bibliothèque kabbalistique* 588
Pite ou Pique (Albert). — *Moralis and dogma of Freemasonry*. 678, 697
Platon. — *Le Timée* 23, 62, 162, 180, 392, 393, 759, 938
Pline. — *Œuvres* 13, 20, 25, 27, 29
Plotin. — *Œuvres* 394, 410, 625, 788
Plutarque. — *Œuvres*, Édition grecque et latine, Paris, 1624, in-fol 11, 27, 389, 401, 410
Plytoff xxiv
Poe (Edgar). — *Eureka* .... xi, 70, 78, 174, 544
Porel (G.). — *Étude sur le Transformisme d'après la Science occulte* (1889) 31, 149
Poiret 788
Poisson. — *Cinq traités d'Alchimie* 679
Pomar (Duchesse de). — *Bouddhisme ésotérique* 225, 1025
Porphyre. — *L'Administration et l'Empire*. — *De Antro nympharum* .... 29, 63, 384, 389, 394, 405 (note), 410, 625, 788
Postel (Guillaume). — *Clavis* 91, 180, 480, 581, 588, 955
Potet (Du) 1009, 1012
Prel (Carl du) 5
Preston (Guillaume). — *Illustrations of Freemasonry* 705
Proclus 49, 625, 788
Puységur 999
Pythagore 384, 412

Quinte-Curce. — *Œuvres* 27

Rabelais. — *Œuvres* 595
Rachid-eddin (1310). — *Djema'a et-tewarikk* 42
Ragon. — *Orthodoxie maçonnique*. 538, 678, 700, 732, 1001, 1011, 1012
Rameau (Jean) xxii
Raymond Lulle 480, 553, 681, 684
Rebold (Émile). — *Histoire générale de la F.·.M.·.* 725
Reichenbach. — *Études diverses sur l'Od* 1026
Renand (Paul). — *Christianisme et Paganisme; Identité de leurs origines* 607
Reuchlin 480, 683, 788
Reybaud 369, 1024
Reynaud (Jean). — *Œuvres* 301
Ricard. — *Almanach du Magnétiseur* 1009
Richard Simon. — *Hist. crit.* 436
Riplée 649
Robert 1024
Roca (l'abbé). — *Nouveaux cieux, nouvelle terre* 1021, 1025
Rochas (A. de) .... xxv, 1026

Rochas (Colonel de). — *Les Forces non définies* (1887). — *Doctrines chimiques au XVIIe siècle* (1888). — *Le Fluide des Magnétiseurs* (1891).. 677
Rood.. 113
Rosenkreuz (Kristian)................................. 684, 685
Rossi et Pagnoni.. 869
Ruffin... 408, 410

Sabathier (Esprit). — *Ombre idéale de la Sagesse universelle*. 93, 530, 967
Saint Augustin... 451
Saint Clément d'Aléxandrie. — *Stromat*.......... 11, 395, 396, 943
Saint-Germain (Comte de)..................................... 599
Saint Jean. — *Évangile et Apocalypse*............ 293, 451, 621, 624
Saint Jérôme... 404, 439
Saint-Martin (Louis-Claude de). 233, 417, 501, 801, 891, 892, 904, 923, 955, 999, 1000
Saint Paul. — *Cor*................................... 241, 391, 624
Saint Pierre.. 624
Saint-Yves d'Alveydre. — *Mission des Juifs*. — *Mission des Français* (la France vraie). — *Mission des souverains*. — *Mission des ouvriers*. — *Jeanne d'Arc Victorieuse*. — *Les Clefs de l'Orient*. — *Le Testament Lyrique*. 2, 27, 46, 62, 80, 166 à 168, 178, 265, 313, 376, 446, 447, 451, 538, 553, 990, 1013, 1025
Sainte-Beuve.. 1010
Salluste...
Salverte. — *Sciences Occultes*............................. 538
Salmon *Biblio. —thèque des philosophes chimiques*........... 681
Sanchoniaton... 408
Sarter Resartus... 240
Saturnin.. 626
Saumaise. — *Exercitationes super Salin*..................... 27
Scholl (Aurélien)... XXV
Schuré (Edouard). — *Les Grands Initiés*..................... 621
Scott (Dr Henry)... 231
Ségoffin (Louis).. 939
Sénèque. — *Quest. Nat*................................. 16, 27
Séleucus.. 11
Shakespeare. — *Macbeth*. — *Hamlet*. — *La Tempête*...... XI
Simon le Mage.. 626
Sinnet... 226, 250, 750
Sivry (Ch. de).. XXIII
Solon... 412
Sozomène. — *Histoire ecclésiastique*........................ 20
Sphynx (Le). — (Revue ésotérique allemande).................. 569
Spinosa. — *Œuvres*................................. 480, 553, 658

STEPHEN PEARL ANDREWS. — *Universologie*	250
STEVENARD (L.)	1029, 1035
STRABON. — *Œuvres*	15, 25
SUSSEX (Duc de). — *Manuscrit autographe*	690
SWEDENBORG. — *Œuvres*	313, 788
SYNCELLE (Georges le)	388
SYNÉSIUS	391, 938
TACITE	410, 771
TAYLOR	788
TCHEOU-CHOUANG. — *Ling-ngan-tchi* (1165)	40
THIERRY (Gilbert-Augustin). — *La Tresse blonde*	XXIII
THORRY. — *Acta Latomorum*	724
TIFFEREAU (Théodore)	679
TIMÉE DE LOCRES	11
TISSOT (J.)	881, 901
TITE-LIVE. — *Œuvres*	20, 771
TRITHÈME	683
TROUSSEAU. — *Clinique de l'Hôtel-Dieu*	992
TYNDALL	756
VAILLANT (J.A.).— *Histoire vraie des vrais bohémiens.* — *La Bible des bohémiens.* — *Clef magique de la fiction et du fait*	769
VALENTIN	440, 626
VALERIANUS. — *Vie d'Alexandre*	29
VAN HELMONT (F.)	373, 656, 681, 892
VAN HELMONT (Mercure)	553
VILLEHERVÉ (R. de la)	XXII
VINCI (Léonard de). — *Manuscrits*	XI
VIRIATO ALFONSO DE CASTRO. — *La Masoneria*	702
VIRCHOW. — *Théorie cellulaire*	77
VITOUX (G.)	XXIV
VITRUVE	25
VOLTAIRE. — *Œuvres*	265
VURGEY. — *Études sur l'Art*	XXIII
WAGNER (Richard)	XI
WEBB (Thomas Smith). — *The Freemasons Monitor*	703
WEGEL	788
WÉLSCH (H.)	XXIII
WOLSKA (A. de)	1034, 1035
WOLSKI (Kalixt de)	
WRONSKI (Hoëne). — *Œuvres.* 98, 99, 199, 294, 536, 547, 787, 851, 909, *1005	
YARKER (John). — *Historical lecture on Freemasonry*	690
YU-NGAN-KI. — *Tchang-loui* (Encyclopédie chinoise)	39

Young (Capitaine). — *Le Magnétisme terrestre* 168
Yu-tao-ngan, auteur chinois du xii° siècle. — *Tableau des marées*. 39

Zedechias 683
Zola (Émile). — *Thérèse Raquin* 311
Zoroastre 49, 84
Potet (Du). — *Magie dévoilée* 901
Zoellner 874, 99t

LIBRAIRIE DORBON-AINÉ, 19, Boulevard Haussmann, PARIS (IXᵉ)
Téléphone : Provence 89-68 — R. C. Seine 159.603 — Chèques postaux : Paris 1803

EXTRAIT DU CATALOGUE

L'Art de l'Imprimeur
PAR
Stanley MORISON
250 reproductions des plus beaux spécimens de la typographie, depuis l'an 1500 jusqu'en 1900.
Un vol. pet. in-4, cart. toile verte.......... 180 fr.

LA FAÏENCE DE LYON
aux XVIᵉ, XVIIᵉ et XVIIIᵉ siècles
PAR
Charles DAMIRON
2 volumes in-4, tirés à 500 exemplaires numérotés sur papier vergé d'Arches, sous couvertures illustrées en couleurs, accompagnés de 26 figures dans le texte et de 39 grandes planches tirées à part reproduisant 224 spécimens de faïences lyonnaises dont 88 en couleurs....... 500 fr.

DICTIONNAIRE
encyclopédique
D'ANECDOTES
modernes et anciennes
françaises et étrangères
PAR
Edmond GUÉRARD
2 volumes petit in-8, d'ensemble 1132 pages. 48 fr.

Loys DELTEIL
MANUEL
de l'Amateur d'Estampes
DES XIXᵉ ET XXᵉ SIÈCLES
Écoles française et étrangères (1801-1924)
Suivi d'un
Album de 700 reproductions
4 forts vol. in-8 raisin, contenant 638 pages de texte et 858 planches hors texte. S'y trouvent mentionnés : *1211 noms d'artistes, 4099 estampes, 6327 prix d'adjudications.*
Les 4 vol. brochés... 250 fr.
Cartonnés.......... 315 fr.
Nous vendons séparément :
Le MANUEL, 2 vol. avec 158 reproductions :
Brochés : 150 fr. ; Cart. : 185 fr.
L'ALBUM DE 700 REPRODUCTIONS, 2 vol. :
Brochés : 125 fr. ; Cart. : 160 fr.

LA
Gravure sur bois moderne
dans les pays d'Occident
PAR
Roger AVERMAETE
Avec 238 illustrations, la plupart tirées sur les bois originaux et dont 9 en couleurs.
Un vol. pet. in-4 de 336 pages, tiré à nombre restreint sur papier pur chiffon de Canson et Montgolfier.... 150 fr.

CATALOGUE GÉNÉRAL
DES INCUNABLES
(Gesamtkatalog der Wiegendrucke).
Établi par une Commission spéciale de Savants et Bibliographes du monde entier sous la direction du Professeur ERICH VON RATH.
Cette bibliographie comprendra environ 12 volumes in-4, cartonnés percaline (dont 3 déjà parus).
Chaque volume.......... 395 fr.
N.-B. — Les souscripteurs s'engagent pour l'édition complète, aucun volume n'étant vendu séparément.

LES VIES
des plus excellents Peintres,
Sculpteurs et Architectes
Par Giorgio **VASARI**
Traduction CHARLES WEISS
4ᵉ édition revue, corrigée et augmentée d'un SUPPLÉMENT.
2 vol. in-8 raisin d'ensemble 992 pp., avec un fac-similé et un panorama de Florence... 100 fr.
Le SUPPLÉMENT seul : une brochure in-8 de 48 pages.. 20 fr.

Le Papier
Recherches et notes pour servir à l'histoire du Papier, principalement à Troyes et aux environs, depuis le XIVᵉ siècle.
Par **Louis Le CLERT**
Préface par HENRI STEIN
2 forts vol. in-folio, tirés à 675 exemplaires sur papier pur chiffon de Canson et Montgolfier, et illustrés de 75 grandes planches, dont quelques-unes en couleurs............ 1.000 fr

---

Léon GAUTIER. *Bibliographie des Chansons de Geste* : complément des Epopées françaises. Un volume gr. in-8... 50 fr.
René HAVETTE. *Bibliographie de la Sténographie.* Un vol. gr. in-8, avec planches 30 fr.
P. MARAIS et DUFRESNE-SAINT-LÉON. *Catalogue des Incunables de la Bibliothèque Mazarine,* avec un Supplément, une Table alphabétique, une Table des Imprimeurs, etc. 2 volumes gr. in-8 d'ensemble 896 pages.................. 60 fr.
A. FIRMIN-DIDOT. *Les Drevet : catalogue raisonné de leur œuvre.* Un vol. in-8.. 20 fr.
L. SOULLIÉ. *Les Grands Peintres aux Ventes publiques. (I. Constant Troyon.— II. J.-F. Millet)* : peintures, pastels, aquarelles et dessins relevés dans les Catalogues de ventes, de 1833 à 1900. 2 vol. in-4....................................... Chacun : 30 fr.
J. SIEURIN. *Manuel de l'amateur d'illustrations* : gravures et portraits pour l'ornement des livres français et étrangers. Un vol. in-8.......................... 30 fr.
Henry MARTIN. *Congrès international des Bibliothécaires* tenu à Paris en 1900. Un vol. in-8.. 12 fr.
SUPPLEMENTUM et Index lexicorum eroticorum linguæ latinæ. Un vol. in-16. 30 fr.

LIBRAIRIE DORBON-AINÉ, 19, Boulevard Haussmann, PARIS (IX°)
Téléphone : Provence 69-68 — R. C. Seine 159.603 — Chèques postaux : Paris 1803

RÉIMPRESSION D'OUVRAGES SUR L'ORFÈVRERIE ET LA JOAILLERIE

Alex. LEFRANC. *Ancienne Orfèvrerie Empire (vers 1800)*, album in-4 de 50 planches. 40 fr.
P. MOREAU. *Nouveau, IV° et V° cahiers concernant l'Orphèvrerie, Bijouterie et Emeaux. (1770)*, album in-4 de 12 planches.................................... 30 fr.
POUGET FILS. *Traité des Pierres précieuses et de la manière de les employer en parure. (1762)*, album in-4 de 80 planches....................................... 40 fr.
SALEMBIER. *Modèles de dessins d'Orfèvrerie (vers 1800)*, album pet. in-folio de 37 planches... 40 fr.
VAN DER CRUYCEN. *Nouveau livre de dessins contenant les ouvrages de la Joaillerie. (1770)*, album in-folio de 12 planches.............................. 30 fr.
VINSAC. *Ancienne Orfèvrerie Louis XVI (vers 1780)*, album in-4 de 40 planches. 40 fr.

A. ROBIDA
LES VIEILLES VILLES DU RHIN
(A travers la Suisse, l'Alsace, l'Allemagne et la Hollande)
Un vol. gr. in-8, avec frontispice à l'eau-forte et 211 illustrations de A. Robida. 45 fr.

Les vieilles Villes des Flandres
(Belgique et Flandre française)
Un vol. gr. in-8, avec frontispice à l'eau-forte et 155 dessins à la plume de A. Robida......... 60 fr.

GAZETTE DU BON TON
(Art, Modes, Frivolités)
ANNÉES 1920, 1921 ET 1922
Ensemble 30 fascicules pet. in-4, avec de très nombreuses planches et illustrations en couleurs............ 450 fr.

R.-L. HOBSON
The George Eumorfopoulos collection of Chinese, Corean and Persian Pottery and Porcelain
6 vol. in-folio, cart., illustrés d'env. 1500 reproductions en noir et près de 400 en couleurs...... 9.000 fr.

Alfred FRANKLIN
Dictionnaire Historique des Arts,
métiers, et professions exercés dans Paris depuis le XIII° siècle
Un volume pet. in-4 de 884 pages à deux colonnes............. 40 fr.

Dictionnaire des Noms,
surnoms et pseudonymes latins de l'histoire du Moyen Age
Un volume gr. in-8................ 30 fr.

Histoire de l'Abbaye de St-Victor à Paris
Un volume pet. in-8........... 12 fr.

Histoire de la Bibliothèque Mazarine
et du Palais de l'Institut
2° édition refondue. Un volume in-8 de 432 pages.............. 25 fr.

Des Noms et des Dates
Les Rois et les Gouvernements de la France de Hugues Capet à l'année 1906
Un volume in-12, avec 4 grands tableaux généalogiques............... 6 fr.

Le Meuble à l'Époque Louis XVI,
d'après l'œuvre gravé des maîtres De La Fosse, Ranson, Liard, Roubo.
Un album in-folio avec 120 planches héliogravées d'après les originaux du XVIII° siècle. 200 fr.

K. de B. CODRINGTON
L'INDE ANCIENNE
des origines à l'époque Gupta, avec des notes sur l'Architecture et la Sculpture de la période médiévale
Ouvrage précédé d'une Etude sur la Sculpture indienne.
Par William ROTHENSTEIN
Traduit de l'anglais par M™° Jean LOCQUIN.
2 vol. in-folio, dont un de texte illustré de 22 figures et tiré sur papier de fil de Canson et Montgolfier, l'autre comprenant 70 grandes planches en phototypie, dans un cartonnage de style. 550 fr.

FEUILLETS D'ART
Recueil de littérature et d'art contemporains
Collection complète (années 1920-1922), en 12 fascicules in-4 et pet. in-4, illustrés en noir et en couleurs................ 240 fr.

LES ALBUMS DE GUERRE
de Lucien JONAS
(I. Armée anglaise — II. Les Armées de l'Est. — III. Verdun. — IV. Nord et Belgique. — V. Champagne et Centre. — VI. Vosges et Lorraine. — VII. Les Armées britanniques. — VIII. Armements et Munitions : les Usines de guerre. — IX. Vaux. — X. British Expeditionary Forces. — XI. Douaumont. — XII. L'Armée américaine). *Chaque album d'environ 60 planches chacun.*
Chaque album en noir : 60 fr. colorié à la main : 120 fr.

F.-D. BANCEL. *Histoire des révolutions de l'esprit français, de la langue et de la littérature française au Moyen Age.* Un vol. petit in-8.................. 15 fr.
Ant. MÉRAY. *La vie au temps des Libres-Prêcheurs ou les devanciers de Luther.* 2 vol. pet. in-8 sur papier de Hollande.. 40 fr.
Paul VERRIER. *Essai sur les principes de la Métrique anglaise.* 3 vol. gr. in-8. 80 fr.
DANTE. *Les plus anciennes traductions françaises de la Divine Comédie, publiées pour la première fois d'après les manuscrits de Turin, Paris et Vienne, par C. Morel.* 2 vol. in-8, dont un de texte et un album de reproductions de miniatures....... 40 fr.
Georges VOIGT. *Pétrarque, Boccace et les débuts de l'Humanisme en Italie.* Un volume gr. in-8... 18 fr.
P.-M. PERRET. *Histoire des relations de la France avec Venise, du XIII° siècle à l'avènement de Charles VIII.* 2 vol. gr. in-8.. 25 fr.
G. PAUTHIER. *Histoire des relations politiques de la Chine avec les Puissances Occidentales.* Un volume in-8... 15 fr.
F. DE GUILHERMY. *Itinéraire archéologique de Paris.* (1855). Un fort volume in-12 avec 15 gravures sur acier et 22 figures sur bois............................. 20 fr.
SAINCT-DIDIER. *Traité contenant les secrets du premier livre sur l'Espée.* Reproduction de l'édition de 1573. Un volume in-4, avec 66 figures................ 20 fr.

LIBRAIRIE DORBON-AÎNÉ, 19, Boulevard Haussmann, PARIS (IXᵉ)
Téléphone : Provence 89-68 — R. C. Seine 159.603 — Chèques postaux : Paris 1803

BARBET DE JOUY
Les Gemmes et Joyaux
DE LA COURONNE
au Musée du Louvre
2 parties en un vol. in-folio, tiré sur papier vergé de Hollande, avec 60 planches hors texte gravées à l'eau-forte par J. Jacquemart............ 150 fr.

COLLECTION
des Bibliophiles Fantaisistes
et « TO THE HAPPY FEW »
Volumes in-8 et pet. in-4, tirés à nombre limité, tous en Éditions originales.
Paul ACKER. *Portraits de femmes*. 15 fr.
Jacques-E. BLANCHE. *Essais et Portraits*............ 20 fr.
Henry BORDEAUX. *Les Amants de Genève*............ 18 fr.
Jacques BOULENGER. *Ondine Valmore*................ 18 fr.
Marcel BOULENGER. *Nos Élégances*................. 18 fr.
René BOYLESVE. *La Poudre aux yeux*................ 40 fr.
René BOYLESVE. *Le Pied fourchu*. 60 fr.
X.-Marcel BOULESTIN. *Tableaux de Londres*....... 18 fr.
Alfred CAPUS. *Le Théâtre* 18 fr.
Fr. de CUREL. *Le Solitaire de la Lune*............ 30 fr.
Claude FARRÈRE. *Contes d'outre et d'autres mondes*.. 40 fr.
Claude FARRÈRE. *Trois Histoires d'ailleurs*........ 40 fr.
Jules LEMAITRE. *Les Péchés de Sainte-Beuve*......... 60 fr.
Louis LOVIOT. *Alice Ozy*. 18 fr.
Paul MARGUERITTE. *Nos Tréteaux*. 18 fr.
Fr. de MIOMANDRE. *Gazelle : mémoires d'une tortue*.. 18 fr.
Comtesse de NOAILLES. *De la Rive d'Europe à la Rive d'Asie*. 30 fr.
P. de NOLHAC. *Le Dernier Amour de Ronsard*........ 18 fr.
NOZIÈRE. *Trois Pièces galantes*. 18 fr.
Camille SAINT-SAËNS. *Au Courant de la Vie*............ 18 fr.
Louis THOMAS. *Les douze livres pour Lily*........... 12 fr.
Louis THOMAS. *L'Espoir en Dieu*. 12 fr.
Louis THOMAS. *André Rouveyre* (illustré)............ 18 fr.

H. BERALDI
UN CARICATURISTE PROPHÈTE
(*La Guerre vue telle qu'elle est, il y a 33 ans, par A. Robida*)
Un vol. in-4, illustré par A. Robida. 18 fr.

MOBILIAIRE DES EAUX-DE-VIE
et Liqueurs de France
Par Maurice DES OMBIAUX
Un vol. pet. in-4, illustré de 70 bois gravés par V. Stuyvaert et tiré à 550 exempl. numérotés. 100 fr.

Lettres de Paul VERLAINE
à propos de *Quinze jours en Hollande*, et documents recueillis par Ph. Zilcken. 2ᵉ édition augmentée avec lettre-préface de Stéph. Mallarmé.
Un vol. petit in-folio, tiré à 300 exempl. sur papier de Hollande, avec un portrait de Verlaine, par Zücken, d'après un croquis de Toorop................ 60 fr.

RENÉ
par CHATEAUBRIAND
Un vol. gr. in-8, illustré par Malo-Renault de **22 pointes-sèches en couleurs** au repérage, et tiré à 350 exemplaires numérotés...... 345 fr.

Armand RASSENFOSSE
Suite de 30 compositions aux crayons de couleur pour illustrer
LES FLEURS DU MAL
De Charles BAUDELAIRE
Un album pet. in-4, en feuilles, sous emboîtage spécial. 300 fr.

Dix Contes d'Edgar POË,
traduits par Charles BAUDELAIRE
et illustrés par Martin VAN MAËLE
de compositions gravées sur bois
Par Eug. DÉTÉ
Un vol. gr. in-8 sur papier vélin d'Arches, tiré à nombre limité... 80 fr.

Les Petits Mémoires
DE PARIS
(I. Coulisses de l'amour. — II. Rues et intérieurs. — III. Carnet d'un suiveur. — IV. Petits métiers parisiens. — V. Les Nuits de Paris. — VI. Toutes les Bohèmes).
Par LA MÉSANGÈRE
6 vol. in-18, avec 24 eaux-fortes de Henri Boutet...... 30 fr.

Claude FARRÈRE
SHAHRA SULTANE
ou les sanglantes amours, authentiques et mirifiques de Sultan Shah'Riar, roi de la Perse et de la Chine, et de Shahra Sultane, héroïne.
Édition originale, pet. in-4 illustrée de nombreuses compositions en couleurs de Arm. Rassenfosse et tirée à nombre restreint. 150 fr.

CHODERLOS DE LACLOS. *Poésies*, réunies et annotées par L. Thomas et Arthur Symons. Un vol. in-8 écu.............. 15 fr.
Sacha GUITRY. *Correspondance de Paul Roulier-Davenel*. Un vol. pet. in-4 illustré de 17 portraits-charges par l'auteur.... 15 fr.
Francis de MIOMANDRE. *Figures d'hier et d'aujourd'hui*. Un vol. pet. in-8............ 12 fr.
NOZIÈRE. *Au Temps d'Adrien*. Un vol. pet. in-8......... 12 fr.
NOZIÈRE. *Joconde*. Un vol. pet. in-8........... 6 fr.
NOZIÈRE. *La Prière dans la Nuit*, drame. Une broch. in-12. 3 fr.
Sidney PLACE. *Les Fréquentations de Maurice (mœurs de Londres)*. Un vol. in-12......... 12 fr.
L. de ROYAUMONT. *Balzac et la Société des Gens de Lettres*. Une plaquette pet. in-8........ 5 fr.
SAMSON, de la Comédie-Française. *L'Art théâtral*. Un vol. in-12, avec 8 portraits....... 12 fr.
TOLSTOÏ. *La Loi de l'Amour et la Loi de la Violence*. Un vol. in-12. 12 fr.
Théo HANNON. *Au Clair de la Dune*, poésies. Un vol. in-12, illustré par Rops, Chahine, etc. 12 fr.
Maurice LEVAILLANT. *Les Pierres Saintes : Versailles, Malmaison, Saint-Denis*, poésies. Un vol. pet. in-8........... 12 fr.
PROUILLE et MOULIÉ (Thierry-Sandre). *Les Poésies de Makoko Kangourou*. Une broch. pet. in-8. 8 fr.

Pierre AUBRY. *Mélanges de Musicologie critique : Les plus anciens monuments de la Musique française*. Un vol. in-4, avec figures et 24 grandes planches.. 45 fr.
Louis LAMBERT. *Chants et Chansons populaires du Languedoc*, recueillis et publiés avec la musique notée et la traduction française. 2 vol. in-8, avec musique notée............. 60 fr.
Jean MARNOLD. *Musique d'autrefois et d'aujourd'hui*. Un vol. in-12................ 12 fr.
Xavier PRIVAS. *La Douce Chanson*. Un vol. in-12, avec musique notée................. 12 fr.
Camille SAINT-SAËNS. *Germanophilie*. Une broch. in-12. 4 fr. 50

Lettres de Claude DEBUSSY
A SON ÉDITEUR
Publiées par Jacques DURAND
Un vol. pet. in-4, tiré à 250 exempl. numérotés sur papier pur fil de Canson-Montgolfier et accompagnés de 2 portraits de Debussy, dont un à l'eau-forte par Ivan Thièle............ 75 fr.

LIBRAIRIE DORBON-AINÉ, 19, Boulevard Haussmann, PARIS (IX°)
Téléphone : Provence 89-68 — R. C. Seine 159.603 — Chèques postaux : Paris 1803

SCIENCES OCCULTES

PAPUS. *A B C illustré d'Occultisme.* Premiers éléments d'étude des grandes Traditions initiatiques. Un volume gr. in-8 de 438 pages, avec 219 figures et tableaux. . 45 fr.
PAPUS. *Traité méthodique de Science Occulte,* suivi d'un Glossaire d'Occultisme. 2 volumes gr. in-8, illustrés de 3 planches hors texte et de plus de 400 figures...... 90 fr.
SAINT-YVES D'ALVEYDRE. *Mission des Juifs.* 2 volumes gr. in-8, précédés d'un portrait de l'auteur.. 90 fr.
SAINT-YVES D'ALVEYDRE. *Mission de l'Inde en Europe.* Mission de l'Europe en Asie. La question du Mahatma et sa solution. Un volume in-8, avec fac-similé d'autographe et 2 portraits hors texte................................... 40 fr.
Jacob **BOEHME.** *Clef ou explication des divers points et termes principaux employés dans ses ouvrages.* Un volume pet. in-8....................................... 15 fr.
D'ALBANO. *Phylactères ou préservatifs contre les maladies, les maléfices et les enchantements.* Un vol. in-24.. 25 fr.
Th. DE CAUZONS. *Histoire de la Magie et de la Sorcellerie en France.* 4 volumes pet. in-8, d'ensemble. 2.300 pages... 80 fr.
Docteur MAUCHAMP. *La Sorcellerie au Maroc.* Un vol. in-8, avec 17 illustr. . 25 fr.
Jean MAVÉRIC. *Traité de la Médecine hermétique des plantes.* Un vol. in-8..... 25 fr.
A. DE ROCHAS. *La Science des Philosophes et l'Art des Thaumaturges dans l'Antiquité.* Un vol. in-8, avec 24 planches.. 25 fr.
R. SCHWAEBLÉ. *Les Secrets magiques pour et contre l'amour.* Un vol. in-12.... 10 fr.
Marqus DE VÈZE. *La Transmutation des Métaux.* Une brochure in-12....... 7 fr.
BASSET (René). *Les Apocryphes éthiopiens,* traduits en français. 1896-1909, brochures pet. in-8. *Enseignements de Jésus-Christ à ses disciples et Prières magiques* 8 fr.
    La Sagesse de Sibylle... 6 fr.
    Fekkaré Iyasous.. 5 fr.
BHAGAVAD-GITA. Traduction Ch. Wilkins et Parraud. 1922, in-18......... 12 fr.
BURNOUF (Em.). *Le Vase sacré et ce qu'il contient, dans l'Inde, la Perse, la Grèce et dans l'Église chrétienne.* Avec un appendice sur le Saint-Graal. 1896, pet. in-8..... 15 fr.
CORNELIUS (A.). *Gnosticisme et Christianisme.* 1910, in-8.................. 30 fr.
COROYER (Gast.). *Étude historique sur la Franc-Maçonnerie.* 1923, brochure pet. in-12... 3 fr.
HARTMANN (Franz). *Au seuil du Sanctuaire. Résumé de l'histoire des véritables et des faux Rosecroix.* Traduction R. Jacquemot. 1920, in-8................ 8 fr.
HARTMANN (Franz). *Philosophie Yoga : Rosecroix et Alchimistes.* Traduction R. Jaquemot. 1920, in-8... 6 fr.
KIRK (R.). *La République mystérieuse des Elfes, Faunes, Fées et autres semblables.* Traduction R. Salvator. 1896, pet. in-8...................................... 15 fr.
LAZENBY (O.). *L'Œuvre des Maîtres.* 1919, in-8........................... 5 fr.
MATGIOI (A. de Pouvourville). *L'Esprit des races jaunes.* Traités traduits du chinois. 1894-1896, volumes pet. in-8. *Le Te de Laotseu*........................ 8 fr.
    Le Traité des Influences errantes de Quangdzu..... 8 fr.
MONCEAUX (P.). *Apulée : roman et magie.* 1889........................ 15 fr.
SENDIVOGIUS, le Cosmopolite. *Lettre philosophique, très estimée de tous ceux qui se plaisent aux vérités hermétiques.* Traduction Ant. Duval. 1920, in-8....... 6 fr.
SUBHARAO (T.). *Commentaires sur l'Idylle du Lotus blanc.* 1918, in-8 de 16 pp. . 3 fr.
WIRTH (Oswald). *La Franc-Maçonnerie rendue intelligible à ses adeptes.* Manuel d'instruction initiatique (I. *Livre de l'Apprenti.* — II. *Livre du Compagnon.* — III. *Livre du Maître.* 3 volumes in-12 (Edition réservée aux Loges). Chacun..... 9 fr.
    Les 3 volumes reliés en un fort vol., cartonnage de style............... 45 fr.

LA LIBRAIRIE DORBON-AINÉ
19, Boulevard Haussmann, PARIS (IX°)

publie chaque mois un catalogue de livres d'occasion, anciens et modernes, à prix marqués, achète au comptant et au maximum de leur valeur Bibliothèques et Livres de tous genres :

INCUNABLES. — MANUSCRITS AVEC OU SANS MINIATURES
═════ RELIURES ANCIENNES ARMORIÉES ═════
ÉDITIONS ILLUSTRÉES DES XVI°, XVII°, XVIII° ET XIX° SIÈCLES
RECUEILS DE COSTUMES EN COULEURS. — ÉDITIONS ORIGINALES ET DE LUXE
ET TOUS OUVRAGES DE LITTÉRATURE - HISTOIRE - BEAUX-ARTS
BLASON, CHASSE, HISTOIRE DE PARIS ET DES ANCIENNES PROVINCES DE FRANCE
PHILOSOPHIE — SCIENCES OCCULTES, ETC., ETC.

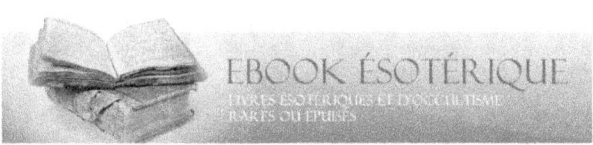

Ebook Esotérique réédite,
sous forme de livres électroniques
ou Ebooks, des livres ésotériques et
d'occultisme qui sont devenus rares ou
épuisés.

Visitez Ebook Esotérique

www.ebookesoterique.com

Inscrivez-vous pour recevoir
notre Bulletin-Info.
Vous serez informé des
nouvelles parutions et promotions.

 Vous avez une question sur l'Hermétisme, l'Esotérisme ou la pratique des Sciences Occultes ?

L'Encyclopédie Ésotérique vous apportera des réponses et des mises au point précieuses. Cliquez www.ceodeo.com

L'Encyclopédie Ésotérique ainsi que les articles, dossiers, cours et essais que vous trouverez sur notre site s'adressent tant aux profanes qu'aux spécialistes.

Collège Ésotérique et Occultiste d'Europe et d'Orient **(CEODEO)** www.ceodeo.com

www.ingramcontent.com/pod-product-compliance
Lightning Source LLC
Chambersburg PA
CBHW071807230426
43670CB00013B/2384